Henning Behrens · Politische Entscheidungsprozesse

Studien zur Sozialwissenschaft

Band 42

Westdeutscher Verlag

Henning Behrens

Politische Entscheidungsprozesse

Konturen einer politischen Entscheidungstheorie

Mit einer Einleitung von Peter Christian Ludz

Westdeutscher Verlag

CIP-Kurztitelaufnahme der Deutschen Bibliothek

Behrens, Henning:
Politische Entscheidungsprozesse: Konturen e.
polit. Entscheidungstheorie/Henning Behrens. Mit
e. Einl. von Peter Christian Ludz. — Opladen:
Westdeutscher Verlag, 1980
  (Studien zur Sozialwissenschaft; Bd. 42)
  ISBN 3-531-11497-2

© 1980 Westdeutscher Verlag GmbH, Opladen
Umschlaggestaltung: studio für visuelle kommunikation, Düsseldorf
Druck: E. Hunold, Braunschweig
Buchbinderei: W. Langelüddecke, Braunschweig
Printed in Germany

ISBN 3-531-11497-2

"Decisions do not only bring power; they also bring vulnerability".

Michel Crozier, The Crisis
of Democracy (1975)

Inhalt

Verzeichnis der Schaubilder

Peter Christian Ludz

Einleitung

Politikwissenschaftliche Entscheidungstheorie

I.

Die Entscheidungstheorie gehört zu jenen Gebieten der Politologie, die im deutschen Sprachraum, bisher jedenfalls, mit am wenigsten ausgearbeitet worden sind. Dagegen sind in den USA, auch schon in der Vergangenheit, einige politikwissenschaftliche Arbeiten erschienen, welche die Entscheidungstheorie thematisieren und gleichermaßen in den weiteren Bereich der sozialwissenschaftlichen Forschung rücken. Entscheidungshandeln wird hier als ein gesellschaftlicher Prozeß aufgefaßt, der ein bestimmtes Problem zur Entscheidung, das heißt zur Wahl, stellt. Dadurch werden, wie Richard C. Snyder bereits 1962 festgestellt hat, bestimmte Alternativen mitgesetzt, aus denen dann eine für die tatsächliche Entscheidungsfindung ausgewählt wird[1].

Meistens werden jedoch nach wie vor Definitions-, Zuordnungs- und Typologisierungs- beziehungsweise Klassifikationsprobleme angesprochen, wenn von politikwissenschaftlicher oder von allgemeiner sozialwissenschaftlicher Entscheidungstheorie gehandelt wird. So formuliert etwa Norbert Müller im Anschluß an Anatol Rapoport: „Gegenstand der Entscheidungstheorien ist die zielorientierte Strukturierung von Interaktionsprozessen zwischen einem Entscheider und seiner Umwelt[2]." Hinsichtlich der Zuordnung von politik- und sozialwissenschaftlichen Entscheidungstheorien behauptet Klaus Bodemer, indem er auf John von Neumann, Oskar Morgenstern, Howard Raiffa und andere mathematische Ökonomen verweist, einen engen Zusammenhang zwischen Spieltheorie und Entscheidungstheorie[3]. Dabei werden klare, übersehbare Entscheidungsstrukturen wie ungewisse Entscheidungssituationen angenommen. Analog den Spielbäumen wird von Entscheidungsbäumen ausgegangen. Ein Entscheidungsbaum kann einmal als Flußdiagramm begriffen werden, das die logische Struktur von Entscheidungen aufzeigt[4]. Er kann allerdings auch, zweitens, als graphisches Modell eines strategischen Spiels (wie in der Spieltheorie) aufgefaßt werden, „bei dem, von einer Ausgangssituation ausgehend, der in den letzten Entscheidungssituationen der Spieler sich ausdrückende Ablauf eines Spiels durch Punkte und Strecken dargestellt wird"[5]. In beiden Fällen werden Entscheidungspunkte und Entscheidungsstrecken angenommen. Genauer: Es wird ausgegangen von Strecken und Punkten, welche intervenierende, ungewisse Ereignisse und alle von ihnen beeinflußten Ergebnisse darstellen; von

Wahrscheinlichkeiten für jedes mögliche Ereignis, das aus einer Entscheidung folgt; schließlich von „payoffs", die die Folgen jeder möglichen Kombination von Wahl und Chance zusammenfassen.

Andere Autoren beschäftigen sich mit der Abgrenzung von Entscheidungstheorie und Operations Research. Dabei wird zu Recht von der enormen Breite entscheidungstheoretischer Ansätze in der Gegenwart ausgegangen. Norbert Müller formuliert dieses Abgrenzungs- und Zuordnungsproblem in etwa wie folgt: Entscheidungstheorien umfassen sowohl psychologische Analysen individuellen und kollektiven Entscheidungsverhaltens als auch soziologisch-psychologische Untersuchungen bestimmter Entscheidungsprozesse mit Hilfe deskriptiver Theorien. Sie beziehen die Entscheidungslogik ebenso ein wie Entscheidungsmodelle und Methoden zur Lösung von Optimierungsproblemen. Unter Berücksichtigung dieser Breite erscheint es Müller sinnvoll, Operations Research als die „Gesamtheit aller derjenigen Ansätze und Methoden zu betrachten, mit denen in gegebenen Entscheidungssituationen Optimierungsprobleme und -aufgaben angegangen beziehungsweise gelöst werden"[6].

Hinzuzufügen wäre dem, daß die Kybernetik, das „systems engineering", die Datenverarbeitung und verschiedene Informationstheorien sich in den letzten Jahrzehnten häufig mit der Entscheidungstheorie verbunden wie auch überlagert haben. Hierüber wird in diesem Buch vielfach und ausführlich gehandelt. Es genügt daher, an dieser Stelle festzustellen, daß die genannten Ansätze sämtlich Produkte des Zweiten Weltkriegs, der organisatorischen und technologischen Aufgaben der damals modernen Kriegführung waren. Die im Krieg entwickelten Entscheidungsstrategien sind nach dem Krieg, angesichts der komplexen Probleme der modernen Industriegesellschaften, mehr und mehr zu Instrumenten der Planung, Entwicklung und damit der Politik geworden. Unter anderem deshalb wird Entscheidungstheorie ja auch so oft mit „policy analysis" in Verbindung gebracht. In diesem Zusammenhang sollte noch das Kostenproblem erwähnt werden. Die Kosten von größeren Fehlentscheidungen sind heute bereits zu hoch und steigen weiter; man möchte sie durch Rationalisierungsmaßnahmen senken. Gleichermaßen ist man bestrebt, die Gesellschaft ebenso gegen Krisen abzusichern, wie man erkennt, daß mit herkömmlichen Methoden die Komplexität der gegenwärtigen Probleme nicht mehr bewältigt werden kann[7].

Doch kehren wir zu den Typisierungs- und Klassifikationsproblemen zurück. In der politologisch relevanten Literatur sind weiterhin Entscheidungsprozesse häufig hinsichtlich der in ihnen verarbeiteten Informationen und der von ihnen bewirkten Änderungen unterschieden worden. So stellen etwa David Braybrooke und Charles E. Lindblom vier Typen von Entscheidungen vor: Entscheidungen, die aufgrund genügender Informationen größere Prozesse des Wandels hervorrufen; Entscheidungen, die — ohne die Vorbereitung durch adäquate Informationen — ebenfalls große Wandlungsprozesse auslösen; Entscheidungen, die — aufgrund adäquater Information — kleinere Wandlungsprozesse auslösen; Entscheidungen, die den gleichen Effekt ohne solche Information als Voraussetzung hervorrufen[8].

Bisweilen wird die politikwissenschaftliche Entscheidungstheorie auch mit dem „policy making" gleichgesetzt[9], beziehungsweise sie wird mit der „policy analysis" und dem „policy making" in einen engen Zusammenhang gebracht. Dabei geht man neuerlich auch in der deutschsprachigen Forschung davon aus, daß die „policy analysis" einen interdisziplinären sozialwissenschaftlichen Forschungsansatz darstellt, für den ein entsprechendes Instrumentarium zu erarbeiten ist. Die effektive Politikberatung durch die Sozial- und Politikwissenschaftler ist in diesem Zusammenhang immer wieder ausdrücklich thematisiert worden – und zwar für alle Ebenen des Regierungsprozesses bis hinab zur kommunalen. Die „policy analysis" soll, dieser Vorstellung zufolge, in erster Linie dazu beitragen, die politischen Entscheidungsinhalte einerseits sowie die politisch-administrativen Entscheidungsprozesse andererseits zu verbessern[10]. Damit wird Entscheidungshandeln nahezu dem Begriff der Politik selbst gleichgesetzt.

Folgerichtig ist deshalb für William A. Welsh Politik nur unter den Bedingungen des Konfliktes zwischen Einzelnen und Gruppen, die Einfluß auf autoritatives Entscheidungshandeln suchen, zu begreifen[11]. Mit anderen Worten: Alle politischen Maßnahmen ergeben sich stets aus dem Bemühen, Entscheidungen durchzusetzen. Welsh unterscheidet im Verlauf seiner Darlegungen allerdings dann wieder zwischen Policy- und Entscheidungshandeln, indem er Entscheidungen als durch „Beschlußhandeln" (acts of resolution) und Policy als durch „Lösungshandeln" (acts of attempted solutions) konstituiert ansieht.

Eine andere inhaltliche Zuordnung, besonders im Bereich der internationalen Beziehungen, ist die von Entscheidungen und Krisen beziehungsweise von Entscheidungen und Verhandlungen zur Vermeidung von Krisen. Wichtig ist auch hier das Konzept des Prozeßcharakters für Krisen, Verhandlungssituationen sowie für Entscheidungen[12]. So wird zum Beispiel eine internationale Krise als Folge von Interaktionen zwischen Regierungen interpretiert[13]. Solche Überlegungen bauen auf Erkenntnissen auf, die Arnold L. Horelick, A. Ross Johnson und John D. Steinbruner 1973 formuliert haben. Ihre Analyse des Entscheidungsverhaltens von Regierungen unter Krisenbedingungen zeigt, daß die Entscheider häufig den „Fluß der Ereignisse" und, vor allem, das Verhalten anderer Regierungen falsch einschätzen. Unter den zahlreichen Ansätzen sozial- und politikwissenschaftlicher Entscheidungstheorien gab es, jedenfalls bis 1973, keine einzige, „which established empirically validity across the range of events". Dies läge, so argumentieren die Autoren, zum Teil daran, daß die Entscheider nur über eine ungenügende Kenntnis des jeweiligen bürokratischen und organisatorischen Kontextes verfügten. In diesem Zusammenhang fordern sie mehr flankierende Theorien, die sich auf „cognitive operations" und „motivational forces" stützen. Wie auch immer: Keine Entscheidungstheorie, das ist das Ergebnis der Studie von Horelick, Ross Johnson und Steinbruner, kann die Fähigkeit des einzelnen Analytikers, die Lage jeweils richtig einzuschätzen, ersetzen[14].

Eine Reihe von Autoren versucht, den Entscheidungsprozeß selbst in seine einzelnen Merkmale aufzusplittern. So kommt zum Beispiel Welsh zu acht Elementen, die den Entscheidungsprozeß ausmachen: (1) die Bestimmung eines Problems als bedeutungsvoll genug, um von der Entscheidungsgruppe berücksichtigt zu werden; (2) das Sammeln von Informationen über die Umstände im Umkreis des

Problems; (3) das Formulieren verschiedener Handlungsalternativen, um das Problem in den Griff zu bekommen; (4) einige Entscheidungen hinsichtlich der Regeln oder des Procedere, die bei der endgültigen Entscheidung über eine Handlungsalternative befolgt werden sollen (zum Beispiel darüber, wer schließlich für die Entscheidung verantwortlich sein und wie diese erreicht werden soll); (5) die Abschätzung der möglichen Ergebnisse beim Verfolgen der jeweiligen Handlungsalternative; (6) die endgültige Wahl einer Handlungsalternative; (7) die anschließende Würdigung oder kritische Beurteilung des Erfolgs der Entscheidung — besonders im Hinblick darauf, wie die eingeleiteten politischen Maßnahmen das Problem in den Griff bekommen haben; (8) die Entscheidung darüber, dieses Problem als gelöst anzusehen, oder es (falls die Evaluierung zu dem Schluß kommt, daß die Entscheidung eine politisch gesehen negative Wirkung hatte) umzuformulieren, um es neu angehen zu können[15].

Edward S. Quade arbeitet dagegen für jede Entscheidung zehn Schritte heraus. Sie können, wie R.D. Specht ausführt[16], in einem „think piece" zusammengefaßt werden. Dabei legt Specht großes Gewicht auf die Tatsache, daß jeder Schritt in einer solchen am Schreibtisch erdachten Vorlage in das Urteil des Analytikers, seine Einschätzung und seine Intuition eingebettet ist. Die von Quade unterschiedenen Schritte sind: Problemklärung; Identifizierung der zu entscheidenden Probleme; Messung der Effektivität der Methoden zur Lösung des Entscheidungsproblems; Identifizierung der zugrundeliegenden Beurteilungsmaßstäbe; Berücksichtigung der Einflüsse der Umwelt; Prüfung von Alternativen; Aufbau eines entscheidungstheoretischen Modells; Prüfung der Möglichkeiten der Analyse mit quantitativen Methoden (Operations Research, Spieltheorie, Simulation, Monte-Carlo-Methode, lineares Programmieren); Kosten-Nutzen-Analyse und im Zusammenhang damit Einführung der „sensitivity analysis"; Prüfung der möglichen Fehleinschätzungen, etwa durch Nichtberücksichtigung relevanter Faktoren; schließlich Empfehlungen[17].

Quade hat bei der Aufzählung der Entscheidungsschritte im militärstrategischen Bereich besonders die verschiedenen Arten von „Ungewißheiten" im Auge, zum Beispiel: Wie weit soll die Planung gehen, wie wird der Feind reagieren, wie ist der strategische Kontext? Ferner spricht er von technologischen und statistischen Ungewißheiten.

II.

Die Ansätze, Kategorien und Zuordnungen der sozial- und politikwissenschaftlichen Entscheidungstheorien weisen auf verschiedene Frontstellungen ebenso hin wie auf den Einfluß zahlreicher anderer Wissenschaften auf die politologische Entscheidungstheorie und die Ausdifferenzierung der Entscheidungstheorie innerhalb der Politischen Wissenschaft selbst.

Mindestens sechs verschiedene Wissenschaftsgebiete thematisieren ihrerseits Entscheidungen — und wirken damit, in der einen oder anderen Weise, auf die politikwissenschaftliche Entscheidungstheorie ein.

Zunächst sind hier Militärstrategie und -politik zu nennen. Die militärstrategische Entscheidungsanalyse ist in erster Linie eine formale Methode oder besser: ein Methodenbündel, das sich mit Entscheidungen unter den Bedingungen der Ungewißheit beschäftigt. Im militärstrategischen Entscheidungsdenken wird methodisch meistens mit Hilfe von Entscheidungsbäumen oder Spielbäumen gearbeitet. Einen solchen (standardisierten) Entscheidungsbaum gibt die folgende Darstellung wieder[18].

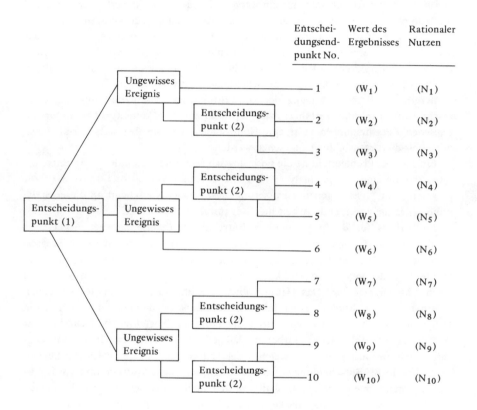

Entschei-dungsend-punkt No.	Wert des Ergebnisses	Rationaler Nutzen
1	(W_1)	(N_1)
2	(W_2)	(N_2)
3	(W_3)	(N_3)
4	(W_4)	(N_4)
5	(W_5)	(N_5)
6	(W_6)	(N_6)
7	(W_7)	(N_7)
8	(W_8)	(N_8)
9	(W_9)	(N_9)
10	(W_{10})	(N_{10})

Es könnte so aussehen, als ob militärpolitische Entscheidungen ausschließlich mit Hilfe der Entscheidungslogik in Verbindung mit der Systemanalyse und den entsprechenden Methoden (Spieltheorie, Operations Research) gefällt werden. Sicherlich ist es nicht übertrieben zu behaupten, daß die rationale Entscheidungslogik im militärstrategischen Bereich eine wesentliche Rolle spielt. Aber mehr und mehr hat sich, zum Beispiel bei Entscheidungsvorbereitungen der U. S. Air Force, eine Art Relativierung des Mythos vom rationalen Entscheidungsträger durchgesetzt.

Die einzelnen Schritte bei Entscheidungen der U. S. Air Force lassen sich wie folgt zusammenfassen: Problemerkenntnis; Herausarbeitung der Optionen (option generation); Strukturierung des Problems; Evaluierung der Optionen (mit Hilfe von Computern); Formulierung der Entscheidungsanweisungen; Verarbeitung der Entscheidung bei den Entscheidungsführern (dissemination); Prüfung der Durchführung der Entscheidung; Evaluierung der Ergebnisse.

Da, wie schon erwähnt, die militärstrategischen und militärpolitischen Entscheidungstheorien eng sowohl mit der Systemtheorie als auch mit der Systemanalyse verbunden sind, werden bei diesen Entscheidungsschritten möglichst viele Faktoren der Umwelt der Entscheider mit einbezogen. Dazu zählen die verfügbare Zeit und die Komplexität der Situation, die für eine Entscheidung bedeutsam sind, die klare und unmißverständliche Form, in der eine Entscheidung weitergegeben wird, das Training der Durchführungsorgane, die Berücksichtigung der Wahlmöglichkeiten (single or multiple choice) der Entscheidungsträger sowie das, was man im Englischen den „cognitive style" eines Entscheidungsträgers nennt[19].

Bereits die Berücksichtigung der Umweltfaktoren weist darauf hin, daß technische Hilfsmittel und Verfahren wie die Einsetzung des Computers bei militärstrategischen Entscheidungen zwar eine Rolle spielen, daß sie aber stets nur als *Hilfsmittel* für die Urteilsbildung angesehen werden.

Ein zweites Problemfeld ist die politologisch relevante Verbindung von Entscheidungstheorie und Systemanalyse, über die ebenfalls vor allem Edward S. Quade gearbeitet hat[20]. Eine genaue Erörterung dieses Aspekts erscheint an dieser Stelle unnötig, da die vorliegende Arbeit hierüber ausführlich berichtet.

Ein drittes für die politologische Entscheidungstheorie bedeutsames Gebiet ist das der Psychologie, wie es vor allem in die Betriebswirtschaftslehre Eingang gefunden hat. Dies wird in den nachfolgenden Erörterungen vor allem an Hand der Darstellung der psychologisch-ökonomischen Schriften von Eberhard Witte und Werner Kirsch sichtbar. Das Hauptproblem besteht auch hier in der sinnvollen Übernahme von Erkenntnissen über Entscheidungsphänomene, die in anderen Disziplinen gesammelt wurden, durch die Politische Wissenschaft. Neuerlich hat Wolf-Rüdiger Bretzke herausgearbeitet, daß jede Problemstruktur über ein eigenes Interpretationsmuster verfügt, welches der Entscheidungsträger vorrangig kennen muß; das heißt Entscheidungssituationen könnten nicht abstrakt und vorurteilsfrei wahrgenommen werden. Deshalb würden auch in der betriebswirtschaftlichen Entscheidungstheorie immer stärker „offene" Entscheidungsmodelle bevorzugt[21].

Demgegenüber wirken die von Werner Dinkelbach aufgestellten Klassifikationen eher traditionell. Dinkelbach differenziert zwischen Entscheidungsmodellen mit einer oder mehreren Zielsetzungen. Auch die Einteilung in statische und dynamische Entscheidungsmodelle wirkt angesichts der — jedenfalls für die Politikwissenschaft — vorrangigen Frage nach den Entscheidungs*prozessen* überholt. Schließlich untergliedert Dinkelbach Entscheidungsmodelle mit einer oder mehreren Zielsetzungen in solche bei Sicherheit, bei Risiko und bei Unsicherheit[22]. Ähnlich verhält es sich mit Ward Edwards. Dessen Unterscheidung der Theorie der risikolosen und der eher mit Risiko behafteten Wahl konzentriert sich auf die Frage der Bestimmung von „Risiko" (risk) im Gegensatz zu „Ungewißheit" (uncertainty)[23]. Edwards sucht auf der Basis dieser Problematik nach der Maximierung von Nutzen.

Anthropologische Grundlage für Edwards' wie auch für Dinkelbachs Ausführungen ist der rational handelnde homo oeconomicus[24], von dem man in der neueren Ökonomie allerdings bereits ein gutes Stück abgerückt ist. So geht zum Beispiel in der Makroökonomie — und dies ist ein viertes Wissenschaftsgebiet, das für die politikwissenschaftliche Entscheidungstheorie von Bedeutung ist — Bruno S. Frey nicht nur vom Markt und dem rational handelnden homo oeconomicus (Begriffe, die stets mit dem des Tausches verbunden sind) aus, sondern von zwei zusätzlichen Entscheidungsmechanismen, die gänzlich anders verortet sind. Frey führt zunächst, möglicherweise unter dem Einfluß von Karl W. Deutsch, den Begriff der „Liebe" ein. Er hat dabei vor allem die Kleinfamilie und andere Kleingruppen vor Augen. Er hält es für unrealistisch anzunehmen, daß der Markt ohne gegenseitiges Vertrauen, ohne „ein Element integrativer Beziehungen", überhaupt noch funktionieren kann. Der ferner von Frey hervorgehobene Entscheidungsmechanismus ist der der „Drohung". Er denkt dabei vornehmlich an Streiks und Aussperrungen in wirtschaftlichen Subsystemen. Richtig sieht Frey, daß das Drohsystem, im Unterschied zu Tausch und Liebe, „die beide zu pareto-optimalen Verbesserungen führen" können, die Eigenschaft hat, zur Eskalation zu neigen[25]. Frey wendet dann die drei Mechanismen der Entscheidung auf das „Markt-Preissystem", die „Demokratie", die „Hierarchie" und das „Verhandlungssystem" an, um Kriterien zur Beurteilung unterschiedlicher Entscheidungssysteme zu erstellen.

Im Rahmen dieser knappen Einführung können wir uns mit der Einzelliteratur, mit der sich die nachfolgende Arbeit ausführlich beschäftigt, nicht weiter auseinandersetzen. Vielmehr kommt es in unserem Zusammenhang lediglich darauf an, einmal die verschiedenen Wissenschaftsgebiete, die für die politikwissenschaftliche Entscheidungstheorie von Bedeutung sind, zum Teil unter Heranziehung neuerer und neuester Literatur zu skizzieren. Zum anderen scheint es wichtig, auf den Wandel in der militärstrategischen, der ökonomisch-organisationssoziologischen beziehungsweise -psychologischen Literatur von der Grundvorstellung des rationalen Verhaltens, wie es im homo oeconomicus seinen Niederschlag gefunden hat, zur begrenzten Rationalität der Entscheidungsträger mit seinen Konsequenzen hinzuweisen.

Weitere Problemfelder, die von der politologischen Entscheidungstheorie zu berücksichtigen sind, werden in organisationssoziologischen und organisationspsychologischen wie auch anderen verhaltenswissenschaftlichen Arbeiten behandelt. Wenn auch auf diesen Wissenschaftsgebieten die Typologisierung von Entscheidungen eine nicht unwesentliche Rolle spielt, so werden doch, etwa in der organisationspsychologischen Forschung, Dimensionen ins Spiel gebracht, die für die politikwissenschaftliche Entscheidungstheorie wertvoll sind. Dazu gehören die Betonung der Situationsgebundenheit von Entscheidungen und die kritische Einschätzung ihrer Rationalität unter Hinweis auf die Tatsache, daß es sich stets um Menschen handelt, die Entscheidungen fällen.

Daniel Katz und Robert L. Kahn beispielsweise gehen von einer Entscheidungstypologie aus und führen vier mögliche Entscheidungstypen auf. Dabei setzen sie Entscheidungshandeln mit „policy making" synonym: Entscheidungshandeln als

Formulierung von inhaltlichen Zielen; Entscheidungshandeln als Formulierung der Techniken und des Procedere, um die Ziele zu erreichen und die Performanz evaluieren zu können; die Anwendung routinemäßiger Verwaltungsakte auf weiterlaufende Operationen; ad-hoc-Entscheidungen, die den zur Verfügung stehenden organisationspolitischen Raum beeinträchtigen, ohne dabei das je unmittelbare Ereignis zeitlich zu tangieren. Katz und Kahn fügen jedoch hinzu, daß diese Typologie nur verständlich ist, wenn drei grundlegende Dimensionen berücksichtigt werden: das jeweilige Abstraktionsniveau der Entscheidung; die Masse von internen oder externen Räumen, die durch die Entscheidung beeinflußt werden, sowie die zeitliche Dauer, welche die Entscheidung in Anspruch nimmt[26].

Im Unterschied zu Katz und Kahn legen Autoren wie Marcus Alexis und Charles Z. Wilson den Hauptakzent auf den Informations- sowie den Lernaspekt des Entscheidungshandelns in Organisationen[27]. Dabei spielt das Gruppenhandeln, also nicht die Entscheidung von einzelnen Entscheidungsträgern, eine beachtliche Rolle[28]. Obwohl in dem Band auch von „offenen" und „geschlossenen" Entscheidungsmodellen gehandelt wird, haben diese für die politologische Entscheidungstheorie keine weiterführende Bedeutung.

Strukturell ähnlich argumentiert Herbert A. Simon — interessanterweise in seiner 1945 erstmals publizierten Schrift *Administrative Behavior* weit entschiedener als in später veröffentlichten Arbeiten. Für ihn enthalten Entscheidungen „Tatsachen" und „Wertelemente". Tatsachensätze sind ihrerseits „Aussagen über die sinnlich wahrnehmbare Welt und ihre Bewegungen". Sie können daraufhin geprüft werden, „ob sie wahr oder falsch sind". Diese Auffassung überträgt Simon auf Entscheidungen und behauptet: „Entscheidungen sind etwas mehr als Tatsachensätze: Sie sind Beschreibungen eines zukünftigen Standes der Dinge; auch diese Beschreibung kann in einem strikt empirischen Sinne wahr oder falsch sein; aber sie besitzen — zusätzlich — eine imperative Qualität — sie bevorzugen einen zukünftigen Stand vor einem anderen und richten das Verhalten auf die gewählte Alternative aus. Kurz gesagt, sie haben einen ethischen so gut wie einen tatsächlichen Inhalt[29]." In Anbetracht solcher Betonung des Tatsachencharakters von Entscheidungen nimmt es nicht wunder, daß Simon in dieser Arbeit von einem behavioristisch orientierten Begriff der Rationalität ausgeht. Dabei hängen die Begriffe „Rationalität", „Leistungsstärke" und „Koordination" eng zusammen. Er definiert „Rationalität" in diesem Zusammenhang wie folgt: „Rationalität hat es mit der Auswahl von Verhaltensalternativen zu tun, die im Rahmen eines Wertsystems, mit dessen Hilfe sich die Verhaltensfolgen bewerten lassen, anderen Alternativen vorgezogen werden[30]."

Im Unterschied zu Simon bestimmt William J. Gore Entscheidungen als Interaktionsprozesse, die jene sozialen Mechanismen, welche kollektives Handeln ermöglichen, aufrechterhalten und weiterentwickeln. Gore scheint damit frühzeitig die Begrenzungen einer rein rationalistischen Entscheidungstheorie erkannt zu haben. Vielleicht hat er auch deshalb die heuristische Seite von Entscheidungsmodellen so stark betont. Er unterscheidet drei Typen von Entscheidungen: Routineentscheidungen (routine decisions), Anpassungsentscheidungen (adaptive decisions) und Innovationsentscheidungen (innovative decisions). Der zuletzt genannte Typ hat zweifellos etwas mit dem heuristischen Aspekt zu tun[31].

III.

Einige Typisierungs- und Zuordnungsversuche der Entscheidungstheorien der Vergangenheit haben wir im vorangegangenen Abschnitt skizziert. Damit sind auch gleichzeitig die intellektuellen Ursprünge dieser Theorien angesprochen worden. Wie James A. Robinson zu Recht hervorhebt, lassen sich bei der Suche nach den Ursprüngen zwei historische Linien verfolgen: die mathematische Ökonomik, beginnend mit dem Werk Bernoullis im 18. Jahrhundert, und das Wissensfeld, das in den angelsächsischen Ländern als „public administration" bezeichnet wird. Aus dem „public-administration"-Ansatz haben sich der organisationstheoretische, später der organisationssoziologische, der organisationspsychologische und der systemanalytische entwickelt. Anfang der fünfziger Jahre hat dann auch Richard C. Snyder seine Schemata entwickelt, mit Hilfe derer Entscheidungsdaten im Bereich der internationalen Politik analysiert werden sollten[32].

In der politikwissenschaftlichen Literatur im engeren Sinne des Wortes lassen sich eine Reihe von Ansätzen unterscheiden, die jedoch bisher nicht koordiniert worden sind. Ins Auge fallen zunächst außenpolitische Fallstudien wie die von Graham T. Allison über die Kubakrise, von Kai M. Schellhorn über Vietnam und von Roberta Wohlstetter über Pearl Harbor[33]. Diese Arbeiten sind mehr oder minder stark von Snyder beeinflußt. In ihnen wird der Ablauf eines Entscheidungsverhaltens in Schritten dargestellt, und es werden „Modelle" außenpolitischer Entscheidungen zu konstruieren versucht. Durch das Heranziehen jeweils einer internationalen Krise ist der Horizont dieser Arbeiten breit: Das Konzept der Krisenpolitik impliziert stets auch das der Integrations- und Kooperationspolitik[34].

Im Anschluß an solche Versuche ist gerade in Arbeiten aus der jüngsten Zeit die Frage gestellt worden: Muß nicht jede Entscheidungstheorie in einen größeren Zusammenhang gestellt werden, zum Beispiel den der internationalen Krise? Weiterhin wird in diesen neueren Analysen der soziologische Zugriff sichtbar. So wird etwa zwischen Entscheidungen bei einem gesicherten internen Legitimationseinverständnis und solchen bei „ungesicherten" Entscheidungsträgern unterschieden. Zur Soziologie der internationalen Beziehungen gehört es auch, nach den innenpolitischen und innergesellschaftlichen und nicht nur nach den außenpolitischen Bedingungen eines Entscheidungsprozesses zu fragen. Schließlich neigt die soziologische Betrachtung bei Entscheidungsprozessen, vielleicht noch stärker als allgemein in der Politischen Wissenschaft, zu Fragen der konkretisierenden Modellbildung: Inkrementalismus versus rational-deduktive Entscheidungsfindung u.ä.m.[35].

Neben außenpolitische Fallstudien treten in immer stärkerem Maße innenpolitische. Stadtsanierungs- wie Erziehungs-, Bildungs- und Ausbildungspolitik stehen im Vordergrund der Analyse innenpolitischer und innergesellschaftlicher Entscheidungsfindung. So wird — meist im Rahmen von „public-(social-)policy"-Konzepten — etwa über „urban decision-making" gearbeitet[36].

Im Bereich der deskriptiven Modellbildung von Entscheidungsprozessen ist an erster Stelle Harold D. Lasswell zu nennen. Lasswell hat sich vor allem darauf konzentriert, die verschiedenen Funktionen des Entscheidungsprozesses herauszuarbeiten. Michael Taylor hat in seiner *Theory of Collective Choice* versucht, Typen von sozio-politischen Entscheidungen festzumachen. Seine These geht dahin, daß solche Entscheidungen alle Verhaltensformen des „voting" und/oder „bargaining" enthalten. Taylor hat weiterhin Merkmale von Entscheidungsregeln oder „Klassen" solcher Regeln herauszupräparieren versucht. Dabei wird der Terminus „decision rule" für jede Methode benutzt, die individuelle Präferenzen aggregiert und kollektive Wahlhandlungen produziert[37].

Im Zusammenhang mit Lasswells und Taylors Bemühungen sind auch Fragestellungen von Herbert A. Simon und Anthony Downs zu sehen. Simon untersucht die Möglichkeiten des „decision-making behavior" im Rahmen einer „dynamischen" Theorie. Dabei zieht er als Beispiel aus der Innenpolitik das Wahlverhalten der Bürger, aus der Außenpolitik die Entscheidungen aus der Quemoy-Krise heran, die besonders von Charles A. McClelland behandelt worden sind[38]. Downs möchte Verhaltensregeln für eine demokratisch gewählte Regierung konstruieren. In diesem Zusammenhang spielen die rationalen Ziele oder besser: die als rational angesehenen Ziele der Entscheidungsträger eine maßgebliche Rolle. Sie müssen erkannt sein, bevor festgesetzt werden kann, ob sie tatsächlich als rational angenommen werden können[39].

IV.

Neuere entscheidungstheoretische Ansätze, die in der Politischen Wissenschaft diskutiert werden, beschäftigen sich im wesentlichen mit zwei Problemkomplexen: mit der Frage der Prozeßorientierung gegenüber der Outputorientierung einerseits und, andererseits, der Frage, ob rationales Entscheiden mit optimalem Entscheiden gegenwärtig realistischer Weise noch gleichgesetzt werden kann.

Die prozeßorientierten Ansätze sind zweifellos von R. Duncan Luce und Howard Raiffa beeinflußt — von jenen Theorien, die behaupten, daß jedes Verhalten als „transitive" aufgefaßt werden müsse. In diesem Zusammenhang ist die Definition des dynamischen Entscheidungsprozesses von Martin K. Starr und Milan Zeleny von Interesse: „Decision making is a dynamic process: complex, redolent with feedback and sideways, full of search detours, information gathering and information ignoring, fueled by fluctuating uncertainty, fuzziness and conflict; it is an organic unity of both pre-decision and post-decision stages of the overlapping regions of partial decisions[40]." Der Hauptaspekt der Autoren ist dabei die inhaltliche Bestimmung des Wortes „dynamisch": Vielfältige Attribute, Funktionen, Strukturen, Objekte und Kriterien werden in diesem Zusammenhang nebeneinander, unhierarchisch genannt. Um zu dem dynamischen „multiple-criteria-decision-making"-Ansatz (MCDM-Ansatz) zu kommen, wird unter anderem auf Simons Prinzip der begrenzten Rationalität zurückgegriffen, obwohl Simons Gesamtansatz kräftig kritisiert wird. „Satisficing" wird als sinnvolle Alternative zu „optimizing", zum bisher herrschenden Prinzip der optimalen Entscheidung angesehen. Entsprechend werden adaptives Verhalten und Lernen in den Vordergrund gestellt. Eine suboptimale dynamische Entscheidung, die für ein wachsendes Verständnis der Probleme des Wohlfahrtsstaates sorgt, wird dem an sich erreichbaren Optimum konzeptionell vorgezogen[41]. Damit wendet man sich von den entscheidungstheoretischen Ansätzen der sechziger Jahre, wie sie unter anderem von Lindblom vertreten wurden, ab. Lindbloms Rationalität ist einerseits eine Rationalität a posteriori[42]. Andererseits reflektiert sein „muddling-through"-Ansatz den „apprehensive man" unserer Zeit ebenso wie Simons „begrenzte" Rationalität[43].

Mit einer solchen Neuorientierung ist Eberhard Wittes Unterscheidung zwischen objektivem Informationsbedarf und subjektiver Informationsnachfrage durchaus zu verbinden. In erster Linie kommt es auf die Effizienz der Nachfrage-Aktivität des Entscheidungsträgers an. Die experimentellen Untersuchungen von Witte haben ergeben, daß trotz Vorhandensein vollständiger Informationsmöglichkeiten häufig nur eine geringe Nutzung dieser Möglichkeit von seiten der Entscheidungsträger besteht[44].

Eng mit diesen Bewertungen zusammen hängt das zweite von uns hervorgehobene Problem — das Problem der unvollkommenen Rationalität, die gegenüber dem Rationalprinzip als Optimalprinzip verteidigt wird. Vor allem John W. N. Watkins hat im einzelnen die Hauptgesichtspunkte einer auf Rationalität zielenden Entscheidungstheorie philosophisch und wissenschaftstheoretisch überzeugend reflektiert. Er hat die Gewißheitsbedingungen, die Risikobedingungen und die Ungewißheiten, die den meisten Entscheidungstheorien als Hauptmerkmale zugrunde liegen, analysiert. Seine Ergebnisse sind für die politikwissenschaftliche Entscheidungstheorie von größtem Interesse. So nimmt er Abschied von der Entscheidungstheorie von Neumanns und Morgensterns und setzt voraus, daß die Menschen *unterschiedliche* Spieltemperamente besitzen. Ähnliches gilt für die prinzipielle Verbindung der Spieltheorie mit der Entscheidungstheorie. Ursprünglich errang die Spieltheorie ihren Erfolg, weil sie die Möglichkeit bot, mit der Übertragung der Theorie der optimalen Entscheidung auf Problemsituationen, bei denen intuitiv eine optimale Lösung nicht angenommen wurde, zu arbeiten. Später erkannte man bei der Analyse der Rationalität, daß spieltheoretische Methoden häufig die Realität nicht in den Griff bekamen[45].

Von einem anderen Ansatz her haben Michel Crozier und Erhard Friedberg die bisher angenommene „Rationalität" bei Entscheidungen als „Systemrationalität" bezeichnet und sie der realistischeren, der Rationalität der handelnden und entscheidenden Akteure gegenübergestellt. Dabei stützen sie sich vor allem auf Beobachtungen von Albert O. Hirschman, der schon frühzeitig anläßlich der Lösung von Entwicklungsländerproblemen festgestellt hatte, daß die Menschen bei Entscheidungen häufig nicht genau wissen, was sie wollen und daß sie ihre neuen Ziele erst durch Erfahrungen entdecken, die dann ihre Entscheidungen beeinflussen oder sogar prägen[46]. Die Menschen lernen damit, im Zuge ihrer Erfahrungen zu entscheiden.

Die Entscheidungsträger sind jedoch nicht nur durch ihre eigenen Erfahrungen eingeschränkt, sondern auch durch die Regeln des Entscheidungssystems, dem sie selbst angehören. Weiterhin haben sie es mit ganz unterschiedlichen Problemen zu tun, die jeweils ihre „eigene Struktur" haben — und diese Struktur bedingt ihrerseits die Auswahl von Entscheidungen wie auch die Erfolgsaussichten. Oft sind diese Strukturen zudem nicht sofort erkennbar. Deshalb kommt es, nach Crozier und Friedberg, um so mehr auf die Fähigkeit der Entscheidungsträger an, solche latenten Strukturen adäquat einzuschätzen. In diesem Zusammenhang machen die beiden Autoren eine recht interessante Beobachtung: Die einen Entscheidungsprozeß auslösenden Probleme entsprechen den Anforderungen des Systems oder der Struktur, auf die sich die Entscheidungen beziehen, häufig nur in unvollkommener und verschwommener Weise. Das heißt: „Im Grunde wählen die Entscheidungsträger die Probleme selbst", schaffen sie sich selbst, um sie zu lösen. Jedenfalls sollten die Entscheidungsträger davon ausgehen, daß dies so ist[47].

Mit dieser Wendung zu den Problemen des konkreten, historisch-soziologischen Subjekts als Entscheidungsträger erhält die politikwissenschaftliche Entscheidungstheorie eine neue Dimension. Es wird, wie die vorliegende Arbeit von Henning Behrens zeigt, nicht nur eine neue Symbiose von politikwissenschaftlicher Entscheidungstheorie, psychologischer Entscheidungstheorie und Organisationstheorie versucht, sondern die Begriffe des sozialen Lernens und der Erfahrung werden denen der Effizienz und der Systemrationalität erfolgreich konfrontiert. Wenn nicht alles täuscht, haben damit bestimmte Gedankengänge des sogenannten Post-Behavioralismus auch die politikwissenschaftliche Entscheidungstheorie erfaßt und bereits zu verändern begonnen.

Anmerkungen

1 Richard C. Snyder, H.W. Bruck und Burton Sapin, Foreign Policy Decision-Making. An Approach to the Study of International Politics, Glencoe (Ill.) 1962, S. 62.
2 Norbert Müller, Strategiemodelle. Aspekte und Probleme einer sozialwissenschaftlichen Praxeologie (Beiträge zur sozialwissenschaftlichen Forschung, 13), Opladen 1973, S. 48.
3 Klaus Bodemer, „Spieltheorie", in: Grundkurs Politische Theorie, hrsgg. von Oscar W. Gabriel, Köln-Wien 1978, S. 143—188, S. 146 ff.
4 Vgl. Edith Stokey und Richard Zeckhauser, A Primer for Policy Analysis, New York 1978, S. 202.
5 Bodemer, „Spieltheorie", op. cit., S. 156.
6 Müller, Strategiemodelle, op. cit., S. 48.

7 Vgl. Horst Rittel, „Zur wissenschaftlichen und politischen Bedeutung der Entscheidungstheorie", in: Forschungsplanung. Eine Studie über Ziele und Strukturen amerikanischer Forschungsinstitute, hrsgg. von Helmut Krauch, Werner Kunz und Horst Rittel, München-Wien 1966, S. 110−129, S. 110 f.

8 David Braybrooke und Charles E. Lindblom, A Strategy of Decision. Policy Evaluation as a Social Process, New York-London 1963, S. 66.

9 Etwa von James A. Robinson in seinem Artikel „Decision Making: Political Aspects", in: International Encyclopedia of the Social Sciences, hrsgg. von David L. Sills, 17 Bde., New York-London 1968 (Reprint Edition 1972), Bd. 4, S. 55−62.

10 Vgl. dazu vor allem Paul Kevenhörster und Adrienne Windhoff-Heretier, „Policy Analyse und Policy Implementation. Zur praktischen Verwertbarkeit wissenschaftlicher Information", in: Kommunalpolitische Praxis und lokale Politikforschung. Referate der Arbeitsgruppe Kommunalpolitik und Politikwissenschaft anläßlich des Kongresses der Deutschen Vereinigung für Politische Wissenschaft, Bonn 1977, hrsgg. von Paul Kevenhörster und Hellmut Wollmann, hektogr. Manuskr., Berlin (Deutsches Institut für Urbanistik), August 1978, S. 147−181, S. 149.

11 William A. Welsh, Studying Politics, London 1973, S. 7, 105.

12 Vgl. dazu auch James A. Robinson und Richard C. Snyder, „Decision-Making in International Politics", in: International Behavior. A Socio-Psychological Analysis, hrsgg. von Herbert C. Kelman, New York etc. 1965, S. 435−463, S. 442.

13 Vgl. Glenn H. Snyder und Paul Diesing, Conflict among Nations. Bargaining, Decision Making, and System Structure in International Crises, Princeton (N.J.) 1977, S. 6.

14 Arnold L. Horelick, A. Ross Johnson und John D. Steinbruner, The Study of Soviet Foreign Policy. A Review of Decision-Theory-Related Approaches. Veröff. Nr. R-1334 der RAND Corporation, Santa-Monica, Dezember 1973, S. VI.

15 Welsh, Studying Politics, op. cit., S. 108.

16 R.D. Specht, „The Why and How of Model Building", in: Analysis for Military Decisions, hrsgg. von E(dward) S. Quade, 3. Ausgabe, Chicago-Amsterdam 1967, S. 66−80, S. 77.

17 E(dward) S. Quade, Analysis for Public Decisions, New York etc. 1975, S. 35 ff.

18 Nach Judith Selvidge, Rapid Screening of Decision Options, Technical Report 76-12 der Defense Advanced Research Projects Agency (Office of Naval Research, Engineering Psychology Programs), McLean (Va.), Oktober 1976, S. 66.

19 Nach vom Verfasser mündlich erhaltenen Informationen.

20 Quade, Analysis for Public Decisions, op. cit.

21 Vgl. Wolf-Rüdiger Bretzke, „Die Formulierung von Entscheidungsproblemen als Entscheidungsproblem", in: Die Betriebswirtschaft, 38. Jg. (1978), Heft 1, S. 135−143, S. 135, 138; ferner Herbert A. Simon, Perspektiven der Automation für Entscheider, aus dem Amerikanischen übertragen, Quickborn 1966, S. 70, 73.

22 Werner Dinkelbach, „Entscheidungsmodelle", in: Handwörterbuch der Organisation, hrsgg. von Erwin Grochla, Stuttgart 1969, Sp. 485−496.

23 Ward Edwards, „The Theory of Decision Making" (1954), in: Decision Making. Selected Readings, hrsgg. von Ward Edwards und Amos Tversky (Penguin Modern Psychology, UPS 8), Harmondsworth (Middlesex, England) 1967, S. 13−64, S. 27 f.

24 Vgl. ibid., S. 14 f.

25 Bruno S. Frey, Moderne Politische Ökonomie. Die Beziehungen zwischen Wirtschaft und Politik, München-Zürich 1977, S. 27 f.

26 Daniel Katz und Robert L. Kahn, The Social Psychology of Organizations, New York-London 1966, S. 299, 260.

27 Marcus Alexis und Charles Z. Wilson, Organizational Decision Making, Englewood Cliffs (N.J.) 1967, S. 66 f., 76 ff.

28 Vgl. Robert F. Bales und Fred L. Strodtbeck, „Phases in Group Problem-Solving", in: Alexis/Wilson, Organizational Decision Making, op. cit., S. 122−133.

29 Herbert A. Simon, Das Verwaltungshandeln. Eine Untersuchung der Entscheidungsvorgänge in Behörden und privaten Unternehmen, aus dem Amerikanischen übertragen (Verwaltung und Wirtschaft, 12), Stuttgart 1955, S. 33.

30 Ibid., S. 53.

31 William J. Gore, Administrative Decision-Making. A Heuristic Model, New York-London-Sydney 1964, S. 130, 136 ff.

32 Vgl. Robinson, Art. „Decision Making: Political Aspects", op. cit., S. 56.

33 Graham T. Allison, Essence of Decision. Explaining the Cuban Missile Crisis, Boston-Toronto 1966; Kai M. Schellhorn, Krisen-Entscheidung. Der geheime amerikanische Entscheidungsprozeß zur Bombardierung Nord-Vietnams 1964/65 (Münchener Studien zur Politik, 26), München 1974; Roberta Wohlstetter, Pearl Harbor. Warning and Decision, Stanford (Cal.) 1962.
34 So etwa Schellhorn, op. cit., S. 10.
35 Vgl. dazu jetzt Walter L. Bühl, Transnationale Politik. Internationale Beziehungen zwischen Hegemonie und Interdependenz, Stuttgart 1978, S. 164 ff., 174, 221 f.
36 Vgl. Jerry F. Hough, ,,Urban Decision-Making in the United States and Canada", in: Comparing Public Policies. Papers presented at the Round Table meeting at Jabłonna, Poland (May 14–19, 1974), hrsgg. von Jerzy J. Wiatr und Richard Rose, Wrocław etc. 1977, S. 221–244.
37 Michael Taylor, ,,The Theory of Collective Choice", in: Handbook of Political Science, hrsgg. von Fred I. Greenstein und Nelson W. Polsby, 8 Bde., Reading (Mass.) etc. 1975, Bd. 3, S. 413–481, S. 417.
38 Herbert A. Simon, ,,Political Research: The Decision-Making Framework", in: Varieties of Political Theory, hrsgg. von David Easton, Englewood Cliffs (N.J.) 1966, S. 15–24.
39 Anthony Downs, An Economic Theory of Democracy, New York 1957, S. 3–8.
40 Martin K. Starr und Milan Zeleny, ,,MCDM. State and Future of the Arts", in: Multiple Criteria Decision Making, hrsgg. von Martin K. Starr und Milan Zeleny (Studies in the Management Sciences, 6), Amsterdam-New York-Oxford 1977, S. 5–29, S. 25.
41 Peter W.G. Keen, ,,The Evolving Concept of Optimality", in: Multiple Criteria Decision Making, op. cit., S. 31–57, S. 41.
42 Vgl. Michel Crozier und Erhard Friedberg, Macht und Organisation. Die Zwänge kollektiven Handelns, aus dem Französischen übertragen (Sozialwissenschaft und Praxis, 3), Königstein/Ts. 1979, S. 194.
43 Vgl. Keen, ,,The Evolving Concept of Optimality", op. cit., S. 46.
44 Eberhard Witte, Das Informationsverhalten in Entscheidungsprozessen (Die Einheit der Gesellschaftswissenschaften, 13), Tübingen 1972, S. 46, 54.
45 John W.N. Watkins, Freiheit und Entscheidung, aus dem Englischen übertragen (Die Einheit der Gesellschaftswissenschaften, 20), Tübingen 1978, S. 67.
46 Crozier/Friedberg, Macht und Organisation, op. cit., S. 188 f., 193.
47 Ibid., S. 224.

Vorwort

Die Beschäftigung mit der sozialwissenschaftlichen Analyse von Entscheidungsprozessen hat für den Verfasser zugleich aktuelle (a) wie auch zeitlose (b) Bezüge:

(a) Immer wieder bemühen sich Entscheidungstheoretiker als Psychologen, Ökonomen und Politologen, das Entscheidungsverhalten von Menschen im Alltag, in Wirtschaftseinheiten sowie von politischen Entscheidungsträgern an möglichst anschaulichen und aktuellen Beispielen zu demonstrieren. Indessen gibt es seit dem Jahr 1978 zusätzlich noch einen wissenschaftspolitisch aktuellen — dabei auch die gängigen Einteilungen nach wissenschaftlichen Disziplinen sprengenden — Bezug zu dem in dieser Arbeit behandelten Thema. Herbert A. Simon, Professor für Sozialpsychologie und "Industrial Relations" an der Carnegie Mellon-Universität (Pittsburgh/USA), erhielt von der schwedischen Akademie der Wissenschaften den Nobelpreis für Wirtschaftswissenschaften für die Untersuchung von Entscheidungsprozessen in Wirtschaftsorganisationen zugesprochen. Damit wurde ein Wissenschaftler weltweit geehrt, der mit seinem Werk die entscheidungstheoretische Diskussion in der Psychologie, der Betriebswirtschaftslehre, der Volkswirtschaftslehre, der Soziologie, der Politischen Wissenschaft und schließlich der Informationswissenschaft nachhaltig geprägt hat.

(b) Ein Blick in das 17-bändige sozialwissenschaftliche Lexikon: "International Encyclopedia of the Social Sciences" unter dem Stichwort: Politische Entscheidungsprozesse ("Decision Making: Political Aspects") zeigt, daß die Ursprünge einer politischen Entscheidungstheorie zumindest bis in das 18. Jahrhundert zurückverfolgt werden können — wenn auch die ganze Breite der modernen wissenschaftlichen Diskussion nicht vor der ersten Hälfte des 20. Jahrhunderts einsetzte. Als Pioniere werden dort u.a. Daniel Bernoulli: Entwicklung einer Risiko-Theorie (1738), Harald D. Lasswell: Untersuchungen zur Psychopathologie und Politik (1930). John von Neumann und Oskar Morgenstern als Väter der Spieltheorie (1944) sowie, als besonders einflußreich, der Nobelpreisträger von 1978 Herbert A. Simon mit seiner konstruktiven Kritik an den aus dem 18. Jahrhundert stammenden Annahmen über Entscheidungsverhalten (1947) genannt.

Sieht sich somit der um Systematisierung der Bestrebungen zur Entwicklung einer politischen Entscheidungstheorie bemühte Verfasser mit einem „zeitlos" gültigen Fundus entscheidungstheoretischer Analysen konfrontiert, weist das Arbeitsthema noch in einem weiteren Sinne über die im Folgenden möglichst zahlreich angeführten mehr oder minder aktuellen Beispiele politischen Entscheidungsverhaltens hinaus. Selbst vorsichtige globale Trendüberlegungen zukünftiger wachsender Bevölkerungsentwicklung, Kommunikations- und Transportdichte, ökonomischer Austauschbeziehungen und Abhängigkeiten, wissenschaftlicher sowie technischer und militärischer Potentiale lassen die Erwartung plausibel erscheinen, daß zukünftige Generationen vermehrte Energie und Sorgfalt darauf verwenden werden, politische Entscheidungen vorzubereiten, immer engere politische Interdependenzbeziehungen in Rechnung zu stellen, insbesondere aber die Entscheidungsfolgen soweit menschenmöglich zu antizipieren. Wenn also im Folgenden erkennbare Möglichkeiten und Grenzen der Analyse ausgewählter politischer Entscheidungsprozesse — gewissermaßen in systematisierender wissenschaftlicher „Momentaufnahme" — diskutiert werden, so sollte sich der Leser dabei stets der potentiellen Dynamik politologischer Entscheidungsforschung in der Zukunft bewußt bleiben. Ob allerdings die intelektuelle wissenschaftliche Neugier, die Nachfrage seitens politischer Entscheidungsträger in einer zunehmend komplexeren Welt oder auch andere Faktoren, wie etwa die immer wieder beschworenen „Sachzwänge", die eigentlich treibenden Kräfte zur Weiterentwicklung einer erst in Konturen erkennbaren politischen Entscheidungstheorie sein werden: das zu beurteilen kann nicht mehr Gegenstand dieser Arbeit sein, sondern bleibt bestenfalls spekulativ-futuristische Interpretation.

Die Spannkraft des Verfassers, seine Beschäftigung mit der komplizierten und interdisziplinär angelegten Entscheidungstheorie zu einem Buch über Politische Entscheidungsprozesse zu verarbeiten, verdankt entscheidende Impulse den vielen stimulierenden Gesprächen und Mansukript-Diskussionen mit Peter C. Ludz, Professor für Politische Wissenschaft am Geschwister-Scholl-Institut der Universität München. In dem von ihm geleiteten und inzwischen schon zu einer Institution gewordenen Oberseminar: „Theoretische und methodologische Probleme der Politischen Wissenschaft" mehrmals auf der Agenda, konnte in äußerst hilfreichen Diskussionen mit den Seminarteilnehmern das Konzept allmählich reifen. Schließlich haben Studenten in eigenen Lehrveranstaltungen zu politischen Entscheidungsprozessen vornehmlich in der Internationalen Politik durch Fragen, Diskussionsbeiträge und z. T. vorzügliche Papiere zu Fallstudien einen nicht zu unterschätzenden Anteil am Training des Verfassers, noch so komplizierte entscheidungstheoretische Zusammenhänge sprachlich möglichst verständlich fassen zu wollen.

Dieses Buch wurde natürlich für Fachkollegen im engeren Sinne geschrieben, die sich in Lehre und Forschung mit der Analyse politischer Entscheidungsprozesse beschäftigen. Es richtet sich zugleich an Fachkollegen in einem weiteren Sinne, also Psychologen, Soziologen, Ökonomen, Organisationstheoretiker etc., die ebenfalls der Auffassung sind, daß eine weiterführende sozialwissenschaftliche Analyse von Entscheidungsprozessen im gesellschaftlich-politischen Raum heute eigentlich nur noch ein interdisziplinäres Unterfangen sein kann.

„Hartgesottene" Praktiker fühlen sich unter Umständen in ihren intimsten geistigen Bereichen verletzt, wenn sie wissenschaftlichen Bemühungen einer theoretischen Entscheidungsanalyse begegnen. Für das Management in Wirtschaft und Verwaltung ist ein solches Verhalten sowie die völlige Abstinenz gegenüber jedem Denken in „Modellen" gelegentlich artikuliert worden; dies mag natürlich auch für Politiker gelten. Indessen haben doch gerade Praktiker den unschätzbaren Vorteil, daß sie für ihren Entscheidungsbereich über meist in langjähriger Erfahrung „gewachsenes" Wissen zur Definition einer Entscheidungssituation verfügen und damit, viel konkreter als jeder Entscheidungstheoretiker, Entscheidungskonzepte aus eigener Anschauung auffüllen bzw. für ihren besonderen Zweck verändern können.

Der interessierte Laie schließlich kann sich in diesem Buch einen annähernden Überblick darüber verschaffen, wieviel Forschungsaktivität und damit geistige Energie in den Sozialwissenschaften zur Analyse gerade auch politischer Entscheidungsprozesse bereits aufgewandt worden ist.

München, im März 1979   Henning Behrens

Erstes Kapitel
„Produktive Umwege" zu eigenen Fragestellungen

I. Politische Entscheidungsprozesse — Entscheidungsverhalten von Regierungen

1. Entscheidung als alltägliche Erfahrung

Buridan neigte bekanntlich dazu, seine Beispiele entweder mit Sokrates, Platon oder mit „asinus" zu illustrieren. Ihm wird jene mit „Buridans Esel" bezeichnete Metapher zugerechnet, die wegen ihrer Annahmen groteske Züge aufweist. Der Esel steht danach in der Mitte zwischen zwei Heuhaufen. Er kann sich, hungrig wie er ist, nicht entscheiden, welchem dieser beiden Heuhaufen er sich zuwenden soll[1].

Sicherlich kennt jeder von uns aus seinem eigenen Verhalten — also durch Introspektion — oder durch Beobachtung des Verhaltens seiner Mitmenschen vergleichbare Reaktionen, wenn auch vermutlich in eher schwierigeren Situationen als „Buridans Esel". Wie oft schieben wir Entscheidungen vor uns hin, versuchen ihnen auszuweichen. Wir zaudern häufig selbst dann noch, uns zu entscheiden, wenn sich eine Handlungsalternative auf den ersten Blick als günstiger erweist. Fehlt der nötige Druck, scheuen wir möglicherweise vor der mentalen Anstrengung des Problemlösens. Oder aber wir drücken uns vor Entscheidungen, weil wir unerwartete Konsequenzen befürchten. Haben wir doch gewöhnlich seit frühester Jugend internalisiert — etwa mit der biblischen Schilderung des Sündenfalls — welche weitreichenden Konsequenzen menschliches Handeln haben kann.

Die meisten Menschen sind im beruflichen Alltag auf die eine oder andere Weise in Institutionen bzw. Organisationen tätig, anfangs während der Berufsausbildung und später als Berufstätige. Gewiß verbleiben auch in diesem Rahmen Spielräume für individuelle Entscheidungsfreiheit. So kann sich der Student aus dem Angebot von Lehrveranstaltungen einer Universität die ihn interessierenden auswählen oder der Arbeiter bzw. Angestellte seine berufliche Qualifikation in eine ganz bestimmte Ausrichtung vorantreiben. In vielen Fällen werden die Entscheidungen jedoch durch den institutionellen Rahmen vorgegeben. Bleiben wir bei den Beispielen Universität und Unternehmen. Der Student muß fürs Examen u. a. eine Zulassungs-, Magister- oder Diplom-Arbeit schreiben. Der Arbeiter bzw. Angestellte muß sich an die Ausführung von in seiner Arbeitsplatzbeschreibung aufgeführten Tätigkeitsmerkmalen halten.

Aber auch auf einer oberen Ebene greifen derartige durch den institutionellen Rahmen vorgegebene Begrenzungen der Entscheidungsfreiheit. Der Ordinarius hat eine bestimmte Lehrverpflichtung einzuhalten. Der Manager andererseits muß je nach Unternehmensgröße z. B. für die Durchführung der entsprechenden Bestimmungen des Mitbestimmungsgesetzes sorgen. Der Druck derartiger Regelungen in Organisationen ist — bei aller Entscheidungsfreiheit innerhalb solcher Entscheidungsrichtlinien — hoch zu veranschlagen; drohen doch im Falle der Nichtbefolgung z. T. erhebliche Sanktionen.

2. Politische Entscheidungen — Träger der höchsten Entscheidungskompetenz

Wir haben uns für die folgenden Ausführungen das Thema „Politische Entscheidungsprozesse, Konturen einer politischen Entscheidungstheorie" gestellt. Im Bereich des politischen Gemeinwesens haben Entscheidungsprozesse bekanntlich eine „gewichtigere" Bedeutung als in der Privatsphäre. Sie sind der Natur der Sache nach öffentlich und tangieren für gewöhnlich das Schicksal einer großen Zahl von Menschen. Für uns bedeuten politische Entscheidungen verbindliches Auswählen von Handlungsalternativen mit registrierbaren Auswirkungen im politischen Bereich. Als Träger der höchsten politischen Entscheidungskompetenz fungiert dabei im nationalstaatlichen Rahmen die jeweils amtierende Regierung.

In der Politischen Wissenschaft können wir das Entscheidungsverhalten von Regierungen mit Hilfe von mindestens zwei unterscheidbaren Sichtweisen zu erfassen suchen:

(1) Ein Blick in die Verfassung lehrt uns, daß es institutionelle Regelungen wie etwa das Ministerialprinzip oder beispielsweise die Richtlinienkompetenz des Bundeskanzlers gibt. Diese Regelungen legen zwar politische Entscheidungen inhaltlich nicht fest, geben aber einen institutionellen Rahmen vor.

(2) Die andere Blickrichtung fragt nach den Zielen, die eine Regierung verfolgt. Sie zeigt die Mittel auf, die sie zur Erreichung dieser gesetzten Ziele einsetzen kann. Sie fragt ferner nach den Perzeptionen, die sie von sich selber sowie von anderen Regierungen hat, nach den internen Informationsverarbeitungsprozessen in Entscheidungsgremien etc.

Wir werden uns im Folgenden insbesondere diesem zweiten Typ von Fragen zuwenden und herauszufinden versuchen, mit welchen theoretischen Konzepten wir Entscheidungsverhalten dieser Art auf Regierungsebene in den Griff bekommen können. Das heißt natürlich nicht, daß die Bedeutung institutioneller Regelungen als Rahmen politischer Entscheidungsprozesse gering eingeschätzt würde. Im Gegenteil wird an verschiedenen Stellen dieser Arbeit explizit auf Institutionen sowie auf gesetzliche Regelungen, auf Normen und Werte Bezug genommen.

3. Erklärung und Verbesserung politischer Entscheidungen

Unseres Erachtens sind die im Folgenden vorzustellenden entscheidungstheoretischen Konzepte von unterschiedlichster Provenienz in der Lage, das Entscheidungsverhalten von Regierungen — und damit wesentliche Aspekte des gesamten

Kosmos politischen Entscheidungsverhaltens — mit in der traditionellen Institutionenlehre nicht verfügbaren „konzeptionellen Linsen" zu betrachten. Es werden mit diesen Konzepten bisher wenig beachtete Dimensionen politischer Entscheidungsprozesse offengelegt und ansatzweise einer zunehmend verfeinerten Erklärung zugänglich.

Wir werden jedoch das entscheidungstheoretische Instrumentarium nicht nur zu Erklärungsversuchen politischen Entscheidungsverhaltens heranziehen. Zugleich stellen wir die Frage, welche Einsatzmöglichkeiten dieses Instrumentarium zur qualitativen Verbesserung politischer Entscheidungsprozesse bietet. Wie uns eine Durchsicht von Vertretern unterschiedlicher klassischer Ausrichtungen in der Politischen Wissenschaft lehrt, hat sich die Frage nach der „richtigen", bzw. der jeweils besseren Entscheidung wie ein roter Faden durch die Entwicklung dieser Wissenschaft hindurchgezogen. Bezogen auf die in der gegenwärtigen Diskussion vielfach geäußerte These von einer zunehmenden „Unregierbarkeit westlicher Demokratien" erhält die Einsatzmöglichkeit moderner Instrumente zur Entscheidungsverbesserung ein ganz besonderes Gewicht.

Wie aus den bisherigen Ausführungen bereits hervorgeht, zielt die vorgelegte Arbeit in zwei Hauptstoßrichtungen:

(1) Die erste Richtung sucht nach entscheidungstheoretischen Erklärungskonzepten, die entweder direkt in die Politische Wissenschaft Aufnahme finden können oder zumindest für die politische Entscheidungsanalyse heuristisch wirksam werden, etwa durch Anregung zu neuen Fragestellungen, Hypothesenbildungen etc. Zu diesem Zweck werden wir zunächst andere der Politischen Wissenschaft benachbarte Sozialwissenschaften wie die Psychologie, die Betriebswirtschaftslehre, die Volkswirtschaftslehre und die Organisationstheorie nach im einzelnen darzulegenden Kriterien gründlich „durchforsten". Dabei gilt es, wichtige Elemente der entscheidungstheoretischen Diskussionen in diesen Sozialwissenschaften nachzuzeichnen und auf Übertragungsmöglichkeiten für eine Entscheidungsanalyse in der Politischen Wissenschaft „abzuklopfen". Im Anschluß daran sollen neueste entscheidungstheoretische Konzepte, wie sie in der Politischen Wissenschaft zunehmend gebräuchlicher werden, mit ihren Merkmalen vorgestellt und einem intensiven Vergleich unterzogen werden. Bewegen sich diese entscheidungstheoretischen Konzepte überwiegend im Rahmen der internationalen Politik, werden danach an dem konkreten innenpolitischen Beispiel von — mit dem Lebensqualitätspostulat in engem Zusammenhang stehenden — Umweltschutzmaßnahmen einige Erklärungsansätze vorgestellt werden, wie sie in der Politischen Wissenschaft für gewöhnlich nicht Verwendung finden.

(2) Anläßlich der Ausführungen zum Lebensqualitätspostulat wird mit der Diskussion um Bestrebungen und Grenzen sozialwissenschaftlicher Zieloperationalisierung die zweite Hauptstoßrichtung der Arbeit eröffnet: Soziale Indikatoren, heuristische Problemlösungsverfahren (Brain-Storming, Delphi, Scenario), PPB und die sogenannte „Decision Analysis" sollen uns als „Diskussionsfolie" dienen für Einsatzmöglichkeiten und Grenzen des Instrumentariums zur qualitativen Verbesserung politischer Entscheidungsprozesse. Generelle Probleme der

Politikberatung werden gestreift, und mit abschließenden Bemerkungen zu Problemen der Entscheidungsdurchführung und Entscheidungskontrolle blenden wir uns aus. Bei der Fülle der im Folgenden zu diskutierenden entscheidungstheoretischen Konzepte bzw. Instrumente sollte der Leser den Fokus nicht aus den Augen verlieren: Suche nach Möglichkeiten der Erklärung wie auch der Verbesserung politischer Entscheidungsprozesse ist legitimes Anliegen der Politischen Wissenschaft und Ziel einer zu entwickelnden politischen Entscheidungstheorie.

Bevor der Autor jedoch das eigentliche „Fleisch" der bereits kurz umrissenen Problemstellungen zu „tranchieren" beginnt, soll der Leser zu einem doppelten Umweg eingeladen werden:
— Jeder, der sich einmal die Mühe macht, politologische Einführungsliteratur in das Gebiet Politische Theorie zu sichten, findet bei einer ganzen Reihe von Autoren folgende Dreiteilung: Die normative, historisch-dialektische und empirisch-analytische Ausrichtung der Politischen Wissenschaft[2]. Es empfiehlt sich daher, zunächst die Sichtweisen dieser drei Ansätze — respektive deren prominentester Vertreter — auf unser Thema hin zu überprüfen und nach den Möglichkeiten des Studiums politischer Entscheidungsprozesse aus dem jeweiligen Blickwinkel zu fragen. Dem einleitenden Charakter dieses ersten Kapitels entspricht dabei eine gelegentlich „holzschnittartig" vereinfachende und notwendig im Exemplarischen verbleibende Darstellungsweise. Dennoch sollte der Versuch unternommen werden, typische theoretische Grundpositionen der Entscheidungsanalyse in der Politischen Wissenschaft pointierend zu verdeutlichen.
— Die Diskussion um Einsatzmöglichkeiten und Grenzen des Instrumentariums der Entscheidungshilfe auf Regierungsebene ist vereinfacht formuliert „janusköpfig". Abnehmende „Ressourcenverfügbarkeit" für Regierungen sowie dynamisch steigende Erwartungshaltungen der Bürger sind Kernargumente der These von einer zunehmenden „Unregierbarkeit westlicher Demokratien". Nach der „Logik" dieser These können ständig verbesserte Instrumente der Entscheidungshilfe für die Regierung bestenfalls eine kompensatorische Aufgabe bei im übrigen immer stärker beeinträchtigten Regierungs- bzw. Steuerungsfunktionen in politischen Systemen eines solchen Typs übernehmen.

Ein anderer Zweig sozialwissenschaftlicher Diskussion verweist auf eine veränderte Rationalität in modernen politischen Gemeinwesen, insbesondere aufgrund von Industrialisierung, Bürokratisierung und Weltraumtechnologie. Die Beobachtung zunehmend „zweckrationalen" Verhaltens sowie die Übernahme von entscheidungsanalytischen Instrumenten aus der Technologie — z.B. in Form der Systemanalyse in die Politische Wissenschaft — lassen das Problem der Regierbarkeit politischer Systeme in einem tendenziell optimistischeren Licht erscheinen.

Erst vor dem Hintergrund dieser im Folgenden zu vertiefenden Diskussionsebenen — unter den Stichworten „Rationalität des ‚western man'" und „Unregierbarkeitshypothese" durchgeführt — wird die erwähnte „Optimismus/Pessimismus-Janusköpfigkeit" der Einschätzung um die Wirksamkeit der vielfältigen Instrumente zur politischen Entscheidungshilfe von Regierungen transparenter.

Im Anschluß an diesen „doppelten Umweg" mündet das erste Kapitel in „leitende Fragestellungen". Diese Fragestellungen nehmen wesentliche Ergebnisse der bis dahin geführten Diskussion resümierend auf und eröffnen mit einer kurz kommentierten Gliederung den Ausblick auf die folgenden Kapitel des Buches.

II. Normative, historisch-dialektische und empirisch-analytische Sichtweisen in der Politischen Wissenschaft

1. Eine Kritik des normativen Ansatzes am Beispiel der Topik (Wilhelm Hennis)

Anmerkungen zum topischen Entscheidungsmodell

Als einer der prominentesten zeitgenössischen Vertreter des normativen Ansatzes in der Politischen Wissenschaft hat Wilhelm Hennis in seiner Habilitationsschrift zum Thema „Politik und praktische Philosophie" einen Versuch unternommen, Entscheidungsprozesse in politischen Systemen der Gegenwart zu beschreiben. Zugleich damit empfiehlt er einen allgemeingültigen Lösungsvorschlag für politische Entscheidungsprobleme[3]. Dabei hat der Ausgangspunkt für seine Überlegungen zu einer „Rekonstruktion der politischen Wissenschaft" einen zweifachen Bezug. Auf einer zeitkritisch-politischen Ebene wird der Einfluß des Totalitarismus in seinen vielfältigen Ausformungen ebenso gebrandmarkt wie die katastrophalen Auswirkungen vor allem des II. Weltkrieges. Die zweite, wissenschaftskritische Ebene richtet sich in ihrer Kritik gegen eine Politische Wissenschaft, die das Auftreten dieser beklagenswerten Phänomene nicht hat verhindern können[4].

Die klassische Variante des normativ-ontologischen Ansatzes — hauptsächlich vertreten durch Platon und Aristoteles — war ebenfalls entstanden durch einen zeitkritischen Bezug zum Niedergang der griechischen, speziell athenischen Polis, nach dem verlorenen Peloponnesischen Krieg (431—404 v. Chr.) und einen auf die Wissenschaft bezogenen Appell zur Neubelebung der Rolle der Philosophie in der Politik. Nach Auffassung von Hennis erscheint es nun durchaus möglich, auch in Anbetracht der weitaus komplexeren und damit schwieriger zu durchschauenden Problemlagen moderner politischer Gemeinwesen dennoch mit Aussicht auf Erfolg Problemlösungsverfahren der Antike zur Anwendung bringen zu können. Er denkt dabei an die „topisch-dialektische" Methode als einer „Techne der Problemlösung"[5]. Wie bei so vielen Vertretern des normativen Ansatzes wird bei Anführung dieser Methode explizit und implizit auf Diskussionen zwischen in der antiken Redekunst geschulten Politikern und ihrem Auditorium auf dem Forum der griechischen Polis rekurriert.

An dieser Stelle kann nicht auf die umfangreiche Begriffsgeschichte der „Topik" eingegangen werden, da dieser Begriff auch in anderen Disziplinen (z. B. der Rechtswissenschaft und der Kunstgeschichte) und von der Antike bis zur Moderne bei so bedeutenden Autoren wie Aristoteles, Vico, Cicero, Curtius, Viehweg u. a.

Verwendung fand. Jedoch sei als Ansatzpunkt für eine Kritik an dem topischen Entscheidungsmodell auf die Verortung des Topik-Begriffes auf zwei deutlich zu unterscheidende Ebenen verwiesen. Materiell handelt es sich dabei einmal um sogenannte „Topoi", Diskussionsstoffe, also um Gesichtspunkte, die im Meinungsmäßigen bleiben. Formal werden diese Gesichtspunkte dann anläßlich politischer Diskussionen in Rede und Gegenrede unter Appell an den gesunden Menschenverstand thematisiert und auf eine Problemlösung hin zugespitzt.

Es erscheint durchaus erfolgversprechend, auch den topischen Ansatz für die Politische Wissenschaft heranzuziehen. Die Hoffnung auf wissenschaftliche Fruchtbarkeit bezieht sich u. E. allerdings allein auf die materiale Ebene. So ließen sich etwa zur Charakterisierung des politischen „Profils" zweier interagierender politischer Systeme, z. B. der Bundesrepublik Deutschland und der DDR, die von beiden Seiten angesprochenen bzw. bewußt vermiedenen „Topoi" heranziehen. Auf diesem Wege könnten etwa durch den Nachweis von „Topoi"-Änderungen besonders markant und in Ergänzung zu anderen Hinweisen Veränderungen in den innerdeutschen Beziehungen nachgewiesen werden[6].

Gerade aber die von Hennis thematisierten Eigenschaften der Topik — ein Modellentwurf für aktuelle politische Entscheidungsprozesse mit entsprechender, auf ein Gemeinwohl ausgerichteter Problemlösungskapazität zu sein — lassen sich nicht nachweisen. Der Stadt-Staat der Polis ist heute Nationalstaaten gewichen. Die Bezugsgrößen für politische Entscheidungsprozesse weisen damit erheblich umfangreichere Dimensionen auf. In der Antike war es sicher eher denkbar, bei der politischen Urteilsfindung „eine große Zahl nicht exakt faßbarer Momente so miteinander in Beziehung zu bringen, daß eine Lösung resultiert" und das Gespräch bzw. die Diskussion auf dem Forum als eine wertvolle Hilfe anzusehen, „keinen wichtigen Gesichtspunkt zu übersehen"[7]. Selbst wenn wir in der Gegenwart in politischen Diskussionen ein Problembewußtsein auf der „Höhe der Zeit" entfalten könnten, hätte die Topik keine die Vielfalt der Meinungen vermittelnde Wirkung mehr, die bis auf die Ebene einer von allen Bürgern eines Staates gemeinsam geteilten Problemlösung bzw. politischen Handlungsanweisung reichen könnte. Dazu fehlt heute ein von allen Mitgliedern eines politischen Gemeinwesens nationalstaatlichen Zuschnitts geteiltes und verstandenes „Repertoire" politischer Leitvorstellungen. Diskussionen etwa um den sogenannten dritten Weg[8] haben gezeigt, daß der Facettenreichtum derartiger, ernsthaft diskutierter politischer Leitvorstellungen eher zu- als abnimmt. Damit aber wird die Vorstellung, mit Hilfe des gesunden Menschenverstandes und der Orientierung an einem nicht näher definierten Gemeinwohl (bonum commune) zu gemeinsam getragenen praktischen Handlungsanweisungen gelangen zu können, zu einer Illusion.

Hennis begibt sich der Möglichkeit, den Interessenkampf unterschiedlicher politischer Leitvorstellungen auch nur zu thematisieren. Macht wird von ihm axiomatisch für nicht wichtig erklärt mit der allzu fadenscheinigen Begründung, daß die Analyse der Machtkonstellation in einem Kegelclub nichts zum Verständnis der Weltpolitik beitragen könne[9]. Bekanntlich ist in der Politischen Wissenschaft auch mit einem ganz anderen theoretischen Vorverständnis argumentiert worden, etwa von Hans J. Morgenthau (sog. Realistische Schule)[10], der Macht und Interessenkonflikte in das Zentrum seiner Analyse von den internationalen Beziehungen stellt. Bei einem Politikverständnis, das von pluralistischen politischen Zielvorstellungen ausgeht, läßt sich eine derartige axiomatische Abstinenz gegenüber der Analyse politischer Macht nicht aufrechterhalten.

Zur unterschiedlichen „Präzision" des Politikers und des Politologen

Schließlich sei auf eine für das gestellte Thema der Analyse politischer Entscheidungsprozesse fundamentale und sehr brisante Bemerkung von Hennis eingegangen. So fordert er in Anlehnung an die aristotelische Nikomachische Ethik eine der Natur des Gegenstandes entsprechende Präzision[11]. Dieses Postulat erscheint auf den ersten Blick einleuchtend. Die Entscheidung für die Wiederbewaffnung der Bundesrepublik Deutschland etwa, beruht auf Überlegungen eines anderen „Präzisionsgrades" als z. B. die Einsatzentscheidungen von Waffensystemen im Manöverbzw. Kriegsfall. Aber was heißt hier angemessene Präzision? Der Verdacht entsteht, daß sich hier der mit Entscheidungsberatung beauftragte Politologe in unzulässiger Weise mit dem im politischen Entscheidungsprozeß befindlichen Politiker identifiziert. Wir kennen derartige Personalunionen von wissenschaftlich ausgebildeten Politologen und Politikern in Amt und Würden in der Moderne und wissen, daß diese Kombination keinesfalls immer eine Garantie für Erfolg war[12]. Vom aktiven Politiker kann schwerlich ein allzu hoher Grad an systematischer Vorbereitung seines Handelns erwartet werden, da er sonst Gefahr läuft, handlungsunfähig zu werden und dem immer wieder spürbar werdenden Entscheidungsdruck und -stress nicht gewachsen zu sein. Von einem Politologen, der den Versuch unternehmen will, politische Entscheidungsprozesse zu beschreiben oder gar zu erklären, muß ein höherer Grad der Präzisierung und Systematisierung erwartet werden können als von einem aktiven Politiker − und dies gilt wohl auch für den Versuch der Analyse von politischen Entscheidungsprozessen, wie er in dem hier kritisierten Ansatz zum Ausdruck kommt.

2. Das Entscheidungs- als Erkenntnisproblem in der historisch-dialektischen Ausrichtung der Politischen Wissenschaft

Auch der historisch-dialektische Ansatz hat eine wissenschaftliche „Ahnengalerie", die hauptsächlich auf die Geschichtsphilosophie Hegels und die historisch-materialistische Gesellschaftstheorie von Marx verweist. Greifen wir etwa eine der drei Grundkategorien dieses Ansatzes heraus: die „Dialektik" − besondere Aufmerksamkeit verdienen außerdem die Grundkategorien „Geschichtlichkeit" und „Totalität" − so lassen sich die Wurzeln der Diskussion ebenfalls mühelos bis zu Platon und Aristoteles zurückverfolgen. Wir können uns allerdings an dieser Stelle wie bei der Begriffsgeschichte der „Topik" aus Gründen der Darstellungsökonomie nicht den Aufwand leisten, die klassischen oder gar die zeitgenössischen Varianten dieses Ansatzes, wie sie von Vertretern der Frankfurter Schule verfochten werden, auch nur umrißhaft vorzustellen[13]. Der unkundige Leser sei auf die bereits in der Einführungsliteratur zur Politischen Wissenschaft besonders breit geführte Diskussion verwiesen[14]. Die umfangreichen Darstellungen sind dabei nicht zuletzt auf die besondere Unschärfe der Begriffe und den Umfang der Kritik zurückzuführen.

Eine besonders konzise Kritik an dem historisch-dialektischen Ansatz — mit besonderem Bezug auf das gestellte Thema „Politische Entscheidungsprozesse" — hat Viktor Vanberg beigetragen. In seinem Buch: „Wissenschaftsverständnis, Sozialtheorie und politische Programmatik"[15], weist Vanberg u. a. auf die Besonderheit der „Rationalitätskonzeptionen", die „essentialistischen" und „historizistischen" Denkschemata sowie auf die „Zirkelschluß-" und „Immunisierungstendenzen" des historisch-dialektischen Ansatzes hin. Er übernimmt damit wesentliche Elemente der Kritiken von Karl Popper und Hans Albert, die im sogenannten „Positivismusstreit" als Hauptkritiker dieses Ansatzes auftraten. In einer Gegenüberstellung liberalen und totalitären Politikverständnisses wird dabei der Vorwurf erhoben, daß in der historisch-dialektischen Schule das Entscheidungsproblem zu einem Erkenntnisproblem reduziert wird.

„Formale" und „Substantielle" Rationalität

Die klassische liberale Denktradition trat von jeher für eine möglichst weitgehende Abgrenzung und Beschränkung des Aufgabenbereichs von Politik und Herrschaft ein. Geprägt durch die „skeptisch-empiristische" angelsächsische Aufklärung herrscht in dieser Denktradition die Auffassung vor, daß sich Fragen nach Zielen politischen Handelns nicht mit endgültiger genereller Verbindlichkeit beantworten lassen. Die Wirtschaftspolitik der klassischen Nationalökonomie, ebenfalls angelsächsischer Prägung, unterstützte diese Tendenz, den Rahmen gesamtgesellschaftlicher Politik und staatlicher Herrschaft so klein wie irgend möglich zu halten. Auch nach den Erfahrungen von Depressionen und Rezessionen und der Revolutionierung der Nationalökonomie durch Keynes gibt es weiterhin Manifestationen derart liberalen Denkens. So kennen wir aus der jüngeren Geschichte der bundesrepublikanischen Wirtschaftspolitik eine derartige Geisteshaltung, etwa als die Parole ausgegeben wurde: „So viel Staat wie unbedingt nötig, so viel Freiheit wie irgend möglich". Übertragen auf den Gedanken der liberalen Demokratie heißt dies: Übereinstimmung im Grundsätzlichen ja, aber im Wesentlichen in bezug auf die Spielregeln. Entscheidungsregeln bei Abstimmungen, über Ebenen und Instrumente für Konfliktregelungen und über Kriterien für staatliches Eingreifen bei ökonomischem Machtmißbrauch usw. sind Beispiele für den Konsens über Spielregeln. Für eine liberale Auffassung liegt damit das Problem der „Rationalität" politischer Ordnung weniger im „Was" als vielmehr vornehmlich im „Wie"; sie folgt damit einer überwiegend „formalen" Rationalitätskonzeption[16].

Es gibt eine andere Auffassung von Politik, für die eine Festlegung der politischen Zielvorgabe eine Frage der richtigen Einsicht ist. Eine derartige Zielvorgabe kann z. B. ein Öffentlichkeitsbegriff sein, mit dessen Hilfe öffentliche Normen „wahrheitsgemäß" abgeleitet werden können. Oder, um ein anderes, ebenfalls noch einmal aufzunehmendes Beispiel zu nennen, es findet eine postulierte historische Entwicklung vom Kapitalismus über den Sozialismus bis hin zum Kommunismus statt, wenn nur das Eigentum an den Produktionsmitteln abgeschafft wird und der Staat aufhören kann zu existieren. Politik ist dann nur noch „instrumentelle Angepaßtheit an diese Zielvorgaben"[17], die dafür Vorsorge zu schaffen hat, daß eine entsprechende Öffentlichkeit hergestellt bzw. der Übergang zum Sozialismus/Kommunismus eingeleitet wird. Das Vorhandensein derartiger Zielvorgaben bezeichnet Vanberg als Vorliegen einer „substantiellen" Rationalitätskonzeption der Politik. Dabei erfolgt die Verknüpfung der Ziel- und Wertbegründung einer derartigen Gesellschaftstheorie über die Ebene der Erkenntnis, und zwar über sogenannte essentialistische und historizistische Erkenntnisse.

Immunisierungsstrategien „essentialistischer" und „historizistischer" Denkmuster

„Essentialistische Denkmuster liefern eine ‚Lösung' des Problems der erkenntnismäßigen Begründung von Werten dadurch, daß sie mit der definitorischen Bestimmung von ‚Wesensbegriffen' den Anspruch verbinden, die ihren Erkenntnisobjekten immanente Zweck- und Zielbestimmung, deren ‚objektiven Sinn' zu erfassen"[18]. Als eine derartige Wesensdefinition können wir z. B. den bereits erwähnten Öffentlichkeitsbegriff von Jürgen Habermas bezeichnen[19]. Am heute existierenden Öffentlichkeitsbegriff wird von ihm bemängelt, daß er die tatsächlich in der Gesellschaft vorfindbaren Normen nur „verzerrt" wiedergäbe. Um derartige Verzerrungen auszuschließen, werden Argumentationsregeln postuliert, die eine „wahrheitsgemäße" Ableitung gesellschaftlicher Normen ermöglichen sollen. Es wird weder historisch-empirisch aufgezeigt, ob und wie, d. h. unter welchen Bedingungen eine „wahrheitsgemäße" Ableitung von Normen in der Geschichte erfolgte, noch wie eine solche Ableitung in der Gegenwart erfolgen könnte. Damit stellt sich das bei Wesensdefinitionen generell anzutreffende aporetische Problem: wie kann der Anspruch dieses Öffentlichkeitsbegriffs aufrechterhalten werden, ohne ihn festmachen zu können?

Historizistische Denkschemata gehen nach Popper[20] von der Annahme aus, daß der Geschichte ein ganz bestimmter Plan zugrunde liegt. Kennen wir diesen Plan, dann sind wir in der Lage, zukünftige gesellschaftliche und politische Entwicklungen abzuleiten. Derartige Pläne werden zu historizistischen Denkmustern durch Einführung einer „Wertbegründung, indem sie die geschichtliche Entwicklung teleologisch, also auf ein bestimmtes Ziel ausgerichtet interpretieren"[21]. Kommen wir in diesem Zusammenhang auf das bereits erwähnte Beispiel der historischen Entwicklung vom Kapitalismus zum Sozialismus/Kommunismus zurück. Die Forderungen nach Abschaffung des Eigentums an den Produktionsmitteln und des

Staates sind nur verständlich vor dem Hintergrund durchwegs negativer Bewertungen von Strukturelementen des kapitalistischen Staates. So werden Wirtschaftskrisen, Klassenkämpfe, Ausbeutungssituationen und staatliche Willkürakte insbesondere als Folgen eines kapitalistisch verfaßten Wirtschafts- und Gesellschaftssystems postuliert. Der Vergleich unterschiedlicher Wirtschafts- und Gesellschaftssysteme hat indessen deutlich gemacht, daß auf einer anderen Ebene der Bewertungsskala genauso „kryptonormativ" Positiva für das Privateigentum an Produktionsmitteln und damit für ein von staatlicher Planvorgabe unabhängiges Management herausgeschält werden können. Erwähnen lassen sich da z.B.: ein höherer Grad an Initiative, eine größere Innovationsrate, eine schnellere Anpassungsflexibilität, eine höhere Effizienz des Managements[22]. Gerade die Entwicklung überwiegend kapitalistischer Wirtschafts- und Gesellschaftssysteme zu Mischwirtschaften mit zunehmendem Anteil auch an öffentlichem Eigentum an den Produktionsmitteln läßt u. a. die teleologische Stimmigkeit zu der postulierten historischen Entwicklungsgesetzmäßigkeit vermissen.

Wir sollten daher aus dem Vorausgehenden zumindest zwei Schlußfolgerungen ziehen. Zum einen lassen sich derartige essentialistische und historizistische Denkschemata je nach der Ebene der „kryptonormativ" einfließenden Bewertungen zur Begründung beliebiger Werte nutzbar machen. Ernst Topitsch hat darauf hingewiesen, daß derartige Denkmuster von verschiedenen politischen Richtungen in Anspruch genommen worden sind: sie werden seitdem mit dem Terminus „Leerformeln" versehen[23].

Die andere Schlußfolgerung bezieht sich auf den Zusammenhang von Fakten und Normen. In dem hier kritisierten Ansatz wird in einer Art sozialwissenschaftlichem Sündenfall die „logische Kluft" zwischen Sein und Sollen unstatthaft überbrückt[24]. So wie das Kotelett und das Haar der Köchin apart zu halten sind, geht es seit Max Webers Aufsatz zur Werturteilsfreiheit darum, Fakten und Normen nicht untrennbar zu vermischen[25]. Das heißt nicht, daß Werte, Normen und Ziele nicht der wissenschaftlichen Behandlung wert seien; im Gegenteil: Normen können durchaus wie Fakten besonderer Art analysiert und damit Zirkelschlüsse der vorgeführten Art ausgeschlossen werden. „Wird politische Zielsetzung zum Erkenntnisproblem deklariert, wird also der Dualismus von Sein und Sollen geleugnet, so kann es eo ipso keine ,wertfreie' Wissenschaft geben, so hat Wissenschaft in der Tat ihren Platz im Begründungszusammenhang politischer Zielsetzung, ist sie Legitimierungsinstrument politischer Praxis"[26]. Wer diesen Begründungszusammenhang nicht akzeptiert, dem ist der Zugang zur „Wahrheit" verschlossen. Er verfügt über ein defektes, sprich „falsches Bewußtsein". Damit wird über einen zweiten Zirkelschluß die Immunisierungsstrategie typischer „self-defending theories" gekennzeichnet. Derartige Theorien sind somit in erster Linie auf ihre eigene Immunisierung bedacht[27].

3. Die empirisch-analytische Ausrichtung der Politischen Wissenschaft: Ein offenes Forschungsprogramm

Der empirisch-analytische Ansatz stellt keine geschlossenen gewissermaßen fertigen Entwürfe und auf Immunisierung bedachten Begründungszusammenhänge wie die historisch-dialektische Schule bereit. Er verfügt über keine „Deus ex machina" wie bei der vorgestellten Lösung von politischen Entscheidungsproblemen durch „Topik" und Common sense. Dieser Ansatz läßt sich vielmehr gerade im Vergleich zu den bisher skizzierten politologischen Sichtweisen politischer Entscheidungsprozesse am besten als ein offenes Forschungsprogramm charakterisieren.

Pluralität von Material/Methoden und theoretischen Konzepten

Für den Ausbau einer politologischen Entscheidungsforschung erscheinen dabei folgende Merkmale der empirisch-analytischen Ausrichtung von besonderer Bedeutung. (1) Die Material- bzw. Datenlage[28] wird differenziert und reflektiert. (2) Ein ganzes Bündel unterschiedlicher methodischer Verfahrensweisen von der Beobachtung über die Befragung bis hin zu inhaltsanalytischen Methoden finden in der Politischen Wissenschaft Verwendung. (3) In der psychologischen wie auch in der betriebswirtschaftlichen Entscheidungsanalyse kennen wir z. B. das kontrollierte Experiment bzw. es kommen dort äußerst verfeinerte statistische Methoden zur Anwendung[29]. Die Darstellung und Würdigung wesentlicher Ergebnisse der Entscheidungsforschung in diesen Sozialwissenschaften — sowie die uns im Folgenden besonders interessierende Frage der Übertragbarkeit dieser Ergebnisse auf die Entscheidungsforschung in der Politischen Wissenschaft — sind nur unter ausdrücklicher Bezugnahme auf die jeweils spezifischen empirischen Verfahrensweisen sinnvoll. (4) Der empirisch-analytische Ansatz ist schließlich gekennzeichnet durch teils miteinander um Erklärung konkurrierende, teils sich dabei ergänzende theoretische Konzepte: sein Spezifikum ist gerade eine bereits vorfindbare und ständig im Wachsen begriffene Vielfalt theoretischer Konzepte. Je nach Art der Gewinnung und dem Grad der Abstraktion solcher Konzepte, wird in der bereits mehrfach genannten Einführungsliteratur in die Politische Wissenschaft bekanntlich u. a. unterschieden zwischen deskriptiver, systematischer oder z. B. axiomatischer Theorie[30]. Die politologische Entscheidungsforschung ist durch ein solches Nebeneinander vielfältiger entscheidungstheoretischer Konzepte unterschiedlichen Niveaus in besonderem Maße ausgezeichnet. Diese Vielfalt eröffnet dem entscheidungstheoretischen Analytiker sowohl die Möglichkeit, eine spezifische Dimension politischer Entscheidungsprozesse aus einer Vielzahl von Blickwinkeln zu studieren — wie neue, bisher weitgehend unbekannte Dimensionen entdecken zu können als Voraussetzung für die Steuerung aufwendiger Datenerhebungen und Methodenanwendungen. Damit wird zugleich die Frage nach dem jeweiligen Erklärungswert unterschiedlicher entscheidungstheoretischer Ansätze zu einem uns insbesondere im dritten Kapitel noch zu beschäftigenden Thema.

Grundsätzlich können sozialwissenschaftliche Daten u. a. unterschieden werden nach der Entfernung zum eigentlichen Prozeß der Erhebung sowie dem Grad ihrer methodischen Aufbereitung. Mit menschlichen Sinneswahrnehmungen werden etwa durch direkte Beobachtung und Teilnahme sowie selber geführte Interviews Primärdaten gewonnen. Sekundärmaterial wird für eine Untersuchung herangezogen, wenn originär erhobene Daten bereits durch statistische oder ähnliche Verfahren aufbereitet vorliegen. Wir kennen aber auch gerade für die Analyse politischer Entscheidungsprozesse besonders relevantes Material ganz anderen Typs. So können nach Ablauf politischer Entscheidungsprozesse Regierungsdokumente veröffentlicht werden, berichten ehemals aktive Politiker aus ihrem Erleben oder rekonstruieren Wissenschaftler Entscheidungsprozesse in Form sogenannter „Fallstudien". In dieser Arbeit soll kein „Datenmaterial" neu erhoben und dessen Stellung zum bisherigen Datenbestand geklärt werden, so daß es keiner übertriebenen Akribie zur Klärung der Datenlage bedarf, etwa in Form einer Aufstellung detaillierter „Datenklassifikationsschemata".

Eine kurze Reflexion über die Materiallage erscheint dennoch insbesondere aus drei Gründen unerläßlich.

(1) Entscheidungsprozesse — letztlich auch politische Entscheidungsprozesse — laufen im menschlichen Gehirn ab, das für die Forschung gerade bei komplexen Entscheidungsverläufen im wesentlichen immer noch eine weitgehend unbekannte, bestenfalls sich allmählich aposteriori und rudimentär erschließende „black box" darstellt.

(2) Das Datenmaterial über Entscheidungsprozesse weist in Relation zu anderen politischen Phänomenen eine besonders große „Streuung" auf. Da „Primärdaten" im eigentlichen Sinne fehlen, gewinnt die Heterogenität der übrigen „Datentypen" ein besonderes Gewicht.

(3) Die vermehrt auch in der Politischen Wissenschaft vorzufindenden entscheidungstheoretischen Konzepte sind datenmäßig höchst unterschiedlich verankert. So kennen wir Fälle, in denen sogenannte „kognitive Strukturen" von politischen Entscheidungsträgern mit verfeinerten inhaltsanalytischen Methoden gewonnen und mittels graphentheoretischer Methoden präsentiert werden[31]. Derartige „sophistizierte" Arbeiten stellen beim gegenwärtigen Entwicklungsstand der Politischen Wissenschaft noch eine verschwindend kleine Minderheit dar, insbesondere wenn der Stand der empirisch-verhaltenswissenschaftlichen Entscheidungsforschung in benachbarten Sozialwissenschaften als Vergleichsmaßstab berücksichtigt wird. In der überwiegenden Zahl der Fälle wird „Entscheidungsmaterial" in der Politischen Wissenschaft mehr oder minder illustrativ benutzt. Die Vermutung drängt sich dabei auf, daß die Relation von Daten und entscheidungstheoretischen Konzepten, gewissermaßen der Grad der Verzahnung beider Ebenen, nicht ohne Einfluß auf die jeweilige Erklärungskraft unterschiedlicher theoretischer Ansätze bleibt[32].

Wenn wir schon nicht über die eigentlichen neuralen und physiologischen Vorgänge des menschlichen Gehirns an die in Individuen ablaufenden komplexen

Entscheidungsprozesse herankommen können, so stellt sich die Frage nach allen unmittelbar den geistig-kognitiven Vorgängen nachgelagerten Ebenen als analytische Zugriffsmöglichkeiten umso dringlicher. In der überwiegenden Zahl der uns interessierenden politischen Entscheidungsprozesse erfolgen verbale Äußerungen durch die politischen Entscheidungsträger bzw. es liegen vereinzelt auch schriftliche Fixierungen aus ihren Reihen vor. Das eigentliche empirische „Primär"-Material für politikwissenschaftliche Entscheidungsforschung sind also derartige Fixierungen sprachlicher Äußerungen z. B. in Form von Tonband- oder Video-Aufzeichnungen, möglichst wortwörtlichen stenographischen Mitschriften oder Gedächtnis-Aufzeichnungen. Allerdings ist die Tauglichkeit derartiger technischer Aufzeichnungen bzw. Verbatim- oder Gedächtnis-Protokolle als Datenmaterial für die Erforschung politischer Entscheidungsprozesse höchst unterschiedlich zu beurteilen, da gerade im politischen Bereich die „Entstehung" von Material von der spezifischen Situation abhängt.

Die stenographischen Berichte des Deutschen Bundestages werden die Entscheidungsprozesse im Kabinett oder auf den Fraktionssitzungen der im Bundestag vertretenen Parteien gar nicht oder bestenfalls nur sehr bedingt wiedergeben können. Die Redner verfolgen bekanntlich nicht die Absicht einer möglichst abbildgetreuen analytischen Rekonstruktion politischer Entscheidungsprozesse. Ihre Absichten sind vielschichtig und meist sowohl auf die Rechtfertigung der eigenen politischen Auffassung, die Attackierung des politischen Gegners, wie auch — insbesondere bei direkter Übertragung durch die Medien — auf Stimmenfang bei der Wählerschaft ausgerichtet. Die Öffnung des Adressatenkreises birgt die Gefahr, vom eigentlichen zur Debatte stehenden Entscheidungsproblem abzulenken; möglicherweise ist dies ein Grund dafür, daß in einem Land wie z. B. Großbritannien das Pro und Contra für die Übertragung von Parlamentsdebatten etwa im Fernsehen bis heute einer lebhaften Diskussion unterworfen wird[33].

In einer ganz anderen Situation entstanden die Verbatim-Protokolle des „British-Eastern-Committee" im Jahre 1918. In einem kleinen geschlossenen Kreis von politischen Entscheidungsträgern mußten die Teilnehmer allein darauf bedacht sein, das Für und Wider der Beibehaltung der Intervention Großbritanniens in Persien abzuwägen. Die Konzentration der Beteiligten auf das Entscheidungsproblem rechtfertigten den methodischen Aufwand, die Protokolle in „kognitive Strukturen" der Diskussionsteilnehmer zu transformieren. Aber natürlich haben Wissenschaftler nicht jeden Tag das Glück, derartig fündig zu werden wie Robert Axelrod, dem es gelang, die Verbatim-Protokolle eines prominenten politischen Entscheidungsgremiums aufzustöbern[34]. Die Regel ist doch eher, daß die Verfügbarkeit über wörtliche Mitschriften der Beratungen in derartigen Gremien aus Gründen der Geheimhaltung, der vereinbarten Vertraulichkeit, der Vermeidung von Gesichtsverlust bei evtl. nachträglicher Meinungsänderung usw. zu den echten Raritäten der politologischen Entscheidungsforschung zählt — und wohl auch in Zukunft zählen wird.

Andere Formen verbaler Äußerungen zur Gestaltung politischer Entscheidungsprozesse sind etwa Regierungserklärungen. Aus derartigen Verlautbarungen gewinnt die Politische Wissenschaft mit inhaltsanalytischen Methoden einen Überblick über gesamtgesellschaftliche Werte und Ziele. Wenn dabei komparativ-statisch verfahren wird, so lassen sich hierarchisierte Zielkataloge vergleichen und Aufschlüsse darüber gewinnen, welche Rangfolge Ziele zu unterschiedlichen Untersuchungszeitpunkten einnahmen. Carl Böhret hat derartige hierarchisierte Zielkataloge für die Administrationen der amerikanischen Präsidenten Kennedy und Johnson aufgestellt und damit auf wichtige Zielrangverschiebungen u. a. in Bereichen der amerikanischen Außen-, Verteidigungs-, Innen- und Wirtschaftspolitik aufmerksam gemacht[35]. Um den „ex-ante"-Charakter solcher Absichtserklärungen von den tatsächlich erfolgten Zielorientierungen abheben zu können, sollte neben der Registrierung von Regierungshandlungen auf weitere Regierungsdokumentationen zurückgegriffen werden, etwa auf Weißbücher, „Materialien" usw. Es können aber auch nach gebührlichem zeithistorischen Abstand geführte Interviews mit ehemals aktiven Entscheidungsträgern zur Aufhellung angestrebter politischer Ziele und ihrer gegenseitigen Relationen beitragen.

Als Daten bzw. Material ganz anderer Art sind Beiträge jener noch bzw. ehemals aktiven Politiker anzusehen, die − um einen vom amerikanischen Präsidenten Truman geprägten Ausspruch zu bemühen − „the heat in the kitchen" und damit den Stress politischer Entscheidungsprozesse schon einmal am eigenen Leibe erfahren haben. Dazu gehören u. a. Bücher wie „The Cabinet" von Patrick Gordon Walker, „Politische Führung" von Karl Carstens oder auch „Decision-Making in the White House" von Theodore Sorensen[36]. In diesen Erfahrungsberichten werden Bemerkungen gemacht zum jeweiligen politischen System, zu ausgewählten Entscheidungssituationen und zu dem, was im englischen Sprachbereich gemeinhin als „Policy-Making Process" bezeichnet wird. Aus solchen überwiegend narrativen Studien lassen sich Hinweise über die institutionelle Verfaßtheit eines Nationalstaates sowie das Entscheidungsverhalten auf den unterschiedlichen Ebenen bis hin zur Regierungsebene entnehmen. Allerdings widmen sich solche Berichte nur in Ausnahmen einer intensiven systematischen Analyse von spezifisch politischen Entscheidungsproblemen. Es erscheint daher wenig vielversprechend, mit Hilfe empirischer Methoden Systematisierungen der angesprochenen Art herausarbeiten zu wollen, die vergleichbar mit den erwähnten kognitiven Strukturen von Entscheidungseliten oder gesamtgesellschaftlichen Zielhierarchien wären. Der Wert der genannten sowie vergleichbarer Beiträge − z. B. auch der klassischen Memoiren-Literatur − liegt vielmehr auf einer anderen Ebene. Bei der Konstruktion entscheidungstheoretischer Konzepte zur Erklärung politischer Entscheidungsprozesse greifen Autoren auf diese Studien bei ihrer Suche nach Illustrationsmaterial für die Herstellung von konzeptionellen Fallstudien zurück[37].

Zur Bedeutung von Illustrationen

Die weiter oben bereits geäußerte Bemerkung, daß ein großer Teil der Literatur zu politischen Entscheidungsprozessen Illustrationsmaterial beiträgt, ist keineswegs pejorativ gemeint. Im Gegenteil, die Politische Wissenschaft entfaltet wegen der kaum zu übersehenden Vielfalt der Ebenen, auf denen politische Entscheidungen gefällt werden, sowie wegen der noch unübersichtlicheren Vielfalt der Formen der Entscheidungsfindung eine kaum zu sättigende Nachfrage nach Erlebnisberichten. Aber noch in einem anderen Sinne sind verdeutlichende Beispiele für das gestellte Thema von besonderer Bedeutung. Entscheidungstheoretische Konzeptionen, die im Verlauf dieser Arbeit vorgestellt werden, haben z. T. die Tendenz zu größtmöglicher Vereinfachung und höchster Abstraktion. Spätestens seit dem Beitrag von Caspar Homans zur Theorie der sozialen Gruppe[38] wissen wir in den Sozialwissenschaften, welche Bedeutung der Begriffsbildung als „Abstraktionen erster Ordnung" zukommt, die zwischen den direkten Beobachtungen und Abstraktionen höherer Ordnungen zwischengeschaltet wird. Illustrative Beispiele sollen daher im Folgenden so häufig wie möglich eingeflochten werden, um zum erleichterten Verständnis die Begriffsbildung auf die Beobachtungsebene zurückkoppeln und so das häufig „dünne Gerippe" entscheidungstheoretischer Konzeptionen mit dem nötigen und dabei möglichst veranschaulichenden „Fleisch" auffüllen zu können.

In dieser „Revue" über die in politologischer Einführungsliteratur für eine Grobgliederung des Faches als konstitutiv angesehenen Sichtweisen konnten — bei aller eingestandenen Holzschnittartigkeit und selektiven Beispielhaftigkeit der Argumentation — typische theoretische Grundpositionen der Entscheidungsanalyse in der Politischen Wissenschaft herausgearbeitet werden. Ziel dieser ersten Etappe unseres „produktiven Umweges" war es nicht, „theoretische Pappkameraden" aufzustellen, um sogleich deren Demontage in Angriff nehmen zu können. Vielmehr sollten dem Leser drei klassische, grundsätzlich unterscheidbare, politikwissenschaftliche „Einflugschneisen" zur Analyse „Politischer Entscheidungsprozesse" eröffnet werden.

Nicht abgenommen werden kann dabei jedem einzelnen Leser seine ureigene Entscheidung, welchen Kurs er seinerseits bei entscheidungstheoretischen Forschungsbemühungen einschlagen möchte — die Position des Autors indessen sollte hinreichend verdeutlicht worden sein. Ein prinzipiell offenes Forschungsprogramm der Analyse politischer Entscheidungen — gekennzeichnet durch eine laufend wachsende Vielfalt sowohl des verfügbaren Datenmaterials, wie der zur Anwendung gelangenden Untersuchungsmethoden, und ein ständig zunehmendes Repertoire an entscheidungstheoretischen Konzepten — reizt einen „wissenschaftlichen Einzelkämpfer" zu nicht mehr, aber auch nicht weniger als einer „Momentaufnahme": „Konturen einer sich in ersten Ansätzen abzeichnenden politischen Entscheidungstheorie". Wie der kenntnisreichere Leser sicher konzedieren wird, ist dies ein durchaus anspruchsvolles Unterfangen in einem wissenschaftlichen Forschungszweig, dessen dynamische Entwicklung sich insbesondere auch publikationsmäßig zunehmend zu beschleunigen beginnt und immer mehr dazu zwingt, sich auf „allerwichtigste" Beiträge selektiv zu beschränken und dabei die Gefahr birgt, auch einmal Wichtiges zu übersehen.

Nachdem diese erste Etappe unseres „produktiven Umweges" zu einer theoretischen Positionsklärung und knappen Aufgabenskizzierung führte, wollen wir vor der Zusammenstellung der leitenden Fragestellungen dieser Arbeit, wie geplant, noch eine zweite ebenfalls möglichst produktive Etappe bewältigen. Wie angedeutet, gibt es eine durchwegs optimistische sowie eine andere pessimistische Sichtweise der Einsatzmöglichkeiten für Instrumente zur Entscheidungshilfe. Stellen wir uns also zunächst dieser bereits oben als „janusköpfig" bezeichneten Diskussion um Einsatzmöglichkeiten und Grenzen des Instrumentariums der Entscheidungshilfe auf Regierungsebene.

III. Die Rationalität des „Western man" und die „U-Hypothese"[39]

1. Veränderte Rationalität durch Industrialisierung, Bürokratisierung und Weltraumtechnologie

Bryan Wilson macht uns in dem von ihm herausgegebenen Buch: „Rationality, Key Concepts in the Social Sciences" auf grundlegende Unterschiede im menschlichen Orientierungsverhalten etwa zur Zeit des Mittelalters und der Neuzeit aufmerksam. Nach seiner Auffassung wurde in früheren Zeiten weniger deutlich zwischen emotionalen und kognitiven Elementen bei der Handlungsausrichtung unterschieden. Der mittelalterliche Mensch stützte danach seine interpretativen Konstrukte für die Entschlüsselung des Umweltgeschehens — und damit seine Entscheidungsrichtlinien — vielmehr überwiegend auf gängige Sprichworte, allgemeine Maximen, moralische Anekdoten und Mythen sowie religiöse Riten[40]. Das zwischenmenschliche Verhalten ruhte überwiegend auf tradierten Werten, die keiner weiteren Rechtfertigung bedurften.

Zweckrationales Verhalten

Mit dem Aufkommen der kapitalistischen Wirtschaftsweise und der staatlichen Bürokratien wurde eine vornehmlich an überlieferten Werten ausgerichtete Orientierung zunehmend durch „formalrationale" bzw. „zweckrationale" Verhaltensweisen verdrängt[41]. Die Religion büßte bekanntlich u. a. dadurch an Autorität ein, daß die Naturwissenschaften einige ihrer Anschauungen als Irrlehren entlarvten, wie etwa die Auffassung des ptolemäischen Weltbildes, daß die Sonne um die Erde kreist und nicht umgekehrt. Mit der zunehmenden Industrialisierung verbreitete die wirtschaftliche Denkweise das sogenannte „Rationalprinzip", auch ökonomisches bzw. „Vernunftprinzip" genannt, zu einem der am häufigsten benutzten Orientierungsschemata kognitiven Verhaltens[42]. Die Bürokratisierung mit ihrer aufgabenbezogenen Struktur, der vielfältigen Arbeitsteilung und auf den Organisationszweck ausgerichteten Zielverfolgung ist ein weiterer erheblicher Faktor, der gebündelt mit anderen zu einem Gefühl zunehmender Inkonsistenz zwischen „formal"- bzw. „zweckrationalen" Prozeduren und dem Festhalten an absoluten Werten führte. Solche Werte können unbewußt aus der Tradition übernommen sein, sie können aus unreflektierten affektuellen Bindungen stammen oder „wertrational" im Sinne Max Webers sein, d. h. durch den unbewußten Glauben an den ethischen, ästhetischen, religiösen usw. unbedingten Eigenwert, jedoch unabhängig vom Erfolgsdenken, begründet sein[43].

Ein wesentlicher Unterschied zwischen den hochindustrialisierten Ländern der Gegenwart und den meisten weniger entwickelten Ländern dürfte u. a. darin liegen, daß sich dieses Gefühl der Inkonsistenz im „Süden" mit einem erheblichen „time-lag" vollzog. Allerdings kann dort die „Gefühlsintensität" besonders hoch sein, z. T. bedingt durch die starke zeitliche Kompression, mit der neue Technologien, Wirtschaftsformen und bisher unbekannte Umgangsformen bürokratischen Miteinanders in teilweise weniger als einem Dezennium Eingang fanden. In den westlichen hochindustrialisierten Ländern ist die Industrialisierung und Bürokratisierung eine langanhaltende, mehrere Jahrhunderte während Entwicklung mit der Möglichkeit langfristiger „organischer" Anpassungsprozesse. Insbesondere während dieser Industrialisierungsphase konnte sich eine sogenannte Rationalität des „Western man" entfalten, die Wilson wie folgt umreißt: „The thought-process of western man may not be typically more rational, but he does live in a more controlled environment, and the control is achieved by the employment of formally rational procedures of thought and action in certain significant, indeed dominant, sections of the social system"[44]. Für Bereiche des sozialen Miteinanders, in die diese „Formal"- bzw. „Zweckrationalität" nicht oder nur begrenzt eindringen kann, wird tendenziell abnehmender Zeit-, Energie- und Ressourcenaufwand betrieben.

Systemanalyse und ihre Rezeption

Eine zunehmende Entwicklung und versuchsweise Anwendung „formal-rationaler" Prozeduren zur Beeinflussung auch politischer Entscheidungsprozesse läßt sich in jüngster Vergangenheit gerade in der Politischen Wissenschaft beobachten. Die Frontstellung dieser Entwicklung verlief wie bei so vielen Neuerungen insbesondere in der Politischen Wissenschaft in den USA. Das Weltraumzeitalter hat als Nebenprodukte eben nicht nur „triviale" Ergebnisse wie z. B. die Teflonbeschichtung für Bratpfannen abgeworfen. Eines der Hauptprodukte dieses Zeitalters ist der „drive", mit dem die Übertragung systemanalytischer Methoden aus Naturwissenschaften und Technik in den Bereich der Sozialwissenschaften erfolgte. Nach Ida Hoos lautete der Slogan: Eine Nation, die in der Lage ist, einen Menschen auf den Mond zu bringen, muß auch zu folgenden Leistungen fähig sein: die Luft-, Land- und Wasserverschmutzung zu kontrollieren; für sichere und effiziente Transportkapazität auf dem Lande und in der Luft zu sorgen; eine Erneuerung der Städte in Angriff zu nehmen und genügend Wohnungen zu bauen; das Erziehungswesen zu reformieren und angemessene Leistungen auf dem Gesundheitssektor und der medizinischen Versorgung bereitzustellen; Verbrechen erfolgreich zu bekämpfen; das Netz der sozialen Sicherung effizient zu handhaben usw.[45]. In den USA wurden auf der ganzen Breite der Forschungskapazität der Universitäten und auch der „Think Tanks", wie z. B. der RAND Corporation und dem Brookings Institut, Probleme des öffentlichen Lebens unter die systemanalytische Lupe genommen[46].

Eine erste Rezeption der amerikanischen Entwicklungen und teilweise Anwendung auf Probleme in der Bundesrepublik Deutschland erfolgte in der Politischen Wissenschaft Ende der 60er/Anfang der 70er Jahre durch Autoren wie Carl Böhret: „Entscheidungshilfen für die Regierung" und Albrecht Nagel: „Leistungsfähige Entscheidungen in Politik und Verwaltung durch Systemanalyse"[47]. Dabei wurde Systemanalyse als ein „Methodenbündel" konzipiert, das so unterschiedliche Ansätze vereint wie die „Delphi-Methode", die „Zielrealisierungsmatrix", die „Kosten/Nutzen-Analyse", das „Indikatorenmodell", den „Programmhaushalt" (PPB) etc. Bemerkenswert an den Arbeiten dieser Autoren ist insbesondere das Bemühen, die Instrumente zur Entscheidungsvorbereitung für die Exekutive so zu gestalten, daß zugleich die Ziele der betroffenen Bürger explizit in die jeweiligen Kalküle einbezogen werden. Insofern lag hier eine Synthese vor zwischen den ersten Anfängen der aus den USA importierten Systemanalyse und dem Bemühen am Otto-Suhr-Institut an der Freien Universität Berlin — vormals Deutsche Hochschule Für Politik — diese Ansätze in einer „demokratischen Regierungslehre" zu integrieren[48]. Teilbereiche dieses Gesamtkonzeptes haben sich inzwischen in der Bundesrepbulik verselbständigt; ein besonders schlagendes Beispiel dafür ist die sogenannte Indikatorenbewegung[49].

Die Anwendung systemanalytischer Methoden auf die Analyse politischer Probleme wird heute wissenschaftlich-institutionell verstärkt bereits auf internationaler Ebene versucht. In dem „International Institute for Applied Systems Analysis" (I.I.A.S.A.) in Laxenburg bei Wien arbeiten knapp unter 100 Wissenschaftler aus dem Westen, der UdSSR und Osteuropa und den Entwicklungsländern gemeinsam an der Lösung weltweiter Probleme. Auf dem Programm stehen u. a. Untersuchungen über die „Engpaßprobleme" Energieversorgung, „Food and Agriculture", Fragen der Umweltpolitik; es wird aber auch wissenschaftliche Grundlagenforschung betrieben wie z. B. die Entwicklung eines „Handbuchs der Systemanalyse", das die bisherige Methodenvielfalt in ein systematischeres und allgemein akzeptiertes Konzept fassen soll. Ein wichtiges Thema, auch zunehmend im Selbstverständnis dieses Instituts, ist die Untersuchung institutioneller und politischer Probleme bei der Umsetzung systemanalytischer Ergebnisse in den politischen Entscheidungsprozeß[50]. Die große Mehrzahl der Wissenschaftler entstammt den naturwissenschaftlichen Disziplinen mit erst wenigen Ausnahmen aus Ökonomie (überwiegend Ökonometriker) und Psychologie (behavioristische Entscheidungstheoretiker). Ein geplanter „Workshop" über „Organizational Behavior" macht indessen deutlich, daß auch Sozialwissenschaftler anderer Provenienz zunehmend zur Mitarbeit herangezogen werden sollen.

Dieser, an späterer Stelle zu systematisierende Ausblick auf die verstärkten Bemühungen, entscheidungsanalytische Instrumente zu einem festen Bestandteil politologischer Entscheidungsforschung zu machen, zeigt u. E. einen engen Zusammenhang mit der in Anlehnung an Wilson dargestellten Rationalität in Bürokratie und Industrie. Auch für den Bereich der Politik soll mit Nachdruck auf möglichst vielen Ebenen einer „formal-rationalen", kognitiven Orientierung bei den Lösungsbemühungen öffentlicher Probleme zum Durchbruch verholfen werden. Der Impetus kam, wie berichtet, aus der Weltraumtechnologie, die gewissermaßen das Spitzenprodukt der durch einen langen Prozeß der Bürokratisierung und Industrialisierung geprägten Industrienationen darstellt. Die Auslotung der Möglichkeiten und Grenzen einer ganzen Reihe vielfältiger Instrumente zur Entscheidungshilfe auf „formal-rationaler" Basis wird uns eingehend im fünften Kapitel beschäftigen.

2. Zur These von der Unregierbarkeit westlicher Demokartien

Systemanalyse und wachsende Engpaßprobleme

In einer statisch gedachten Welt würde die Vermehrung der Analysekapazität für politische Entscheidungsprobleme ausschließlich zu Optimismus Anlaß geben: nationalstaatliche Regierungen strukturieren und analysieren ihre Entscheidungsprobleme immer gründlicher, so daß die Zielerreichung immer effizienter und die Staaten damit müheloser regierbar werden. Doch nach den Worten Erich Schneiders leben wir unter dem „kalten Stern der Knappheit"[51] und wachsende weltweite Engpaßprobleme sind eher ein Anzeichen für aufkommenden Pessimismus, nämlich dafür, daß dieser Stern insbesondere in Anbetracht der enormen Bevölkerungsexplosion in absehbarer Zukunft eher noch kälter strahlen wird, wenn auch stark differenziert nach geographischen und Problembereichen. Solche Problembereiche entstehen zunehmend als Folge ungesteuerten Wachstums — ausgehend von der erwähnten Bevölkerungsentwicklung — z. B. bei Fragen der Nahrungsmittelerzeugung und -verteilung, der abnehmenden verfügbaren Ressourcen, der Umweltbelastungen, der immer aufwendigeren Kommunikationsbeziehungen und der sprichwörtlichen Informationsflut[52]. Ist also möglicherweise die Entwicklung und stete Verfeinerung „formal-rationaler" Instrumente Ausfluß eines verzweifelten Versuches, eine immer schwerer regierbare Welt regierbar zu erhalten? Oder haben wir gar Anlaß noch pessimistischer zu sein wie etwa Martin Shubik, der fast nostalgisch in das 18. und 19. Jahrhundert zurückblickt und säkulare Veränderungen heraufziehen sieht?: „Perhaps the eighteenth and nineteenth centuries will go down as the brief interlude in which the growth of communications and knowledge relative to the size of population, speed of social and political change, and the size of the total body of knowledge encouraged individualism and independence"[53].

Die westlichen hochindustrialisierten Demokratien sind von einigen dieser im Weltmaßstab diskutierten Engpaßprobleme nur indirekt betroffen; so kennen sie das Phänomen des Hungers und Verhungerns von Teilen der Bevölkerung nicht. Sie sind aber an der Produktion, Distribution und – leider auch – Vernichtung von Nahrungsmitteln beteiligt. Eindeutiger ist die Betroffenheit bei der Abhängigkeit von Ressourcen-Importen insbesondere auf dem Energiesektor, wie durch drastische Ölpreiserhöhungen, die daraus folgenden Benzinpreiserhöhungen und das Sonntagsfahrverbot deutlich wurde. Insbesondere in diesem Sektor werden auch hochindustrialisierte Nationalstaaten in ihrem wirtschaftlichen Wachstum tangiert, zumal nur in Ausnahmefällen auf eigene nennenswerte Ressourcen zurückgegriffen werden kann. Auch der Substitution etwa durch Nuklearenergie sind wegen der damit zusammenhängenden und in einigen Fällen auf breiter Front politisierten Risiko- und Sicherheitsprobleme spürbar Grenzen gesetzt. An dieser bereits existentiell erlebten Nahtstelle zunehmender Abhängigkeit auch westlicher Industrienationen von Fluktuationen in der Weltpolitik, die sich potentiell auf andere Bereiche ausdehnen lassen – z. B. Rohstoffmindestpreise, -preisindexierung, -lagerhaltung, festgelegter Anteil des Bruttosozialprodukts für Entwicklungshilfe als einige Beispiele im Forderungskatalog des Nord-Süd-Konfliktes – manifestiert sich eine Seite des Dilemmas für Regierungen westlicher Demokratien immer deutlicher. Sie sehen sich mit bisher unbekannten Ansprüchen im internationalen Wirtschaftssystem konfrontiert, die direkt auf dem Verhandlungswege oder indirekt über beträchtliche Preiserhöhungen oder Kontingentierungen usw. – wie in der Ölkrise 1973 – auf ihre Durchsetzbarkeit getestet werden und mit strategischem Geschick in mehreren Fällen auch bereits durchgesetzt wurden. Damit tritt das ein, was einer der führenden Vertreter der These von der zunehmenden Unregierbarkeit westlicher Demokratien, Richard Rose, als die „Internationalisierung des Konzeptes der nationalen Ressourcen" bezeichnet[54]. Abnehmende Ressourcenverfügung durch Pressionen im internationalen Wirtschaftssystem ist ein zusätzlicher Grund für die Überlastung der Regierungen westlicher Industrienationen.

Für die These des „Overloaded Government" ist diese Ressourcenbegrenzung jedoch nur ein Teilaspekt, gewissermaßen der unvermeidliche Einfluß von im Bereich der internationalen Politik erhobenen Ansprüchen. Der Grundgedanke ist vielmehr, daß sich mit den Phasen starken Wachstums in der Nachkriegszeit, den steigenden verfügbaren Einkommen, den vermehrten Budgetausgaben, dem Ausbau westlicher Demokratien zu Wohlfahrtsstaaten usw. auch jeder einzelne Bürger an die wachsende Erfüllung seiner Erwartungen durch die jeweilige Regierung gewöhnt hatte. In Phasen nachlassenden oder gar stagnierenden wirtschaftlichen Wachstums gerät nun jenes Gleichgewicht tendenziell ins Wanken, das sich zwischen dem hohen, allmählich dynamisierten Erwartungs- und Anspruchshorizont der Bürger und den vorhandenen Möglichkeiten seitens der Regierungen, diesen ständig wachsenden Ansprüchen zu entsprechen, eingependelt hatte. Bevor jedoch näher auf

die politischen Komponenten eines solchen „Gleichgewichtsmodells" zur Ableitung einer verminderten Regierungsfähigkeit eingegangen wird, sollten wir uns
zur Illustration kurz in Erinnerung rufen, welche ökonomisch-politische Bedeutung
der Übergang vom extensiven zum intensiven und teilweise stagnierenden Wachstum
in der Bundesrepublik Deutschland hatte[55].

Exkurs: Erwartungshaltung und Wachstumsentwicklung in der Bundesrepublik
Deutschland

In der Aufbauphase unmittelbar nach dem Kriege bis Ende der 50er Jahre konnten
die weitgehend vorhandenen Ressourcen aktiviert werden. Das Sachkapital war aufgrund von Zerstörungen und Demontagen lediglich auf den Stand von 1939 zurück-
gefallen und wies durch hohe Investitionen einen starken Verjüngungsgrad auf.
Von dem durch Zuwanderung vermehrten differenzierten „human capital" mit
seinem technisch-organisatorischen Wissen wurde auch der dritte Produktions-
faktor, der sogenannte „technische Fortschritt", äußerst positiv beeinflußt. Die
Neuordnung des Geldsystems, die ERP-Mittel (Marshallplan) sowie die Finan-
zierungsförderung waren bekanntlich die entscheidenden monetären Voraussetzungen für das hohe Wachstum. Hinzu kam, daß die marktwirtschaftliche Konzeption
der Wirtschaft eine enorme Anpassungsflexibilität verlieh und das wirtschaftspolitische Programm der Regierung mit den individuellen Präferenzen der Bundesbürger hochgradig übereinstimmte. Uns interessiert an dieser Stelle die Art des
Zugriffs zu den Ressourcen in einer solchen Phase des Wachstums, der dadurch
gekennzeichnet ist, daß die Einnahmen der öffentlichen Hand überproportional
gewachsen sind. Trotz der gewaltigen Kriegsfolgelasten und der Finanzierungs-
hilfen konnte der Staat beträchtliche eigene Investitionen tätigen und dabei noch
erhebliche Mittel akkumulieren – z. B. den sogenannten „Juliusturm" in Höhe von
7,1 Mrd. DM. Für große Teile der Bevölkerung aber besonders spürbar und wichtig
waren die Redistributionsleistungen durch den Staat zugunsten der an Einkommen
und Vermögen Schwächeren. Der gestiegene Staatsanteil am Sozialprodukt ermöglichte außerdem ein Ausweiten von Hilfeleistungen an die „Dritte Welt". Konnte
die Bundesrepublik zumindest über einige Jahre den Forderungen dieser Länder
zwar nie voll, aber doch zu ca. 60 % nach einem Anteil von 0,7 % des Bruttosozialprodukts für Entwicklungshilfe entsprechen, so liegen wir gegenwärtig deutlich unter dieser Marge (~ 0,27 %); ein Beispiel dafür, welche Bedeutung wirtschaftliche Wachstumsschwächen für die Nichterfüllung von öffentlichen Anspruchsniveaus, in diesem Fall im Bereich der internationalen Politik, haben können.
  In den 60er Jahren fielen mehrere der genannten positiven Sonderfaktoren
fort, und es zeigten sich erste Schwierigkeiten wie etwa die Freisetzung mehrerer
hunderttausender Beschäftigter in der Textilindustrie, der Absatzrückgang im Stein-
kohlenbergbau und eine Erhöhung der Disparität bei der Einkommensentwicklung
der Landwirtschaft. Da die Investitionen in diesem Dezennium zu einer deutlichen
Erhöhung der Wachstumsrate der Kapitalintensität führten, können wir sagen,

daß das extensive Wachstum der 50er Jahre durch ein kapitalintensives Wachstum in den 60er Jahren abgelöst worden ist. Insbesondere in den Bereichen Ausbildung und Wissenschaft, erweiterter Infrastruktur sowie verbesserter Raumordnung mußten Investitionen mit längeren Ausreifungszeiten und teilweise hoher Marktferne getätigt werden. Die Erfüllung solcher vermehrt qualitativer Aspekte wirtschaftlichen Wachstums schlugen sich längst nicht mehr so unmittelbar in einer Steigerung der Produktivität des privaten Wirtschaftssektors nieder, der bekanntlich als Motor des Wachstums fungiert. Ohne nun an dieser Stelle weiter vertieft in die ökonomische Detailanalyse einzusteigen, die den Entwicklungsprozeß in die 70er Jahre mit seinen wirtschaftlichen Einbrüchen wie starker Zunahme der Insolvenzen, über eine Million Arbeitslose, wiederholter Neuberechnungen der Renten usw. nachzeichnet, bleibt für unsere Fragestellung der Relationierung von Ressourcen und Erwartungshaltungen entscheidend: welches Verhalten resultiert bei einem aufgrund erfolgreicher wirtschaftlicher Entwicklung gewachsenen Anspruchsniveau angesichts unübersehbarer ökonomischer Schwierigkeiten? Offensichtlich hatte jedoch der geschilderte Übergang vom extensiven zum intensiven Wachstum dem optimistischen Blick des Bürgers in die Zukunft zunächst keinen Abbruch getan.

In einer Gallup-Umfrage vom Herbst 1969, in der von den USA über die Bundesrepublik Deutschland bis hin zu Indien die Frage gestellt wurde, ob die Bürger meinen, daß die Welt in 10 Jahren für sie lebenswerter sein werde, war die Mehrheit der Befragten in 12 von 13 untersuchten Nationen optimistisch. Bei den Fragen nach Vollbeschäftigung und wirtschaftlichem Wachstum war insbesondere auch die positive Erwartungshaltung der Bundesbürger ungebrochen. In einer im Herbst 1974 ebenfalls von Gallup durchgeführten Umfrage bezüglich der Erwartungen für das Jahr 1975 zeigte sich in den westlichen Demokratien (Kanada, Schweden, Schweiz, Großbritannien, Bundesrepublik Deutschland, Niederlande, Italien und Frankreich) ein weit weniger optimistisches Bild. So waren 75 % der Bundesbürger überzeugt, daß 1975 ein Jahr der wachsenden Arbeitslosigkeit wird, und ebenfalls 75 % waren der Meinung, das kommende Jahr werde wirtschaftliche Schwierigkeiten bringen[56].

„Overloaded Government": das Rose-Modell

An diesem Wechselspiel zwischen abnehmender Ressourcenverfügung der Regierung und relativ hoher Erwartungshaltung der Bevölkerung setzt die Argumentation eines politologischen Modells des „Overloaded Government" ein. Wir haben die Dynamik dieses Wechselspiels durch eine etwas ausführlichere Rückbesinnung auf die wirtschaftspolitische Nachkriegsentwicklung in der Bundesrepublik illustriert, um sonst eher abstrakt verbleibende Komponenten und den Zusammenhalt der Gesamtargumentation dieses Ansatzes besser übersehen zu können[57].

Wenn wir uns zur Veranschaulichung eines Schaubildes von Richard Rose bedienen, so können fünf verschiedene Zustandsbeschreibungen für die Relationen

Schaubild 1: Zur Veranschaulichung der These der „Überlastung" von Regierungen westlicher Demokratien[58]

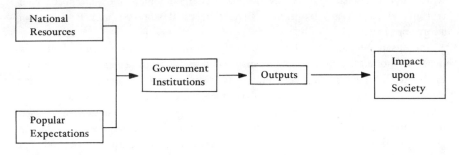

Quelle: Rose, R., Overloaded Governments, a.a.O., S. 3.

zwischen den aufgeführten Elementen unterschieden werden. Sehen wir uns zunächst vier Konstellationen an, die als durchaus günstig für die Kapazität einer Regierung anzusehen sind, mit den vorfindbaren politischen Problemen fertig zu werden.

(1) Der Gesamtgleichgewichtszustand — als statischer Orientierungspunkt des Denkens für abweichende Zustände — ist dadurch gekennzeichnet, daß die Erwartungen der Bevölkerung sowie der Politiker befriedigt werden können. Die Regierung ist dazu mit ausreichenden Ressourcen z. B. in Form eines angemessenen Budgets ausgestattet. Die Ergebnisse ihrer Entscheidungen etwa in Form von Gesetzen, Verordnungen oder auch staatlichen Investitionen bzw. staatlichem Konsum zeitigen in der alltäglichen Erfahrungswelt der Bevölkerung solche Auswirkungen, daß der „Impact" der Entscheidungen den gehegten Erwartungen entspricht. (Gesamtgleichgewicht: Erwartungen = Ressourcen = Regierungsinstitutionen = Auswirkungen)[59].

(2) In der frühen „laissez faire"-Phase der beginnenden Industrialisierung waren die Erwartungen in bezug auf staatliche Aktivitäten äußerst gering. Auch zeigten sich Regierungen nicht in der Lage, die ihnen nach unseren heutigen Maßstäben damals potentiell möglichen Ressourcen zu beschaffen. Es herrschte ein Zustand des Übergewichts an natürlichen Ressourcen. (Ressourcen > Erwartungen, Beschaffungsprozesse und Auswirkungen).

(3) Mit dem starken Wachstum der staatlichen Bürokratien Ende des 19. Jahrhunderts konnten Regierungen gelegentlich mehr durchsetzen als in der Öffentlichkeit erwartet und als an Ressourcen von den nationalen Volkswirtschaften bereitgestellt wurde. Es war dies eine Phase, in der Regierungsinstitutionen, gemessen an der heutigen fast permanenten Überlastung, relativ ungefordert blieben. Das öffentliche Anspruchsniveau war dabei entsprechend wenig entwickelt (Regierungsinstitutionen > Ressourcen, Erwartungen und Auswirkungen).

(4) Ab und zu haben Regierungen das Glück, daß der „Impact" von Entscheidungen günstiger ausfällt als ursprünglich geplant. Dieser Fall kann z. B. eintreten,

wenn eine Veränderung durch günstigere „Terms of Trade" zu unverhofften zusätzlichen Ressourcen verhilft. Ein anderes Beispiel sind die aufgrund einer bestimmten staatlichen Wirtschaftspolitik erwarteten Steuereinnahmen, die „ex post" übertroffen werden. (Auswirkungen > Erwartungen, Ressourcen und Regierungsinstitutionen).

Im Zusammenhang mit der These von der zunehmenden Unregierbarkeit westlicher Demokratien interessiert uns insbesondere die fünfte Zustandsbeschreibung, in der Regierungen mehr oder minder ständig über ihre Problemlösungskapazität hinaus gefordert werden. Richard Rose nennt diesen Zustand „Overload". Dies läßt sich als ein Zustand der Überlastung durch zu hoch gespannte Erwartungen beschreiben. Die Ressourcendecke reicht nicht aus, die Leistungsfähigkeit der Regierungsinstitutionen wird überfordert mit dem unerwünschten Nebeneffekt, daß unbeabsichtigt politische Orientierungsmaßstäbe tangiert werden. Schließlich stehen die Auswirkungen der Entscheidungen – z. B. nicht mehr so hohe Lohnsteigerungsraten, abnehmende Raten der Rentenerhöhungen usw. – häufig in krassem Widerspruch zu den „organisch" gewachsenen z. T. dynamisierten Anspruchsniveaus, wie sie sich etwa anhand der geschilderten wirtschaftspolitischen Entwicklungsgeschichte in der Bundesrepublik aufzeigen lassen[60].

Neben den knapper gewordenen fiskalischen und teilweise auch internationalen Ressourcen (z. B. Energie, Rohstoffe) werden u. a. die Bevölkerung, das Territorium, die Gesetzgebung sowie nationale Symbole als weitere einer Regierung zur Disposition stehende Ressourcen angesehen. Das Territorium kann als fixe Größe betrachtet werden; es sei denn, es findet eine Landgewinnung größeren Umfangs statt, wie etwa in den Niederlanden. Die Bevölkerungszahl ist, wie berichtet, in der Bundesrepublik zur Zeit des extensiven Wachstums durch Zuwanderung noch gestiegen, danach jedoch ebenfalls weitgehend konstant geblieben. Zu beachten bleibt allerdings, daß seitdem ein größerer Teil der Bevölkerung im Dienstleistungssektor Beschäftigung findet, der bekanntlich deutliche Grenzen der Produktivitätssteigerung aufweist. Im Bereich der Gesetzgebung hat die Aktivität der Regierungen in westlichen Demokratien zwar erheblich zugenommen, zugleich aber hat die Prädisposition der Bürger gerade in diesen Ländern abgenommen, jedweder Autorität, also auch der staatlichen, nur aus Gründen der Tradition im Verhalten zu entsprechen. In einigen Feldern traditioneller staatlicher Gesetzgebung werden allerdings die normativen Grenzen durch den Staat heute enger gezogen z. B. bei der Fassung der Abtreibungsgesetze oder auch der strafrechtlichen Verfolgung homosexuellen Verhaltens. Auch aus der einstmals einigenden Kraft nationaler Symbole wie z. B. den Nationalhymnen, können Regierungen westlicher Demokratien im Zeitalter des Pluralismus, der Massenmedien und des „Cash-Nexus" kaum noch nennenswerte Unterstützung oder gar Opferbereitschaft ableiten. Die Autorität wird in diesen Ländern zwar nicht direkt angegriffen, aber sie unterliegt zunehmend einer Erosionsgefährdung durch Regierungsfehlverhalten. In milden Fällen besteht dies im Nichteinhalten wiederholt versprochener Ziele, wie eine bestimmte nicht zu realisierende Wachstums- oder eine nicht zu erreichende niedrige Inflationsrate. In besonders massiven Fällen heißt dies jedoch „Watergate".

Bei einer solchen Einschätzung der politischen Ressourcen verwundert es nicht, wenn der Verteilungskampf um die Aufteilung der „Kosten" bei einem deutlichen Rückgang des ökonomischen Wachstums nicht von Solidarität getragen ist, sondern eher nach der Devise erfolgt: Rette sich, wer kann. Dabei sind Fluglotsen oder Beschäftigte in Energieversorgungsunternehmen besser dran als Lehrer oder etwa Drucker, da sie die Abhängigkeit der Gesellschaft von der Technik zu ihrem Vorteil ausnutzen können. Die Möglichkeit der Regierungen auf andere Organisationen Einfluß zu nehmen wird geschwächt, wenn, wie in der Bundesrepublik, eine „Institution" wie die Konzertierte Aktion aufgekündigt wird. Statt sich aus der Aufgabe − etwa durch die verdeckte Gestaltung von „Lohnleitlinien" − ökonomische Orientierungsgrößen mitzubestimmen verdrängt zu sehen, sind von anderen Regierungen aktive Maßnahmen ergriffen worden, wie etwa Lohn- und Preisfestsetzungen, Ausgabenerhöhungen des Budgets, Verstaatlichung von Industrien oder eine verstärkte Heranziehung von Petrodollars. Alle diese Maßnahmen − von der jede einzelne bekanntlich ökonomisch und politisch umstritten ist − konnten nicht verhindern, daß die Unterstützung der Bevölkerung für das etablierte politische System in einigen westlichen Demokratien zurückging. Ein Symptom war der Erfolg von Splitterparteien bei Wahlen, deren spektakulärsten die Anti-Steuer Partei des Dänen Mogens Glistrup 1973 erzielen konnte. Im klassischen Land der parlamentarischen Demokratie, in Großbritannien, ging von 1970 mit noch 89,5 % bis 1974 der Anteil der Wählerstimmen für die beiden großen Parteien auf 75,1 % zurück[61]. Damit wird unsere eingangs gestellte Frage nach dem politischen Verhalten der Bürger mit einem bei erfolgreicher wirtschaftlicher Entwicklung gewachsenen Anspruchsniveau so beantwortbar: für den Fall, daß Regierungen mit wirtschaftlichen Schwierigkeiten, wie in den 70er Jahren zu kämpfen haben, können sie in einigen westlichen Demokratien mit einer Tendenz abnehmender politischer Unterstützungshaltung gegenüber dem etablierten politischen System seitens der Wählerschaft rechnen.

„Output" und „Impact" politischer Entscheidungen

Zur Abrundung der These von der zunehmenden Unregierbarkeit westlicher Demokratien sei abschließend auf die im Schaubild 1 angegebenen Komponenten „Government Institutions" und „Impact upon Society" eingegangen.

Das Wachstum der Regierungsinstitutionen ist sowohl an der Steigerung des Budgets wie auch am Zuwachs der im öffentlichen Dienst beschäftigten Personen deutlich abzulesen. Jedoch ist die Manövrierfähigkeit von Regierungen, auf ständig wachsende Erwartungen adäquat zu reagieren, u. a. durch folgende Faktoren begrenzt. Das Budget weist einen extrem hohen Anteil „fixer Ausgabenblöcke" auf. Regierungen sind an einmal eingegangene gesetzliche Verpflichtungen häufig über längere Zeiträume gebunden. Die „Responsiveness", d. h. die Bereitschaft wachsender Oganisationen auf vorgebrachte Anliegen zu reagieren, nimmt tendenziell ab[62]. Reformbemühungen waren von wenig anhaltendem Enthusiasmus der

Beteiligten und insgesamt von geringem Erfolg gekennzeichnet, ein Thema, das uns anläßlich der Diskussion von „PPB" im fünften Kapitel noch ausführlichst beschäftigen wird[63]. Die Größe der Regierungsinstitutionen erzwingt erhebliche „Repräsentationsleistungen", z. B. eines Ministers gegenüber vielen Gesprächspartnern, sowie einen hohen Koordinationsaufwand. Dieser bleibt auch in einem großen Maße bei regionaler oder lokaler Dezentralisation erhalten. Ein Teil dieses Koordinationsaufwandes wird von Regierungsinstitutionen in „Parkinson'scher Manier" „externalisiert", indem z. B. Empfänger von Wohlfahrtsleistungen sich im „Wirrwarr" der zuständigen Stellen und Bestimmungen selber orientieren müssen. Schließlich geraten staatliche Aktivitäten zunehmend in konfligäre Zielbereiche. Beantragt ein öffentliches Unternehmen einen Bauplatz für eine neue Fabrikanlage, so kann es mit den Zielen einer auf Naturschutz bedachten Behörde in Konflikt geraten.

Die im Schaubild vorgestellten „Outputs" lassen sich in drei Grundformen unterteilen:

(1) Gesetze, die sich vornehmlich auf Bereiche der öffentlichen Moral beziehen wie etwa im genannten Beispiel Fragen des Schwangerschaftsabbruchs,

(2) öffentliche Ausgaben wie z. B. Transferzahlungen an Rentner und

(3) Organisationen, z. B. militärische Organisationen zur bewaffneten Verteidigung bzw. zum Angriff. Alle diese Aktivitäten beeinflussen in nur schwer faßbarer Form die staatliche Autorität. Dabei sind die Adressaten der „Outputs" von Regierungsinstitutionen sehr zahlreich. Die Auswirkungen von Regierungsentscheidungen, die der Intention nach auf einen bestimmten Bereich abzielen, haben die Tendenz, auf viele andere Bereiche „auszustrahlen". Diese Erfahrung zeigt sich bereits im Verhalten zwischen den Regierungsinstitutionen. Viele „Outputs" richten sich an andere Regierungsinstitutionen, jedenfalls in einem föderativen System aber auch wenn sie öffentliche Unternehmungen betreffen oder, wie bei Fragen der Sanierung, bis auf die Gemeindeebene reichen. Bei diesen Übertragungsleistungen in andere Bereiche der Regierungsinstitutionen können bereits Verfälschungen der Intentionen sowie nicht antizipierte „Impacts" auftreten. Wenn Regierungen die ihnen zustehenden staatlichen Monopolbereiche wie Steuergesetzgebung, „Recht und Ordnung", Kontrolle der öffentlichen Ausgaben, Außenpolitik usw. verlassen, treten sie nicht mehr als „souveräne Akteure" auf. Sie befinden sich vielmehr mit anderen unabhängigen Entscheidungsträgern in einem „kooperativen" Aktionsfeld, in dem Auswirkungen der Entscheidungen nur schwer zu antizipieren sind. Gibt eine staatliche Stelle einem öffentlichen Unternehmen eine Investitionsentscheidung vor, so ist die Auswirkung dieser Entscheidung übersichtlich und vor allem sanktionsfähig; wenn ein Gesetz zur Förderung der Stabilität und des Wachstums der Wirtschaft erlassen wird, das sich an das gesamte ökonomische System wendet, so ist die Anwendung des Gesetzes zunächst einmal von einer Einschätzung der konjunkturellen Lage abhängig und seine Auswirkungen nur „sehr ungefähr" voraussehbar.

Auch für den gesellschaftlichen Bereich lassen sich ähnliche Feststellungen treffen. Solange bestimmte Personenkategorien von Regierungsentscheidungen betroffen werden, wie etwa Kinder bestimmter Altersgruppen von der Schulpflicht, so ist die Einhaltung solcher gesetzlicher Vorschriften überprüfbar und sanktionsfähig. Soll dagegen ein generelles Gesundheitsprogramm mit einer Reihe von Vorleistungen von Regierungsseite (Vorsorgeuntersuchungen, Trimm-Dich-Anlagen, Diätvorschlägen etc.) durchgeführt werden, so wird sehr schnell deutlich, daß dabei — bedingt durch den Umfang der gestellten Aufgabe und der Freiheitsgrade der Beteiligung in ihrem Verhalten nicht direkt beeinflußbarer und überprüfbarer Bürger — die Auswirkungen eines solchen Programms wesentlich offener bleiben. Für eine Beurteilung der hier nur verkürzt angesprochenen Auswirkungen politischer Entscheidungsprozesse ist die Behandlung von Problemen der staatlichen Entscheidungsdurchführung und damit letztlich der Entscheidungskontrolle so wesentlich, daß wir darauf im abschließenden Kapitel des Buches noch einmal detaillierter zurückkommen werden.

Natürlich ist auch Rose keineswegs deterministisch der Meinung, daß die in den Elementen seines politologischen Modells aufgezeigten Engpässe und Schwierigkeiten unvermeidlich zu völliger Unregierbarkeit westlicher Demokratien führen. Er macht selber Vorschläge zur Entspannung der Überlastung — etwa durch Stutzung des staatlichen Aufgabenkataloges — und zeichnet unterschiedliche mögliche Entwicklungsverläufe durch „wohlwollende" oder ausgesprochen pessimistische Scenarios, die unterschiedlich realistisch erscheinen[64]. Wir wollen jedoch an dieser Stelle nicht weiter der Versuchung unterliegen, einen Ausbau der stimulierenden Gedankengänge im Rahmen des Modells „Overloaded Government" mit seinen Relationierungen, Klassifikationen, Beobachtungen und der Einarbeitung von Ergebnissen der Meinungsumfrage vorzunehmen. Vielmehr sollen abschließend diese Ausführungen zu denen über die „Rationalität des ‚Western man' " beispielhaft in Beziehung gesetzt werden. Wir können den Bezug möglichst anschaulich am oben ausgeführten Beispiel der Gesundheitspolitik verdeutlichen. Im Anschluß an die Erfolge in der Weltraumtechnologie war, wie berichtet, die vorherrschende Auffassung vor allem in den USA, daß es mit technischer Perfektion und Bereitstellung der benötigten finanziellen Mittel möglich sein werde, durch angemessene Leistungen beispielsweise auch auf dem Gesundheitssektor anfallende Probleme voll in den Griff zu bekommen. Dieser Glaube an die direkte Übertragung der „Machbarkeit" aus der Technik in die Politik ist u. a. durch neuere Ansätze der „Impact"-Forschung in Frage gestellt worden. Dort, wo Regierungen weniger als souveräne Akteure auftreten können, sich vielmehr bei der Verfolgung politischer Zielsetzungen einem „kooperativen" Aktionsfeld wie etwa dem gesundheitlichen Verhalten der großen Zahl einzelner Bürger anpassen müssen, werden die Grenzen des Einflusses und der Machbarkeit staatlicher Programme besonders deutlich spürbar.

In den westlichen Industrienationen ist nach dem beträchtlichen wirtschaftlichen Wachstum der Nachkriegszeit — das mit einem inflationären Anwachsen der Erwartungen der Bürger an die Leistungsbereitschaft und -fähigkeit des Staates im sogenannten Zeitalter des „technologischen Liberalismus" einherging — inzwischen seit etwa Anfang der 70er Jahre eine Trendwende eingetreten[65]. Die neue Ära ist nicht nur von dem Bewußtsein zunehmender ökonomischer Knappheit, sondern zugleich – wie anhand des Beitrages von Rose erläutert werden konnte – auch zunehmender Knappheit im politischen Sinn gekennzeichnet. Die Tatsache, daß verstärkt Fragen der „Wirkungsanalyse" und „Evaluierungsforschung" staatlicher Programme in den Vordergrund treten, zeigt, daß die Politische Wissenschaft diese Trendwende in der Suche nach verbesserten Beschreibungen, Erklärungen und Voraussagemöglichkeiten politischer Entscheidungsprozesse zu erfassen versucht. Damit kein Mißverständnis entsteht: Instrumente zur Entscheidungshilfe bleiben auch in einer Ära ökonomischer und politischer Knappheit unentbehrliche Werkzeuge staatlichen Handelns. Dabei unterliegt allerdings die Einschätzung ihrer Einsatzmöglichkeiten weniger denn je einem einseitigen, aus technologischen Erfolgen per analogia genährten Optimismus. Eine solche Einschätzung könnte in Anlehnung an bereits benutzte Formulierungen eher als „janusköpfig" bezeichnet werden: dabei läßt die zweite Gesichtshälfte mit einer deutlichen Skepsis gegenüber unbegrenzter „Machbarkeit" im gesellschaftlich-politischen Raum und mit einer deutlich ernüchterten Einstellung gegenüber jeglicher Art von Wachstumsfetischismus eher einen gedämpft pessimistischen Ausdruck erkennen.

IV. Leitende Fragestellungen

Der hier vorgenommene Überblick über die ausgewählten Richtungen in einem Bereich der Politischen Wissenschaft sollte verdeutlichen, daß die Beschäftigung mit politischen Entscheidungsprozessen von Anbeginn thematisch im Mittelpunkt des Interesses stand. Für den gewählten Ansatz der normativen Schule, aber auch für die historisch-dialektische Ausrichtung gilt jedoch, daß Fragen des Gemeinwohls bzw. der adäquaten Erkenntnis und damit Fragen des *richtigen* Entscheidens im Vordergrund stehen. Politische Entscheidungen sind dabei quasi „Derivate" der vorgeführten Ansätze; sie lassen sich, wie dargestellt, gewissermaßen „automatisch" aus der Mechanik weitgehend in sich ruhender „Gedankengebäude" ableiten.

Einer der ersten, der darauf verwiesen hat, daß die Untersuchung politischer Entscheidungsprozesse nicht ein spezieller Aspekt politischer Theoriebildung ist, sondern deren eigentlich zentralen Kern ausmacht, war Herbert A. Simon[66]. Den Nobelpreisträger für Wirtschaftswissenschaften vom Jahre 1978 interessiert letztlich – ausgehend von der Untersuchung des tatsächlichen Verhaltens von Akteuren in Entscheidungsprozessen, der Einbettung von Entscheidungen in den Strom früherer Entscheidungen, des Problemlösungsverhaltens, des „Designs" möglicher Handlungsverläufe etc. – die Konzeptionalisierung einer Theorie politischer Entscheidungsprozesse. Eine solche politologische Entscheidungstheorie, die Fragen des politischen Verhaltens auf den unterschiedlichsten Ebenen sowie Probleme der Steuerung und Kontrolle politischer Gemeinwesen in allgemeingültiger Form beschreiben und, erklären kann und damit zum Kernbestand einer Politischen Theorie zählt, liegt bislang nicht vor.

Daß ein solches Desiderat möglicherweise — wie die vorgenommene Problematisierung der Datenlage und die erst verschwindend geringe Anzahl empirisch-analytischer „Tiefenbohrungen" im Bereich der Zielanalyse, des „cognitive mapping", der Fallstudien etc. nahelegen — in dieser anspruchsvollen Form formuliert noch lange Zeit ein Desiderat bleiben wird, kann aus mehrfachen Gründen kein Anlaß zu Forschungsresignation sein. Ein Blick auf andere der Theoriebildung zugängliche Untersuchungsobjekte in der Politischen Wissenschaft wie etwa die Konflikt-, die Pluralismus-, die Demokratie-, die Ideologieforschung usw. zeigt, daß hier der Grad der Systematisierung, Klassifizierung, Konzeptionalisierung und empirischen Verankerung in einzelnen Bereichen größer sein mag, aber in keinem Fall den Stand einer allgemeingültigen Theorie, ja wohl noch nicht einmal den einer „Theorie mittlerer Reichweite" im Sinne von Robert K. Merton erreicht hat[67].

Ein weiterer Grund zu durchaus positiver Einstellung zur politologischen Entscheidungsforschung ist darin zu finden, daß die Politische Wissenschaft gerade bei dem eigenen Bemühen der Entwicklung einer Theorie politischer Entscheidungsprozesse zunehmend in den Kanon der anwendungsorientierten Sozialwissenschaften integriert wird. Dabei weist dieser Integrationsprozeß zwei Hauptrichtungen auf. Unübersehbar ist einmal der Einfluß aus der Psychologie, der Betriebswirtschaftslehre, der Volkswirtschaftslehre und der Integrationsdisziplin Organisationstheorie auf die Politische Wissenschaft. Themen und Untersuchungskomplexe wie „Personality and Politics", „Cost-Benefit"- und „Cost-Effectiveness"-Analyse, PPB, Ökonomische Theorie der Politik und Fragen der Organisationsstruktur bzw. -ziele zeigen neben vielen anderen, daß in Untersuchungen von Entscheidungsprozessen in immer unübersehbarer Weise zahllose Ergebnisse anderer Sozialwissenschaften berücksichtigt werden, die für die Politische Wissenschaft von großem Interesse sind. Zum anderen fällt der Politischen Wissenschaft ihrerseits eine wachsende Integrationsaufgabe zu. Diese kommt zum Ausdruck, wenn ihr andere Sozialwissenschaften die Zuständigkeit für die Analyse kollektiver Entscheidungsprozesse in Organisationen zusprechen[68]. Dies kommt aber ebenso zum Ausdruck, wenn im weitgespannten Bereich der „Policy-Analysis" — der von der Einführung eines neuen Fischereikonzeptes an einem bestimmten Küstenstrich, über die Diskussion alternativer Energieversorgungssysteme bis hin zur Reorganisation komplexer Regierungsinstitutionen reicht — politologisch ausgebildete Sozialwissenschaftler herangezogen werden, von denen die Kompetenz erwartet werden kann, daß sie die institutionellen und politischen Probleme bei der Realisierung fachspezifischer Lösungsvorschläge beurteilen können[69]. In diesem Sinn ist Politische Wissenschaft auch im Rahmen der politologischen Entscheidungsforschung zugleich Sozialwissenschaft und darüber hinausgehend Integrationswissenschaft, die aufgefordert ist, sich mit den Ergebnissen einer Fülle technisch-naturwissenschaftlicher Disziplinen in der angegebenen spezifischen Weise auseinanderzusetzen.

Ein dritter Grund, der zu intensiverer Beschäftigung mit politologischer Entscheidungsforschung anreizt, ist die Beobachtung, daß immer mehr — auf eigenen, ja sogar konkurrierenden Erklärungsanspruch pochende — entscheidungstheoretische Ansätze in Umlauf kommen. Hier sollte der Gedanke von John Steinbruner erweitert werden, der das sogenannte „Analytic Paradigm" und das „Cybernetic Paradigm" in seinem bereits erwähnten Buch: „The Cybernetic Theory of Decision, New Dimensions of Political Analysis" vergleicht bzw. miteinander kontrastiert[70]. Systemtheoretische Ansätze, solche der kognitiven Psychologie und Sozialpsychologie, um nur einige zu nennen, sollten in einen solchen Vergleich miteinbezogen werden.

Ein vierter Grund, die Aufmerksamkeit sowohl des Politologen als auch anderer Sozialwissenschaftler und interessierter Laien zu erregen, ist die Tatsache, daß wir über eine wachsende Zahl höchst heterogener Fallstudien politischer Entscheidungsprozesse verfügen. Dabei haben eng am Material orientierte Beschreibungen den Vorteil, die Besonderheiten, das unverwechselbar Spezifische eines Entscheidungsproblems besonders plastisch herauszuarbeiten. Es gibt, wie bereits erwähnt, bei Allison, Steinbruner u. a. jedoch zunehmend konzeptionell orientierte Fallstudien, die Instrumente der Entscheidungsanalyse, mit einem über den Einzelfall hinausgehenden Anspruch benutzen, auch andere, zumindest ähnlich gelagerte Entscheidungsprozesse erklären zu können.

Schließlich — und um darauf die Aufmerksamkeit zu lenken, dienten die Bemerkungen zum Postulat der Machbarkeit und Rationalität im Weltraumzeitalter sowie zum politologischen Modell des „Overloaded Government" — sind solche politischen Entscheidungsprozesse zunehmend von großem Interesse, die in einer spezifischen Weise die Problematik hoher Erwartungshaltungen sowie zunehmender Knappheit ökonomischer aber auch politischer Ressourcen miteinander verknüpfen. Die Verwendungsmöglichkeiten entscheidungstheoretischer Instrumente zur Vorbereitung von Regierungsentscheidungen werden in einer solchen Phase wachsender ökonomischer wie politischer Knappheiten besonders kritisch zu untersuchen sein. Dabei stehen neben einer Beurteilung institutioneller und politischer Probleme ihrer Anwendung auch zunehmend Möglichkeiten und Grenzen einer generellen Wirkungsanalyse politischer Entscheidungsprozesse im Blickpunkt der Überlegungen. „Last but not least" sollte bei einer Sichtweise politischer Entscheidungsprozesse — vornehmlich von der Warte einer Effizienzsteigerung der Führungstätigkeit von Regierungen[71] — nicht übersehen werden, daß der von van Gunsteren sogenannte „rational-central-rule approach" trotz aller Effizienzbemühungen in besonderem Maß Gefahren einer „Suboptimierung" birgt. Dezentrale, organisch gewachsene und auf Traditionen beruhende politische Entscheidungsstrukturen verbürgen zwar häufig geringere Übersicht und wohl auch eine langsamere „Lerngeschwindigkeit", aber zugleich bieten sie arbeitsteilig Vorteile der Problemartikulation, Problemdiskussion und bei Konflikten „erlernte" Problemlösungen „vor Ort"[72].

Nach dieser beispielhaften, wie gelegentlich auch prinzipiellen Zuspitzung zentraler Problem- und Fragestellungen politologischer Entscheidungsforschung, die in den einleitenden Bemerkungen des ersten Kapitels vorbereitet wurden, sollen jetzt die „produktiven Umwege" in das folgende Arbeitsprogramm einmünden:

Im *zweiten Kapitel: „Ausgewählte Aspekte der Analyse von Entscheidungsprozessen in anderen Sozialwissenschaften — Das Problem der Übertragbarkeit auf die Politische Wissenschaft"* wird eingangs danach gefragt, wie ausgewählte Entscheidungsprozesse in anderen Sozialwissenschaften (Psychologie, Betriebswirtschaftslehre, Volkswirtschaftslehre, Organisationssoziologie bzw. -theorie) beschrieben und analysiert werden. In einem zweiten Schritt sollen dann die Möglichkeiten und Grenzen der Übertragung sozialwissenschaftlicher Entscheidungskonzepte anderer Disziplinen auf die Politische Wissenschaft erörtert werden.

Das *dritte Kapitel: „Verschiedene Ansätze zur Erklärung unterschiedlicher Dimensionen politischer Entscheidungsprozesse im Vergleich"* arbeitet zunächst die Merkmale der Erklärungskonzepte heraus (Systemtheorie, Rationalanalyse, kybernetischer Ansatz, kognitiver Ansatz etc.). Zugleich können diese Ansätze z. B. nach dem jeweiligen Grad ihrer unterschiedlichen „Komplexitätsreduktion" und dem von ihnen verwendeten Lernkonzept vergleichend aufeinander bezogen werden. Schließlich wird die unterschiedliche Eignung entscheidungstheoretischer Konzepte in der Politischen Wissenschaft zur Beschreibung und Erklärung politischer Entscheidungsprozesse zu diskutieren sein.

Das *vierte Kapitel: „Lebensqualität: Die diffuse Entstehung eines neuen Zielbündels — ungelöste Meßprobleme"* zeigt über die Phase der Problemerkenntnis bis hin zu gesetzlichen Maßnahmen einige Stadien eines innenpolitischen Entscheidungsprozesses. Die Bemühungen um eine Verbesserung der Lebensqualität in der Bundesrepublik ist ein Prototyp vorwiegend innenpolitischer Entscheidungsprozesse, in denen hohe Erwartungshaltungen und ökonomische wie politische Knappheit aufeinander treffen. Zugleich sollen an diesem Beispiel Bestrebungen und Grenzen sozialwissenschaftlicher Zieloperationalisierung verdeutlicht werden.

Im *fünften Kapitel: „Ausgewählte Instrumente zur Entscheidungsverbesserung — Möglichkeiten und Grenzen"* wird eine Auswahl derartiger Instrumente vorgestellt (Brain-Storming, Delphi, Scenario, PPB etc.). Bei ihrer Bewertung sollte uns zugute kommen, daß bei einigen Entscheidungsinstrumenten bereits langjährige Anwendungserfahrung vorliegt. In einem Exkurs wird in diesem Kapitel generell zum Problem wissenschaftlicher Politikberatung Stellung genommen.

Das *sechste Kapitel: „Probleme der Entscheidungsdurchführung und Entscheidungskontrolle"* schließt an die Ausführungen des Vorkapitels besonders eng an. Im Zuge zunehmender staatlicher Aktivitäten wird der Überblick über die Vielzahl von Regierungsseite initiierter politischer Entscheidungsprozesse immer schwieriger. Die Erfahrungen mit dem Einsatz von Instrumenten zur Entscheidungshilfe lehren, daß zwischen postulierten Zielen einer Politik und ihren tatsächlichen Auswirkungen in vielen Fällen eine beträchtliche Lücke klafft. Zur gezielten Untersuchung der Entscheidungsimplementation und ihrer tatsächlichen „Impacts" wurde mit der Entwicklung der „Wirkungsanalyse" ein neuer Wissenszweig entwickelt. Eine konzentrierte Kritik an dem „rational-central-rule approach" bei der Analyse politischer Entscheidungsprozesse — der in seinem Gehalt bereits knapp umrissen wurde, zum vollen Verständnis aber weiterer Explikation bedarf — beschließt die Ausführungen über das gestellte Thema: „Politische Entscheidungsprozesse". In einer abschließenden Zusammenfassung des Buches sollen die ersten sichtbaren „Konturen einer politischen Entscheidungstheorie" skizziert werden.

Anmerkungen zum ersten Kapitel

1 Vgl. Schopenhauer, A., Die Beiden Grundprobleme Der Ethik, in: Löhneysen, W. (Hrsg.), Arthur Schopenhauer, Sämtliche Werke, Bd. III, Darmstadt 1962, S. 579 f.

2 Vgl. u. a.: Berg-Schlosser, D./Maier, H./Stammen, T. (Hrsg.), Einführung in die Politikwissenschaft, München 1974. − Lehmbruch, G., Einführung in die Politikwissenschaft, Stuttgart 1971. − Lenk, K., Politische Wissenschaft, Ein Grundriß, Stuttgart 1975. Grundsätzlich ist diese Einteilung nicht „sakrosankt". T. Stammen spricht in seinem Beitrag zum Grundbegriff „Politik" − in: Noack, P./Stammen, T. (Hrsg.), Grundbegriffe der politikwissenschaftlichen Fachsprache, München 1976, S. 235 − von 4 relevanten „Politik-Begriffen"; dazu gehören: 1. ein normativ-ontologischer, 2. ein realistischer (Machiavelli, Hobbes), 3. ein marxistischer und 4. ein systemtheoretischer. Die im Text genannte Dreiteilung ist in einer spezifischen Weise historisch gewachsen und zu „Bastionen" für die Perzeption theoretischer Gegnerschaften bzw. Freundschaften stilisiert worden. Prominentestes Beispiel ist die unter dem Schlagwort „Positivismusstreit" ausgetragene Kontroverse zwischen der historisch-dialektischen und empirisch-analytischen Richtung.

3 Hennis, W., Politik und praktische Philosophie, Eine Studie zur Rekonstruktion der politischen Wissenschaft, Berlin 1963. (Zitiert wird im Folgenden nach der Neuauflage mit dem neuen Untertitel: Schriften zur politischen Theorie, Stuttgart 1977.) Weitere zeitgenössische Vertreter sind z. B. Leo Strauss und Eric Voegelin.

4 Berg-Schlosser, D. u. a., a.a.O., S. 53.

5 Hennis, W., a.a.O., S. 93.

6 Auf diesen Gedanken sowie auf einige Kritikpunkte an der Verwendung des Topik-Begriffs durch Wilhelm Hennis wurde aufmerksam gemacht von Peter C. Ludz, Vorlesung über „Grundmethoden der Politischen Wissenschaft", SS 1977, Universität München.

7 Hennis, W., a.a.O., S. 118.

8 Sik, O., Der dritte Weg, Die marxistisch-leninistische Theorie und die moderne Industriegesellschaft, Hamburg 1972.

9 Hennis, W., a.a.O., S. 9. Die in der politischen Soziologie gebräuchlichen Begriffe der „Gruppe" und der „Schicht" finden bei Hennis mit Ausnahme des Begriffs der „Führungsschicht" sonst keine Verwendung.

10 Morgenthau, H. J., Macht und Frieden, Gütersloh 1963.

11 Aristoteles, Nikomachische Ethik, 1094b.

12 In der Literatur werden als Beleg dafür des öfteren eine Reihe amerikanischer Präsidenten genannt. Einer der bekanntesten ist Woodrow Wilson, der 1886 sein Ph. D. in Politischer Wissenschaft an der Johns Hopkins Universität erwarb. (Vgl.: Tugwell, R. G., How They Became President, Thirty-five Ways to the White House, New York: Simon And Schuster, 1964, S. 339 ff.) Eine verläßliche Beurteilung unter Abwägung der wissenschaftlichen Qualifikation wie des politischen Erfolgs − in Relation zum jeweiligen zeitgeschichtlichen Hintergrund − liegt unseres Wissens bisher nicht vor. Damit ist aber eine Vergleichbarkeit unterschiedlicher Amtsträger nur in sehr pauschalierter Form möglich.

13 Vertreter der Frankfurter Schule sind u. a.: Max Horkheimer, Theodor W. Adorno, Herbert Marcuse, Friedrich Pollock, Jürgen Habermas.

14 Zur Einführungsliteratur in die Politische Wissenschaft siehe Anmerkung 2.

15 Vgl. zum Folgenden insbesondere Vanberg, V., Wissenschaftsverständnis, Sozialtheorie und politische Programmatik, Zur Analyse des Gegensatzes zwischen liberalem und totalitärem Politikverständnis, Tübingen 1973.

16 ebda., S. 58. Vanberg übersieht bei seiner idealtypischen Gegenüberstellung von „formaler" und „substantieller" Rationalität u. E., daß in Demokratien, die sich der liberalen Denktradition verpflichtet fühlen, zunehmend ein Element „substantieller" Rationalität vorfindbar ist. Als Beispiel sei nur die zunehmende Bedeutung des Sozialstaatspostulats bei der Ausformung zum Wohlfahrtsstaat angeführt. Allerdings entstammt diese „substantielle" Rationalität nicht essentialistischen oder historizistischen Denkmustern. Insofern bleibt die Gegenüberstellung bei Vanberg durchaus sinnvoll.

17 ebda., S. 58. „Substantielle" Rationalität ist nach Vanberg Zielvorgabe durch „essentialistische" und „historizistische" Erkenntnisse, die der Politik lediglich die Rolle einer „instrumentellen Angepaßtheit" überläßt.

18 ebda., S. 60.

19 Habermas, J., Strukturwandel der Öffentlichkeit, Neuwied 1962.

20 Popper, K., Prognose und Prophetie in den Sozialwissenschaften, in: Topitsch, E. (Hrsg.). Logik der Sozialwissenschaften, Köln/Berlin 1965, S. 115.

21 Vanberg, V., a.a.O., S. 60.

22 Vgl. dazu insbesondere Kapitel III: „Wirtschaft" in den Materialien zum Bericht zur Lage der Nation 1974, Bundesministerium für innerdeutsche Beziehungen (Hrsg.), Bundestagsdrucksache VII/2423, Bonn 1974. In diesem Kapitel werden die Vorzüge des Wirtschaftssystems der Bundesrepublik Deutschland im Verhältnis zum Wirtschaftssystem der DDR hervorgehoben.

23 Topitsch, E., Über Leerformeln, in: ders. (Hrsg.), Probleme der Wissenschaftstheorie, Festschrift für Victor Kraft, Wien 1960, S. 233 ff.

24 Brecht, A., Politische Theorie, Grundlagen Politischen Denkens im 20. Jahrhundert, Tübingen 1961, S. 150 ff.

25 Weber, M., Die „Objektivität" sozialwissenschaftlicher und sozialpolitischer Erkenntnis, in: Gesammelte Aufsätze zur Wissenschaftslehre, Winckelmann, J. (Hrsg.), Tübingen 1973, S. 146 ff.

26 Vanberg, V., a.a.O., S. 63.

27 Bekanntlich hat Hans Albert in einem anderen Zusammenhang den Vorwurf der „Immunisierungsstrategie" gegen Jürgen Habermas gewendet, als letzterer die Möglichkeit einer logischen Analyse des Begriffes „Totalität" generell bestritt. Vgl.: Albert, H., Der Mythos der totalen Vernunft (Dialektische Ansprüche im Lichte undialektischer Kritik), in: Adorno, T. W., u. a., Der Positivismusstreit in der deutschen Soziologie, Darmstadt/Neuwied (4. Aufl.) 1975, S. 193 ff.

28 Vgl. z. B. zum im Folgenden aufgenommenen Gedanken der durch direkte Sinneswahrnehmung erfolgenden Primärerfahrung König, R. (Hrsg.), Handbuch der empirischen Sozialforschung, Bd. I, Stuttgart 1962, S. 107.

29 Ein Überblick über einschlägige Verfahrensweisen in der empirischen Sozialforschung findet sich bei König, R., Bd. I, a.a.O., S. 107 ff. sowie ders., Bd. II, Stuttgart 1969.

30 Zur Einführungsliteratur in die Politische Wissenschaft siehe Anmerkung 2.

31 Vgl. etwa die Rolle des Datenmaterials bei Axelrod, R. (ed.), Structure of Decision, The Cognitive Maps of Political Elites, Princeton/N. J.: Princeton Un. Pr., 1976 und bei Steinbruner, J. D., The Cybernetic Theory of Decision, New Dimensions of Political Analysis, Princeton/N. J.: Princeton Un. Pr., 1974.

32 Vgl. dazu im dritten Kapitel, S. 157 ff.

33 Dieser Effekt wird als „Zum-Fenster-hinaus-Reden" bei Parlamentsdebatten bezeichnet. − In der Fülle der Diskussionen über das Für und Wider der Einführung des Fernsehens im „House of Commons" wird z. B. darauf verwiesen, daß bei einer Übertragung etwa der Fragestunde diese zu einem Forum lokaler Probleme entarten und dort bisher häufig diskutierte Probleme der nationalen Politik in den Hintergrund geraten würden. Vgl.: Crick, B., The Reform of Parliament, The Crises of British Government in the 1960 s, London: Cox & Wymann Ltd., sec. ed., 1968, S. 303.

34 Axelrod, R., a.a.O., vgl. dazu insbesondere das dritte Kapitel.

35 Böhret, C., Entscheidungshilfen für die Regierung, Ein Beitrag zur demokratischen Regierungslehre, Opladen 1970, S. 95 ff.

36 Walker, P. G., The Cabinet, London: Jonathan Cape, 1970; Carstens, K., Politische Führung, Erfahrungen im Dienst der Bundesregierung, Stuttgart 1971; Sorensen, T. C., Decision-Making in the White House, The Olive Branch or the Arrows, New York/London: Columbia Un. Pr., 1963.

37 Vgl. dazu die bisher vorbildlichste konzeptionelle Fallstudie zur Kuba-Krise von Allison, G. T., The Essence of Decision, Explaining the Cuban Missile Crises, Boston: Little, Brown, 1971, in der Allison sich auf Seite 278 in seiner 1. Fußnote auf das von Präsident Kennedy verfaßte Vorwort in Sorenson, T. C., a.a.O., bezieht. An anderer Stelle (S. 289 ff.) werden wiederholt die Memoiren von Robert F. Kennedy, Thirteen Days, Memoir of the Cuban Missile Crises, zitiert.

38 Homans, G. C., Theorie der sozialen Gruppe, 3. Aufl. Köln/Opladen 1968, S. 39. „Interaktion" ist ein Beispiel erster, „Status" ein Beispiel höherer Ordnung in der Gruppentheorie.

39 Die „U-Hypothese" drückt die Sorge aus, daß die hochindustrialisierten westlichen Demokratien zunehmend unregierbarer werden. Der Begriff findet Verwendung u. a. bei Lakoff,
S. A., „The U-Hypothesis": Is The World Ungovernable? Paper presented at the 10th IPSA-
Meeting, Edinburgh, 1976. Die wesentlichsten Beiträge zu dieser Thematik wurden auf dem
gleichen IPSA-Meeting präsentiert von Rose, R., Overloaded Governments. Insbesondere
auf den Beitrag von Richard Rose wird in diesem Kapitel, Abschnitt III, 2., zurückgegriffen.
Vgl. auch: Crozier, M./Huntington, S. P./Watanuki, J., The Crises of Democracy, Report
on the Governability of Democracies to the Trilaterial Commission, New York: New York
Un. Pr., 1975.

40 Wilson, B. R., A Sociologist's Introduction, in: ders., (ed.), Rationality, Key Concepts in
the Social Sciences, Oxford: Basil Blackwell, 1974, S. XI.

41 Wilson, B. R., a.a.O., stellt auf S. XIV in einer Fußnote die These von der „Dominanz der
Zweckrationalität" bei Max Weber auf. Dabei wird „wertrational" mit ritualer und „zweckrational" mit industrieller und bürokratischer Verhaltensorientierung gleichgesetzt. Eine
solche idealtypische Gegenüberstellung Weberscher Grundkategorien ist u. E. entstellend
verkürzt, unterschlägt sie doch die im Text von Wilson bereits erwähnten affektuellen
(emotionalen) und traditionalen Bestimmungsgründe ritualen Handelns (Vgl.: Weber, M.,
Wirtschaft und Gesellschaft, Grundriß Der Verstehenden Soziologie, 5. Aufl., besorgt von
Winckelmann, J., Studienausgabe, Tübingen 1972, S. 12). Nicht unbedenklich erscheint
auch die auf die Neuzeit ausgerichtete von Weber abgeleitete historisierte Form der Do-
minanzthese. Als ungemein belesener Bürokratieforscher hat Weber auf die bereits uner-
reichte ägyptische Bürokratie hingewiesen. (Vgl.: (Diskussionsbeitrag zum Thema). Über
die wirtschaftlichen Unternehmungen der Gemeinden, in: Verhandlungen des Vereins für
Socialpolitik in Wien, 1909. Schriften des Vereins für Socialpolitik, 132. Bd., Verhandlungen der Generalversammlung in Wien, 27., 28. u. 29.9.1909, aufgrund der stenogr.
Niederschrift hrsg. v. Ständigen Ausschuß, Leipzig (Duncker & Humblot), S. 283). Die
Hervorhebung etwa des Charismas und anderer nichtrationaler Faktoren in der Politik
lassen es überhaupt fraglich erscheinen, ob außer auf der methodischen Ebene auch auf der
historisch materialen Ebene von einer „Dominanz der Zweckrationalität" bei Max Weber
gesprochen werden kann.
— Bei aller Kritik an der Wilsonschen Interpretation von soziologischen Grundbegriffen
Max Webers teilt der Autor die Aussage von Wilson über die Rationalität des „western
man", daß nämlich im Zuge der Industrialisierung und Bürokratisierung wesentliche gesellschaftliche Bereiche durch „formal-rationale" bzw. „zweckrationale" Denkweisen für
den einzelnen Akteur kalkulierbarer werden. („Formal-rational" soll das Verhalten von
Akteuren genannt werden, die sich des sog. „Rationalprinzips", auch als „ökonomisches"
oder „Vernunftsprinzip" bezeichnet, bedienen. „Zweckrational" ist weitgehend mit dem
„ökonomischen Prinzip" deckungsgleich, auch bei dieser Verhaltensweise erfolgt die Orientierung an Mitteln, Zielen und Nebenfolgen; ein feiner Unterschied liegt wohl darin, daß
„zweckrational" eine Orientierung an Verhaltenserwartungen beinhaltet und damit, wenn
wir einmal die Ebene der individuellen Bestimmungsgründe sozialen Handelns verlassen,
z. B. auch zur Kennzeichnung der Erwartung einer Zielverfolgung durch Organisationen
herangezogen werden kann. Für den Bereich der Ökonomie wie der Bürokratie gilt jedoch
gleichermaßen, daß die dort verfolgten Ziele angesichts einer Fülle höherrangiger Ziele
eindeutig Mittelcharakter aufweisen.) Ebenso wird die vorsichtige Aussage von Wilson
geteilt, daß der „western man" möglicherweise nicht rationaler handelt als dies in anderen
Kulturkreisen der Fall war bzw. ist; können wir doch nur darüber spekulieren, ob sich
nicht im Verlauf der zunehmenden Industrialisierung und Bürokratisierung der Bereich
des Unkalkulierbaren, Unabwägbaren und damit Irrationalen weniger stark, proportional
oder überproportional ausgeweitet hat.

42 Vgl. dazu die Ausführungen im zweiten Kapitel, S. 39 ff.

43 Weber, M., Wirtschaft und Gesellschaft, a.a.O., S. 12.

44 Wilson, B. R., a.a.O., S. XIII.

45 Hoos, J. R., Systems Analysis In Public Policy, A Critique, Berkeley/Los Angeles/London:
Un. of California Pr., (first Paperback ed.), 1974.

46 Der hier aufgeführte Begriff ist der Titel des Buches von Dickson, P., Think Tanks, New
York: Atheneum, 1971.

47 Böhret, C., a.a.O.; Nagel, A., Leistungsfähige Entscheidungen in Politik und Verwaltung
durch Systemanalyse, Ein generell anwendbares Verfahren zur systematischen Erarbeitung
vertretbarer Tagesentscheidungen, Berlin/München 1971.

48 In der Habilitationsschrift von Carl Böhret: „Entscheidungshilfen für die Regierung" wird im Untertitel: „Ein Beitrag zur demokratischen Regierungslehre" diese Absicht explizit gemacht. Ein ganzes Kapitel wird der Frage der Verschiebung des Machtgleichgewichts zwischen Exekutive und Legislative durch Einführung der Instrumente zur Entscheidungshilfe gewidmet, S. 244 ff.

49 Vgl. dazu insbesondere die von Zapf, W. herausgegebene mehrbändige Schriftenreihe: „Soziale Indikatoren, Konzepte und Forschungsansätze der Sektion Soziale Indikatoren in der Deutschen Gesellschaft für Soziologie" im Campus Verlag Frankfurt/Main.

50 Der Verfasser hatte selber Gelegenheit im März 1978 bei einem mehrtägigen Aufenthalt in Laxenburg an Informationsgesprächen über die zukünftig verstärkte „Policy-Analysis"-Ausrichtung vom I.I.A.S.A. teilzunehmen. Er beteiligte sich ferner als Diskutant an einem „Workshop" zum Thema: „Institutionelle und politische Probleme bei der System- und Entscheidungsanalyse der Ölgewinnung und -verschmutzung in der Nordsee aus britischer und norwegischer Sicht".
Ein Überblick über die gegenwärtig im I.I.A.S.A. verfolgten Themen gibt die Broschüre: „iiasa publications, vol. 4, cumulative issue: 1977", zu beziehen vom International Institute for Applied Systems Analysis, 2361 Laxenburg, Österreich. Außerdem wird eine Serie über angewandte Systemanalyse vom I.I.A.S.A. by John Wiley & Sons Ltd. verlegt.

51 Schneider, E., Einführung in die Wirtschaftstheorie, I. Teil, Theorie des Wirtschaftskreislaufs, 9. Aufl., Tübingen 1961, S. 13.

52 Vgl. dazu insbesondere die Initiatoren der Diskussion um die Grenzen des Wachstums: Forrester, J. W., Der teuflische Regelkreis, Das Globalmodell der Menschheitskrise, Stuttgart 1972 sowie Meadows, D. u. a., Die Grenzen des Wachstums, Bericht des Club of Rome zur Lage der Menschheit, Stuttgart 1972.

53 Shubik, M., Information, Rationality and Free Choice in a Future Democratic Society, in: Lamberton, D. M. (ed.), Economics of information and knowledge, Bungay/Suffolk: Richard Clay Ltd., 1971, S. 359.

54 Rose, R., Overloaded Governments, a.a.O., S. 7.

55 Vgl. zu der folgenden Übersicht: Materialien zum Bericht zur Lage der Nation 1974, a.a.O., Tz. 610 - 659.

56 Vgl.: Rose, R., a.a.O., S. 18 f, Die Vergleichbarkeit der Zahlen ist natürlich durch den unterschiedlichen Zeithorizont, die unterschiedliche Zahl der befragten Nationen usw. stark eingeschränkt. Hier soll nur auf die Tendenzwende von optimistischen zu deutlich pessimistischeren Einschätzungen abgehoben werden.

57 Auf diese exkurshafte Darstellung der wirtschaftspolitischen Entwicklung in der Bundesrepublik wird insbesondere im vierten Kapitel explizit Rückbezug genommen.

58 „Government" umfaßt im engl. Sprachgebrauch: „Chief executive and cabinet, Parliament and committees, Senior administration", vgl.: Apter, D. E., Government, in: Sills, D. L. (ed.), International Encyclopedia of the Social Sciences, Vol. 6, New York/London: Collier and Macmillan, Inc., 1968, S. 225. „Government" ist damit offensichtlich weitergefaßt als der deutsche Begriff Regierung, der stärker auf die Regierungsspitze mit ihrer dominierenden Führungsfunktion zugeschnitten ist. Vgl.: Ellwein, T., Regieren und Verwalten, Eine kritische Einführung, Opladen 1976, S. 109 ff.

59 Das Konzept des „Overloaded Government" weist deutliche Parallelen zu David Eastons „Input-Output"-Modell auf (vgl. das dritte Kapitel). Ist der „Input" dort in „Support" und „Demand" aufgeteilt, so ist bei Rose in deutlich differenzierterer Weise von „Ressourcen" und von „Erwartungen" die Rede. Für Easton wie für Rose gilt, daß der eigentliche Entscheidungsprozeß eine „Black Box" bleibt. Rose geht über Easton hinaus, indem er die „Capabilities" der Regierungsinstitutionen und den „Impact" von Entscheidungen näher untersucht. Sein besonderer Beitrag liegt jedoch in der Relationierung der Modellkomponenten, die er zu Zustandsbeschreibungen des politischen Systems verdichtet.

60 Die Erwartungen der Bürger sind offensichtlich abhängig vom erreichten Anspruchsniveau sowie von der allgemeinen wirtschaftlichen Lage. Sind die Anspruchsniveaus und damit auch die Erwartungen an die Regierung niedrig, so haben wirtschaftliche Einbrüche in der Mechanik des Modells von Rose weit geringere politische Implikationen. Steigende Anspruchsniveaus sind quasi ein Indikator für die zunehmende potentielle Interdependenz zwischen ökonomischem und politischem System. Ungeklärt bleibt bei Rose die Frage, wie sich Anspruchsniveaus bei positiven und negativen wirtschaftlichen Entwicklungen verändern. Ohne auf die möglicherweise kaum lösbaren Meßprobleme hier näher einzugehen, sollte

doch gefragt werden, ob die Elastizitäten Anspruchsniveau/wirtschaftliche Entwicklung bei beiden „Trends" vergleichbar sind. Oder erfolgt eine Anpassung des Anspruchsniveaus in der Rezession eher stufenförmig und mit erheblich größeren „time-lags"? – Zum Gedanken der zunehmenden Verzahnung von nationaler und internationaler Wirtschaftspolitik sowie einer zunehmenden Beeinträchtigung der Ressourcen der Regierung der USA in diesem Fall für eine Integration und Kohärenz der Außenpolitik durch eine „economization of foreign policy" vgl.: Allison, G./Szanton, P., Remaking Foreign Policy, The organizational Connection, New York: Banc Books Inc., 1976, S. 44 ff. –

61 Rose, R., a.a.O., S. 24. Eine Einbuße an politischer Unterstützungshaltung seitens der Bürger kann bei hohem „gewachsenen" Anspruchsniveau natürlich auch durch (1) außerökonomische Schwierigkeiten wie etwa wachsenden Regionalismus in Großbritannien (Wales, Schottland) oder durch (2) nur indirekt mit ökonomischen Problemen zusammenhängende Schwierigkeiten wie etwa der forcierten Umstellung auf Nuklearenergie (Sicherheitsrisiko) ausgelöst werden. In jedem Fall muß Rose zugestimmt werden, daß die hohen Wachstumsraten der Nachkriegszeit in den hochindustrialisierten Ländern zu einer „Explosion" der Anspruchsniveaus und damit zu potentiell vermehrten politischen Angriffsflächen gegen die Vertreter der etablierten politischen Systeme geführt haben.

62 Die Begriffe „Overload" und „Responsiveness" sind von besonderer Bedeutung in der Kommunikationstheorie von Karl Deutsch. Vgl. dazu: Deutsch, K. W., The Nerves of Government, Models of Political Communication and Control, Glencoe, III.: The Free Press, London: Collier-Macmillan 1963, S. 137 und S. 230.

63 Vgl. z. B. die Erfahrungen in der Planungsabteilung des Bundeskanzleramtes oder etwa die im fünften Kapitel angesprochenen Erfahrungen mit dem „PPB" (Planning Programming Budgeting) in amerikanischen Regierungsinstitutionen.

64 Zum Begriff des „Scenarios" vergleiche das fünfte Kapitel.

65 Vgl. den Begriff „technologischer Liberalismus" bei Rose, R., a.a.O., S. 14 ff; dieser Begriff beinhaltet eine Mischung aus vorhandener „fiskalischer Dividende" sowie dem Glauben an die Machbarkeit und den Wandel, der als stets praktikabel und „benign" bezeichnet wird.

66 Simon, H. A., Political Research: The Decision-Making Framework, in: Easton, D. (ed.), Varieties of Political Theory, Englewood Cliffs N. J.: Prentice-Hall, 1966, S. 15 ff.

67 Vgl. zu den „Theories of the Middle Range" die Ausführungen von Robert Merton, in „Social Theory And Social Structure", Illinois: The Free Press of Glencoe, 1961, S. 5 ff.

68 Vgl. z. B. die wiederholten Hinweise bei Kirsch, W., Entscheidungsprozesse, Bd. III: Entscheidungen in Organisationen, Wiesbaden 1971.

69 Zwei „Policy"-Begriffe, die uns im Folgenden wiederholt begegnen werden, sind: a) Public Policy und b) Policy Analysis. Zu a): „Public policy is whatever governments chose to do or not to do" – konzentriert sich also stärker auf den Entscheidungsakt der Auswahl einer Regierungspolitik – . Zu b): „Policy analysis is finding out what governments do, why they do it, and what difference it makes" – ist also wesentlich breiter angelegt als Public Policy – . Policy Analysis kann folglich daraus bestehen, die Beschreibung des „Ist-Zustandes" eines Regierungsprogramms vorzunehmen. Ferner können die politischen und institutionellen Faktoren zur Initiierung und Realisierung von Regierungsprogrammen untersucht werden. Schließlich soll die Wirksamkeit solcher Programme möglichst auch im Vergleich mit anderen herausgefunden werden. Die Zitate entstammen: Dye, T. R., policy analysis, What Governments Do, Why They do it, And What Difference It Makes, Alabama: The University of Alabama Pr., 1976, S. 1.

70 Steinbruner, J. D., siehe Anmerkung 31.

71 Bei der dem Begriff „Regierung" zugeschriebenen doppelten Bedeutung: 1. Organ und 2. Tätigkeit wird bei der konzeptionellen Untersuchung politischer Entscheidungsprozesse bevorzugt die 2. Bedeutungsvariante benutzt. Erst für den Fall, daß in Fallstudien die Teilnehmer von Regierungsinstitutionen erwähnt werden, wird auch die Organ-Bedeutung wichtig. Dabei fällt auf, daß bei der Schilderung der Funktionen von Regierungen für gewöhnlich das Schema der klassischen Gewaltenteilung gesprengt wird. Vgl.: Sontheimer, K./Röhring, H. H., Handbuch des deutschen Pralamentarismus, München 1970, S. 95 ff., sowie King, A., Executives, in: Greenstein, F. I./ Polsby, N. W. (eds.), Governmental Institutions And Processes, Handbook of Political Science, Vol. 5, Reading, Mass.: Addison-Wesley Publ. Comp., 1975, S. 173 ff.

72 van Gunsteren, H. R., The Quest for Control, A critique of the rational-central-rule approach in public affairs, London u. a.: John Wiley & Sons, 1976.

Zweites Kapitel
Ausgewählte Aspekte der Analyse von Entscheidungsprozessen in anderen Sozialwissenschaften — Das Problem der Übertragbarkeit auf die Politische Wissenschaft

Im ersten Kapitel wurde bereits angedeutet, daß die Entwicklung einer Theorie politischer Entscheidungsprozesse erst am Anfang steht. Im Folgenden soll nun an Beispielen darauf hingewiesen werden, daß Bemühungen um eine politische Entscheidungstheorie bereits gegenwärtig zu einer die interdisziplinäre Zusammenarbeit erfordernden Aufgabe einer Reihe von Sozialwissenschaften geworden ist.

Aus der Sicht der Politischen Wissenschaft haben Sozialwissenschaften wie die Psychologie, die Betriebswirtschaftslehre und die Volkswirtschaftslehre zunächst den Vorteil einer jeweils weniger komplexen und damit enger definierbaren Untersuchungseinheit. In der Psychologie gilt dies für den Bereich der Sozialpsychologie wohl nicht mehr, aber doch für die Untersuchung etwa der Motive und des kognitiven Orientierungsverhaltens des Menschen. Auch für die Betriebswirtschaftslehre weist die Untersuchung von Beziehungen zwischen betrieblichen Organisationen auf Aufgabenstellungen hoher Komplexität hin: ihre eigentliche Untersuchungseinheit ist jedoch der Betrieb bzw. das Unternehmen. Die Volkswirtschaftslehre hat seit jeher u. a. in der Wohlfahrtsökonomie und neuerdings in der Ökonomischen Theorie der Politik bzw. der Neuen Politischen Ökonomie die Analyse politischer Entscheidungsprozesse genauso zu ihrem Untersuchungsgegenstand gemacht wie bestimmte Teildisziplinen der Politischen Wissenschaft. Aber auch die Volkswirtschaftslehre ist es traditionell gewohnt — wenn der inflationär verwendete Ausdruck von Niklas Luhmann auch hier gestattet ist — mit einem hohen Grad von „Komplexitätsreduktion" zu operieren. Das gilt sowohl für die Verwendung von Aggregaten, wie Haushalte, Unternehmen, Staat etc. sowie insbesondere für die Verwendung des ökonomischen Prinzips als domonierender Verhaltensannahme. Diese im Verhältnis zum politischen System und seinen Komponenten klarer umgrenzten Untersuchungseinheiten gestatten in Kombination mit vereinheitlichten Verhaltensannahmen den genannten Wissenschaften, ihre Ergebnisse zu präzisieren sowie in unterschiedlichem Ausmaß zu formalisieren.

Für die Einbeziehung der Organisationstheorie in den Kanon der hier zu berücksichtigenden Sozialwissenschaften sollen nicht „eng umgrenzte Untersuchungseinheit" oder „vereinfachte Verhaltensannahmen" — beides Faktoren zur Vereinfachung der Entscheidungsanalyse — geltend gemacht werden. Die Organisationstheorie wurde ursprünglich insbesondere im Bereich der Soziologie gepflegt, hat aber bis zur Gegenwart eine enorme, über dieses Fach weit hinausgehende Eigendynamik entwickelt. Sie ist inzwischen für alle Wissenschaften, die komplexe

Entscheidungsprozesse in Institutionen bzw. Organisationen zu ihrem Untersuchungsgegenstand zählen, zunehmend zu einer Integrationswissenschaft geworden.

Dieses zweite Kapitel stellt den Autor wie kein anderes vor die Notwendigkeit der Auswahl. Ein grobes Auswahlkriterium für die Hereinnahme von Psychologie, Betriebswirtschaftslehre, Volkswirtschaftslehre und Organisationstheorie ist die Beobachtung, daß gerade diese Wissenschaften in Bereiche „expandieren", die ebenfalls Untersuchungsgegenstand politologischer Entscheidungsforschung sind. Gerade eine verstärkte interdisziplinäre Zusammenarbeit mit ihnen könnte daher die nötigen heuristischen, wie auch forschungspragmatischen Anstöße geben auf dem langen Weg zu einer politischen Entscheidungstheorie.

Die Feingliederung der Unterabschnitte dieses Kapitels ist nicht strikt „wissenschaftsimmanent" zu verstehen. Der Verfasser geht also nicht davon aus, daß der Psychologe, der Betriebswirt, der Volkswirt und der Organisationstheoretiker den jeweiligen Beitrag seiner Wissenschaft zur Analyse von Entscheidungsprozessen im Einzelnen, so wie hier erfolgt, vortragen würde. Vielmehr werden die im Folgenden „ausgewählten Aspekte" sozialwissenschaftlicher Entscheidungsanalyse insbesondere nach den folgenden Kriterien selektiert, die in ihrem Zuschnitt die „intuitiv-sensibilisierte Perzeption" des an der Entstehung einer politischen Entscheidungstheorie interessierten Politologen verkörpern:

(1) Es sollen danach solche Beiträge vorzugsweise Erwähnung finden, die u. E. zu den klassischen Grundlagen bei der Analyse von Entscheidungsprozessen gehören, wie z. B. die Formale Entscheidungstheorie (I, 1.) oder auch die sogenannte Aggregationsproblematik (III, 1.).

(2) Solche Ansätze sind besonders herauszustellen, die verstärkt verhaltenswissenschaftliche Komponenten aufweisen, wie z. B. in der Sozialpsychologie (I, 4.), aber auch in der Betriebswirtschafts- (II, 1.) und in der Volkswirtschaftslehre (III, 3.). Für die Sozialwissenschaften erscheint eben diese Konfrontation zwischen „Formalansätzen" und solchen stärker verhaltenswissenschaftlicher Natur nachweisbar von besonderer Bedeutung für die Entwicklung einer politischen Entscheidungstheorie.

(3) Ferner kommen solche Beiträge in Betracht, die aus der Perzeption des überwiegend mit dem Studium der Literatur zur politologischen Entscheidungsforschung befaßten Politologen bedeutsam erscheinen, eben weil diese Beiträge dort als von besonderer Bedeutung ausgewiesen werden. Dazu gehören u. a. die Kognitive Psychologie (I, 2.) ebenso wie die Gruppenpsychologie (I, 3.), ferner die Ansätze in der Modernen Politischen Ökonomie (III, 2.), aber etwa auch Fragen der Organisationsstruktur, -ziele und -reformen (IV, 2., 3.).

(4) Ein weiteres Kriterium war die besondere Ergiebigkeit empirischer Untersuchungen, wie das am Beispiel eines betriebswirtschaftlichen Entscheidungsprozesses demonstriert werden soll (II,2.).

(5) Außerdem kommt ein Bereich in die Auswahl, der die bereits sehr hohe Verzahnung mit der Politischen Wissenschaft erkennen läßt, wie im Abschnitt I, 5.: „Personality And Politics".

(6) Bemühungen zur Formalisierung von Untersuchungsgegenständen aufzuzeigen, die für gewöhnlich als der Formalisierung nur schwer zugänglich angesehen werden, waren ein zusätzlicher Grund, (vgl. Kriterium (3)) Ansätze wie die Ökonomische Theorie der Politik bzw. die Moderne Politische Ökonomie (III, 2.) miteinzubeziehen.

(7) Schließlich wurde ein Beitrag aufgenommen, der — wie die Diskussion um die „Variation der Organisationskomplexität" (IV, 4.) — Probleme aufwirft, die für die entscheidungstheoretische Diskussion in anderen Sozialwissenschaften von besonderer Relevanz sind und von dem eine potentiell große Integrationswirkung ausgeht.

Grundlagenbeiträge und ihre Weiterentwicklung, verhaltenswissenschaftliche Orientierung, empirische Ergiebigkeit, Verzahnung mit der und Aufnahme von Ansätzen durch die Politische Wissenschaft, Grad der Formalisierungsbemühung und potentielle Integrationswirkung sind wesentliche Auswahlmaßstäbe: diese teils pragmatischen, teils den Stand der sozialwissenschaftlichen Entscheidungsforschung spiegelnden Kriterien zur Bewältigung der Feingliederung des zweiten Kapitels wurden aus mehreren Gründen besonders hervorgehoben. Einmal sollen sie, wie bereits erwähnt, die „sensibilisierte Perzeption" des an der Entstehung einer politischen Entscheidungstheorie interessierten Politologen explizieren. Die Aufdeckung der Auswahlkriterien erscheint allerdings nicht nur für diese Offenlegung und nicht nur zur mehr oder weniger lückenlosen Ableitung der Gliederung erwünscht. Sie ist deshalb besonders notwendig, weil die Entscheidungsforschung in den aufgeführten Sozialwissenschaften inzwischen eine „Expansionsrate" aufweist, die nur dem wirklich geläufig ist, der sich einer täglich wachsenden „Literaturlawine" auf diesen Gebieten aussetzt. Es können und sollen daher im Folgenden aus Gründen der notwendigen Umfangsbegrenzung bestenfalls „Eisbergspitzen" angeleuchtet werden. Der Verfasser muß daher vornehmlich in diesem Kapitel seinen „Status" als wissenschaftlicher Einzelkämpfer mit dem „Mut zur Lücke" voll in Anrechnung stellen.

I. Psychologie

1. Psychologische Entscheidungstheorie

1.1 Das geschlossene entscheidungstheoretische Ausgangsmodell

So wie die Soziologie, die Politische Wissenschaft und die Betriebswirtschaftslehre ihr jeweiliges entscheidungstheoretisches Urmodell von der ökonomischen Handlungsfigur des „homo oeconomicus" abgeleitet haben, so ist auch die psychologische Entscheidungstheorie verfahren. Anders als in diesen Sozialwissenschaften jedoch, in denen der „homo sociologicus", „homo politicus", „homo informaticus" und „homo oeconomicus" entweder als überzogene Überspitzungen belächelt werden oder gar wie insbesondere in den Wirtschaftswissenschaften in scharfen Kontrast zu verhaltenswissenschaftlichen Ansätzen gerieten, weist die entscheidungstheoretische Entwicklung in der Psychologie eine bemerkenswerte Kontinuität auf[1]. Hier kann durchgehend die Brücke vom präskriptiven Ausgangsmodell zu deskriptiven Weiterungen bis zu jüngsten Bemühungen um ein Kompromißmodell gespannt werden, das sowohl das Rationalmodell des Entscheidungstheoretikers, wie auch die Erfahrungswerte z. B. des politischen Entscheidungsträgers integriert[2].

Entscheidung bei Sicherheit

Skizzieren wir zunächst als Ausgangspunkt weiterer Überlegungen die wesentlichen Merkmale des Prototyps geschlossener Entscheidungsmodelle. Die fiktive Entscheidungsfigur des „homo oeconomicus" übersieht eine Entscheidungssituation mit einem Blick und vermag stets eine optimale Entscheidung zu treffen. In der Sprache der Entscheidungstheorie heißt dies einmal, daß die Entscheidungssituation durch „vollständige Information" gekennzeichnet ist, d. h. der „homo oeconomicus" kennt seine Umwelt so genau, daß er in der Lage ist, jedes Entscheidungsproblem ohne jeglichen Zeitverlust zu analysieren. Er übersieht damit zugleich auch alle zur Verfügung stehenden Handlungsalternativen und vermag sie zu bewerten, jeweils einzeln als auch in Relation zueinander. Dies gelingt ihm beim Vergleich nahestehender Bewertungen von z. B. Gütern wie Äpfel und Birnen genauso mühelos wie bei der Bewertung von sagen wir Krieg und Frieden.

Zugleich wird unterstellt, daß in diesem Entscheidungsmodell „technisch-ökonomische" Rationalität herrscht. „Technisch" wird das rationale Verhalten deshalb genannt, weil die „technologischen Verwendungsmöglichkeiten der Mittel"[3] und damit die jeweils denkbare Zweck- bzw. Zielerreichung als bekannt vorausgesetzt wird. „Ökonomisch" wird das Verhalten genannt, weil die beiden Versionen des ökonomischen Prinzips zur Anwendung gelangen sollen. Entweder erfolgt der Einsatz der Mittel so, daß der höchste Ertrag resultiert (Maximalprinzip) oder das Ziel wird vorgegeben und der Mitteleinsatz möglichst gering gehalten (Minimalprinzip). Das ökonomische Prinzip wird in der Literatur auch „Rationalprinzip", „Vernunftsprinzip" oder „Sparprinzip" genannt, seine beiden Versionen gelten als formal äquivalent[4]. Alle Handlungsalternativen stellen sich als überschaubare Ziel-Mittel-Relationen dar. Damit hat der „homo oeconomicus" unserer Alltagserfahrung aber auch voraus, daß sich die Handlungskonsequenzen jeder einzelnen denkbaren Alternative mit Bestimmtheit voraussagen lassen. Der Entscheidungsträger in einer solchermaßen klar strukturierten und für ihn vollständig durch umfassende Information ausgeleuchteten Umwelt befindet sich in einer Entscheidungssituation, die in der formalen Entscheidungstheorie als „Entscheidung bei Sicherheit" typisiert wird[5].

1.2 Das Problem der „Nicht-Invarianz" des Rationalitätsbegriffs

Bei dem Bemühen um eine „Explikation der Rationalität"[6] im Rahmen der formalen Entscheidungstheorie wird das vorgestellte geschlossene Entscheidungsmodell um zwei Varianten bereichert. Auch bei diesen, insbesondere in der statistischen Entscheidungstheorie entwickelten und verfeinerten Ansätzen, erfordert die Rationalität der Entscheidung die Berechnung eines maximalen Nutzenwertes.

Nach wie vor wird unterstellt, daß der Entscheidungsträger seine Präferenzen sowohl auf der Mittel- wie auf der Zielebene übersieht und sie wie folgt ordnen kann: a) asymmetrisch — wenn Ziel A dem Ziel B gegenüber vorgezogen wird, darf nicht zugleich $B > A$ sein; b) vollständig — jedes Ziel muß auf jedes andere Ziel beim Ordnen der Präferenzen bezogen werden, wobei die Relation eine Präferenz oder Indifferenz sein kann; und c) — die Präferenzen müssen zumindest schwach transitiv geordnet sein, d. h. wenn der Entscheidungsträger das Ziel A dem Ziel B vorzieht und Ziel B dem Ziel C, dann auch $A > C$[7]. „Ordinale" Nutzenmessung wird dabei zunächst im geschlossenen entscheidungstheoretischen Ausgangsmodell einer Entscheidungssituation „bei Sicherheit" unterstellt. Sie gilt grundsätzlich für alle Entscheidungsmodelle des Typs „homo oeconomicus" mit einer Ausnahme. So gehen John von Neumann und Oskar Morgenstern beim Vorliegen einer im Folgenden darzustellenden „Risikosituation" davon aus, daß „kardinale" Nutzenmessung durchführbar ist[8]. — Bekanntlich wird „kardinale" Nutzenmessung außerdem ein besonderes Problem beim interpersonellen Nutzenvergleich, auf den wir später in Abschnitt III, 1. anläßlich der Diskussion der Aggregationsproblematik zurückkommen werden — . Die Entscheidungsträger berücksichtigen bei diesen geschlossenen Entscheidungsmodellen noch nicht etwa konkurrierende Zielsetzungen anderer Mitspieler, vielmehr „spielen" sie bei der Konstruktion ihrer Präferenzen gegen die „Natur" ohne sich darum zu kümmern, ob sie mit anderen Personen eine kompetitive oder kooperative Beziehung eingehen. In all diesen Faktoren — lediglich mit Ausnahme des angenommenen Grades der Stärke der Transitivität — stimmt der Entscheidungstyp „bei Sicherheit" mit den nun vorzustellenden Varianten überein.

Angesetzt wird bei der Weiterentwicklung an den eingangs erwähnten Voraussetzungen einer Entscheidungssituation, die durch „vollständige Information" gekennzeichnet wurde. Hier zeigt sich bereits bei der Weiterentwicklung innerhalb der Grenzen des geschlossenen Entscheidungsmodells, daß eine Variation der Unterstellung kognitiver Fähigkeiten menschlichen Entscheidens immer wieder als „Motor" für entscheidungstheoretische Verfeinerungen und Neuorientierungen in Erscheinung tritt. Dabei stehen die für die Konstruktion einer jeden Entscheidungstheorie zentralen informationstheoretischen Überlegungen im Blickpunkt. Die Unterstellungen über die Umweltstruktur und das korrespondierende Informationsniveau des Entscheidungssubjektes werden im Folgenden in zweifacher Weise verändert.

Zum einen wird angenommen, daß die Konsequenzen der verschiedenen Handlungsalternativen nicht mit Sicherheit eintreten werden. Die Umwelt wird insofern unübersichtlicher und schwieriger zu beurteilen, als den jeweiligen Konsequenzen der Handlungsalternativen lediglich bestimmte Eintrittswahrscheinlichkeiten zugeordnet werden können. Diese Wahrscheinlichkeitsverteilungen lassen sich entweder als subjektive Schätzwerte, sogenannte subjektive Wahrscheinlichkeiten kennzeichnen. Sie können aber auch als Erfahrungswerte abgeleitet werden — wie etwa p = 1/6 des Erscheinens der Zahl 6 bei einem Spielwürfel — soweit „bei hinreichend vielen beobachtbaren, sich ständig wiederholenden Ereignissen ein bestimmter Grad der Stabilität von relativen Häufigkeiten erreicht wird"[9]. In letzterem Fall sprechen wir von sogenannten objektiven Wahrscheinlichkeiten. Beim Vorhandensein solcher Wahrscheinlichkeitsverteilungen, die dem durch mehrere Alternativen gekennzeichneten Handlungsraum zugeordnet werden können, sprechen wir von „Entscheidungen bei Risiko". Die Maximierung wird bei diesem Entscheidungstyp nicht mehr auf absolute Nutzengrößen bezogen wie bei der „Entscheidung bei Sicherheit". Vielmehr lautet das Rationalitätskriterium: Maximierung der „Nutzenerwartungen" in bezug auf die auszuwählenden Handlungsalternativen. Zum Vergleich herangezogen werden nun also die Produkte aus den Nutzen der Alternativen und den ihnen zugeschriebenen Eintrittswahrscheinlichkeiten[10], wobei dann etwa mit Hilfe der am Erwartungswert des Nutzens orientierten Bayes'schen Entscheidungsregel entschieden werden kann[11].

Eine weitere Steigerung der Abweichung von der Annahme der vollständigen Information wird dadurch erreicht, daß dem Entscheidungssubjekt zwar weiterhin die verschiedenen Umweltsituationen in Form von Handlungsalternativen und ihren jeweiligen Konsequenzen bekannt sind, nicht aber die in einer Entscheidungssituation bei Risiko noch zurechenbaren Wahrscheinlichkeiten. Es liegt dann eine „Entscheidung bei Unsicherheit" vor, für die eine ganze Reihe unterschiedlicher Rationalitätskriterien entwickelt wurden, wie z. B. die pessimistische „Minimax"-, die optimistische „Maximax"-, die auf Kompromiß zwischen Optimismus und Pessimismus bedachte „Hurwicz"- oder die „Savage-Niehans"-Regel des minimalen Bedauerns[12].

Keine Explikation einer einheitlichen Rationalität

In jedem Fall geht die formale Entscheidungstheorie bei der Behandlung der verschiedenen Konsequenzen davon aus, daß diesen erwarteten Handlungsergebnissen über die unterschiedlich ausgeprägten Nutzenfunktionen eindeutige Bewertungen zugemessen werden. Otfried Höffe geht bei seiner Kritik am von ihm so bezeichneten „Paradigma" „Nutzenkalkulation"[13] auf die besondere Bedeutung des unterstellten „subjektiven Wissens" des Entscheidungsträgers im Rahmen des geschlossenen Entscheidungsmodells ein. „Als rationale Wahl bleibt die Entscheidung das ausschließliche Problem von subjektivem Wissen (über den Aktionsspielraum, die Nutzen- und die Überzeugungsgrade), von der Ordnung des Wissens in einer Matrix und der Nutzenkalkulation nach Maßgabe des Rationalitätskriteriums"[14]. Von dieser besonderen Rolle des Wissens des individuellen Entscheidungsträgers im Rahmen des geschlossenen Rationalmodells und seiner Varianten ausgehend, läßt sich eine immanent ableitbare generelle Kritik vortragen.

Die immanente Kritik kann dahingehend artikuliert werden, daß trotz aller Bemühungen um eine möglichst umfassende Explikation der Rationalität die geschlossenen Entscheidungsmodelle keinen invarianten Rationalitätsbegriff bereitstellen. Eindeutig gelingt dies noch bei „vollständig definierten" bzw. „wohl-strukturierten" Problemen. Edmund Heinen bringt in seinem Buch „Grundfragen der entscheidungsorientierten Betriebswirtschaftslehre" zur Bestimmung eines „gewinnmaximalen Produktionsprogramms unter Nebenbedingungen" das Beispiel eines linearen Optimierungsmodells[15]. Bei vorgegebener Zielfunktion „Gewinnmaximierung" lassen sich für alternative Mengenkombinationen z. B. zweier Produktarten mit Hilfe des Lösungsalgorithmus „Simplexmethode" die gewinnmaximale Produktionsalternative ermitteln. Im Rahmen des Modells herrscht vollkommene Information, Eindeutigkeit der Handlungskonsequenzen und unzweideutige Anwendung des Rationalprinzips.

Bei der Entscheidungsanalyse weniger „wohl-strukturierter"[16] Probleme, zu denen die Varianten des geschlossenen Entscheidungsmodells beitragen sollen, wurde bereits bei der Diskussion der unterschiedlichen Wahrscheinlichkeitsbegriffe eine Unschärfe des Rationalitätsbegriffs deutlich. Solange bei der Untersuchung von „Entscheidungen bei Risiko" objektive Wahrscheinlichkeiten vorliegen, wie dies vor allem bei typischen Glücksspielen der Fall ist, erweist sich das Rationalmodell sowohl zur Lösung wie auch zur weitgehenden deskriptiven Erfassung derartiger Entscheidungssituationen geeignet[17]. Repetitiv herbeizuführende Handlungsresultate sind allerdings bei komplexen unstrukturierten Entscheidungen im sozialen Bereich eher die Ausnahme als die Regel. Je singulärer aber eine Entscheidungssituation, desto unvermeidlicher wird die Zuordnung der jeweiligen Eintrittswahrscheinlichkeiten für Handlungskonsequenzen zu einer Frage der individuellen subjektiven Einschätzung. In der Wahl der Wahrscheinlichkeiten kommt damit ein Element der Willkür zum Ausdruck. Wahrscheinlichkeitsverteilungen sagen eher etwas über die Präferenzen bzw. Befürchtungen des Entscheidungssubjektes aus, als über quantitative Häufigkeitsverteilungen. Bei Schwankungen in den Schätzungen subjektiver Wahrscheinlichkeiten kann bei der Anwendung der erwähnten Bayes'schen Entscheidungsregel dieses Rationalitätskriterium zu einer unterschiedlichen Bewertung gleicher Entscheidungssituationen sowie zu einer gleichen Bewertung unterschiedlicher Entscheidungssituationen führen.

Auf die Gefahr einer zunehmenden Vermischung der Nutzenbewertung und der Wahrscheinlichkeitsfestlegung hat Wayne Lee in seinem Buch „Decision Theory and Human Behavior"[18] aufmerksam gemacht. Helmut Jungermann verweist in seiner Einleitung des von ihm übersetzten Buches von Lee darauf, daß die behavioristisch ausgerichtete psychologische Entscheidungstheorie zur verfeinerten Bestimmung subjektiver Wahrscheinlichkeiten Skalierungstechniken entwickelt und zur Dekomposition komplexer Probleme „multi-attributive" Nutzenwerte ermittelt werden sollen[19]. Es wurde bereits darauf verwiesen, daß in dieser Weiterentwicklung der formalen Entscheidungstheorie ein tragbarer und ausbaufähiger Versuch gesehen wird, das Rationalmodell des um Anwendung bemühten Entscheidungstheoretikers und die Erfahrungswerte des um Problemlösungen häufig verlegenen politischen Entscheidungsträgers zu integrieren[20]. Wir werden darauf ausführlicher und exemplarisch im fünften Kapitel unter dem Stichwort „Decision-Analysis" eingehen.

Noch offensichtlicher wird die Abweichung von einem einheitlichen möglichst allgemeinen Rationalitätsbegriff, auf dessen Konstruktionsversuch in der Literatur verwiesen wird[21], für den Fall, daß eine „Entscheidung bei Unsicherheit" vorliegt. Für diesen Typ von Entscheidungen, von der bereits eine Rationalitätskriterien-Auswahl vorgestellt wurde, fehlen jegliche Wahrscheinlichkeitsvorstellungen für die Realisierung von Handlungsalternativen. Für diese Version des geschlossenen Rationalmodells herrscht nicht einmal Übereinstimmung, welche der angeführten Regeln einer Entscheidungssituation zugrunde gelegt werden soll. Die verschiedenen Regeln verweisen vielmehr auf unterschiedliches Verhalten bei der Auswahl optimistischer („Maximax"-) bzw. pessimistischer („Minimax"-Regel) Einstellung gegenüber der Umwelt. Die im Rahmen des geschlossenen entscheidungstheoretischen Modells abgeleiteten Konzepte rationalen Handelns führen also nicht zur Explikation eines einheitlichen invarianten Rationalitätsbegriffs. Durch das Einfließen von Präferenzen bzw. pessimistischer oder optimistischer Grundhaltungen, eröffnet sich vielmehr mit wachsender Entfernung von der „Entscheidung bei Sicherheit" eine immer umfangreichere Verhaltenspalette: je nach Ausrichtung des subjektiv-intuitiven Schließens.

1.3 Die Öffnung der geschlossenen Entscheidungsmodelle

Die grundlegende Kritik an den geschlossenen entscheidungstheoretischen Modellen setzt in den Sozialwissenschaften bei den „heroischen" Annahmen dieser auch „synoptisch" genannten Modelle an[22]. Allen voran die Politische Wissenschaft – deren Untersuchungsgegenstand die Analyse des politischen Entscheidungs- bzw. Problemlösungsverhaltens in Anbetracht überwiegend „unstrukturierter" Probleme[23] ist – muß auf der Suche nach einer deskriptiven Theorie politischer Entscheidungsprozesse die Basis dieser heroischen Modellannahmen verlassen. Sie ist dabei wie auch andere Sozialwissenschaften z. B. die Wirtschaftswissenschaften auf die Mitarbeit insbesondere der Psychologie angewiesen. Diese untersucht Entscheidungsverhalten von der Ebene des einzelnen Menschen über Verhalten in Gruppen und Organisationen bis hin zu Beziehungen zwischen Staaten. Dabei gerät sie in Widerspruch zu den Voraussetzungen der geschlossenen Entscheidungsmodelle wie z. B. Einzelakteur, vollkommene Information, unendlich schnelle Informationsverarbeitungskapazität und der Fähigkeit, die Umweltzustände in eine vollständige zumindest schwach transitive Präferenzordnung rubrizieren zu können.

2. Kognitive Psychologie

Mit menschlichen „Erkenntnis-, Wissens- und Denkabläufen" wie z. B. „Wiedererkennen von Mustern (pattern recognition)", „visuellen Gedächtniscodes (visual memory codes)" und dem „Fällen von Entscheidungen"[24] beschäftigt sich nach Michael Posner die kognitive Psychologie. Dabei können zwei Hauptforschungsstränge, vornehmlich der experimentellen Psychologie unterschieden werden. Es sind dies einmal „gespeicherte Spuren oder Gedächtnisspuren", wobei das im Gedächtnis gespeicherte Material „Ideen, Images, Begriffe, motorische Vorgänge, Engramme oder Spuren" genannt werden kann. Die andere Forschungsrichtung hebt von diesen in eine Situation miteingebrachten Gedächtnisstrukturen ab und beschäftigt sich überwiegend mit den Suchprozessen und Kombinationsvorgängen bei Entscheidungs- bzw. Problemlösungsprozessen[25].

Kognitive Psychologie und Politische Wissenschaft

Dem auf dem Gebiet der kognitiven Psychologie nicht vorgebildeten, jedoch auf dem Gebiet der politologischen Entscheidungsliteratur etwas bewanderteren Leser wird bei diesen Definitionen schlagartig deutlich, welche Spuren das Gedankengut der kognitiven Psychologie in anderen Sozialwissenschaften bereits hinterlassen hat. So basiert Karl W. Deutsch's „Nerves of Government" mit seinem „Screening" von Primär-, Sekundär- und Tertiärinformationen sowie den Stabilitätsbedingungen und Lernkonzepten für ein politisches Entscheidungszentrum auf Annahmen über kognitive Strukturen und Problemlösungsverhalten. Desgleichen basiert John Steinbruners kognitiver Lernprozess in „The Cybernetic Theory of Decision" ebenso wie Robert Axelrods Beitrag in „Structure of Decision" auf kognitiven Annahmen über „Operational Codes" und die Rolle von „Belief Systems". Schließlich soll Robert Jervis nicht unerwähnt bleiben, der sowohl in „The Logic of Images in International Relations" wie auch in „Perception and Misperception in International Politics" ebenso wie Deutsch bereits in seinen Titeln darauf aufmerksam macht, daß eine Kenntnis kognitiver Prozesse zum Verständnis politischer Entscheidungsprozesse unumgänglich ist. Wir werden auf die genannten Ansätze anläßlich ihres Vergleichs im dritten Kapitel explizit zurückkommen. Im Folgenden sollen einige Bemerkungen zu den Konzepten „Bounded Rationality", „Entscheidungsphasen" und „Kognitive Dissonanz" gemacht werden, die zu den Annahmen der synoptischen geschlossenen Entscheidungsmodelle in besonderem Kontrast stehen.

„Begrenzte Rationalität"

Wir wissen aus Introspektion, daß sich Menschen einen Überblick über ein Problem verschaffen oder wie man auch sagt, sich in eine „Problemlage erst einmal einarbeiten" müssen, bevor ein Urteil erwartet werden kann. Experimente wiesen nach, daß die menschliche Informations- und Kalkulationskapazität durchaus Begrenzungen aufweist. Dies gilt für Ergebnisse von Experimenten, die Reaktionszeiten zur Anzahl verschiedener Reize in Relation setzen, wie für Untersuchungen zur simultanen Übersicht, die beim Menschen auf sechs bis sieben Zeichen begrenzt erscheint[26]. Damit läßt sich aber in bezug auf Elemente des vorgestellten Rationalmodells die Tendenz zu folgenden Verhaltensweisen als realitätsnäher bezeichnen. Bei komplexen „unstrukturierten" Entscheidungsproblemen erfolgt die Auswahl von Alternativen häufig nur begrenzt und unvollständig. Dies bedeutet zugleich eine Begrenzung der Sicht von Konsequenzen und verfolgbaren Zielen. Dem variierenden Informations-„input" entsprechen durchaus im Zeitverlauf wechselnde Problemdefinitionen. Aufgrund der begrenzten Informationskapazität besteht die Neigung, „Probleme auf sich zukommen zu lassen", so daß eine langfristige Zielsetzung eher die Ausnahme als die Regel ist. Aufgrund eines solchen Befundes menschlichen Informationsverhaltens wurde bereits von Herbert Simon die These von der vollkommenen Informationstransparenz fallen gelassen. Nach seinem Konzept der „Bounded Rationality" hilft sich der Entscheidungsträger durch eine Vereinfachung des Entscheidungsproblems. Statt das Zielerreichungskriterium „Maximalwert" zu erstreben, begnügt er sich mit einem der jeweiligen Situation angemessen erscheinenden „Anspruchsniveau"[27]. Eine andere Strategie der Problemvereinfachung ist die von Charles Lindblom in idealtypischer Gegenüberstellung zum synoptischen Rationalmodell entworfene „Inkrementalanalyse". Diese Vorgehensweise des „Muddling-Through", des „Sich-Durchwurstelns", wird von Lindblom als eine realistischere Beschreibung des Verhaltens bei komplexen und „unstrukturierten" Entscheidungsproblemen bezeichnet[28].

Entscheidungsphasen

Die Phasierung von Entscheidungsprozessen ist in der entscheidungstheoretischen Diskussion immer wieder thematisiert worden. In der neueren politologischen Literatur wird dabei, wie z. B. bei Reinhold Roth vorzugsweise auf den Behavioristen Harold Lasswell und seine „sieben funktionsanalytischen Kategorien" des Entscheidungsprozesses rekurriert: Informationsverarbeitung und Planung (intelligence), Selektion von Alternativen (recommendation), verbindliche Festlegung einer Alternative (prescription), spezifische Ausführung (application), Effizienzkontrolle (appraisal) sowie Revision oder Entscheidungsaufhebung (termination)[29]. Edmund Heinen reduziert diese Phasen auf die Anregungsphase des Erkennens und Abgrenzens eines Problems, die Suchphase nach Alternativen und ihren Konsequenzen, die Optimierungsphase — die nur selten aufgrund der

Unvollständigkeit der Alternativen – und Konsequenzenauflistung zur Wahl der günstigsten Alternative führt – die Durchsetzungsphase und schließlich die Kontrollphase[30]. Als drittes Beispiel sind die Phasierungsüberlegungen von Michael Posner zu erwähnen. Er weist daraufhin, daß die unendliche Vielfalt von Problemen es höchst unwahrscheinlich erscheinen läßt, daß eine einzige stufenweise Lösungsstrategie für alle Situationen zutrifft. Vielmehr hängt der Verlauf von Problemlösungen nicht unerheblich von der „anfänglichen Repräsentation" des Problems im Gedächtnis ab. Manche Problemlösungen erfolgen sogar erst nach einer gewissen „Inkubationsperiode", die auf eine „unbewußte Verarbeitungskapazität im langfristigen Gedächtnis" schließen läßt[31]. Anders als im synoptischen geschlossenen Rationalmodell unterstellt, sind Entscheidungsvorgänge zeitbeanspruchende und verschiedene kognitive Fähigkeiten aktivierende Prozesse.

Kognitive Dissonanz

Die kognitive Psychologie macht uns ferner darauf aufmerksam, daß auch nach Durchlaufen aller dieser einen Entscheidungsprozeß konstituierenden Phasen das Entscheidungsresultat Gegenstand besonderer Aufmerksamkeit bleiben kann. Für die sogenannte „Nachentscheidungsphase" ist dabei ausschlaggebend, ob ein intraindividueller Konflikt, wie er vor der Entscheidung etwa zur Auslösung einer „Suchphase" führte, danach weitestgehend abgebaut werden konnte. Sehen wir einmal von der durchaus nicht selten vorzufindenden Beobachtung ab, daß Entscheidungssubjekte „aus dem Felde" gegangen sind, sich also vor einer „unangenehmen" Entscheidung „gedrückt" haben[32]. Es ist ebenso vorstellbar, daß eine zunächst als vorteilhaft empfundene Alternative nach ihrer Wahl negative Eigenschaften aufzeigt; sie wurden entweder nicht erwartet oder zum Zeitpunkt des Entschlusses weit weniger dominant empfunden als nach der Entscheidung. Fehlt dann die Möglichkeit einer Entscheidungsrevision aus Furcht vor Gesichtsverlust oder auch durch irreversible Bindung erheblicher Ressourcen, so wird dieser Nachentscheidungszustand als „mißlich" empfunden. Auf diesem Grundgedanken baute Festinger seine „Theory of Cognitive Dissonance" auf. „Nachentscheidungsdissonanz" führt bei fehlender Chance der Entscheidungskorrektur zu einer dominierenden Tendenz, eine einmal eingenommene Position zu stützen.

Dieses Verhalten wurde in Situationen des Alltagslebens von Ehrlicher, Guttmann, Schönbach und Mills empirisch untersucht. Unter den Neuerwerbern von Automobilen, die in Minneapolis interviewt wurden, konzentrierten sich gemäß dieser Untersuchung 65 % auf die Automobil-Annoncen der Type ihrer Wahl. In der Kontrollgruppe, die ihren Wagen durchschnittlich nicht erst vier bis sechs Wochen, sondern bereits drei oder mehr Jahre besaß, sank diese Zahl auf 41 %[33]. Möglicherweise führt also eine solche Bestätigungs- bzw. Verteidigungshaltung einer nach einem Entscheidungsprozeß einmal eingenommenen Position zu einer ganz spezifischen Informationssteuerung. In diesem konkreten Fall vermögen Annoncen wie auch in anderen Medien verbreitete Werbung den Entschluß nachträglich zu stärken oder gar zu rechtfertigen. Das Entscheidungssubjekt braucht dann in seinem Informationsverhalten nur noch dafür zu sorgen, daß entsprechende positive Informationen für konkurrierende Alternativen, insbesondere die „zweitattraktivsten" Alternativen, vermieden werden. Bereits bis 1971 wurden mehr als 300 Experimente zur Prüfung dieser Theorie vorgelegt[34]. Allerdings hat sich gezeigt, daß für einige Verhaltensweisen, z. B. das „Violence Behavior" in den großstädtischen Slums der USA, nach Martin Irle die „Theorie der kognitiven Dissonanz" nicht mehr gilt[35]. Christian Rohr weist daraufhin, daß ein postuliertes allgemeines Streben nach Abbau von intrapersonaler Dissonanz in Widerspruch steht zu Situationen in denen „Spannung, Ungewißheit und Imbalance produziert statt reduziert" wird. „Risikoverhalten, Überdruß an Redundanz und Wiederholung, Sättigung von bloßer Harmonie und Sicherheit, Ablehnung des Ordnungsprimats, aber auch Apathie gegenüber Differenzen und Widersprüchen können mit Hilfe dieser Theorien nicht erklärt werden"[36]. Die Theorie erfährt also dadurch ihre Einschränkung, daß keineswegs alle Menschen einen auf Vermeidung jeglicher Inkonsistenz ausgerichteten Standard besitzen.

Schwierig zu beurteilen ist diese Theorie bzw. These auch deshalb, da sie nur einen einzelnen Aspekt menschlichen Entscheidungsverhaltens isoliert herausgreift. In einer nicht so alltäglichen Situation wäre es denkbar, daß die Informationsselektion in Richtung auf eine einmal eingenommene Position deshalb erfolgt, weil die Umwelt mit einer gewissen Verhaltenskonstanz zur „Reduktion sozialer Komplexität" rechnet und die eingenommene Position ständiger Stützung bedarf; dies wird notfalls durch herbeigeholte Rechtfertigungen nach außen aufrechterhalten. Diese punktuelle, auf einen Abschnitt des Entscheidungsprozesses abgehobene These erscheint aus den genannten Gründen in dieser Form nur schwer generalisierbar. Sie wird von Robert Zajonc nach einer ausführlichen Würdigung im „Handbook of Social Psychology" nicht als Theorie bezeichnet, sondern als „a heuristic device, whose major purpose (and actual consequence) is the stimulation of research"[37].

3. Gruppenpsychologie

Kleingruppenforschung

Peter Kupsch beschreibt die Entwicklung eines „umfassenden Erklärungsmodells multipersonaler Entscheidungsprozesse" als ein Fernziel für sozialwissenschaftliche Entscheidungsforschung. Er setzt dabei zur Untersuchung des Risikoverhaltens in Entscheidungsprozessen auf der Ebene des Gruppenverhaltens an[38]. Sowohl Leon Mann wie auch Rudolf Bergius weisen in ihren gleichnamigen Büchern: „Sozialpsychologie" dem Gruppenkonzept einen eigenen und bedeutsamen Rang im Gesamtkonzept der Sozialpsychologie zu[39]. Besonders bekannt geworden ist die sogenannte „Kleingruppenforschung" durch den 1939 in die USA emigrierten deutschen Psychologen Kurt Lewin. Er wandte die Grundannahme der Gestaltpsychologie, daß nämlich die Gruppe (das Ganze) mehr ist als die Summe der Individuen (der Teile), auf die eigene Schulenbildung an. Dem von ihm 1945 am MIT gegründeten „Research Center for Group Dynamics" entstammen eine große Zahl namhafter Psychologen u. a. auch Festinger, dessen vorgestellte „Theorie der kognitiven Dissonanz" der experimentellen Kleingruppenforschung entsprang[40]. Bekannte Stichworte zur Erfassung der Eigenschaften von Kleingruppen sind z. B. Soziometrische Struktur, Machtstruktur, Kommunikationsstruktur, Rollenstruktur, Gruppenstruktur und Führung, Konformität, Bezugsgruppen sowie soziale Anziehung in Gruppen[41]. Obwohl jedes dieser Konzepte potentiell Einfluß auf multipersonale Entscheidungsprozesse hat und einige dieser Stichworte in anderem Zusammenhang wie z. B. „Macht-" oder „Kommunikationspromotor" etc. wieder auftauchen, werden wir uns im Folgenden auf einen Aspekt beschränken. Es ist dies ein Thema der Gruppendynamik in der experimentellen Kleingruppenforschung, das mit ca. 300 einschlägigen Untersuchungen bis 1971 eine Verbreitung wie vergleichsweise die Theorie von Festinger aufweist. Der sogenannte „Stoner-Effekt" soll noch diskutiert werden — so benannt nach der 1961 vom gleichnamigen Autor verfaßten unveröffentlichten Masters-Arbeit — da er auch in anderen Sozialwissenschaften verbreitet Resonanz gefunden hat[42].

Der „Stoner-Effekt"

Der Grundgedanke dieser Arbeit ist die von Stoner dargelegte Beobachtung, daß im Verlauf von Gruppendiskussionen eine Steigerung der Risikobereitschaft der Gruppenmitglieder konstatiert werden kann. Gruppenmitglieder, die risikoreichere Entscheidungsalternativen vorschlagen, sind in der Lage, andere Mitglieder der Gruppe zur Annahme von Alternativen zu beeinflussen, deren Risiko höher liegt, als dies dem durchschnittlichen Risikoempfinden in der Gruppe vor Beginn des Entscheidungsprozesses entsprach. Soweit die Ausgangsthese vom sogenannten „risky shift". Martin Irle zeigt, daß diese These von der Risikoverschiebung im weiteren Verlauf der Diskussion variiert wurde. Es sei gerade nicht so, daß eine Gruppe entschlußfreudiger ist als der Einzelne. Echte Entschlußkraft zeigt vielmehr der „geborene Führer". Diese Entscheidungsfreudigkeit ist nichts anderes als „Mut zum Wagnis, d. h. die Bereitschaft zum Risiko"[43]. Fehlt eine solche Führungskraft, besteht die Gefahr, daß Gruppenentscheidungen die nötige Risikobereitschaft zur Lösung schwieriger Probleme nicht aufbringen werden[44]. Ohne auf irgendein Führungskonzept zu rekurrieren, mutmaßt Peter Hofstätter, daß „Entscheidungsgremien — manchmal auf sehr hohen Niveaus der Politik oder Wirtschaft — aus ihrer Kohäsion heraus zu einer so weitgehenden Konformität des Denkens gelangen, daß sie, wie mit Scheuklappen ausgestattet, nur mehr recht wenige Alternativen in ihre Überlegungen einbeziehen"[45] mit der Konsequenz, da nicht alle relevanten Alternativen zur Entscheidungsfindung herangezogen wurden, daß Fehlentscheidungen zustande kommen.

Gruppenentscheidungen unterliegen damit, angeregt durch die von Stoner entfachte Debatte, einer durchaus unterschiedlichen, ja gegensätzlichen Beurteilung. Während die einen behaupten, daß Gruppenentschlüsse abgelehnt werden sollten, weil sie zu „gefährlich hohem Risiko führen", können andere behaupten, daß sie abzulehnen seien, da sie „eine gesunde Risikobereitschaft vermissen lassen"[46]. Peter Kupsch hat diese Beurteilungslage zum Ausgangspunkt für drei Hypothesen genommen: entweder repräsentiert die Risikoeinstellung der Gruppe den „Risiko"-Durchschnitt, den die Gruppenmitglieder bei Individualentscheidungen eingenommen hätten oder die Gruppenrisikoeinstellung ist größer bzw. kleiner als der „Risiko"-Durchschnitt der individuellen Gruppenmitglieder. Für die erste Hypothese spricht z. B. der „Cheque and Balance"-Effekt, der die Unterschiede zwischen den Gruppenmitgliedern egalisiert oder auch die erhöhte Selbstkontrolle und kritische Selbsteinschätzung bei Interaktionsprozessen innerhalb von Gruppen. Für die zweite Hypothese spricht z. B. kreatives Gruppenverhalten, das wir u. a. etwa als „Brain-Storming" kennen und das hier einschlägig werden kann, wenn es zu Entschlüssen führt. Für die dritte Hypothese werden bürokratische Verhaltensweisen angeführt mit ihrer Tendenz zur Unterdrückung innovativer Ideen und aus dem „üblichen Rahmen" fallender Vorstellungen[47].

Diese durchaus plausiblen Hypothesen sind vielfältigen Experimenten unterzogen worden mit dem Fazit der These von der Gruppenpolarisierung. Nicht mehr die Annahme von Stoner gilt, daß Gruppenentscheidungsprozesse Anlaß zu einem Risikoschub geben. „Als generell gültig kann daher nur mehr die Behauptung gelten, daß Gruppendiskussionen zu einer Verstärkung der in der Gruppe bereits vorhandenen Tendenzen führen, wobei es in Abhängigkeit von der Ausgangslage entweder zu einem Mehr oder zu einem Weniger an Risikobereitschaft kommt"[48]. Diese Ausgangslage von Gruppenentscheidungsprozessen läßt sich etwa bestimmen durch nähere Angaben über vertretene Berufsgruppierungen, Zielvorstellungen, Kommunikationsstrukturen etc.[49]. Eine solche, sich hier erst andeutende „Theorie der Polarisation der kognitiven Informationsstruktur von Individuen als Resultat sozialer Interaktion"[50], ist durch die weitverzweigte Diskussion um den „Stoner-Effekt" zu einer Aufgabenstellung geworden, deren Realisation allerdings noch nicht vorliegt. Eine besondere Schwäche dieser Partialmodelle zum experimentellen Nachweis einer Polarisation im Risikoverhalten ist, daß sie Neigungen zu riskanterem Verhalten aufgrund eines Fehlens negativer „schmerzhafter" Erfahrungen oder ein Absinken der Risikoneigung, weil „gebrannte Kinder" das Feuer scheuen, nur schwer erfassen können. Wir werden auf solche Fälle im dritten Kapitel zu sprechen kommen.

4. Sozialpsychologie

Kognitive Psychologie und Kleingruppenforschung ließen sich noch behelfsmäßig für unseren Argumentationszusammenhang begrifflich abgrenzen. Für die Sozialpsychologie muß in diesem knappen Rahmen der Darstellung ein solcher Versuch zwangsläufig unterbleiben und statt dessen auf die angegebene einschlägige Literatur verwiesen werden[51]. Dem aufmerksamen Leser ist natürlich nicht entgangen, daß wir bei der vorangegangenen Vorstellung von Konzepten bereits eine Fülle sozial-psychologischer Probleme, wenn auch meist mehr implizit als explizit, berührt haben. Kognitive Psychologie ist ohne Aspekte des Lernens, der Kommunikation, der Wahrnehmung, der Sozialisation usw. nicht denkbar. Die Gruppenpsychologie wurde bereits ausdrücklich dem Feld der Sozialpsychologie zugeordnet. Derartige Grenzziehungen sind auch in der Disziplin Psychologie nur grobmaschig zu verstehen, zumal sie durch zunehmenden Bezug der Forschungsfelder aufeinander wohl eher abnehmende Bedeutung haben.

Wie auch im Abschnitt 5. „Personality And Politics", wollen wir im Folgenden auf die zunehmende Verschmelzung zwischen Psychologie und Politischer Wissenschaft eingehen, die sich u. E. vorzugsweise in drei Bereichen politologischer Entscheidungsforschung abzeichnet. Zunächst wäre die Ebene der Verhandlungsforschung zu erwähnen, für die stellvertretend Daniel Druckman et al., „Negotiations, Social-Psychological Perspectives", genannt sei. Ein weiteres Feld zunehmender Interdependenz zwischen Psychologie, Politischer Wissenschaft und Organisationstheorie ist die Sozialpsychologie in Organisationen, wie sie z. B. von Daniel Katz und Robert Kahn, „The Social Psychology of Organizations", betrieben wird. Schließlich werden wir den bereits erwähnten sozialpsychologischen Ansatz von Robert Jervis kurz streifen, der Fragen z. B. von Wahrnehmungen und Täuschungen im Bereich der Internationalen Politik untersucht.

Verhandlungsforschung

Verhandlungen können als eine besondere Form politischer Entscheidungsprozesse angesehen werden. MBFR, KSZE, SALT[52] u. a. Konferenzen sind häufig Anlaß in der Politischen Wissenschaft, relativ nah am Verhandlungsmaterial orientierte „Case Studies" anzufertigen, wie dies z. B. John Newhouse für die SALT I-Gespräche zwischen den USA und der UdSSR vorgelegt hat[53]. Wie schwierig indessen Interpretationen von Verhandlungsprozessen sein können, zeigt sich daran, daß selbst bei einer so materialnahen Darstellung, wie der von Newhouse, inzwischen eine Debatte über unterstellte, strategische Konzepte entbrennen konnte[54]. Wir haben es bei Verhandlungen eben nicht mit Entscheidungen gegen die „Natur", sondern mit Entscheidungsprozessen zu tun, in die Personen in „Parteiungen" involviert sind. Die „prätheoretischen" an der klassischen Diplomatiegeschichte orientierten Schilderungen eines Fred Iklé, die „Case Studies" und die anfänglichen spieltheoretischen Entwürfe, wie z. B. der konfliktstrategische Ansatz von Thomas Schelling, werden zunehmend durch Versuche abgelöst, neue Konzepte für eine allgemeine Verhandlungstheorie bereitzustellen[55]. Dabei steht u. a. die uns hier vornehmlich interessierende sozialpsychologische Komponente im Vordergrund[56].

Verhandlungsverhalten wird danach nicht unwesentlich durch den sogenannten Kontext beeinflußt, der sich aus einer Reihe von Faktoren zusammensetzt wie der Teamstruktur, der Komplexität von Verhandlungsthemen, den Spannungen, denen die Verhandlungsparteien ausgesetzt sind etc. Konferenzen wie SALT sind im Vergleich zu Verhandlungen früherer Zeiten durch das Eingebundensein der Verhandlungsparteien in ihre jeweiligen hoch-komplexen technologischen Infrastrukturen gekennzeichnet. Solche Entscheidungsprozesse erhalten damit die potentielle Funktion der Kontrolle des Einsatzes komplexer Technologien. Eine ganze Reihe sozialpsychologischer Fragestellungen wird aus der Beobachtung abgeleitet, daß aus dem weiteren Kontext Druck und Spannungen auf Verhandlungsteilnehmer einwirken. Welche Einflüsse hat Stress auf kognitives und ,,perzeptives" Verhalten? In Laborversuchen können Grenzüberschreitungen ermittelt werden, die alarmierend aufzeigen, daß die ,,perzeptive Differenzierbarkeit" deutlich abnimmt, kognitive ,,Rigidität" ansteigt, unter erheblicher Beschneidung der Problemlösungsfähigkeiten beteiligter Verhandlungsteilnehmer sowie der ganzen Gruppe. Drohungen, neben ,,Bargaining" und theoretischem Debattieren eine dritte Komponente vieler Verhandlungsverläufe, üben merklichen Einfluß auf die Gruppenkohäsion aus[57]. Vermeidung von Gesichtsverlust, als wichtiges Motiv keine Konzessionen zu machen oder nach gemachten Konzessionen als Antrieb diese entweder nicht zuzugeben oder als ,,quid pro quo" bzw. strategischen Gewinn hinzustellen, weist eine deutliche Affinität zur ,,Nachentscheidungsdissonanzthese" auf. Die Forschungsstrategie zur Entwicklung einer generellen Verhandlungstheorie steht dabei in der psychologischen Tradition, sowohl Experimente im Labor vorzunehmen, als auch im ,,Feld" an Verhandlungen beobachtend teilzunehmen.

Sozialpsychologie und Organisationstheorie

Daniel Katz und Robert Kahn betreiben sozialpsychologische Forschung nicht aus verhandlungs- sondern aus organisationstheoretischem Blickwinkel. In ,,The Social Psychology of Organizations" wird der Grundgedanke entwickelt, daß politische Entscheidungsprozesse mit Organisationsstrukturen verflochten sind. Organisationen formulieren und verfolgen Ziele, sind durchaus wandlungsfähig aber zugleich mit spezifischen Problemen konfrontiert, die einer Zielerreichung im Wege stehen können. Diese überspitzt vereinfachte Definition soll zur Veranschaulichung mit einigen Beispielen verdeutlicht werden[58].

Für das erste Beispiel greifen Katz und Kahn auf eine Unterscheidung zurück, die Anatol Rapoport in seinem erwähnten Buch ,,Fights Games And Debates"[59] eingeführt hat, nämlich die zwischen Problem und Dilemma. Während für ein Problem die Aktivierung eines ,,erlernten" Problemlösungsrepertoires ausreicht, fordert ein Dilemma eine Reformulierung: eine neue Konzeptionalisierung des Problems mit erheblicher Anpassungsleistung der Organisationsmitglieder. Eine solche Neuorientierung muß durch die Organisationsleitung vorgenommen werden, da in der Hierarchie unterstellte Organisationsmitglieder dafür gewöhnlich nicht über genügend Kompetenz und Einfluß verfügen. Das Beispiel ist aus der Zeit der noch offenen Rassendiskriminierung in den Südstaaten der USA gewählt[60]. Organisationen, die in den Südstaaten ihre egalitären Rechte gegen den massiven Widerstand der Weißen durchsetzen wollten, waren mit dem Dilemma konfrontiert, daß sie sich bei feindlich gesinntem Auftreten nicht durchsetzen konnten. Daraufhin führten sie als Innovation zur Überwindung dieses Dilemmas die Methode der „passiven Resistenz" von Mahatma Gandhi ein. Auf diese Weise brachten sie die ihnen gegenüber zur Gewalttätigkeit neigenden Weißen in eine diskriminierende Situation.

Es kommt allerdings auch vor, daß wegen Unfähigkeit zwischen Problem und Dilemma zu unterscheiden, gewissermaßen in einem „Akt kreativen Übereifers", Probleme wie ein Dilemma behandelt werden. Auf jeden Fall wird eine einmal vorgenommene Differenzierung die Art der Suche nach einer Alternativen zur angemessenen Lösung eines Entscheidungsprozesses beeinflussen. So kann eine imaginative Suche nach allen denkbaren Möglichkeiten einsetzen, um ein Dilemma überwinden zu wollen oder eher eine Problemlösung nach Maßgabe „standardisierter Verhaltensrepertoirs" angestrebt werden. Eine große Zahl organisatorischer Entscheidungen sind zwischen diesen beiden Extremen angesiedelt. Sie haben nicht die eine gesamte Organisation durchdringende Dramatik der geschilderten Rassendiskriminierung; sie erfordern aber dennoch eine Neuorientierung in Teilbereichen einer Organisation. Für einen solchen Fall betonen Katz und Kahn die Bedeutung von Praktikabilitätsgesichtspunkten bei der Suche nach Alternativen. Zu Beginn des zweiten Weltkrieges war auch die Regierung der USA vor die Notwendigkeit gestellt, Personal in erheblichem Umfang zusätzlich einzustellen. Es wurde daher eine Gruppe von Psychologen beauftragt, Selektionskriterien für die Auswahl verschiedener Arten von Personal zu entwickeln. Unter dem Druck der Kriegsereignisse konnte nicht auf die Ausarbeitung eines wissenschaftlich erarbeiteten und validierten Konzepts gewartet werden. Der Auftrag beinhaltete vielmehr ein umgehend praktizierbares Verfahren auf der Basis von „educated guesses" bereitzustellen — auch auf die Gefahr hin, daß durch ein verkürztes Verfahren wesentliche Alternativen möglicherweise ausgeblendet würden.

Fragen der Durchführbarkeit, die im Zusammenhang stehen mit dem häufig schwerfälligen hierarchischen Aufbau von Organisationen und ihrer oft enormen Reichweite führen dazu, daß Entscheidungsprozesse in Organisationen nicht den typischen Sequenzenverlauf haben, wie ihn z. B. Harold Lasswell mit seinen „funktionsanalytischen Kategorien" unterstellt[61]. Zunächst ein Beispiel für eine typische Schwäche großdimensionierter Organisationen. Die Entfernung zwischen operativer Ausführungsebene und der Führungsspitze kann so groß werden, daß auch die Aktivierung bestimmter Strukturelemente, wie das Stab-Linie-System, nicht mehr ausreicht, den Rückfluß relevanter Informationen über den „Impact" von Entscheidungen zu gewährleisten. In den amerikanisch-chinesischen Beziehungen wurde zur Verhinderung der Machtübernahme durch kommunistische Verbände unter Mao Tse Tung über eine längere Zeitspanne Militärhilfe an Chiang Kai-shek geleistet. Sie erwies sich indessen für die erforderlichen Einsatzbedingungen nicht nur als unpraktisch, sondern sogar als eine „Entscheidung mit Bumerang-Effekt", da dem erklärten Gegner ein Teil der Hilfe in die Hände fiel.

Bisweilen zwingt die Größe und Schwerfälligkeit von Organisationen sogar dazu ein Ziel unter bewußter Umgehung der Organisationshierarchie zu erreichen. Derartige Konstellationen sind für politische Entscheidungsprozesse kennzeichnend, wenn Zielvorstellungen der politischen Führungsspitze mit denen von Organisationen im „Cheque and Balance"-Bereich divergieren. Für eine bestimmte Phase der amerikanischen Außenpolitik nehmen Katz und Kahn an, daß Präsident Roosevelt schon vor Pearl Harbor zu einem Krieg gegen die Achsenmächte entschlossen war. Den Kongreß einzuweihen, hielt er jedoch noch für verfrüht. Inzwischen ließ er den Alliierten jede mögliche Hilfe zukommen und bat den Kongreß, alle erdenkliche Hilfeleistung zu gewähren, ohne ein direktes Eingreifen in die Kriegshandlungen zu fordern. Seine Weigerung aber, Japan im Fernen Osten freie Hand zu lassen, wurde ein wesentlicher Grund für die Japaner, Pearl Harbor anzugreifen. Seine Anweisung, gegen die deutschen U-Boote Kriegstaktiken anzuwenden, führte schließlich u. a. zur deutschen Kriegserklärung gegen die USA, zu einem Zeitpunkt, als Japan die Achsenmächte um Unterstützung in der Kriegsführung bat.

Perzeptionsforschung

Robert Jervis untersucht das Problem von Perzeption und Misperzeption für den Bereich der internationalen Beziehungen. War bereits „The Logic of Images in International Relations" ein erster Versuch, eine Theorie der Täuschung („theory of deception") zu entwickeln, so bleibt dieser Vorstoß in Neuland noch weitgehend fragmentarisch. Die entscheidenden Fragen werden allerdings bereits deutlich: Welche Schlüsse zieht ein politischer Entscheidungsträger aus dem Verhalten eines anderen? Wie kann ein Akteur die Art und Weise wie andere Schlüsse aus seinen Handlungen ziehen, beeinflussen? Wie kann ein Entscheidungsträger beim Handeln, das gegen sein Image verstößt, versuchen, dieses Image dennoch zu bewahren? Wie kann ein Akteur dafür sorgen, daß andere sein Verhalten so prognostizieren, daß dies zur Erreichung der eigenen Ziele beiträgt? Aus dieser imposanten Fragenbatterie läßt sich bereits die Ansicht von Jervis entnehmen, daß Täuschung ein beschreibbares und damit erklärungsbedürftiges Phänomen politischen Umgangs ist[62]. Noch ein weiteres Phänomen ist bereits in diesem Fragenkatalog angesprochen: wie ist es zu erklären, daß Misperzeptionen vorherrschen und die „wahren" Absichten sowie gegenseitige Einschätzungen verzerren? Lassen sich solche Misperzeptionen verhindern?

Die Stellung des Ansatzes: „The Logic of Images" in seiner Weiterentwicklung, u. a. gegenüber den erwähnten Fred Iklé und Thomas C. Schelling, mit seiner ihm eigenen „Psycho-Logik" und vermehrten Hinwendung zu kognitivem und kommunikationstheoretischem Denken hat Peter C. Ludz verdeutlicht. In seinem Beitrag „ ‚Alltagsleben und Strategic Interaction', Bemerkungen zu einem neuen Ansatz in der Theorie der internationalen Beziehungen", wird zugleich auf die

Schwäche von Jervis hingewiesen. Einzelnen Komponenten seines Ansatzes wie z. B. den „Signalen", die ausgesandt werden, um das „Image" des „Empfängers" vom „Sender" zu beeinflussen, fehlt in der Regel — statt Bekanntheit der konventionellen Bedeutung einfach zu unterstellen — eine „phänomenologische" Aufschlüsselung der Bedeutungsgehalte[63]. Wir werden uns unter Einbeziehung des wesentlich geschlosseneren Konzeptes von Jervis in „Perception and Misperception in International Politics" dem sozialpsychologischen Ansatz im dritten Kapitel intensiver widmen. In diesem Zusammenhang wollen wir abschließend auf ein sowohl für die Psychologie als auch für die Politische Wissenschaft gemeinsames Forschungsfeld hinweisen, das bereits in der Bezeichnung auf ihre enge Verzahnung aufmerksam macht.

5. „Personality And Politics"

Margaret Conway und Frank Feigert sprechen relativ eng von „Typologies Of Political Personalities"[64]. Fred Greenstein gibt in seinem Artikel „Personality and Politics" im „Handbook of Political Science" den weiter gesteckten Rahmen für dieses politologisch-psychologische Arbeitsgebiet[65] an. Die Politische Wissenschaft geht bei vielen Untersuchungen von der These aus, daß persönliche Eigenschaften nicht ohne Einfluß auf das Ergebnis politischer Entscheidungsprozesse sind. Sie stellte daher wiederholt Typologien politischer Führungspersönlichkeiten auf. Eine der vielleicht bekanntesten ist die Formel von Harold Lasswell zur Unterscheidung von „Agitator" und „Administrator", je nachdem welche Entwicklung ein „Political Man" durchlaufen hat: p {d {r = P (Political Man)[66].

Außer in Form von Typologienbildungen wird häufig weniger systematisch über besondere Eigenschaften politischer Führungspersönlichkeiten berichtet. Einige dieser Eigenarten können durchaus den Charakter von „idiosynkratischen Schrullen" annehmen, wie die Angewohnheit Winston Churchills, Kabinettssitzungen grundsätzlich bis 13.30 Uhr auszudehnen, da er gern spät zu Mittag aß[67]. Andere Eigenschaften wiederum können einen politischen Entscheidungsprozeß entscheidend beeinflussen, wenn sie in einer bestimmten Situation zum Tragen kommen. So wird etwa Präsident Johnson eine starke „entweder-oder" Mentalität sowie ein ausgeprägtes, schon fast überzogenes Loyalitätsbedürfnis nachgesagt. Diese zwei Faktoren dürften in einem entscheidenden Abschnitt des US-Engagements in Vietnam mit zur Entlassung McNamaras geführt haben. McNamara war bereits zu diesem Zeitpunkt der Überzeugung, daß die Bombardierung Nord-Vietnams so gut wie keinen Beitrag zur amerikanischen Zielsetzung leistete, Nord-Vietnam verhandlungsbereit zu machen — eine Einsicht, die sich dann später nach seiner Entlassung allerdings doch noch durchsetzen konnte[68].

Derartige „mentalistische" und prädispositionelle Faktoren gelten als nur schwer faßbar. Viele Arbeiten, z. B. die von Robert Jervis, bemühen sich daher, klar erfaßbare kognitive Faktoren zu erarbeiten. So hat auch Alexander George in einem durchaus generell angelegten Ansatz mit seiner Arbeit zum „Operational Code" die Analyse des „Belief-System" als ein Prisma für die Perzeptionen sowie als Schlüssel für zukünftiges Handeln – in diesem Fall der sowjetischen Führungselite – vorgestellt. Ein weiteres Beispiel sind die bahnbrechenden Studien von Robert Axelrod et al., die mit großem methodisch-methodologischen Aufwand kognitive Strukturen von Führungseliten aus empirischem Material ableiten[69].

An Hand von Fallstudien über politische Führungspersönlichkeiten, wie z. B. die zur Person Präsident Wilsons von Alexander George und Juliette George sind deskriptive Daten gesammelt worden – nach bestimmten Verhaltensmustern ausgerichtet wie: „Rigidness", „Selfrighteousness", „Pedantry", „Stubbornness", „Reluctance of Compromise" etc. Ein besonderes Problem derartiger Persönlichkeitsdaten ist, daß sie situationsspezifisch gewonnen wurden und daher aus anderen Situationen auch andere Verhaltensmuster resultieren können. Erschwerend für eine Verallgemeinerung kommt hinzu, daß z. B. die Verhaltenskomponente „Rigidität" bei Wilson in bezug auf Versailles vorfindbar war, bei anderen Gelegenheiten jedoch fehlte[70]. Derartige Inkonsistenzen im Zeitablauf schränken die Aussagekraft von Persönlichkeitsdaten dieses Typs stark ein.

Deshalb finden bei Greenstein zwei zusätzliche Untersuchungsdimensionen besondere Beachtung: (1) die Persönlichkeitsdynamik mit tiefenpsychologischen Strukturen und „Ego-Defense"-Mechanismen, die Aufschluß über das persönlichkeitsinterne Konflikt- und Aggressivitätspotential geben sollen, sowie (2) die Psychogenese als Ausdruck der Entstehung der Verhaltensmuster eines erwachsenen Individuums. Die Probleme einer Konzeptionalisierung derartiger psychoanalytischer Untersuchungsdimensionen gelten indessen als besonders schwierig und bisher kaum gelöst. Sie sind eher als Denkinstrumente gedacht, die relativ umfänglichen und starren Typologien z. B. von James Barber, der amerikanische Präsidenten u. a. in bezug auf autoritäres Verhalten vergleicht, aus ihrer Erstarrung aufzubrechen. Desgleichen werden mit diesen Ansätzen die relativ fruchtlosen Studien zu den sogenannten „Nationalcharakteren" angegriffen. Der Hauptvorwurf richtet sich dagegen, daß bei diesen Untersuchungen keine Unterscheidungen zwischen dem soziokulturellen System und der Persönlichkeit gemacht werden. Es wird vielmehr von der vereinfachten Annahme ausgegangen, daß jede politische Kultur einen für sie dominierenden Persönlichkeitstyp aufweist, der durch entsprechende Sozialisation geprägt wurde[71].

Abschließend soll auf einen Untersuchungskomplex im Themenbereich „Personality and Politics" hingewiesen werden, der anläßlich der Diskussion über Verhandlungstheorie bereits anklang, aber im Zusammenhang mit Exekutiv-Entscheidungen auf hoher Ebene zusätzliche besondere Hervorhebung verdient. Stellvertretend sei hier Robert Kennedy genannt, der in seinen erwähnten Memoiren zur Kuba-Entscheidung der Regierung der USA von 1962 an mehreren Stellen auf Stresserscheinungen verweist. Der Stress (als psychisch und physisch empfundene Überbeanspruchung in kritischen Phasen politischer Entscheidungsprozesse) kann ein solches Ausmaß annehmen, daß die kognitive Leistungsfähigkeit von Entscheidungsträgern nicht unwesentlich beeinträchtigt erscheint.

Neuere u. a. auf physiologischen Messungen basierende Untersuchungen seit den Kriegen in Korea und Vietnam zeigen, daß bestimmte Entscheidungen eine Tendenz zu chronischen Stressfolgeerscheinungen aufweisen. Dazu gehören insbesondere Entscheidungen mit zunehmender Reichweite, höherem Verantwortungsdruck und wachsender Informationsverarbeitungsgeschwindigkeit, also der Notwendigkeit zu imaginativ-konstruktiver Einstellung auf rasch wandelnde Situationen ohne Ausweichmöglichkeiten auf Routineverhalten. Peter Bourne hat als Chef der Neuropsychiatrischen Abteilung des medizinischen Teams der US-Armee in Vietnam psychiatrische Interviews geführt und physiologisch-chemische Meßwerte ermittelt. Die Stressmessungen einer im Sanitäts-Einsatz befindlichen Helikoptercrew und einer „Special Forces Group" — inzwischen werden Stressmessungen u. a. auch bei Autorennfahrern, Rennläufern sowie an Patienten vor einer offenen Herzoperation vorgenommen — erfolgten bei riskanten Einsätzen. Die gemeinen Dienstgrade reagierten dabei mit einem gewissen Fatalismus. Sie konnten ihre psychologischen Abwehrkräfte gegen Stress durch überwiegende Konzentration auf den mechanisch-technischen Einsatz mobilisieren. Die Offiziere zeigten deutlich höhere Stress-Erscheinungen, da sie ihre Aufmerksamkeit, Motivation, Improvisationsfähigkeit, Anleitungsfunktion und Aggression voll in ihren Einsatz einbringen mußten. Ist dies auch ein Einsatzbereich, der zu den menschlichen Grenzsituationen zählt, so läßt sich daraus dennoch die berechtigte Vermutung ableiten, daß Führungspositionen mit der Notwendigkeit zu kreativen Entscheidungen, Verantwortung und großer Unsicherheitsbewältigung eine andere Belastungsqualität aufweisen, als solche mit mechanisch-programmatischer Entscheidungsausführung.

Den Politologen interessieren die Ergebnisse der physiologisch-chemischen Stressforschung in erster Linie unter dem Aspekt möglicher kognitiver Beeinträchtigungen politischer Entscheidungsträger im Zeitraum der Entscheidungsfällung. Den Mediziner interessiert dieses Thema insbesondere unter dem Gesichtspunkt längerfristiger gesundheitlicher Gefährdung, etwa in Form des Herzinfarktrisikos. Dieses wird heute allerdings zunehmend nicht mehr als ein ausschließliches Problem ungesunder Lebensweise, sondern immer stärker auch der beruflichen Qualifikation, positionellen Sicherung und der potentiellen Kompensation durch empfundene „Erfolgserlebnisse", betrachtet[72]. Stressphänomene sind also stets in den Kontext einer Entscheidungssituation eingebunden zu denken; sie zeigen eine Vielfalt von Dimensionen, die sich nur selten quantitativ erfassen lassen.

6. Psychologische Entscheidungsforschung und Politische Wissenschaft: Übertragungsprobleme

Wir haben uns an erster Stelle mit psychologischer Entscheidungsforschung beschäftigt, da die Entscheidungsanalyse in der Psychologie wesentliche Voraussetzungen für eine entscheidungstheoretische Weiterentwicklung in allen anderen Sozialwissenschaften bereitstellt. Die Bedeutung der Psychologie für die Politische Wissenschaft konnte dabei vor allem in zwei Richtungen demonstriert werden.

Sie liegt einmal − im Bereich der Diskussionen der formalen Entscheidungstheorie − in dem Versuch der „behavioristischen" Untersuchung von Wahrscheinlichkeits- und sogenannten Nutzeneinschätzungen in realen und damit auch politischen Entscheidungsprozessen. Zur Vorstellung der Wahrscheinlichkeits- und Nutzenproblematik war es bereits an dieser Stelle nötig, gewissermaßen als Vorgriff zur wirtschaftswissenschaftlichen Diskussion, die fiktive Handlungsfigur „homo oeconomicus" und die Entscheidungsklassen bei Sicherheit, Risiko und Unsicherheit vorzustellen. Die gängige „Dichotomie" der einander ausschließenden normativen und deskriptiven Entscheidungstheorie wird durch die behavioristisch „angereicherte" formale psychologische Entscheidungstheorie unterlaufen. Versuche einer Integration der formalen psychologischen Entscheidungstheorie durch den anwendungsorientierten Analytiker mit den Erfahrungswerten des häufig um Problemlösungen verlegenen politischen Entscheidungsträgers werden uns im fünften Kapitel intensiver beschäftigen.

Die zweite von allen anderen Sozialwissenschaften inzwischen gemeinsam erkannte Bedeutung der Psychologie liegt in ihrem Beitrag zur Öffnung der geschlossenen Entscheidungsmodelle. Entscheidungsprämissen werden gerade nicht als gegeben unterstellt, sondern ihre Genese ist ein zu untersuchender Prozeß. Für die Politische Wissenschaft ist dies angesichts der Komplexität politischer Entscheidungsprozesse und der kognitiven Begrenzungen politischer Entscheidungsträger ein besonders schwieriges Unterfangen. Für sie sind daher psychologische Ansätze von großer Bedeutung, die multipersonale Entscheidungsprozesse etwa in Gruppen oder gar in einem noch weiter gesteckten sozialpsychologischen Rahmen untersuchen. Für die Analyse psychologischer Aspekte multipersonaler Entscheidungsprozesse konnte bereits eine starke Verzahnung zwischen der Psychologie und der Politischen Wissenschaft vorgestellt werden. Beispiele dafür sind die auch in der Politischen Wissenschaft diskutierten psychologischen Ansätze „Theorie der kognitiven Dissonanz" und der „Stoner-Effekt". Beispiele sind aber auch die inzwischen in der Politischen Wissenschaft, z. T. mit Fragestellungen aus der Psychologie und in einigen Fällen auch mit ihren Methoden (z. B. in der Verhandlungstheorie), vorgenommenen Untersuchungen; als Auswahl wurden vorgestellt: die Entwicklung einer allgemeinen Verhandlungstheorie, Aspekte organisationstheoretischer Sozialpsychologie sowie Ansätze einer Sozialpsychologie der internationalen Beziehungen. Abschließend wurde ein Bereich erwähnt, der gemäß angelsächsischer Konvention in der Politischen Wissenschaft als „Personality and Politics" bezeichnet wird. Er demonstriert ein traditionell hohes politologisches Interesse an psychologischen Aspekten zur Erklärung politischen Entscheidungsverhaltens. Die Methodenvielfalt reicht dabei von stärker deskriptiv ausgerichteten, sowohl einfachen, wie auch multiplen Fallstudien über Klassifikationen und Typologien, bis hin zur Analogie-Interpretation empirischer Untersuchungen (z. B. in der Stressforschung). Die umfangreiche Diskussion speziell dieser Forschungsbemühungen in der Politischen Wissenschaft zeigt, daß neben der Auslotung ihrer jeweiligen Möglichkeiten deren Grenzen möglichst deutlich markiert werden sollen.

Gerade der bereits hohe Stand wissenschaftlicher Kooperation psychologischer und politologischer Entscheidungsforschung erleichtert den Hinweis auf besondere Übertragungsprobleme aus der Sicht des Politologen.

Bei der Vorstellung der kognitiven und gruppenpsychologischen Ansätze wurden mit Absicht zwei Beispiele herausgegriffen, deren Anwendung innerhalb der Psychologie stark diskutiert wird. Es ist für den psychologischen Laien häufig aufwendig und ohne Kenntnis der Gesamtdiskussion nur schwer möglich, den Stellenwert einzelner psychologischer Ansätze zu beurteilen. Gerade deshalb besteht die Gefahr, daß so stimulierende und markante Konzepte, wie die „Nachentscheidungsdissonanz" und das „risky shift" in die Politische Wissenschaft unreflektiert Einlaß finden. Es gilt daher, die psychologische Hintergrundsdiskussion mit ihren Warnzeichen gegen eine „platte" Übernahme des jeweiligen Ursprungskonzepts gebührend zur Kenntnis zu nehmen.

Die psychologische Entscheidungsforschung kann bei vielen Untersuchungen auf alltägliche Entscheidungsprozesse zurückgreifen. Dadurch verfügt die Psychologie über eine meist sehr große Grundgesamtheit unterschiedlicher Entscheidungstypen. Sie kann auch beliebig häufig dieselben Versuchspersonen zu Untersuchungen heranziehen, wie dies z. B. im kognitiven Bereich, etwa bei neurophysiologischen Messungen möglich ist. Ist eine Wiederholung psychologischer Entscheidungsexperimente nicht möglich, können bei einer neuen Stichprobe zumindest die äußeren, vom Versuchsleiter kontrollierbaren, Bedingungen wiederhergestellt und vor allem die Ziehung einer Stichprobe aus derselben Population vorgenommen werden[73]. Für die Politische Wissenschaft ist bei uns besonders interessierenden „nicht-routinisierten" Entscheidungsprozessen durch die Einbindung in einen dynamischen historischen Kontext die Wiederholbarkeit und experimentelle Manipulierbarkeit gerade nicht gegeben. Nur in Ausnahmefällen, wie z. B. bei der Untersuchung von drei Modellen zur Erklärung des „Violant Decision-Making" in Krisen, ist bisher in der Politischen Wissenschaft eine nennenswerte Anzahl „ähnlich gelagerter" realer Entscheidungsprozesse in eine Untersuchung einbezogen worden. William Haas spricht bei seiner Untersuchung des „Survival Decision-Making" ausdrücklich nicht vom „experimental-" sondern vom „case study-approach". Seine Grundgesamtheit von 32 „Survival Decisions" umfaßt dabei aber so heterogene Entscheidungen, wie z. B. „The order to drop an atomic bomb on Japan", „Kennedy asks steel industry to rescind proposed price increase" oder „Decision to move truce talks from Kaeson to Panmunjon"[74]. Die Inhomogenität dieser Entscheidungsprozesse, ihre Nicht-Vermehrbarkeit, -Wiederholbarkeit und Nicht-Manipulierbarkeit begrenzt die komperative politologische Entscheidungsforschung empfindlich. Sie gibt ihren Ergebnissen als Antwortversuche auf einfach strukturierte Fragestellungen bestenfalls einen gewissen Grad von Plausibilität. Ihr Untersuchungsmaterial erlaubt nicht, mit den in der Psychologie üblichen Signifikanztests aufzuwarten. Sie ist bedauerlicherweise nicht in der Lage, zur „planmäßigen Beobachtung eines Vorgangs unter systematisch variierten, hinreichend kontrollierten und möglichst replizierbaren Bedingungen zum Zwecke der Erweiterung der Kenntnisse über die herrschenden Gesetzmäßigkeiten oder die Überprüfung von Hypothesen" — und das alles in mehreren denkbaren Experimentvariationen[75]. Bereits der Psychologe kann nur mit größter Vorsicht von der Annahme ausgehen, daß seine Laborexperimente dem Verhalten „im Feld" entsprechen. Er versucht die Verallgemeinerungsfähigkeit seiner Ergebnisse abzusichern, indem einmal interne Experiment-Fragestellungen analysiert werden — vgl. etwa die Untersuchung des sogenannten „Versuchsleitereffekts" beim Doppelblindversuch in der Placebo-Verwendung[76]. Zum andern greift er möglichst zu eigenen Felduntersuchungen, wie dies bei der Entwicklung einer allgemeinen Verhandlungstheorie besonders konsequent angestrebt wird. Dabei werden die in Laborexperimenten gewonnenen Hypothesen einer breitgefächerten Überprüfung im Feld ausgesetzt.

Aber nicht nur die Frage nach einer Grundgesamtheit vergleichbarer Entscheidungsprozesse, sondern auch das Problem der Verfügbarkeit über Entscheidungs-Daten muß in der Politischen Wissenschaft wesentlich restriktiver beantwortet werden[77]. Nehmen wir an, ein Politologe käme auf die durchaus verlockende Idee, die diskutierte These vom „risky shift" anhand von Kabinettssitzungen überprüfen zu wollen. Er würde zunächst mit der Tatsache konfrontiert, daß weder ein Verbatim- noch ein andersartiges Beobachtungsprotokoll zur Verfügung gestellt wird. Er würde des weiteren von Gepflogenheiten des politischen Geschäfts auszugehen haben, daß nämlich eine Reihe von Kabinettsmitgliedern für gewöhnlich ihre Positionen zu einzelnen, in der Kabinettssitzung anstehenden Fragen gar nicht oder nur mit unzulänglicher Präzision bekanntgeben. Sei es, daß sie nicht danach gefragt werden, daß sie keine vorgefaßte Meinung haben, daß sie inkompetent sind, daß sie sich einen möglichst großen Manövrierraum für „Bargaining"-Situationen bewahren wollen oder z.B. auch in der Öffentlichkeit nicht als Vertreter eines Minderheitenvotums gelten wollen. Schließlich kommt als besondere Schwierigkeit hinzu, daß ein solches Unterfangen bei vielen Entscheidungsproblemen daran scheitern kann, daß anders als z. B. bei eher übersehbaren wirtschaftlichen Entscheidungen, Nutzen und Risiko kaum präzis abzuschätzen sind; also gewissermaßen das „Tertium comparationis" fehlt. Je nach Interpretation einer politischen Situation, kann es riskant oder auch nicht riskant sein, sich von einem Status quo entfernen zu wollen. Ist es in einer durch „Stagflation" gekennzeichneten wirtschaftspolitischen Situation risikoreicher, den zu begebenden Eventualhaushalt größer oder kleiner zu halten? Bei konfligären Zielen, wie Arbeitslosigkeit und Inflation, sind derartige Fragen, außer für Extremwerte, in bezug auf das Risiko praktisch nicht beantwortbar; dies trifft zumal dann zu, wenn eine die Zusammenhänge der Stagflation erklärende und vor allem in der Erfahrung bewährte Wirtschaftstheorie nach wie vor fehlt. Es gibt allerdings bei einer Reihe auch politischer Entscheidungsprobleme, etwa im militärisch-strategischen Bereich, die Möglichkeit zu relativ genauen Risikoeinschätzungen. Auf die Willkür derartiger Risikoeinschätzungen im Zusammenhang mit der Perzeptionsproblematik werden wir im dritten Kapitel zurückkommen.

Dennoch – auch bei solch schwieriger Datenlage – sollte sich der Politologe natürlich mit dem Problem der Polarisation von Risikoeinstellungen durch Gruppendiskussionen befassen. Er wird dabei von der psychologischen Entscheidungsforschung mit Hypothesen ausgerüstet, die es ihm erlauben, zusätzliche Fragen an sein Material zu richten. Zugleich können diese Hypothesen seine Materialsuche ihrerseits steuern. Wenn die Daten auf Kabinettsebene nicht zu beschaffen sind, könnte die Beschaffung auf weniger prominenter Ebene politischer Gremien dennoch gelingen. In diesem Sinne sind Experimente der Psychologie potentiell auch für die politologische Entscheidungsforschung relevant. In den Bereichen, in denen die Verzahnung zwischen Psychologie und Politischer Wissenschaft noch nicht den Grad der Zusammenarbeit erreicht hat, wie etwa in der kognitiven Psychologie, der Verhandlungstheorie, der Sozialpsychologie der Organisationen oder etwa in dem Bereich „Personality and Politics", sollten Ergebnisse der psychologischen Entscheidungsforschung zumindest als „Hypothesengeneratoren" fungieren können. Es erscheint heuristisch sinnvoll, auch für Problemlösungsverhalten in der Politik zunächst einmal folgendes anzunehmen: nämlich, daß es einen hohen Grad der Affinität aufweist zu intelligentem Problemlösungsverhalten bei schwierigen menschlichen Alltagsfragen, sowie zu auf Problemlösung bedachte Diskussionen in nicht-politischen multipersonalen Entscheidungsgremien. Nach Robert Jervis sollte der jeweilige Kontext zwar nicht übersehen werden: „but it seems reasonable to assume that statesmen reach decisions by methods that are similar to those employed by other intelligent men". Er fährt fort: „Until there is evidence to the contrary I see no reason to believe that political decision-makers are less rational, sophisticated, and motivated to understand their environment than are scientists"[78].

II. Betriebswirtschaftslehre

1. Verhaltenswissenschaftliche Entscheidungsorientierung in der Betriebswirtschaftslehre

Entscheidungstheorie als Theorie kognitiver Problemlösungsprozesse

Für die Wirtschaftswissenschaften generell und damit auch für die Betriebswirtschaftslehre gilt, daß für viele Entscheidungsprozesse quantitative Vergleichsmaßstäbe vorliegen. Dies ermöglicht eine Bewertung wesentlicher ökonomischer Entscheidungsfaktoren in standardisierten Meßeinheiten, wie z. B. Geld. Die Orientierung der Teilnehmer an einem Entscheidungsprozeß wird dadurch erleichtert; zugleich aber auch die Vergleichbarkeit von Entscheidungen ähnlichen Typs erhöht. Eine Reihe ökonomischer Entscheidungen, ganz speziell betriebswirtschaftlicher Art, ist durch jenen Problemtyp zu kennzeichnen, den wir als „vollständig definiert" bzw. „wohl-strukturiert" kennengelernt haben. Seine Transparenz kommt wesentlichen Elementen geschlossener entscheidungstheoretischer Modelle nahe.

So liegt weitgehende Informationsübersicht ohne nennenswerte Bewertungsprobleme ökonomisch-technischer Einsatzfaktoren vor. Die Kenntnis der Handlungskonsequenzen entspricht dem „know how" produktionstechnischer Zusammenhänge. Für einfache Produktionsprogramme kann daher ein mit „technisch-ökonomischer" Rationalität weitgehend deckungsgleiches Verhalten unterstellt werden. Wir erinnern uns an das von Edmund Heinen vorgestellte lineare Optimierungsmodell, für das bei vorgegebener Zielfunktion der Gewinnmaximierung ein Lösungsalgorithmus existiert[79].

Zugleich ist Heinen ein nachdrücklicher Verfechter der realitätsnäheren Entscheidungsorientierung in der Betriebswirtschaftslehre, mit dem Ziel einer verbesserten Erklärung auch „schlecht-strukturierter" Entscheidungsprozesse. Er fordert u. a. die bereits diskutierte Notwendigkeit zur Öffnung geschlossener entscheidungstheoretischer Modelle auch für die Betriebswirtschaftslehre, nicht zuletzt durch eine interdisziplinäre Zusammenarbeit mit anderen Sozialwissenschaften wie der Psychologie, der Soziologie und der Politischen Wissenschaft voranzutreiben. Dabei sollen jene angelsächsischen Bereiche wie „Management Science", „Business Administration", „Business Economics", „Administrative Behavior" und auch „Theory of the Firm", soweit nicht bereits erfolgt, verstärkt in die betriebswirtschaftliche Entscheidungsforschung integriert werden[80]. Die Frage nach der Optimalität betriebswirtschaftlicher Entscheidungen wird zunehmend ergänzt durch Fragen nach realistischeren, organisationstheoretischen Erklärungskonzepten komplexer betrieblicher Entscheidungsprozesse bis hin zu kybernetischen Erklärungsmodellen (Theory of the Firm). Es wurde bereits darauf hingewiesen, daß die Einführung kybernetischer Erklärungsansätze John Steinbruner dazu veranlaßten, für die Politische Wissenschaft von einer Ablösung des „Analytic Paradigm" (geschlossene entscheidungstheoretische Modelle) durch das „Cybernetic Paradigm" zu sprechen[81]. Zahlreiche Betriebswirte widmen sich dieser ständigen Ausweitung des entscheidungstheoretischen Forschungsprogramms seit längerem; der für unser Thema wohl aber relevanteste und umfassendste deutschsprachige Beitrag stammt von Werner Kirsch und seinen Mitarbeitern[82]. Wir haben uns auf Kirsch bereits bei der Diskussion um die Öffnung der geschlossenen entscheidungstheoretischen Modelle, die er in seinem ersten Band vornimmt, des öfteren bezogen. Unter systematischem Hinweis auf die kognitiven Beschränkungen der Rationalität werden Prozesse der Informationsgewinnung und des Suchverhaltens von Entscheidungsträgern in die Betrachtung miteinbezogen. Spätestens Anfang der 70er Jahre setzte in der Betriebswirtschaftslehre die Tendenz ein, in einer auf interdisziplinärer Zusammenarbeit angelegten Entscheidungstheorie, die kognitiven Prozesse des Individuums ins Zentrum der Untersuchungen zu stellen. Für Kirsch ist dabei Entscheidung „eine Phase im menschlichen Problemlösungsverhalten"; die „Theorie kognitiver Problemlösungsprozesse ist jenes Gebiet der Psychologie, dessen Erfahrungsobjekt sich in etwa mit dem der Entscheidungstheorie deckt"[83].

Ob es nun im zweiten Band von Kirsch u. a. um die Entwicklung von Informationsverarbeitungsmodellen, um die Diskussion von Werten, Attitüden, Einstellungen oder die „Definition der Situation" sowie Fragen heuristischer Problemlösungsverfahren geht: der jeweilige Untersuchungsaspekt von Entscheidungsprozessen wird stets auf individuelle Entscheidungsträger bezogen. Wir werden auf diese Tendenz zum sogenannten „psychologischen Reduktionismus" zurückkommen, die sich im dritten Band fortsetzt. Die Entscheidungsprämisse gilt als Bindeglied zwischen einer Organisationstheorie und der Theorie der Individualentscheidung und wird zugleich als kleinste Einheit der Organisationsanalyse bezeichnet. Dieser dritte Band beschäftigt sich mit Entscheidungsprozessen in Organisationen. In diesem Zusammenhang werden Probleme der Steuerung diskutiert, die von der Regelung aus systemtheoretischer Sicht über die organisatorische Rollen- und Zielanalyse bis hin zu Fragen der sozialen Beeinflussung u. a. durch Kommunikation, Sozialisation und manipulative Techniken reichen.

Niklas Luhmann hat 1971 in einer Würdigung darauf hingewiesen, daß dieses Buch eine zuverlässige Grundlage für einen Überblick bietet, „weil es im wesentlichen auf vorhandenem Gedankengut, vor allem auf den Anregungen Herbert A. Simons, aufbaut und den eigenen Beitrag zur Weiterentwicklung mehr in der Systematisierung, als in neuartigen Modellen oder Einzelproblemlösungen sucht"[84]. Der für eine verhaltenswissenschaftliche Arbeit besonders stringente Bezugsrahmen verleiht den begrifflichen Definitionen eine Klarheit, die nicht zuletzt die Veröffentlichung eines auf den drei Bänden aufbauenden Arbeitsbuches: „Entscheidungsprozesse in Frage und Antwort" ermöglichte[85]. Besonders positiv muß indessen die forschungsstrategische Ausstrahlung des dreibändigen Werkes von Kirsch vermerkt werden; sie hat sich darin manifestiert, daß zu Einzelproblemen, wie z. B. zu Fragen heuristischer Suchstrategien, des Risikoverhaltens − auf das anläßlich der Diskussion des „Stoner-Effekts" Bezug genommen wurde −, der Innovation und Kreativität, der Überzeugung und Manipulation in Entscheidungsprozessen etc. eine große Anzahl begleitender bzw. Folgestudien entstanden sind, die Einzelprobleme aufgenommen und vertieft untersucht haben. Außerdem ist − mit der Fortschreibung der Entwicklungstendenzen der neueren organisationstheoretischen Entscheidungsforschung in der Neuauflage dieser drei Bände in Form einer zusammenhängenden Studienausgabe − eine Aufnahme bisheriger Kritik z. B. am erwähnten psychologischen Reduktionismus erfolgt; wiederum wurde eine große Fülle neuesten Materials verarbeitet, das insbesondere einen Überblick über die expansive Entwicklung in der Organisationstheorie erleichtert. Bevor jedoch auf einige grundsätzliche Schwierigkeiten dieses entscheidungstheoretischen Ansatzes eingegangen wird, sollen einige darin enthaltene und noch zu vertiefende Bezüge zur Politischen Wissenschaft diskutiert werden.

Betriebswirtschaftliche Entscheidungsforschung und Politische Wissenschaft

Offensichtlich hat Werner Kirsch an verschiedenen Stellen Gedankengut von Politologen übernommen, so etwa die Machtdefinitionen von Robert Dahl, den Inkrementalismus-Ansatz von Charles Lindblom, das Phasenschema von Harold Lasswell, um nur eine Auswahl zu nennen. Im Grunde aber sind seine Ausführungen nach eigener Aussage „parapolitisch" gedacht, d. h. wenn politische Entscheidung (niedriger Strukturierungsgrad, viele individuelle Wertprämissen) von administrativer Entscheidung (ebenfalls schlecht-strukturiert, aber autorisierte Richtlinien) und operativer Entscheidung abgehoben wird, dann geschieht dies im Rahmen des organisationstheoretischen Kontextes[86]. Explizit wird der Bezug auf politologische entscheidungstheoretische Konzepte jedoch insbesondere an zwei Stellen. Einmal betrifft dies die Diskussion des systemtheoretischen Ansatzes von David Easton. An anderer Stelle wird auf das Planning Programming Budgeting System (PPBS) Bezug genommen und dieses völlig zu Recht, ebenfalls als zur Kategorie schlecht-strukturierter, ja sogar konfliktgeladener Entscheidungsprobleme gehörend bezeichnet. Die Diskussion um das PPBS ist sicherlich ein Bereich, der sowohl für die betriebswirtschaftliche, wie auch die politologische Entscheidungsforschung eine nicht zu unterschätzende Bedeutung hat, da es sich um konkrete, konfligäre und in regelmäßigem Rhythmus wiederkehrende Probleme handelt[87]. Ob aber die „Kreuzung" bereits relativ abstrakter organisationstheoretischer Kategorien, wie „Participants", „Goals", „Roles", „Environment" oder „Hierarchie in Form von Stab-Linie-System" etc. mit systemtheoretischen Ansätzen ein heuristisch vielversprechendes Unterfangen ist, kann u. E. ernsthaft bezweifelt werden. Die politologische Systemtheorie ist bis heute im wesentlichen ein abstraktes, durch Analogieschluß gewonnenes heuristisches Instrument. Ihre konstitutiven Bestandteile, wie „Elemente", „Struktur", „Funktion", „Relationen", „Feedback" oder auch „Input-Output", sind noch „anämischer" als die genannten organisationstheoretischen Kategorien. Wenn sie überhaupt einen Sinn haben sollen, dann den, auf eine konkrete Materialebene bezogen zu werden, um Strukturierungshilfen zu geben und heuristische Fragestellungen in bezug auf die Analyse konkreten Materials zu produzieren. Zudem bergen bisherige politologische Systemtheorien die Gefahr — wenn sie nicht gerade so eklektisch zusammengestückelt sind, wie etwa die von Amitai Etzioni — daß durch ihre „Systemdesigner"[88] eindeutige Ziele vorgegeben werden: und das gilt für Karl Deutsch genauso, wie für den Systemtheoretiker Niklas Luhmann.

Dies ist allerdings nicht als Bankrott-Erklärung für die Chancen einer Zusammenarbeit zwischen betriebswirtschaftlicher und politologischer Entscheidungsforschung mißzuverstehen. Anregungen aus der Sicht des Politologen könnten z. B. sein, die „Operational Codes", „Belief Systems" und/oder „Cognitive Maps" von wichtigen Vertretern in betrieblichen Entscheidungsknotenpunkten zu spezifischen Entscheidungsproblemen zu ermitteln und zwar unter Zuhilfenahme eben gerade der inhaltsanalytischen, pfadanalytischen und graphentheoretischen Instrumente, die heute in der politologischen Entscheidungsforschung Verwendung finden[89]. Ein weiterer potentieller Beitrag der Politischen Wissenschaft könnte in der Bereitstellung eines Korrektivs zu eingefahrenen polaren Denkschemata liegen. Bei Durchsicht, insbesondere auch der drei Bände von Werner Kirsch fällt auf, daß die frühere Fixierung auf das geschlossene Rationalmodell abgelöst wird durch eine neue Fixierung, auf die Genese von Entscheidungsprämissen, bis hin zur sogenannten

„Definition der Situation", immer bezogen auf den individuellen Entscheidungsträger. Luhmann hat sein Erstaunen darüber geäußert, daß dies angesichts der seit Arrow bekannten Ausweglosigkeit der Aggregationsproblematik so ist und zwei Gründe angegeben: „(1) Reste des individualistischen Erbes der Wirtschaftswissenschaften und (2) der beträchtliche Entwicklungsvorsprung der Psychologie"[90]. Ohne hier weiter Motivforschung, insbesondere auch über die Auseinandersetzung innerhalb des Faches Betriebswirtschaftslehre, betreiben zu wollen bzw. zu können, erscheint die Entscheidungsforschung in der Politischen Wissenschaft zwar auch von Konfrontierungen der bereits wiederholt erwähnten „Paradigms" vorangetrieben zu werden. Aber möglicherweise ist sie wegen des noch erheblich komplexeren Untersuchungsgegenstandes weniger an paradigmatischen Fixierungen und polarisierenden Gegenüberstellungen als vielmehr an einer verstärkten Hereinnahme zusätzlicher auf Erklärung angelegter Konzepte und vor allem der Überwindung idealtypischer Erstarrungen interessiert. In der Politischen Wissenschaft wird etwa die Gegenüberstellung von synoptischem Rationalmodell und der Inkrementalanalyse als das gesehen was sie ist: die Herausbildung von Idealtypen mit dem Vorteil der knappen wesentliche Züge pointierenden Hervorhebung, aber unter Einschluß des seit Max Weber so zu nennenden „utopischen" Elements. Wir können also seither davon ausgehen, daß zur Beschreibung politischer Entscheidungsprozesse beide Konzepte in reiner Form nicht herangezogen werden können[91]. Als besonders überzeugendes Beispiel aus der Politischen Wissenschaft für den Versuch der Überwindung idealtypischer Betrachtungsweise durch Steigerung konzeptioneller Differenzierung ist der Beitrag von Ernst Haas in seinem Buch: „The Obsolescence of Regional Integration Theory" anzusehen. In einer Aufstellung von sogenannten „Decision-Making Rationality Syndroms" zur Erklärung kognitiv-perzeptiver und institutionell verhaltensmäßiger Dimensionen von Entscheidungsprozessen in Regionalorganisationen, verweist Haas auf ein zusätzliches, den Raum zwischen synoptischem und inkrementalem Modell, ausfüllendes „Fragmented Issue Linkage"-Syndrom[92]. Auf die konzeptionelle Vielfalt in der Politischen Wissenschaft zur Erklärung politischer Entscheidungsprozesse wird in anderem Zusammenhang im dritten Kapitel ausführlich eingegangen.

Desiderat: „inter-organisationstheoretische" Entscheidungsanalyse

Ein anderer Bereich potentiell fruchtbarer Zusammenarbeit zwischen betriebswirtschaftlicher und politologischer Entscheidungsforschung liegt u. E. auf dem Gebiet vergleichender Studien. Die betriebswirtschaftliche Entscheidungsforschung bemüht sich bevorzugt um die Analyse möglichst homogener Entscheidungen, wie z. B. die Einführung von EDV-Anlagen in einer möglichst großen Zahl von Unternehmen. Ein solches Beispiel soll uns im nächsten Abschnitt intensiv beschäftigen. Die Politische Wissenschaft muß bei ihren komparatistischen Bemühungen stets von mehr oder minder inhomogenen Fällen ausgehen. Eines der wesentlichen Bemühungen politologischer Komparatistik ist, dabei nicht nur Gemeinsamkeiten festzustellen, sondern – z. T. an der Grenze des Aspekts der Vergleichbarkeit operierend – auf Unterschiede der Vergleichsobjekte hinzuweisen. Daß dies auch für die betriebswirtschaftliche Entscheidungsforschung eine reizvolle und besonders fruchtbare Aufgabenstellung ist, darauf weist die „Pilot"-Studie von George England hin. In seinem Buch: „The Manager and His Values: An International Perspective from the United States, Japan, Korea, India and Australia" werden von diesem an der Untersuchung der „Industrial Relations" interessierten Psychologen Unterschiede im Management-Verhalten herausgearbeitet. Ein Vergleich „pragmatischer" (auf den Erfolg von Entscheidungen bedacht) mit „moralistischer" (an moralischen, ethischen oder normativen Werthaltungen ausgerichtet) Orientierung bei Entscheidungen, konnte für die genannten Länder auf beträchtliche Unterschiede hinweisen. Während (mit abnehmender Stärke der Relation pragmatisch/moralistisch) in der primären Orientierung des Managements in Japan, Korea und den USA das pragmatische Element in der Wertorientierung stark dominiert, wurde für Australien „pari" und für Indien ein nachweisliches Überwiegen der „moralistischen" Wertorientierungen ermittelt[93].

Solche mit interessanten Fragestellungen nahe am empirischen Material operierende Studien, können zur Belebung des in den letzten Jahren in eine „Stagnation" geratenen „Programms einer entscheidungsorientierten Organisationstheorie" beitragen[94]. Der zentrale Wert derartiger Arbeiten liegt jedoch darin – und damit betonen wir den Aspekt vermehrter Zusammenarbeit zwischen betriebswirtschaftlicher und politologischer Entscheidungsforschung – daß sie die „Nahtstellen" zwischen betrieblicher Organisation, Gesellschaft und politischem System durchbrechen. Damit wird die Problemstellung der „Interaktion" zwischen Organisationen unterschiedlichen Typs, die teils originäres Untersuchungsfeld der Betriebswirtschaftslehre und zu einem anderen Teil der Politischen Wissenschaft sind, z. B. in der Facette unterschiedlicher Wertorientierungen potentiell einer analytischen Durchdringung erschlossen.

2. Empirische Entscheidungsforschung in der Betriebswirtschaftslehre

Anatomie einer unternehmerischen Entscheidung

Die auf dem Gebiet der verhaltenswissenschaftlich orientierten Betriebswirtschaftslehre bedeutendste und wohl auch für die Entscheidungsforschung in anderen Sozialwissenschaften heuristisch fruchtbarste Arbeit, ist die großangelegte Untersuchung von Eberhard Witte und seinen Schülern zur empirischen Theorie der Unternehmung[95]. Dieses Team hat u. a. das Informationsverhalten, das Lernverhalten, das Verhalten in Entscheidungen unter Zeitdruck, die Entscheidungseffizienz, den Zielbildungsprozeß sowie die Organisation in Entscheidungsprozessen analysiert. Alle diese Aspekte und Komponenten sind auch für die Erfassung von Entscheidungsprozessen außerhalb des betrieblichen Kontextes kardinal. Erklärtes Ziel des empirischen Forschungsprogramms war es, in einer Art „Mikroskopie einer unternehmerischen Entscheidung" zur Erstbeschaffung elektronischer Datenverarbeitungsanlagen von Unternehmen und Behörden in der Bundesrepublik herauszufinden, ob es unabhängig von der großen Zahl von Entscheidungsprozessen in vielen Unternehmen und mit unterschiedlichem Personal gewisse durchgehende Strukturen gibt. Die Entscheidung wurde als geistiger Arbeitsprozeß aufgefaßt und dabei nach invarianten Strukturen in vergleichbaren, aber doch in einer Vielzahl von Unternehmen weitgehend unabhängig voneinander erfolgenden Entscheidungsprozessen gesucht. Letztlich war der Beweggrund die für betriebswirtschaftliche Forschung zentrale Frage, „welche innere Problemstruktur dieser geistige Prozeß aufweist, den man Management-Leistung" nennt[96]. Es handelt sich bei dem gewählten Beispiel um einen komplexen innovativen Entscheidungsprozeß, der die Aufgabe stellte, bisher noch nicht erprobte Problemlösungsverfahren zu finden. Stellte sich die individualpsychologische Entscheidungsforschung vorwiegend die Frage, inwieweit das Ergebnis einer Entscheidung von der Person des Entscheidungssubjektes abhängt, so wird bei dieser Untersuchung davon ausgegangen, daß das Management zwar einen Einfluß auf die Entscheidung ausübt. Die eigentliche Frage dieser Art betriebswirtschaftlicher Entscheidungsforschung lautet jedoch: „wovon hängt die Qualität einer unternehmerischen Entscheidung — abgesehen von der Persönlichkeit — ab?"[97]. Es bestand also vor Beginn des Forschungsvorhabens die berechtigte Vermutung, daß sich in der Praxis bestimmte Strukturen bzw. Organisationsformen betrieblicher Entscheidungsprozesse herausbilden, die einen Einfluß auf das Informations-, Lern-, Zielverhalten etc. und damit auf die gesamte Effizienz des betrieblichen Entscheidungsprozesses haben. Zugleich damit sollten entscheidungstheoretische Grundannahmen, wie vollkommene Information, Vorgabe der Alternativen wie der Ziele — deren generelle Kritik anhand der Simon'schen „Bounded Rationality" mit seinem Konzept vom Anspruchsniveau bereits angedeutet wurde — einer weiterführenden empirischen Kritik sowie Auffüllung mit empirischem Material zugeführt werden.

Aus dem Gesamtbereich wirtschaftlicher Entscheidungen in Unternehmen wurde eine „Gattung" betrieblicher Entscheidungen gesucht. Dieser Entscheidungstyp sollte ausreichend komplex und innovativ sein, häufig genug vorkommen, einen hohen Grad von Vergleichbarkeit aufweisen und empirisches Material abwerfen, das einsehbar ist, das also der Ziehung einer Stichprobe und der nachfolgenden Auswertung zuführbar ist. Es standen durchaus mehrere unternehmerische Entscheidungen zur Auswahl: Standortwahl für ein neues Werk, Bau eines Verwaltungshochhauses, Emission von Schuldverschreibungen oder Aktien, Unternehmensfusion, Grundstücksbeschaffung, Erwerb von Produktionsanlagen sowie die Erstbeschaffung von elektronischen Datenverarbeitungsanlagen. Ausschlaggebend für die Auswahl der letztgenannten Alternative war, daß es durch Mitarbeit der Hersteller Bull-General-Electric, IBM, Rand Remington Univac und Siemens möglich wurde, aus dem zur Verfügung gestellten Material sowohl einen Überblick über die „Grundgesamtheit" zu erhalten, als auch die Stichprobe auswählen zu können. In der historisch günstigen Zeit, als Ende der 60er Jahre viele Unternehmen auf EDV umrüsteten, wurden 420 Unternehmen unter Einschluß von Behörden und

Verbänden in die Stichprobe einbezogen. Obwohl Einsicht in wesentliche Geschäftsunterlagen wie Schriftverkehr, Vertragsabschlüsse, Wirtschaftlichkeitsdaten, Mahnungen, Aktennotizen, Protokolle, Statistiken etc. genommen werden mußte, gaben 84 % der angesprochenen Unternehmen die ungehinderte Einsicht in die Unterlagen frei. Dadurch konnten insgesamt 147.000 Dokumente analysiert und computergerecht verschlüsselt werden.

Wir können hier der Natur der Sache nach nicht auf die Details dieses schon fast „abenteuerlichen" empirischen Unterfangens eingehen, das sich in seiner Bearbeitung inzwischen — das Buch von Jürgen Hauschildt zum Thema: „Entscheidungsziele" erschien 1977 — über ein Jahrzehnt erstreckt. Statt dessen werden zunächst einige Ergebnisse präsentiert, die vor der Folie gängigen Verständnisses betrieblicher Entscheidungsprozesse überraschen. Des weiteren sollen solche Aspekte besonders hervorgehoben werden, die uns bereits beschäftigt haben, wie z. B. Phasen im Entscheidungsprozeß, Aspekte der Entscheidungsorganisation sowie solche des Stressverhaltens und der Zielorientierung.

Die sekundäre Bedeutung des Finalentschlusses

Die Vorstellung von der Unternehmensentscheidung als eines einsamen Entschlusses mußte zunächst korrigiert werden. Entscheidungen dieser Art sind nicht punktuell auf den Entschluß reduzierbar. Durchschnittlich haben über ein Dutzend Personen an dem Entscheidungsprozeß zur Erstbeschaffung einer EDV-Anlage partizipiert. In vielen Fällen lag die Zahl wesentlich höher, was bedeutet, daß keine der beteiligten Personen in der Lage war, die Aktivitäten aller an diesem Entscheidungsprozeß Beteiligten zu übersehen oder gar im einzelnen zu steuern. Damit gilt für solche komplexen betrieblichen Entscheidungen, daß mit einem individualpsychologischen oder einem Ansatz der Gruppenpsychologie keine erschöpfende Analyse möglich ist. Der einzelne Entscheidungsträger ist nur noch ein Element unter vielen anderen. Die beteiligten Personen bekommen sich fast nie alle gemeinsam, aber z. T. auch in entscheidenden Momenten nicht, zu Gesicht. Sie bilden beim Entscheidungsprozeß also keine „face-to-face group", wie dies in der erwähnten Kleingruppenforschung angenommen wird. Aber nicht nur die Anzahl der Beteiligten, die Art der Interaktion, sondern auch die zeitliche Dauer von durchschnittlich 14 Monaten widersprechen der Anschauung von der Entscheidung als Akt eines „einsamen Entschlusses". Diese Zeitspanne umfaßt nicht die lange Phase der mit notwendiger Startenergie erfolgenden Durchbrechung von „Aufmerksamkeitsschwellen", sowie nicht die Phase der Implementierung, sondern lediglich die Spanne vom Beginn der ersten ernsthaften Überlegungen bis zum Vertragsabschluß. Daß es sich gar nicht um den Entschluß eines Einzelnen handeln konnte, zeigt die Zahl der „geistigen Operationen". Darunter faßte das Untersuchungs-Team Denkvorgänge zusammen, wie z. B. die für eine EDV-Anlage so wesentliche Quantifizierung des Datenvolumens, eine Ist-Bestandsaufnahme der Organisation, Vergleich von Kauf und Leasing etc. In einem Unternehmen wurden 452 solcher Operationen gezählt.

Ein derartiger Entscheidungsprozeß ist ein komplexer Arbeitsablauf mit vielen beteiligten Entscheidungsträgern[98] und spezifischen Organisationsproblemen. Mit einem solchen Befund werden bisherige „Vorstellungskonstrukte" zur Erklärung realer Entscheidungsprozesse durch die Einführung empirischer verhaltenswissenschaftlich ausgerichteter Ergebnisse abgelöst. Die früher übliche Einschränkung des betriebswirtschaftlichen entscheidungstheoretischen Blickwinkels auf die „normative Kunstlehre" führte zu einem zu engen Verständnis betrieblicher Entscheidungsabläufe, um die in dieser Untersuchung aufgezeigten realen Phänomene erklären zu können. Zu einer wissenschaftstheoretisch geführten Kritik an der betriebswirtschaftlichen Entscheidungstheorie — der z. B. Werner Kroeber-Riel eine „ideologische Fundierung unternehmerischer Entscheidungen" vorwirft, mit der Argumentation, daß sie die gesellschaftlichen Wirkungen der betrieblichen Produktions- und Vertriebsentscheidungen unter Hinweis auf das empirisch nicht zu erhärtende „Rechtfertigungsmuster" Konsumentensouveränität[99] ausklammert — kommt ein weiterer Kritikpunkt hinzu. Einer solchen „normativen Kunstlehre" früherer Prägung fehlt die deskriptive, vor allem aber die erklärende Kraft zur Erfassung derartiger innovativer Entscheidungsprozesse. Eberhard Witte fand die Auswirkungen der Internalisierung einer Entscheidungstheorie dieser Ausprägung im Verhalten des Managements wieder. „Dies erklärt auch die erstaunliche Zurückhaltung mancher Spitzeninstanzen, sich in den laufenden Prozeß einzuschalten; glauben sie doch, daß sie das ganze Zusammenspiel durch den Finalentschluß in der Hand haben. Dies übrigens um so mehr, je moderner sie sich organisatorisch verhalten, je mehr Routinearbeit sie delegieren, um sich den unternehmerischen Entschlüssen widmen zu können"[100].

Eine solche Isolierbarkeit des Finalentschlusses von der Entschlußvorbereitung fand sich im Verlauf der Entscheidungsphasen nur im Fall eines „Nein" von der Unternehmensspitze. Im Durchschnitt wurden in der Untersuchung pro Entscheidungsprozeß 6 Entschlüsse als „Vor-Entschlüsse" zur Lösung von Teilproblemen des Gesamtkomplexes festgestellt. Die Gesamtproblematik des Entscheidungsprozesses wird durch Festlegen von Alternativen, wie z. B. Anwendungsgebiete, Verarbeitungsprinzipien usw. nach und nach eingeengt. Für das Top-Management verbleibt am Ende kaum mehr als eine „Ja-Nein"-Wahl. Die rechtsverbindliche Finalentscheidung stand dabei unter erheblichem Kostendruck, denn die Aufwendungen des bisher erfolgten innovativen Entscheidungsprozesses überstiegen erstaunlicherweise in einigen Fällen die Kosten des Entscheidungsobjektes. Eberhard Witte schlägt daher vor, daß sich die Leistung des Managements in Zukunft verstärkt auf die Steuerungsleistung während des ganzen Verlaufs eines so dimensionierten Entscheidungsprozesses wird einrichten müssen[101]. Ein Phasenverlauf der Aktivitäten und der mit den Entschlüssen zusammenhängenden Operationen — Informationsbeschaffung, Alternativenfindung und -bewertung, Entschluß — zeigt bei „u-förmiger" Grundstruktur, daß die Werte am Anfang und zum Ende eines solchen längerfristigen Entscheidungsprozesses hoch liegen. Das bedeutet, daß erfolgreiche Entscheidungsprozesse ein relativ hohes Aktivitätsniveau brauchen, um überhaupt gestartet zu werden. Zugleich folgt aus der Untersuchung des Phasenverlaufs, daß ein Nicht-Absinken des Aktivitätsniveaus unmittelbar nach dem Start des Prozesses Zeichen für Entscheidungsprozesse mit den Effizienzkriterien „zügig" und „gründlich ' sind. Auch daraus lassen sich Anforderungen an die Spitzenexekutive bezüglich des zeitlichen Eingriffs in den Phasenablauf von Entscheidungsprozessen ableiten[102].

Das „Promotoren"-Modell

Die Einführung von Innovationen in Unternehmen erfolgt durch Personen, die von Eberhard Witte als sogenannte „Promotoren" (Prozeßförderer) bezeichnet werden[103]. Vor der Darstellung des Promotoren-Modells einige grundsätzliche Bemerkungen: Die Problemlösung von „schlecht-strukturierten" Problemen ist in einer Organisation wie einem Unternehmen stark abhängig von der Organisationsstruktur, dem Führungsstil und den Kommunikationsbeziehungen. Diese drei Faktoren können die Einführung von Innovationen fördern oder auch zu großen Hemmnissen führen. Eine stark hierarchisierte, „imperativ-autokratisch" geführte Unternehmung mit nur formalen Kommunikationsbeziehungen wird einer Teamarbeit – die zur erfolgreichen Durchführung von Entscheidungsprozessen zur Ersteinführung einer EDV-Anlage nötig ist – gravierende, möglicherweise sogar unüberwindliche Hemmnisse in den Weg legen. Gerade wenn auf das Fachwissen untergeordneter Mitarbeiter zurückgegriffen werden muß, wenn diese untereinander möglichst aufgabenbezogen unter Umgehung der dafür vorgeschriebenen formalen Dienstwege „ad hoc"-Information austauschen müssen, sind bestimmte Voraussetzungen besonders förderlich. Einer relativ wenig auf Hierarchisierung bedachten Organisationsstruktur sollte ein kooperativer Führungsstil (partizipativ, „demokratisch") und die Pflege informeller Kommunikationsbeziehungen entsprechen, damit überhaupt ein innovatives „Klima" entstehen kann[104]. Grundsätzlich können nun drei „Entscheidungsprozeß-Förderer" als Promotoren unterschiedlichen Typs definiert werden: der Machtpromotor, der Fachpromotor und der Kommunikationspromotor.

Der Machtpromotor ist aufgrund seiner Stellung in der Unternehmenshierarchie potentiell in der Lage, Innovationsprozesse zu aktivieren und zu fördern. Diese Definition von „Macht" ist jedoch keineswegs auf Kompetenzen und Instanzenzug begrenzt. Sie umfaßt vielmehr das gesamte Führungsinstrumentarium moderner Führungsstile sowie Begeisterungs- und Überzeugungsfähigkeit und die Gewährung von Anreizen aller Art. Witte verweist auf eine sicher nicht unproblematische Querverbindung zur Machttheorie Robert Dahls, wonach der Machtpromotor sowohl über Macht durch Legitimation („legitimate power"), wie über Macht durch Sanktionsmöglichkeiten („coercive power"), als auch über Macht durch Identifikation („referent power") verfügt[105].

Der Fachpromotor kann einen Innovationsprozeß durch gegenstandsspezifisches Fachwissen aktiv und intensiv vorantreiben. Unterschieden wird der Fachpromotor vom „einsamen Gelehrten", der zwar auch über das notwendige Expertenwissen verfügt, aber zu seiner Verbreitung nicht aktiv eintritt. In seiner Querverbindung zu Dahl schreibt Witte dem Fachpromotor „expert power" zu. Er veranlaßt andere zu innovativem Gebrauch und tritt gewissermaßen als engagierter Verbreiter von neuen Methodiken bzw. Technologien auf.

Der Kommunikationspromotor – auch „Communication Star", „High Communicator" sowie „Gatekeeper" genannt – vermag den Innovationsprozeß dadurch positiv zu beeinflussen, daß er mit seinen kommunikativen Fähigkeiten den Transfer von Informationen positiv beeinflußt. Er ist in seiner Bedeutung in der formalen Organisationsstruktur kaum zu erkennen, sondern wird erst bei der Untersuchung von informellen Kommunikationsbeziehungen, etwa mit Hilfe soziometrischer Messung, in seiner Rolle als Innovationspromotor erkennbar. Er fördert den Informationsfluß im Unternehmen und sorgt damit für einen hohen Informationsstand[106].

Das Zusammenwirken der Promotoren kann in Mischformen auftreten, sowie zwei Extremformen annehmen. Die Personalunion von Macht-, Fach- und/oder Kommunikationspromotor liegt vor, wenn in einer Person sowohl das hierarchische Potential, das objektspezifische Wissen, als auch die Fähigkeit zu positivem Informationstransfer zur Förderung eines innovativen Entscheidungsprozesses aktiviert werden können. Der andere Extremfall ist das aus drei Personen zusammengesetzte „Promotorengespann"; jede Person verkörpert in dieser Konstellation einen der genannten Promotorentypen. In der empirischen Untersuchung wurde der Kommunikationspromotor offensichtlich nicht berücksichtigt. Die Ausgangshypothese bezog sich nur auf Macht- und Fachpromotor mit der Vermutung, daß der Entscheidungsprozeß insbesondere dann zu einem schnellen effizienten Abschluß gebracht werden kann, wenn beide Promotorentypen in allen Entscheidungsphasen mitwirken. Bei der Untersuchung der EDV-Anlagen Ersteinführungs-Entscheidungsprozesse ergab sich, daß eine effektive Rolle der Fachpromotoren zumindest anfänglich durch Außenverlagerung von den Beratern der Herstellerfirmen gespielt wurde. Es zeigte sich, daß dort, wo nur der Fachpromotor in einem Unternehmen vertreten war, die Entscheidung beträchtlich verzögert wurde. Der Machtpromotor sorgte zwar für eine Beschleunigung bei der Einführung von EDV-Anlagen, aber, wenn er ohne Ergänzung des Fachpromotors auftrat, um den Preis eines sehr geringen Innovationsgrades des Entscheidungsergebnisses. Ergänzen wir zur Beurteilung eines solchen innovativen Entscheidungsprozesses das Beurteilungskriterium „Zeit" mit dem Kriterium „Innovationsgrad", so wird deutlich, daß ein Promotorengespann sowohl dem Auftreten von Einzelpromotoren als auch der Personalunion-Struktur überlegen ist. Der hierarchische Druck, der ausgeübt werden kann, trifft in wiederholter diskursiver Auseinandersetzung zusammen mit der Einsicht in Problemlösungsmöglichkeiten, und das Aufeinandertreffen dieser beiden Faktoren „verbürgt" den Erfolg[107].

Die Zeitdruck-Sensitivität in Entscheidungsprozessen

Die aus diesem Projekt stammende Untersuchung von Rolf Bronner: „Entscheidung unter Zeitdruck" steht in engem Zusammenhang zum im Abschnitt „Personality And Politics" bereits angesprochenen Stress und dessen Einfluß auf Entscheidungsverhalten. Zwar konnte für den untersuchten Entscheidungsprozeß konstatiert werden, „daß Zeitdruck eine wesentliche Einschränkung nahezu aller Entscheidungsaktivitäten bewirkt"[108]. Aber offensichtlich ist das entdeckte Verhalten unter Zeitdruck ein Beispiel dafür, daß Stressphänomene, innerhalb gewisser Toleranzgrenzen, nicht als Datum hingenommen werden müssen, sondern von Entscheidungsträgern durchaus unterschiedlich verarbeitet werden. Bei einem Vergleich zweier Entscheidungseinheiten — einer solchen mit geringer und einer mit hoher „Zeitdruck-Sensitivität" — ergaben sich signifikante Unterschiede im Verhalten während des Entscheidungsprozesses. Das Ergebnis war nun nicht, daß hohe „Zeitdruck-Sensitivität" und damit verbunden eine deutliche Wahrnehmung von Zeitdruck und entsprechend empfundener Belastung zu einem ineffizienteren Ergebnis des Entscheidungsprozesses führte. Im Gegenteil führte die klare Wahrnehmung von Begrenzungen des Entscheidungsprozesses zu einer angemesseneren Stressbewältigung und einem günstigeren ökonomischen Ergebnis. Im Vergleich zur Kontrollgruppe war das Ergebnis: „Entscheidungseinheiten mit hoher Zeitdruck-Sensitivität erzielen einen signifikant höheren Gesamterfolg als weniger sensitive Entscheidungseinheiten". Bronner leitet aus dieser unterschiedlichen Verarbeitung von Stressphänomenen die „These von der Effektivität des Zeitdrucks" ab[109]. Die sozialwissenschaftliche Entscheidungsforschung benötigt weitere derartige, über die bloße physiologisch-psychische Messung hinausgehende, empirische Untersuchungen zum Stresseinstellungsverhalten.

Dimensionen betriebswirtschaftlicher Zielorientierung

Der Bedeutung des „Ziel"-Begriffes entsprechend — als eines entscheidungstheoretischen Grundbegriffs sowohl in der formalen Entscheidungstheorie wie in stärker deskriptiv-erklärenden Ansätzen[110] — ist der Beitrag von Jürgen Hauschildt zur Zielbildung in innovativen Entscheidungsprozessen als besonders aufschlußreich einzuschätzen. Für einen derartigen technisch-ökonomischen Entscheidungsprozeß konnte zunächst einmal das „Denken in einer Zielobjekt-Hierarchie" mit einer Zweck-Mittel Anordnung beobachtet werden[111]. Es wurden dabei vier Zieleigenschaften registriert. Neben den für einen solchen Entscheidungsprozeß naheliegenden technischen und ökonomischen Eigenschaften werden auch generelle Nutzenvorstellungen zur Konfliktlösung bzw. -überspielung formuliert sowie zusätzlich Zieleigenschaften erkennbar, die Handlungsspielräume freihalten und den Verhandlungspartner verpflichten sollen. In Ergänzung unserer Diskussion über kardinale und ordinale Skalierung erscheint von besonderer Bedeutung, daß auch im technischen Bereich, wo kardinale Angaben durchaus möglich wären, Zieleigenschaften nur ordinal skaliert wurden[112], ebenso wie dies bei ökonomischen Nutzenein-schätzungen der Fall war. Beim Streben nach wirtschaftlichen Lösungen allerdings wird vorwiegend in Kardinalskalen argumentiert. Sowohl im Gegensatz zum ge-wöhnlich unterstellten Maximierungs- und Minimierungsdenken wie zu den An-nahmen in Lösungsalgorithmen steht das Ergebnis, daß lediglich 5 % der Äußerun-gen als Optimierungsstreben bezeichnet werden können. Es wurden vielmehr Anspruchsniveaus formuliert, aber noch häufiger positive Vergleiche zum Ist-Zustand des Unternehmens bei der Zielartikulation angestrebt.

Der gesamte Zielbildungsprozeß ist nicht so zu denken wie z. B. im synoptischen Modell, daß Ziele am Anfang des Entscheidungsprozesses gegeben seien und in einem Zweck-Mittel-Schema „von oben nach unten" abgeleitet würden. Ebenso verworfen wurde das Modell der „inkrementalen" Vorgehensweise, bei dem Ent-scheidungsträger sich „durchwursteln". Hauschildt spricht vielmehr von einem „Package" der Zielvarianten, eine Formation mit interessanter Parallele zu den „kognitiven Strukturen", die neuerdings in der Politischen Wissenschaft empirisch abgeleitet werden[113]. Dieses „Package"-Konzept bedeutet, daß während des ganzen Problemlösungskonzepts eine relativ invariante Zielstruktur vorfindbar war: in be-zug auf das „fokale" Zielobjekt, die Erstbeschaffung einer EDV-Anlage, dessen Relation zu den höherrangigen Zielen, die ein Unternehmen durch Installation einer solchen Anlage verfolgt, sowie in bezug auf die wirtschaftlichen Zieleigen-schaften in Relation zu den technischen Zieleigenschaften. Der Zielbildungsprozeß setzt also nicht am Anfang des Entscheidungsprozesses mit voller Aktivität ein und versiegt dann. Er weist vielmehr alle Kennzeichen einer kognitiven Struktur mit invarianten Merkmalen auf, die mit dem Problemlösungsprozeß während des beobachteten Zeitraums vom Beginn der ersten ernsthaften Überlegungen bis zum Vertragsabschluß interdependent verbunden waren[114].

3. Betriebswirtschaftliche Entscheidungsforschung und Politische Wissenschaft: Übertragungsprobleme

Die betriebswirtschaftliche Entscheidungstheorie bedient sich wegen der ökono-misch-technischen Struktur vieler „wohl-definierter" Probleme ihres Faches der Instrumente der vorgestellten formalen Entscheidungstheorie bzw. ihrer Derivate, wie z. B. Operations Research. In der Erkenntnis, daß auch viele betriebswirtschaft-liche Fragestellungen „schlecht-strukturierte" Probleme beinhalten, bildet sich in Anlehnung u. a. an die Organisationstheorie und die Psychologie eine interdis-ziplinär angelegte Entscheidungstheorie heraus, die den geschlossenen entschei-dungstheoretischen Modellen eine beschreibende und erklärende Kraft für kom-plexe betriebliche Entscheidungsprozesse abspricht. Für diesen Forschungsbereich stellt sich nicht das Problem der Übertragung, sondern das der Kooperation zwi-schen Betriebswirtschaftslehre und Politischer Wissenschaft. Es wird bereits eine Diskussion über grundbegriffliche Probleme – „Entscheidungsprämisse", „Infor-mation", „Problem" und „individual-psychologischer Reduktionismus" waren die

Beispiele — einer sozialwissenschaftlichen Entscheidungstheorie geführt. Die gemeinsame Diskussion systemtheoretischer Ansätze hat erst begonnen. Eine verstärkte Zusammenarbeit zielt auch auf eine Übernahme von in der Politischen Wissenschaft gängigen Arbeitsweisen, wie z. B. „Cognitive Maps" von Entscheidungsträgern zu erstellen, Idealtypen durch realistischere Ansätze zu überwinden, und insbesondere in der Organisationsforschung komparatistisch vorzugehen und weniger Gemeinsamkeiten als vielmehr spezifische Unterschiede in Entscheidungsprozessen herauszuarbeiten. Schließlich sind Untersuchungsobjekte wie z. B. „Planning Programming Budgeting"-Systeme dazu geschaffen, sowohl die wirtschaftlichen wie auch die politischen Implikationen derartiger Planungsinstrumente gemeinsam unter die Lupe zu nehmen.

Das Übertragungsproblem für die Politische Wissenschaft stellt sich vornehmlich für die großangelegte Untersuchung zu einer empirischen Theorie der Unternehmung. Es wurde bereits anläßlich der Diskussion der Übertragungsprobleme aus der psychologischen Entscheidungsforschung erwähnt, daß die Politische Entscheidungsforschung keine Entscheidungsprozesse vorweisen kann, die häufig auftreten, einen hohen Grad an Vergleichbarkeit aufweisen, über die das relevante empirische Material einsehbar ist und über die ein Überblick möglich wäre, so daß eine repräsentative Stichprobe durchgeführt und ausgewertet werden könnte. Für den innovativen Entscheidungsprozeß der Ersteinführung einer EDV-Anlage in ein Unternehmen in der Bundesrepublik Deutschland ist dies möglich und, wie berichtet, realisiert worden. Kann also die methodisch-methodologische Ebene des Zugriffs nicht oder bestenfalls — wie Ansätze zur Untersuchung des „Survival Decision-Making" zeigen — nur sehr entfernt Anwendung finden, so sind die Ergebnisse für die Politische Wissenschaft dennoch von zumindestens zweifacher Bedeutung.

Bestimmte, auch in der Politischen Wissenschaft lange Zeit am Rationalmodell orientierte Vorstellungen sehen den Entscheidungsprozeß zu eng als einfaches Ziel-Mittel-Schema, auf den Finalentschluß bezogen und ohne expliziten Bezug auf Organisationsstruktur, Führungsstil sowie Kommunikationsbeziehungen — gar nicht zu reden etwa von einer Explizierung des Entscheidungsverhaltens unter Stress oder des Zielbildungsprozesses in Relation zum Problemlösungsverhalten, wie dies die empirische betriebswirtschaftliche Entscheidungsforschung inzwischen bereitstellt. Die Annahme erscheint plausibel, daß komplexe politische Entscheidungsprozesse sich mindest ebenso weit vom idealtypischen synoptischen Rationalmodell entfernen wie der vorgestellte innovative betriebliche Entscheidungsprozeß. Die vielen, sehr differenzierten Konzepte als Ergebnisse dieser empirischen Untersuchung z. B. zum Informationsverhalten, Lernverhalten, Entscheidungsverhalten unter Zeitdruck, Zielbildungsprozeß sowie zur Organisation in Entscheidungsprozessen erscheinen als heuristische Instrumente zur Untersuchung politischer Entscheidungsprozesse geeignet. In einem weiten Sinne soll dies bedeuten, daß Politologen darauf aufmerksam gemacht werden, daß politische Entscheidungsprozesse eine ganze Reihe von Dimensionen, und diese Dimensionen wieder eine ganze Reihe von Ausprägungen aufweisen können, die wegen einer Fixierung auf das synoptische Rationalmodell und idealtypische Gegenmodelle in dieser Differenziertheit bisher nicht gesehen wurden. In einem engeren Sinne können mit diesen Konzepten Fragen z. B. an Fallstudienmaterial gestellt oder es kann damit auch die Suche nach neuem Material gesteuert werden. Denkbar ist aber ebenso ihre Verwendung etwa als Ausgangshypothesen für eigene empirische Untersuchungen ausgewählter Aspekte politologischer Entscheidungsforschung.

Die zweite Bedeutung liegt nicht in dem möglichen Erklärungswert dieser Ergebnisse bzw. der forschungsstrategischen Ausrichtung für die Politische Wissenschaft, sondern in ihrem Potential zu praxeologischen Anweisungen. Eine nicht unbeträchtliche Zahl von Handlungsanweisungen für das Management in Unternehmen resultierte aus diesen Untersuchungen, wie anhand des Promotorenmodells beispielhaft erwähnt wurde. Die Steuerungsleistungen der Top-Entscheidungsträger während des gesamten Entscheidungsprozesses können die Effizienz beeinträchtigen. Die Informationsbeschaffung bedarf besonderer Anstrengungen zur möglichst breiten Ausschöpfung des Informationsangebots. Desgleichen ist die Sensitivität gegenüber Zeitdruck von Bedeutung für das Meistern von zeitlich bedingten Stresssituationen. Macht, Fachwissen sowie Kommunikation können unterschiedliches „Mix" aufweisen sowie von verschiedenen Personen verkörpert werden. Hier liegt Anschauungsmaterial zur Reflexion und Erprobung auch für politische Entscheidungsträger vor, das sich für innovative Entscheidungsprozesse mit ausgeprägt technisch-ökonomischen Dimensionen bereits bewährt hat, seine Leistungsfähigkeit aber auch für anders geprägte Entscheidungsprozesse erweisen könnte.

III. Volkswirtschaftslehre

1. Die Aggregationsproblematik

Die wohlfahrtstheoretische Fragestellung

Im Schnittpunkt der klassischen Wohlfahrtsökonomie, (welfare economics) als Teilgebiet der Wohlfahrtstheorie[115] und neuerdings der Ökonomischen Theorie der Politik[116], ist das Problem der Relation zwischen individuellen Bedürfnissen und gesamtgesellschaftlichen Zielvorstellungen sowie deren Bewertung angesiedelt. Analog zur geführten axiomatischen Diskussion geschlossener entscheidungstheoretischer Modelle soll die Fähigkeit, Präferenzen vollständig und (zumindest schwach) transitiv, also konsistent zu ordnen, auch für die Einschätzung der Erwünschtheit gesamtgesellschaftlicher Situationen möglich sein. Nur so sei rationale Politik möglich. Wilhelm Krelle formuliert dieses Postulat mit folgender Metapher: „Ohne konsistente soziale Präferenzen würde die Gemeinschaft wie ein Tier auf dürrer Heide von einem bösen Geist im Kreis herumgeführt und ringsum liegt schöne grüne Weide"[117].

Die wohlfahrts-ökonomische Frage nun lautet: angenommen, die Individuen einer Gesellschaft kennen ihre Präferenzskalen — wie dies in der formalen Entscheidungstheorie unterstellt werden kann — wie gelangt man dann von individuellen Präferenzen zu einer kollektiven gesamtgesellschaftlichen Präferenzskala? Bevor wir jedoch dieser Frage nachgehen, wollen wir uns noch einmal an die wert- bzw. nutzentheoretischen Annahmen der geschlossenen entscheidungstheoretischen Modelldiskussion erinnern. Wie in Abschnitt I$_1$ dieses Kapitels dargelegt, bedarf das Entscheidungssubjekt einer Bewertungsfunktion, um von der „Ergebnismatrix" der übersehbaren Handlungskonsequenzen die eigentliche „Entscheidungsmatrix" ableiten zu können[118]. Außer der Zuordnung von Wahrscheinlichkeiten, etwa anläßlich einer Entscheidung bei Risiko, muß der Konsequenz jeder Handlungsalternativen ein zusätzlicher Wert (Nutzen) beigemessen werden. Bei Versuchen einer Festlegung des Nutzens — vereinfacht als psychologischer Maßstab für die Bedürfnisbefriedigung des Entscheidungsträgers definiert — stoßen wir indessen auf gravierende Meß- und Vergleichsprobleme.

Meßprobleme des Nutzens

Zum Messen der Bedürfnisbefriedigung fehlen zunächst einmal äußere Bewertungsmaßstäbe, an denen eine vergleichende Orientierung möglich wäre. Zur Verdeutlichung sei an ein klassisches Beispiel angeknüpft. Um eine bestimmte Menge Äpfel und eine andere Menge Birnen vergleichbar zu machen, kann bekanntlich deren Bewertung in Geldeinheiten erfolgen. Eine solche Bewertung ist generell für alle Güter und Dienstleistungen sowie eine Reihe immaterieller Werte denkbar, sobald diese in den Bereich ökonomischer Interessen und damit Transaktionen geraten. Die Bedürfnisbefriedigung ist dagegen ein im Inneren einer jeden Person sich abspielender sogenannter „intrapersonaler" Prozeß. Jeder weiß aus eigener Introspektion, daß Bedürfnisse keine fixierten Größen sind; sie können sowohl in absoluter wie relationaler Höhe starken Schwankungen unterliegen. Derartige Schwankungen erfolgen „erfahrungsgemäß" mit Veränderungen von Situationen bzw. Kontexten oder sie sind davon weitgehend unabhängige Umstrukturierungs- und Verarbeitungsprozesse. Wie immer man die ersten Ansätze psychometrischer Befriedigungsniveaus-Messungen[119] einschätzen mag, sie sind weit davon entfernt z. B. Nutzeneinschätzungen komplexer gesellschaftlicher Entscheidungsalternativen messen zu können.

Bei der Bildung von sogenannten Wohlfahrtsfunktionen wird aber nicht von ungefähren Nutzeneinschätzungen oder nur ordinalen, sondern gar von kardinalen individuellen Nutzengrößen ausgegangen, die unterstellt werden müssen, um durch sogenannte Nutzenaddition von einem Querschnitt individueller Präferenzordnungen zu einer gesamtgesellschaftlichen Wohlfahrtsfunktion zu gelangen. Eine solche Vorstellung setzt aber voraus, daß für die interpersonelle Nutzenvergleichbarkeit der gleiche Maßstab für alle gilt und so eine kollektive Nutzenmaximierung überhaupt erst möglich wird. Heftige Kritik an der Unterstellung der Ableitbarkeit derartiger Wohlfahrtsfunktionen ist von verschiedener Seite geübt worden. Aus der Sicht des kritischen Rationalismus bemängelt Hans Albert, daß die Wohlfahrtstheorie von einer homogenen sozialen Wertskala ausgeht und das Funktionieren der Gesellschaft auf technische Probleme und solche der ökonomischen Effizienz reduziert[120]. Friedrich Tenbruck weist in seinem gegen die zu jener Zeit noch nicht nachhaltig abgeklungene Planungseuphorie geschriebenen Buch: „Zur Kritik der planenden Vernunft" daraufhin, daß Ziele und Präferenzen keine bloßen Rechengrößen sind. Präferenzen des Einzelnen sind Ausdruck „innerer Dispositionen" und weisen „energetische, affektive sowie emotionale Besetzungen" auf. Ergebnisse von Entscheidungen werden also nicht passiv entgegengenommen, sondern sie werden verarbeitet und gemäß den Dispositionen interpretiert und umgesetzt[121]. Otfried Höffe schließlich macht zwar darauf aufmerksam, daß psychologische Untersuchungen bei bestimmten Entscheidungsarten erwiesen haben, daß die Beschäftigung mit präferenz- und entscheidungstheoretischen Modellen die Entscheidungsergebnisse im Vergleich zu intuitiver Vorgehensweise verbessert hat. Er kommt aber bei aller Anerkennung der explanativen und normativen Geschlossenheit dieser Modelle zu folgendem Urteil: „Ein solcher ... mathematischer Apparat geht von einem einzigen, in sich homogenen, nämlich an kollektiver Nutzenmaximierung interessierten Willen aus. Rationales Handeln im Kontext sozialer Kommunikation und Interaktion ist aber nicht mit kollektiver Ertrags- und Konsummaximierung identisch"[122].

Abstimmung und das Abstimmungsparadoxon

Die zweite Möglichkeit zu einer sozialen Präferenzskala zu gelangen ist neben Versuchen der Nutzenaddition die Abstimmung. Erinnern wir uns an die geforderte Einhaltung der Axiome „Transitivität" und „Asymmetrie" bei der Diskussion geschlossener entscheidungstheoretischer Modelle, so wird vor dem Hintergrund der kurz gestreiften Meß- und Vergleichsprobleme des Nutzens eine besondere Schwierigkeit deutlich. Auf subjektiv-individueller Ebene des Entscheidungsträgers sind danach etwa aufgrund der zeitlichen Variabilität der Präferenzen oder der Tatsache, daß durch die Erwägung neuer Alternativen die bisher betrachteten eine Umbewertung erfahren, jederzeit Verstöße gegen die genannten Axiome denkbar. Die Verdrehung einer einfachen Präferenzrelation läßt sich dabei wie folgt kennzeichnen: $A > B \rightarrow B > A$ (Das bereits im ersten Kapitel benutzte $>$ bedeutet: größer als und $\rightarrow$ bedeutet: wird zu). Genauso denkbar sind unstabile ordinale Nutzenvergleiche auf interpersoneller Ebene. Allerdings können aus durchaus konsistenten individuellen Präferenzordnungen nach Abstimmungen sogenannte zirkuläre oder auch paradox genannte Ergebnisse resultieren. Wir wollen uns Bruno Frey anschließen, der in Übernahme einer Fabel von Äsop das sogenannte Abstimmungsparadoxon vorstellt[123].

Vater und Sohn sind gemäß dieser Fabel mit ihrem Esel auf dem Wege in die Stadt. Als Kinder darüber lachen, daß niemand reitet, steigt der Sohn auf. Alte

Männer fordern Ehrfurcht vor dem Alter, der Sohn steigt ab und der Vater auf. Eine Gruppe Frauen bedauert den Jungen, so daß beide reiten. Einige Städter halten dies vermutlich für Tierquälerei, so daß sich beide zur Belustigung der Anwesenden entschließen, den Esel für den Rest des Weges zu tragen. In der folgenden Übersicht steht A: für beide gehen zu Fuß, B: für der Sohn reitet alleine, C: für der Vater reitet alleine sowie D: dafür, daß Vater und Sohn reiten. Eine Präferenzordnung, die nun alle vier Alternativen A–D für alle vier Gruppen umfaßt, sieht in der bereits benutzten Schreibweise wie folgt aus: (1) Kinder: $B > D > A > C$, (2) Alte Männer: $C > D > A > B$, (3) Frauen: $D > B > C > A$ und (4) Städter: $A > B > C > D$. Es ist offensichtlich, daß der Vater trotz in sich konsistenter einzelner Präferenzordnungen vor einem paradoxen Ergebnis steht und in seiner Entscheidungsunsicherheit alleine gelassen wird. Unterstellen wir gleiche Gruppengröße und eine einfache Mehrheit, so folgt aus den Präferenzordnungen der Äsop'schen Fabel: $A = B, B > C, C = D, D > A$ sowie $(D = B, C = A)$.

Wilhelm Krelle zeigt anhand des einfachen Beispiels des „Black'schen Theorems"[124], daß für eingipflige Präferenzen auch bei nur ordinaler Nutzenmessung für den einfachsten Fall, daß die Anzahl der abstimmenden Personen ungerade ist, die Median-Alternative $G_{1/2 (n + 1)}$ als einzige eine zumindest einfache Mehrheit erhält.

Bei einer Gegenüberstellung der Bildung sozialer Präferenzen in verschiedenen sozialen Systemen werden solche vereinfachenden Annahmen fallen gelassen; für den Idealfall der parlamentarischen Demokratie sowie der konstitutionellen Monarchie wird ein „gewisser Zwang" postuliert, die durch Nutzenaddition erhältliche „eigentliche" Präferenzordnung der Gemeinschaft zu übernehmen, die im Verhältnis zur direkten Demokratie „langfristig" orientiert sein sollte. Während in den sogenannten Volksdemokratien die informellen Meinungsabwägungen der Mitglieder der jeweils herrschenden Gruppe bzw. Clique zugrunde gelegt werden können, ist in einer Diktatur oder absoluten Monarchie die soziale Präferenzfunktion identisch mit der einer einzigen Person. Für den Fall, daß es einen Priester oder Philosophen gibt wie etwa bei Platon, ist die soziale Präferenzordnung autonom vorgegeben, eine Frage des richtigen Wissens und damit ohne Bezug zu den individuellen Präferenzen[125].

Aber natürlich beantworten diese Ausführungen nicht die uns interessierende Frage; ob nämlich in einer parlamentarischen Demokratie für die Entscheidungsprozesse auf Regierungsebene eine durch Abstimmung den individuellen Präferenzen entsprechende soziale Präferenzskala gewonnen werden kann mit eindeutigen Handlungsanweisungen an autoritative Entscheidungsträger. Den fundamentalen Beitrag zur abschlägigen Beantwortung dieser Frage liefert Kenneth Arrow mit dem „Possibility"-Theorem, das eigentlich „Unmöglichkeitstheorem" heißen muß. Er hat dabei an die aus den individuellen Präferenzen abgeleiteten gesellschaftlichen Entscheidungen vier relativ harmlos (vielleicht mit Ausnahme der für kollektive Entscheidungsprozesse durchaus heroisch erscheinenden Annahme 3) wirkende Anforderungen gestellt: (1) uneingeschränkte individuelle Präferenzen der sozialen Zustände sind zugelassen, (2) Geltung des sogenannten Pareto-Kriteriums sowie

(3) der Unabhängigkeit von irrelevanten Alternativen (d. h. die Entscheidung zwischen zwei Alternativen erfolgt unabhängig von anderen vorfindbaren Alternativen) und schließlich (4) es soll keine diktatorische gesellschaftliche Entscheidung getroffen werden. Arrow vermag mit Hilfe der mathematischen Logik den Beweis zu erbringen, daß unter den gemachten Annahmen keine gesellschaftliche Wohlfahrtsfunktion existiert, die transitiv und vollständig ist[126].

Wie das Beispiel des „Black'schen"-Theorems zeigt, ist u. a. versucht worden, z. B. durch uniforme Eingipflichkeit, Probleme der Präferenzaggregation zu unterlaufen. Schon bei nur geringer Inhomogenität individueller Präferenzen können jedoch inkonsistente Ergebnisse auftreten; auch das Verfahren des sogenannten strategischen Stimmentausches wird nicht als Ausweg aus dem Abstimmungsparadoxon angesehen. Für Frey ist die inzwischen umfängliche Suche nach den Möglichkeiten einer „widerspruchsfreien Aggregation individueller Präferenzen abgeschlossen". Die Diskussion ist nach seiner Auffassung „steril" geworden[127]. Diese Aussage schränkt jedoch die fundamentale Bedeutung des „Unmöglichkeitstheorems" von Arrow für die sozialwissenschaftliche Entscheidungsforschung nicht ein: daß nämlich bei der Übertragung individueller Präferenzen zu gesamtgesellschaftlichen Präferenzskalen — außer bei besonderen Vereinfachungsannahmen — instabile Ergebnisse zu erwarten sind[128].

2. Ansätze in der Modernen Politischen Ökonomie

Umriß und Untersuchungsziel

Während die Beschäftigung mit der Aggregationsproblematik weit in die nationalökonomische Dogmengeschichte zurückreicht, ist die Moderne Politische Ökonomie erklärtermaßen auf modernere theoretische Ansätze gerichtet. In einer Klassifikation der Varianten der Modernen Politischen Ökonomie schlägt Bruno Frey den Kreis von (1) marxistischen Ansätzen: Cambridger Kapitaltheorie und Neue Linke, über (2) systemtheoretische Ansätze: Sozialwissenschaftliche Systemtheorie und Systemanalyse, über (3) traditionelle ökonomische Theorie: Politische Wirtschaftslehre, Ökonomische Theorie der Politik und Praktische Wirtschaftspolitik bis hin zu (4) den ökonomischen Neuansätzen der sogenannten „Unorthodoxen"[129].

Die Cambridger Kapitaltheorie greift grundsätzliche Positionen der Neoklassik an, wie die Grenzproduktivitätstheorie der Verteilung, die Bestimmung des Zinssatzes als Reflex der Knappheit des Kapitals usw. Der entscheidende Gedanke ist jedoch, daß wirtschaftliche Systeme einen Freiheitsgrad aufweisen und etwa die Einkommensverteilung durch einen „machtpolitisch bestimmten Gewinnaufschlag" außerwirtschaftlich determiniert und damit zu einem Problem der Politischen Ökonomie wird. Dieser Freiheitsgrad in der ihrerseits wegen heroischer Modellannahmen kritisierten Cambridger Kapitaltheorie wird unterschiedlich, z. B. durch Analysen in Anlehnung an Marx oder an die Keynes'sche Kreislauftheorie zu füllen gesucht. Auch die Neue Linke entwickelt eine recht differenzierte Kritik an der neoklassischen Wirtschaftstheorie. Folgende Vorwürfe werden von dieser Position aus erhoben: neben der angemerkten Dominanz monopolistischer Konzerne wird insbesondere die Distribution gegenüber der Allokation vernachlässigt; Phänomene der Macht, Ausbeutung und Entfremdung werden nicht einbezogen; die gesellschaftliche Entwicklung wird als harmonisch behandelt und nur Veränderungen marginaler Natur bedacht; insbesondere aber wird die Untersuchung des Zusammenhanges zwischen wirtschaftlichen und politischen Prozessen ausgeklammert. Um diesen Defiziten abzuhelfen, wird bevorzugt das Verhältnis zwischen Staat und Wirtschaft zu einem dominierenden Thema in der Neuen Linken und damit die Stoßrichtung ihrer Patenschaft für die Taufe der Modernen Politischen Ökonomie deutlich. Diese neue Ausrichtung der Politischen Ökonomie stellt eine Analyse der Beziehungen zwischen wirtschaftlichem und politischem System in den Mittelpunkt und versucht dabei dogmatische Verengungen möglichst zu vermeiden. Die Systemtheorie kann in dieser Aufzählung u. a. deshalb einen Platz einnehmen, da sie, wie am Beispiel der Bemühungen des „Club of Rome" berichtet, ebenfalls den Zusammenhang zwischen bevölkerungspolitisch/ökonomischen Faktoren und den Handlungskonsequenzen für politische Systeme thematisiert. Der Systemanalyse wird in dieser Systematik ein Bezug zur Politischen Ökonomie durch die ihr unterstellte Fähigkeit zur Einengung des Entscheidungsfeldes sowie zur Verbesserung der Realisierungschancen geplanter, eben gerade auch wirtschaftspolitischer Maßnahmen gegeben. Die Politische Wirtschaftslehre bemüht sich traditionell um ein Verständnis der Zusammenhänge zwischen wirtschaftlichem und politischem System, ohne dabei bisher zu einem tragfähigen theoretischen Konzept durchgedrungen zu sein. Die Politische Ökonomie als praktische Wirtschaftspolitik schließlich thematisiert die Beziehungen zwischen Wirtschaftswissenschaften und praktischer Politik. Die Einschätzungsskala für die Einwirkungsmöglichkeiten wissenschaftlicher Erkenntnisse auf reale ökonomische Prozesse schwankt dabei in einer Bandbreite von „euphorisch" bis zu „durchaus skeptisch".

Vor dem Hintergrund dieser vielfachen wissenschaftlichen Bemühungen, Zusammenhänge zwischen Wirtschaft und Politik zu durchschauen und vor allem auch gestalterisch in den Griff zu bekommen, ist das Konzept von Bruno Frey u. a. zu sehen, Moderne Politische Ökonomie zu betreiben. Er schlägt als einer der prominentesten Vertreter der methodisch stringent vorgehenden Ökonomischen Theorie der Politik vor[130], den Gedanken der Öffnung methodisch geschlossener Ansätze ins Positive zu wenden – ein Gedanke, der sich im übrigen durch die ganze wirtschaftswissenschaftliche Auseinandersetzung politisch/ökonomischer Fragestellungen wie ein roter Faden hindurchzieht. Dabei nimmt insbesondere immer wieder die Auseinandersetzung mit den ökonomisch/politischen „Globaldeutungen" der sogenannten Unorthodoxen wie z.B. Thorstein Veblen, John Galbraith, Albert Hirschman und Kenneth Boulding eine vorrangige Bedeutung ein. Frey faßt nun die potentielle Kreativität dieser Unorthodoxen wie folgt zusammen: „Die wirtschaftliche Entwicklung ist ein evolutionärer Prozeß; Ungleichgewichte können kreative Kräfte wecken; Großunternehmungen und

Manager haben eine starke Machtposition inne und bestimmen weitgehend den Wirtschaftsablauf; technologische und Konsumentenpräferenzen sind das Ergebnis der Interdependenz von Wirtschaft und Gesellschaft"[131].

Die Analyse politischer Entscheidungsprozesse

Nach dieser Skizzierung des Umrisses Moderner Politischer Ökonomie wollen wir uns im Folgenden mit wenigstens fünf u. E. besonders herausragenden Aspekten dieses Ansatzes zur Analyse politischer Entscheidungsprozesse befassen. (1) Die Ökonomische Theorie der Politik leuchtet trotz einfacher Grundannahmen eine ganz erstaunlich weitgefächerte Palette politischer Entscheidungsprobleme an. (2) Klassische Konzepte dieses Ansatzes haben inzwischen einen hohen Grad der Problematisierung und Formalisierung erreicht. (3) Aber auch ganz einfache Konzepte können eine beträchtliche Reichweite und Plausibilität entfalten. (4) Die Untersuchung von Beziehungen zwischen wirtschaftlichem und politischem System führen zu neuen Fragestellungen und Untersuchungsmethoden. Und schließlich (5) ist die Selbstreflexion und -kritik dieser Ansätze hochgradig ausgeprägt.

(1) Bei der Diskussion der Aggregationsproblematik fiel bereits auf, daß bei der Beschreibung von Abstimmungsverhalten das in der Realität zu beobachtende „log-rolling" (der Stimmentausch) in der Ökonomischen Theorie der Politik diskutiert wird. Zur Aggregationsproblematik werden eine Reihe von Konzepten diskutiert: z. B. die sogenannte „List der Demokratie", die sicherstellen soll, daß durch institutionalisierten Wettbewerb zwischen den Politikern deren Präferenzen sich nicht allzu weit von jenen der Mehrheit entfernen[132]; oder etwa die Diskussion um das Gemeinwohl, das „ex ante" sehr wohl erkannt werden kann, aber dessen Realisierung im Verlauf kollektiven Handelns keineswegs auf dem Fuße folgen muß[133].

Anders als bei der Diskussion der geschlossenen entscheidungstheoretischen Modelle unterstellt, werden z. B. Präferenzen nicht als immer bekannt behandelt. Aufgabe der Politiker ist es, durch Anbieten unterschiedlicher Programme „Präferenzen abzutasten"; Wähler wiederum können ein Interesse daran haben, über ihre eigentlichen Bedürfnisse hinausgehende Forderungen zu stellen[134]. Auch ist es nach Untersuchungsansätzen der Ökonomischen Theorie der Politik im politischen Entscheidungsprozeß nicht immer vorrangige Aufgabe, gesetzte oder vorgegebene Ziele zu erreichen. Vielmehr kann es im politischen Alltagsgeschäft durchaus wichtiger sein, mit Kritik am Gegner für dessen negative Bewertung zu sorgen und damit von eigenem Unvermögen abzulenken. So konnten in Reden von Edward Heath und Harold Wilson 70–75 % Kritikanteile und nur etwa 5–11 % an Programmaussagen geortet werden[135].

Außer einer Reihe von bereits· anwendungsbezogeneren Klassifikationen z. B. über Wählertypen, lassen sich auch prinzipiellere Beiträge zu jenem Bereich finden, den wir als entscheidungstheoretische Grundbegriffe bezeichnet haben.

— So wird das Vorhandensein möglichst „vollkommener Information" postuliert, etwa bei der Unterstellung, daß ein Wähler sein — im Folgenden näher zu kennzeichnendes — „Parteidifferential" erkennen kann[136]; aus der gleichen Perspektive erscheint es bei einer differenzierten Diskussion eben der Diskontierungsaspekte dieses Parteidifferentials erklärbar, warum es im Eigeninteresse eines Wählers liegt, nur minimale Kosten für seine Information aufzubringen. Dieser Sachverhalt wird dann in einen Zusammenhang mit der Divergenz individueller und sozialer Rationalität gebracht — Ziele, die Menschen als Individuen anstreben, widersprechen jenen, die sie als Mitglieder der Gesellschaft diskutieren. Dadurch wird eine Leitungsfunktion politischer Eliten nötig, die etwa durch einen sehr hohen Informationsstand der Wähler ihrerseits vor schwierige Konsensbildungsprobleme gestellt wäre[137].

— Ein anderer entscheidungstheoretischer Grundbegriff, die „Komplexität", wird bei der Diskussion der Konzepte „Beschneidung des Agendenkatalogs" durch thematische Begrenzungen, „getrennte Wählergruppen" oder etwa die „Standardisierung des politischen Angebots" diskutiert. Der methodologische Individualismus in der Ökonomischen Theorie der Politik als einer Form extremer Komplexitätsreduktion mit der Folge häufig durchaus realitätsferner Verhaltensannahmen, wird als Preis bewußt gezahlt. Dafür soll zu methodisch nachvollziehbaren Aussagen gelangt werden, die noch in einer, wenn auch häufig nur entfernt aufzeigbaren Weise, mit den Ausgangsaxiomen eines auf egoistischen Motiven aufbauenden Maximierungsverhaltens in Zusammenhang stehen.

Dabei sollte besondere Beachtung finden, daß Problemstellungen diskutiert werden, die in einem besonderen Kontrast zu diesen Annahmen stehen. Gerade dadurch kann in systematischer Weise ein Defizitempfinden artikuliert und eine verstärkte Anlehnung an andere Sozialwissenschaften gesucht werden. So kommt z. B. bei der Diskussion des „Agendenkatalogs" ein Brückenschlag zu scheinbar vom Maximierungsverhalten so weit entfernten sozialwissenschaftlichen Konzepten zustande, wie etwa „abweichendes Verhalten" und damit zusammenhängende Phänomene der „Tabuisierung" sowie das sogenannte „Non Decision-Making". Die Zusammensetzung eines Agendenkataloges kann dabei als „Ergebnis eines kollektiven Entscheides" angesehen werden, in dem ein Gemeinwesen mit „monolithischer Geschlossenheit" auch darüber Einigkeit zeigt, worüber nicht entschieden werden soll[138].

Wir haben uns bereits mit der Aggregationsproblematik, der Öffnung geschlossener entscheidungstheoretischer Modelle und entscheidungstheoretischen Grundbegriffen beschäftig: dennoch zeigen die Beispiele, daß Ansätze und Ergebnisse der Ökonomischen Theorie der Politik die Diskussion befruchten und zu weiteren Einsichten führen können. Und dies, obwohl — entgegen den Empfehlungen aller jener, die im Verlauf der Öffnung der geschlossenen entscheidungstheoretischen Modelle den „Retortenhomunculus" zur weiteren Beschäftigung mit entscheidungstheoretischen Fragestellungen für untauglich befanden — eben dieser „homo oeconomicus" als zentrale Handlungsfigur im Mittelpunkt der Ökonomischen Theorie der Politik steht.

(2) Nach diesem „Fischzug mit Netzen", wenn auch ohne ausführliche Erläuterung des systematischen Unterbaus, wenden wir uns als klassischem Beispiel der Skizzierung einiger Elemente des Demokratiemodells von Anthony Downs zu. Downs geht — unter Berufung auf Schumpeter — von der Analogie des Verhaltens von Unternehmern und Politikern aus. Statt auf Gewinne in Form maximalen Profits sind die politischen Akteure als um die Regierungsmacht konkurrierende Parteien darauf aus, „Gewinne" in Form eines maximalen Stimmenanteils zu erzielen. Für die Wähler wird das Axiom der Nutzenmaximierung unterstellt und zwar in bezug auf ihre Wahlentscheidung[139]. Der Wähler wird einer Partei nur dann seine Stimme zur Verfügung stellen, wenn diese ein Programm vertritt, das seinen eigenen Präferenzen näherkommt als das Programm einer konkurrierenden Partei. Die Einführung des Rationalprinzips sowohl für das Handeln der konkurrierenden Parteien bei der Aufstellung ihrer Regierungsprogramme als auch für das Entscheidungsverhalten der Wähler, schafft einen kalkulierbaren Bezugsrahmen für das Verhalten der Regierung, der opponierenden Partei und der Wähler.

Mit Hilfe dieses Bezugsrahmens stellt Downs die „logische" Struktur des Wahlaktes und die Grundlagen der Entscheidungsfindung der Regierung unter Berücksichtigung budgetärer Entscheidungen dar. Dabei werden folgende institutionelle Regeln des politischen Systems vorgegeben. Die Mehrheit der Stimmen entscheidet darüber, welche Partei bzw. Koalition die Regierungsgewalt übernehmen wird. Wahlen finden in periodischen Abständen statt. Es herrscht allgemeines Stimmrecht und jeder Wähler verfügt über eine Stimme. Diese politischen Spielregeln werden weder von der über- noch von der unterlegenen Partei angetastet. Es wird die Konkurrenz mindestens zweier Parteien um die Wählerstimmen unterstellt. Die Zielsetzung der Parteien ist darauf gerichtet, über die Stimmenmaximierung politische Ämter und Prestige sowie möglicherweise daraus ableitbares Einkommen zu erringen. Zur Erreichung dieses Zieles haben die Parteien bereits vor der Wahl die Möglichkeit anzugeben, wie hoch das Budget zur Verwirklichung ihrer Programme sein wird. Richtschnur für die erstrebte Stimmenmaximierung ist dabei die Steigerung der Budgetausgaben. Sie erfolgt solange, wie durch zusätzliche Ausgabeneinheiten der Stimmengewinn größer ist als der abzuwägende Stimmenverlust, der durch höhere Steuern zu befürchten ist.

Die Wählerentscheidung basiert auf der Unterstellung, daß aus den späteren Regierungsaktivitäten ein sogenanntes „Nutzeneinkommen" fließen wird. Die Differenz in der Einschätzung zukünftigen Nutzens durch Regierungen, ist für den einzelnen Wähler ein Entscheidungskriterium. Downs nennt dieses Kriterium „Erwartetes Parteidifferential" und formalisiert dieses Kriterium bekanntlich folgendermaßen: $E(U_{t+1}^A) - E(U_{t+1}^B)$. Dabei ist das prognostische Verhalten der Wähler vom gegenwärtigen Parteidifferential $(U_t^A) - E(U_t^B)$ als seiner Hauptdeterminante abhängig. Zusätzlich kann ein Trendfaktor in die Kalküle einbezogen werden, der zusammen mit der Leistungsbewertung der Regierung zu einer besseren Prognose zukünftigen Verhaltens beitragen soll. Für die Opposition sind dann lediglich „hypothetische Werte" einsetzbar[140].

Eine weitere Ausdifferenzierung dieser Ökonomischen Theorie der Parteienkonkurrenz, über das Aufzeigen der Grundstruktur des Ausgangsmodells hinaus, würde den Rahmen einer knappen Skizzierung sprengen. Der Leser sei in folgende Richtungen zum Weiterstudium verwiesen. Bei Downs selber finden sich noch andere wichtige Aspekte des Konkurrenzverhaltens im Rahmen dieses Modells. So kann die Opposition statt einer reinen Anpassungsstrategie zur Sammlung von Minoritäten übergehen; oder im Falle von „Informationsunsicherheit" wird die Überredung z. B. durch Meinungsführer auch bereits im Downs'schen Modell hervorgehoben. Die größte heuristische Bedeutung allerdings liegt u. E. in der Konfrontation der Erkenntnisse von Downs mit einigen anderen Ergebnissen der Demokratietheorie, wie dies Guy Kirsch demonstriert hat. Darauf wurde bereits beispielhaft im vorigen Abschnitt hingewiesen, etwa im Zusammenhang mit der Diskussion zum „Agendenkatalog". Vermutlich läßt sich dies damit begründen, daß die Vertreter der Ökonomischen Theorie der Politik die Grenzen des eigenen „Rationalitäts"-Ansatzes permanent in ihrem Anwendungsfeld kollektiver Entscheidungsprozesse reflektieren müssen und dabei verstärkt plausible Beispiele heranziehen sowie Erklärungsansätze zu integrieren versuchen, die in anderen Forschungsansätzen gewonnen wurden. Die reine Theorie der sogenannten „räumlichen" Parteienkonkurrenz ist allerdings − analog zur vollständigen wirtschaftlichen Konkurrenz − immer stärker axiomatisiert worden. Nach Frey ist diese reine Theorie „soweit entwickelt, daß für die Zukunft kaum wesentliche zusätzliche Erkenntnisse zu gewinnen sind". Es lassen sich zwar stabile und pareto-optimale Gleichgewichtssituationen für Parteienpositionen ableiten, aber für die Berücksichtigung von mehr als zwei Parteien konnten bisher keine befriedigenden Lösungen gefunden werden. Die abstrakt-formale Geschlossenheit der Modelle steht in „Konkurrenz" bzw. einer ständigen Spannung zur Notwendigkeit der Hereinnahme neuer realitätsnäherer Elemente[141].

(3) Aber auch − im Vergleich zu den hoch abstrakten formalisierten Modellen der räumlichen Parteienkonkurrenz − viel einfachere Konzepte können eine erstaunliche Reichweite und Plausibilität entfalten. Ein Beispiel dafür ist die der Herkunft nach finanzwissenschaftlicher Forschung entstammende „Theorie der öffentlichen Güter". Der Grundgedanke ist denkbar einfach. Es ist davon auszugehen, daß Entscheidungen eines Individuums mit ihren Handlungskonsequenzen auf andere Individuen einwirken. Es entstehen entweder „externer Nutzen" oder „externe Kosten"[142]. Wir kennen auf gesamtgesellschaftlicher Ebene die sich im gleichen konzeptionellen Rahmen bewegende Diskussion um die sogenannten „Social Costs"; bemängelt werden dabei insbesondere die unerwünschten allokativen (und die hier nicht weiter ausgeführten distributiven) Auswirkungen. Als allokativ bedenklich gelten ökonomische Entscheidungen insofern, als derartige externe, die Bedürfnisbefriedigung aller betroffenen Mitmenschen berücksichtigenden Effekte nicht in die Kalkulation einfließen. Damit wird in aller Regel das Angebot von Gütern und Dienstleistungen die Vielzahl von Bedürfnissen in einem politischen Gemeinwesen auch nicht berücksichtigen können. Zu vermeiden wären externe Effekte wohl nur durch Rückführung menschlicher Existenzen auf

die Lebensform eines Robinson Crusoe ohne seinen Kumpanen Freytag — wozu im übrigen auch ein ausdrückliches Verbot externer Effekte führen würde. Damit stellt sich aber für Entscheidungsprozesse menschlichen Miteinanders das Problem der sogenannten „Internalisierung (vorerst) externer Effekte". Ein bekannter anonymer Regulator, der in der Lage ist, vorerst externe Kosten und Nutzen zu absorbieren bzw. zu internalisieren und so zur Vermeidung endgültiger Externalitäten beizutragen, ist der Markt. Eine Voraussetzung für diese Funktionsfähigkeit des Marktes ist allerdings, daß kein unvollkommener Wettbewerb herrscht, da dann — z. B. bei Oligopolsituationen — anderen Marktteilnehmern negative Kosten aufgrund des Einsatzes wirtschaftlicher Machtpositionen nicht kompensiert werden müssen. Eine weitere wesentliche Voraussetzung ist, daß für Entscheidungsfolgen Eigentumsrechte geltend gemacht werden können. Nach Richard Musgrave sprechen wir in diesem Zusammenhang von der Geltung oder der Nichtgeltung des Ausschlußprinzips[143]. Der Markt sorgt dafür, daß der Käufer vom Erwerb eines nicht öffentlichen Gutes ausgeschlossen wird, wenn er dem Eigentümer nicht den festgesetzten Preis zahlen will.

Der Hinweis auf die „Social Costs" zeigt, daß in diesem Fall eine Internalisierung externer Kosten solange unterbleibt, wie wir z. B. durch fehlende entsprechende Umweltschutzgesetzgebung über keine Handhabe für Kompensationen gegen Umweltbeeinträchtigungen verfügen. Mancur Olson nun hat den vorgeführten Grundgedanken der Theorie öffentlicher Güter auf das Problem der Bildung von Kollektiven angewandt. In der Handlungsfigur des „Trittbrettfahrers" wird der Nutznießer einer sogenannten „free-rider" Position erfaßt. Befindet sich eine Person in der günstigen Lage, Nutznießer der Leistungen anderer zu sein, ohne dem Ausschlußprinzip unterworfen zu werden, so wird sie nach dem Eigennutz-Axiom die Übernahme der Kosten ablehnen. Verhält sich jeder in dieser Weise, gibt es einen generellen Produktionsstop für derartige Güter bzw. Einrichtungen. Das Argument z. B. Olsons ist: der üblichen Auffassung, gemeinsame Interessen führen zu Gruppenbildungen mit der Bereitschaft, die Kosten für ein Kollektivgut gemeinsam zu tragen, wird entgegengehalten, daß die Bildung von Kollektiven weniger wahrscheinlich wird unter Berücksichtigung der Nichtgeltung des Ausschlußprinzips. Das sprichwörtliche Verhalten eines „Hannemann geh Du voran" sowie das oft als ärgerlich empfundene „schmarotzerhafte Nassauern" sind u. a. bei der Nichtgeltung dieses Prinzips möglich[144]. Auch wenn diese in den Wirtschaftswissenschaften gebräuchliche Handlungsfigur des „free-rider" nicht für jeden Handlungsaspekt in Gemeinschaften herangezogen werden kann — z. B. entfällt er ex definitione bei Zwang — handelt es sich doch um ein einfaches und plausibles Instrument zur Beschreibung einer ganzen Reihe von Verhaltensweisen.

(4) In der Modernen Politischen Ökonomie wird der Versuch unternommen, die Interdependenz zwischen wirtschaftlichem und politischem System in einem „politisch-ökonomischen Gesamtmodell" zu verdeutlichen. Anders als beim „Input-Output" Konzept des „Overloaded Government" von Richard Rose mit seiner Analyse langfristiger struktureller Entwicklungen der Ressourcen, Erwartungshaltungen und „Impacts" politischer Entscheidungsprozesse, zeigt Schaubild 2

Schaubild 2: Modell zur quantitativen Bestimmung des Zusammenhanges zwischen Wirtschaft und Politik

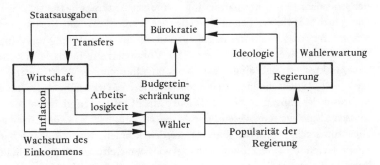

Quelle: Frey, B. S., a.a.O., S. 182.

Regierungsverhalten und wirtschaftliche Entwicklung eines Nationalstaates unter expliziter Bezugnahme auf den Wahlzyklus. Nach Frey beinhaltet die obere Hälfte seines Modells die „Politfunktion" und die untere Hälfte die „Popularitätsfunktion". Grundlegende, durch eine „politometrische" Schätzung gestützte Annahme dieses Modells ist, daß die Popularität einer Regierung von der wirtschaftlichen Lage abhängig ist, die insbesondere durch den Stand der Inflation, der Arbeitslosigkeit und der verfügbaren Einkommen gekennzeichnet ist.

Die „Politfunktion" wird von Frey zunächst als Nutzenmaximierung i. S. der Durchsetzung ideologischer Vorstellungen konzipiert – unter den Nebenbedingungen Wiederwahl, Budgetausgleich und Verfolgung eigener Ziele durch die Bürokratie. Sie wird indessen wegen der unlösbaren Probleme bei der Informationsbeschaffung fallengelassen, die in einem solchen Kalkül durch die Regierung bewältigt werden müßte. Statt dessen wird eine intuitive Richtschnur benutzt: steigt der Popularitätsanteil über 52 % als Gradmesser für sichere Wiederwahl, so kann die Regierung sich der Durchsetzung ihrer ideologischen Vorstellungen widmen; anderenfalls muß sie sich allerdings um eine verstärkt wählerwirksame Politik bemühen. Zunächst kann Frey für den Untersuchungszeitraum 1951–1974 folgern, daß in der Bundesrepublik SPD-orientierte Regierungen im Falle eines Popularitätsüberschusses (P > 52 %) ausgabenfreudiger sind als CDU-orientierte Regierungen. Das zentrale Ergebnis seiner Untersuchung ist indessen eine negative Korrelierung von Popularität und von zum Wahltermin hin zunehmender Steigerung der Staatsausgaben. Wenn auch in diesem Modell ungeklärt bleibt, worin der verhaltensmäßige Unterschied besteht zwischen Ideologie der Regierung und Wahlanstrengung der Regierung – außer, daß letztere ex definitione (I–Q) wegfällt, wenn P > 52 % und für diesen Fall eine relativ unveränderte wirtschaftspolitische Aktivität zu verzeichnen ist[145] – liegt die Bedeutung dieses Modells insbesondere in Folgendem:

a) Der Grundgedanke der Politischen Ökonomie, nämlich das politische und wirtschaftliche System aufeinander zu beziehen, wird durch eine Theorie popularitätsabhängiger auf den Wahlzyklus bezogener Staatsausgabenaktivität der Regierung eingelöst.

b) Wesentliche Elemente des Modells werden operationalisiert und mit geschätzten Werten „im Sinne allgemeiner Größenordnungen" versehen.

c) Bei einem Vergleich der prognostischen Leistungsfähigkeit mit dem rein ökonomischen Modell von Wilhelm Krelle führt die Hereinnahme einer unter a) gekennzeichneten Theorie des Regierungsverhaltens zu eindeutig genaueren Ergebnissen[146].

(5) Der Reflexionsgrad über die Grenzen der eigenen Ansätze in der Ökonomischen Theorie der Politik kann als hoch bezeichnet werden. Das wird deutlich, wenn Guy Kirsch darauf aufmerksam macht, daß in die Aussagen dieser Ansätze die „Wertimplikationen" und „a-priori-Wirklichkeitsdeutungen" der Neoklassik eingehen. Das ist unproblematisch, soweit die Ökonomische Theorie der Politik ausdrücklich darauf hinweist, daß sie normative Handlungsanweisungen gibt und dabei auf die Explikation der Rationalität des auf den am Eigennutz-Axiom orientierten „homo oeconomicus" rekurriert. Es bleibt auch noch dann unproblematisch, solange „reine" Theorie betrieben wird, wie dies an den Beispielen der letzten Entwicklungen zur Aggregationsproblematik und zur Parteienkonkurrenz deutlich wird. Für diese Bereiche wird die Gefahr einer „häufigen Leerformelhaftigkeit" sowie die „Leichtigkeit, mit der sie in die Tautologie abgleitet", durchaus gesehen − ein Sachverhalt, den wir in den Sozialwissenschaften etwas salopper als „Spielen mit Modellen" bezeichnen[147].

Die Diskussion der aus der Neoklassik übernommenen Wertimplikationen und Wirklichkeitsdeutungen wird aber dann besonders wichtig, wenn bei einer Verflechtung der Ansätze mit illustrativen Beispielen nicht nur nach Plausibilität gesucht, sondern darüber hinaus der Anspruch eines empirischen Aussagengehaltes erhoben wird. Es wird deutlich gesehen, daß der methodologische Individualismus mit dem „Leitbild" des autonomen und selbstverantwortlichen Individuums nicht mit dem „Abbild" der Realität des Entscheidungsverhaltens von Individuen in kollektiven Entscheidungsprozessen gleichzusetzen ist. Entschließt man sich, das Individuum als Analyseeinheit beizubehalten, liegt das Dilemma auf der Hand: Kollektiventscheidungen müßten bis auf die unterste individuelle Ebene zurückverfolgt werden. Erscheint jedoch diese Sisyphusarbeit nicht leistbar, bleiben Kollektiventscheidungen und damit wesentliche Aspekte der zu analysierenden politischen Entscheidungsprozesse außer Betracht, da Kollektive als eigenständige Handlungseinheiten in diesem theoretischen Konzept nicht vorgesehen sind.

Als weiterer Kritikpunkt wird reflektiert, daß die Ökonomische Theorie der Politik nicht mehr wie noch die Neoklassik den Bereich der Interessendisharmonie bei Distributionsfragen in den Bereich von ihr nicht untersuchter Zusammenhänge des politischen Systems abschieben kann, um sich überwiegend Allokationsproblemen widmen zu können. Die Ökonomische Theorie der Politik muß sich gerade diesen Macht- und Distributionsfragen stellen. Gewohnt, Aussagen über Optima zu machen und auf „Kriterien" zurückgreifen zu können, begibt sich die Ökonomische Theorie damit in einen „intellektuell unbequemen Zustand, in dem weder das distributionspolitisch Notwendige noch das Wünschenswerte festgestellt werden kann"[148]. Guy Kirsch schließt für den Fall, daß die Verteilungsaspekte berücksichtigt werden sollen, die Möglichkeit nicht aus, daß sich für die Analyse dieser für politische Entscheidungsprozesse kardinalen Aspekte die Ökonomische Theorie der Politik als durchaus untauglich erweisen könnte. Schließlich wird die traditionelle Haltung der Neoklassik kritisiert, die Betrachtung von Gleichgewichts- und Stabilitätsbedingungen als „natürlich" und zugleich „wünschenswert" zu bezeichnen. Vielmehr wird ausgesprochen davor gewarnt, eine solche theoretische Denkorientierung auf den Interdependenzzusammenhang von Wirtschaft und Politik unreflektiert übertragen zu wollen. Gerade dort auftretende Spannungen, Begrenzungen der Problemlösungsverarbeitungskapazität oder ad hoc-Krisenmanagement sind — ebenso wie von der neoklassischen „Theorie der freiwilligen Tauschakte" abweichende zwanghafte Verhaltensweisen — wesentliche Aspekte politischer Entscheidungsprozesse, für deren Analyse das bisher entwickelte Instrumentarium jedoch nicht greift.

Diese Argumentationslinie soll stellvertretend den hohen Reflexionsstand in der Ökonomischen Theorie der Politik über die klar sichtbaren Grenzen dokumentieren, die trotz aller unbestreitbaren Möglichkeiten deutlich markiert werden. Die Weiterentwicklung dieser Ansätze ist gekoppelt mit einer nicht abschätzbaren Weiterentwicklung der neoklassischen ökonomischen Theorie und insofern aus dem Stand nicht beantwortbar. Für den in wirtschaftswissenschaftlichen Methoden nicht so bewanderten Sozialwissenschaftler sei jedoch angemerkt: die Tatsache, daß eine Theorie mit erheblichen Vereinfachungsannahmen über komplexe Sachverhalte operiert, stempelt sie nicht allein schon deshalb als „unbrauchbar" ab. Das Kriterium für brauchbare Theorien kann nicht ausschließlich die realitätsnahe Abbildung realer Zusammenhänge und Verhaltensweisen sein. Dies insbesondere dann nicht, wenn sich häufig mit dem Hinweis auf die überwältigende Komplexität eine solche realitätsnahe Erfassung als Chimäre erweist. Es geht eher um einen Balanceakt, der mit Robert Goodin gesprochen, „Comprehensiveness" und „Parsimony" in Wechselbeziehung setzt[149]. Ein wesentliches Kriterium für die Brauchbarkeit von Theorien ist eben, ob es gelingt, unter Berücksichtigung des Aspektes der Handhabbarkeit von Modellen die Anzahl zu berücksichtigender Elemente und Verhaltensweisen so zu erhöhen, daß prognosefähige Aussagen möglich werden. Das vorgestellte „politisch-ökonomische Gesamtmodell" von Bruno Frey ist, wie der Vergleich zur Prognosekraft des rein ökonomischen Modells zeigte, ein solch ermutigendes Beispiel für eine Verbesserung der Relation „Comprehensiveness/ Parsimony" und damit für die Bildung prognosefähigerer Theorien im Bereich der Modernen Politischen Ökonomie.

3. Verhaltenswissenschaftlicher Ansatz in der Volkswirtschaftslehre

Fritz Voigt und Hans Jörg Budischin gehen in ihrem Buch: „Grenzen der staatlichen Wirtschaftspolitik im gesellschaftlichen und sozialen Wandel" von wesentlich begrenzteren wie aber zugleich auch komplexeren Verhaltensannahmen, als die Vertreter der Ökonomischen Theorie der Politik aus. Begrenzungen ergeben sich für sie aus den „Einflüssen der Denk- und Reaktionsfähigkeit der menschlichen Persönlichkeit"[150]. Komplexere Verhaltensannahmen werden insofern gemacht, als sie u. a. die „Theorie des kollektiven Verhaltens" von Neil Smelser in die Darstellung integrieren. Grundsätzlich wird die Auffassung vertreten, daß wirtschaftspolitische Entscheidungsprozesse in einem sozial determinierten Problemerkenntnisprozeß vorbereitet werden. Dieser Problemerkenntnisprozeß wird allerdings durch besondere menschliche Denk- und Reaktionsfähigkeiten, gruppenspezifische Verhaltensweisen sowie gesamtgesellschaftliche Selektionsmechanismen in seinem Verlauf nachhaltig beeinflußt. Auf einer weiteren Ebene werden dann die Willensbildungsprozesse staatlicher Entscheidungsträger in diesen verhaltenswissenschaftlichen Ansatz mit einbezogen.

Entscheidungsprozesse als Folge sozio-ökonomischer Krisen

Die Inhalte wirtschaftspolitischer Entscheidungsprozesse sind, wie die Autoren durch eine Fülle historischer Rückblicke belegen, weitestgehend von wirtschaftlichen und sozialen Problemstellungen bestimmt. Derartige Probleme gelangen über die selektive Erregung von „Aufmerksamkeiten" in den politischen Entscheidungsprozeß. Als wesentliches Medium für den „Transport" von Problemstellungen in den Entscheidungsprozeß gilt dabei die öffentliche Meinung. Als organisierte Meinung öffentlicher Machtträger bleibt sie bei deren Vielschichtigkeit jedoch weitgehend anonym, unverantwortlich und emotional aufgeladen, ohne den Weg zu allen Problemen der politischen Praxis zu finden. Für den Eingang politischer Themen in den Informationsaufnahmeprozeß politischer Entscheidungsträger haben sich erfahrungsgemäß gewisse Regelmäßigkeiten herausgebildet. In Anlehnung an Neil Smelser wird die Herausbildung dieser Regelmäßigkeiten mit Phänomenen wie u. a. Hysterie, „wishful thinking", Einnahme feindlicher Haltungen, Betonung norm- und wertbetonter Vorstellungen (wie z. B. religiöse Lehren, aber auch Revolutionstheorien) in Zusammenhang gebracht. Genannt und mit historischen Beispielen belegt werden ferner Faktoren der selektiven Aufmerksamkeitserregung, die in deutlicher Nähe zur neueren sozialpsychologischen Perzeptionsforschung stehen: die Neuheit von Ereignissen, der herausragende Status des Absenders in Kommunikationsbeziehungen, perzipierte Chancen für politische Erfolge oder etwa das gewohnte Anspruchsniveau beeinträchtigende, nicht kompensierte sozio-ökonomische Benachteiligungen.

Für wirtschaftliche Entscheidungsprozesse zeigt die Durchsicht historischen Materials, daß insbesondere Krisen und Krisensymptome mit ihrer Artikulation von Unzufriedenheit über die Gefährdung bzw. Nichterfüllung grundlegender Werte das Problembewußtsein geschärft haben. Zur Abwendung von Krisen sind häufig weitreichende Integrationslösungen angestrebt und auch realisiert worden, wie das Beispiel der Einführung der Schutzzollpolitik verdeutlicht. Insbesondere aber sind immer wieder neue Konzeptionen einer Theorie der Wirtschaftspolitik als Antwort auf anhaltendes Unbehagen über wirtschaftliche und soziale Zustände entwickelt worden, die in ihrer Zeit häufig als endgültige Lösung empfunden wurden. So galt die klassische Nationalökonomie mit der Ablehnung staatlicher Eingriffe in den Wirtschaftsprozeß als adäquate Antwort auf die − gegen eine Durchsetzung des technischen Fortschritts empfundenen − Hemmnisse des absoluten Staates. Nicht minder begrüßt wurden nach den Erfahrungen der weltweiten Depression die wirtschaftspolitischen Lehren von John Maynard Keynes. Mit seinem in komplexerem volkswirtschaftlichen Kreislaufdenken verankerten Vorschlag des „defecit spending" schlug er bekanntlich Wege vor, wie in spezifischen konjunkturellen Situationen „die Pferde wieder zum Saufen" zu bringen sind. Neue wirtschaftspolitische Konzepte waren aber zu keiner Zeit langanhaltende Allheilmittel; das gilt für den Keynesianismus in Anbetracht von „Stagflation" genauso, wie dies für die Lehre der Klassiker angesichts der Konzentrationsprozesse des aufblühenden Kapitalismus Gültigkeit hatte. Die anschaulichen Beispiele historischer Gesetzgebung mit vielfach zu beobachtender Hilflosigkeit und hektisch hoher Frequenz von Gesetzesänderungen dokumentieren mit ihrer häufig besonders situationsspezifischen Kurzfristigkeit die Unvollkommenheit des wirtschaftspolitischen Problemerkenntnisprozesses ebenso eindrucksvoll wie die damit in engem Zusammenhang stehende Unvollkommenheit staatlicher Willensbildung[151].

Reale Wirtschaftsprozesse und politische Entscheidungsprozesse: Verbindungsstücke

Mit dem vagen Begriff des „Erlebnisfeldes" wird deutlich, welche einschneidende Abfuhr Voigt/Budischin dem Ideal der „vollständigen Information" erteilen. Umweltsituation, Wertsystem des Entscheidungsträgers − persönlichkeitsbedingt und sozial determiniert − lediglich subjektiv rationale Maximen, die Entscheidungen durch Recht, Sitte und Moral relativ eng begrenzen, aber Raum für Interessenantinomien beinhalten: Alle diese Faktoren weisen auf die Übernahme eines „unvollständigen" Informationskonzeptes durch die Autoren hin. Die Verbindungsstücke zwischen realen wirtschaftlichen Prozessen und politischen Entscheidungsprozessen sind allerdings äußerst fragmentarisch konzipiert: Erlebnisse, Kenntnisse, Erfahrungen und das in eine wirtschaftspolitische Entscheidung einfließende Wissen. Sind dies alles Umschreibungen für eine sehr unvollkommene und mit vielen Bezügen versehene Informationsverarbeitungskapazität, die sicher weiterer Präzisierung bedürfen, so lassen sich die sozialen Determinanten des Erlebnisfeldes etwas genauer angeben. Dabei sind Gruppenzugehörigkeit und Gruppendruck, also die Wirkungen von Bezugsgruppen zu nennen, die das Verhalten und die Einstellungen von Mitgliedern nachhaltig beeinflussen. Einstellungen − als Ausdruck von Einzelentscheidungen in der Regel überdauernden Verhaltenspositionen – können in mehrere Komponenten aufgegliedert werden. Beschreibt die „affektive" Komponente die emotionale Einstellung zu einem Objekt mit tendenziell hoher Veränderungsresistenz, so beinhaltet die „kognitive" Komponente Vorstellungen und die Verhaltenskomponente schließlich die Bereitschaft, in bezug auf einen Gegenstand zu handeln. Wir werden im vierten Kapitel sehen, daß für die Verlaufsform eines politischen Entscheidungsprozesses durch Angabe der Dynamik und Konsistenz bzw. Inkonsistenz dieser Einstellungstypen Hinweise für eine plausible Interpretation angeboten werden. Mit diesen Einstellungen sind „Erwartungshaltungen" verbunden, die auch bei komplexen unübersichtlichen Entscheidungsprozessen eine Steuerungsfunktion in Richtung auf für optimal angesehene Entscheidungen übernehmen können.

In der Auseinandersetzung mit der formalen Entscheidungstheorie und der Wohlfahrtsökonomie führte Fritz Voigt den Begriff des „virtuellen Aktionssektors" ein. Er bringt damit zum Ausdruck, daß optimale Entscheidungserwägungen stets Begrenzungen in Form der genannten Einstellungen, aber auch sozialer Rollen sowie der „Kulturgesetze", Recht, Moral und Sitte[152] ausgesetzt sind. Der „virtuelle Aktionssektor" bei Gruppen weist für gewöhnlich noch weit stärkere Einschränkungen auf, da berechtigterweise unterstellt werden kann, daß verschiedene Menschen auch abweichende Erlebnisfelder i.o.S. haben. Daraus leitet sich die Erfordernis einer formalisierten einheitlichen Willensbildung ab. Eine Möglichkeit zur Einigung derart verschieden ausgestatteter Gruppenmitglieder auch ohne formalisierte Willensbildung ist stets dann gegeben, wenn in Kampfsituationen eine Polarisation so zunimmt, daß sich die Problemerkenntnis „holzschnittartig" vereinfacht. Als anschauliches Beispiel dafür sei die Kartelldebatte in den 20er Jahren genannt. Es ging um Inflationsbekämpfung. Niemand hatte eine annähernde Kenntnis der Zusammenhänge, da der derzeitige Stand der nationalökonomischen Lehrmeinungen keine hinreichenden Erklärungskonzepte bereitstellte. Es galt darum, einen Sündenbock zu finden. 1923 wurde in einem beschleunigten Verfahren die Kartellnovellverordnung beschlossen und das, obwohl die Preiserhöhungen der Kartelle wegen der zeitraubenden Beschlußfassung mit einem deutlichen „time-lag" hinter der allgemeinen Entwicklung hinterherhinkten[153].

Die Instabilität wirtschaftlicher Zielsysteme

Die zunehmende Abhängigkeit des einzelnen von Verteilungs- und Versorgungsleistungen des Staates sowie deren Unübersichtlichkeit erhöht die Bedeutung und Wirksamkeit der intermediären Gewalten. So wird heute weniger nur vom Dualismus „Staat-Individuum" als vielmehr von der Dreifachstufung „Staat-Verbände-Individuum" gesprochen. In einer auf solche Art komplexen und komplizierten Entscheidungsstruktur kann nicht von „vorgegebenen Zielen" oder einem „stabilen Zielsystem" die Rede sein. Vielmehr sind wirtschafts- und sozialpolitische Ziele – bei aller Konkretheit ihrer häufig in „barer Münze" ausdrückbaren Größenordnungen — Teile eines instabilen Zielsystems. Diese Instabilität oder auch Variabilität von Zielsystemen läßt sich an wirtschaftspolitischen Beispielen wie etwa der Handwerkspolitik historisch gut demonstrieren. Über Jahrhunderte sah sich die staatliche Handwerkspolitik der geschlossenen Front der Zünfte gegenüber. Diese brach erst auf, als der Verlauf des industriellen Differenzierungsprozesses auch dem Handwerk negative Entwicklungen bescherte. Als das Handwerk dann keine einheitliche Gruppe mehr war, begann eine Phase staatlicher Wirtschaftspolitik voller Schwankungen und Widersprüche: der Gedanke einer gleichmäßigen Förderung mußte den Staat hilflos erscheinen lassen angesichts der industriellen Differenzierungsprozesse, die das Handwerk ebenso betrafen, wie jede andere wirtschaftliche Gruppierung[154].

Wie nun aus einem Problemimpuls ein Smelser'sches „kollektives Ereignis" mit entsprechender Resonanzwirkung wird, sich über „generalisierte Vorstellungen" und Mobilisierung zu Integrations- und Gefolgschaftsbildung verdichtet, das werden wir im vierten Kapitel bei der Beschäftigung mit dem Problem der „Lebensqualität" ansatzweise nachzuzeichnen versuchen. Die an verhaltenswissenschaftlich erwiesenen Begrenzungen politischer Entscheidungsträger ausgerichtete Volkswirtschaftslehre stellt dabei ein Phasen- bzw. Stufenmodell staatlicher Willensbildung bereit, das wesentliche Elemente für eine generelle Beschreibung politischer Entscheidungsprozesse vereint.

4. Entscheidungsforschung in der Volkswirtschaftslehre: Übertragungsprobleme auf die Politische Wissenschaft

Die Beschäftigung mit traditionellen Problemen der Wohlfahrtsökonomie hat für die Politische Wissenschaft eine grundlegende Bedeutung. Die Suche nach einer gesamtgesellschaftlichen Präferenzskala bzw. Wohlfahrtsfunktion zeigt in systematischer Weise die Schwierigkeiten der ursprünglich angestrebten „stimmigen" Übertragung individueller Präferenzen zu gesamtgesellschaftlichen Größen und legt letztlich den Rückgriff auf andere Entscheidungsmodi wie z. B. Mehrheitsentscheidungen nahe. Die kaum zu fassende Ebene menschlicher Bedürfnisse und die Schwierigkeiten bei Versuchen der Messung sowie des Vergleichs von Nutzengrößen weist auf die fundamentale Unzulänglichkeit aller Versuche der Planung in politischen Entscheidungsprozessen hin, die solche Fragen allein unter dem Aspekt der Aggregationsproblematik angehen.

Die Ansätze in der Modernen Politischen Ökonomie tendieren zu einer hohen Verzahnung wirtschaftswissenschaftlicher und politologischer Entscheidungsforschung. Das gemeinsame Interesse ist dabei dreifach:

(1) Untersuchung der Beziehungen zwischen wirtschaftlichem und politischem System,

(2) Entwicklung von Konzepten und Instrumenten zur effektiveren Steuerung und Kontrolle (wirtschafts-) politischer Entscheidungsprozesse und

(3) Erweiterung der Erkenntnis über die unzähligen Facetten politischer Entscheidungsprozesse durch Konfrontation konträrer wissenschaftlicher Zugriffsweisen.

Die Ökonomische Theorie der Politik kann dabei nicht als eine „bloße Spielwiese für Modellplatoniker" abgewiesen werden. Sie versucht vielmehr, die Ergebnisse ihrer Zugriffsweise mit den Ergebnissen anderer Untersuchungsmethoden zu konfrontieren und zu integrieren. Es konnte ferner bereits gezeigt werden, daß der Reflexionsgrad über die eigenen Ansätze hoch ist und schließlich außerhalb der weitgehend ausdiskutierten Grundsatzbereiche und der „reinen" Theoriebildung neue Symbiosen gewagt werden. Das Beispiel des politisch-ökonomischen Gesamtmodells von Bruno Frey ist als ein ermutigendes Ergebnis einer solchen Symbiose mit dem Gedankengut der genannten „Unorthodoxen" anzusehen. Offensichtlich ist hier eine für den Fortschritt sozialwissenschaftlicher Theoriebildung fruchtbare Mischung von „Comprehensiveness" und „Parsimony" im Goodin'schen Sinne gefunden worden, so daß die prognostische Kapazität bisheriger Modelle übertroffen werden konnte.

Die an verhaltenswissenschaftlich erwiesenen Begrenzungen politischer Entscheidungsträger orientierte Wirtschaftspolitik setzt sich von Informationsannahmen, Zielvorstellungen und Entscheidungskriterien formaler und wohlfahrtsökonomischer entscheidungstheoretischer Provenienz ab. Sie gewinnt dadurch Raum, den Phasen des Problemerkenntnisprozesses, der staatlichen Willensbildung sowie Fragen der Durchsetzungshemmnisse in politischen Entscheidungsprozessen die nötige Aufmerksamkeit zu widmen. Besonders beeindruckend an der skizzierten Vorgehensweise von Fritz Voigt und Hans Jörg Budischin ist dabei, daß eine Fülle historischer Belege zur Untermauerung der Argumentationslinien einbezogen werden. Außerdem wird die im Vergleich zu anderen Sozialwissenschaften einmalige Chance genutzt, relativ präzise Aspekte der Steuerung bzw. Fehlsteuerung gesellschaftlicher Systeme durch geschlossene Theoriegebäude, wie z. B. die klassische Nationalökonomie, in die historisch untermauerte systematische Untersuchung wirtschaftspolitischer Entscheidungsprozesse einzubeziehen. Dieser besonders interessante Aspekt des Studiums wirtschaftspolitischer Entscheidungsprozesse geht insofern über die Möglichkeiten der Analyse politischer Entscheidungsprozesse durch die Politische Wissenschaft hinaus, als wir dort bis in die Gegenwart noch über keine derartig geschlossenen Theoriegebäude wie in den Wirtschaftswissenschaften verfügen.

IV. Organisationstheorie

1. Organisationstheorie als Integrationswissenschaft

Ob wir uns über entscheidungstheoretische Ansätze in der Psychologie, der Betriebswirtschaftslehre oder der Volkswirtschaftslehre informiert haben, in jedem dieser Gebiete wurden bereits zentrale Aspekte der Organisationstheorie angeleuchtet.

Sozialpsychologische Verflechtungen politischer Entscheidungsprozesse mit unterschiedlichen Dimensionen von Organisationen sind von Daniel Katz und Robert Kahn aufgedeckt worden: z. B. die Art der Problemperzeption (Problem vs. Dilemma), der Reichweite sowie der Umgehungsstrategien der Organisationshierarchie durch die politische Führungsspitze. Die empirische Analyse komplexer organisatorischer Entscheidungsprozesse ist Gegenstand der beispielhaften betriebswirtschaftlichen Feldstudien von Eberhard Witte und seinen Mitarbeitern. Das Vorantreiben von innovativen Entscheidungsprozessen (Promotoren-Modell) und damit zusammenhängende Fragen der Organisationsstruktur, des Führungs- und Kommunikationsstils (formal/informell) wurden im Kontext betrieblicher Organisationen studiert; desgleichen das Informationsverhalten, die Außenverlagerung („Interaktion" zwischen Organisationen), die Zielartikulation und das Problemlösungsverhalten sowie Lernprozesse und die Zeitdrucksensibilität bei Entscheidungsprozessen in Organisationen. Die Theorie der öffentlichen Güter betont den Aspekt der Teilnahmeentscheidung in Gruppen bzw. Organisationen und weist damit auf eine deutliche Trennung zu innerorganisatorischen Entscheidungsprozessen hin.

Für die Entwicklung der sozialwissenschaftlichen Entscheidungstheorie kann generell konstatiert werden, daß im Verlauf der Überwindung geschlossener entscheidungstheoretischer Ansätze vornehmlich die Ebene der Organisation als vielversprechend für die Analyse multipersonaler komplexer Entscheidungsprozesse angesehen wurde. Die Entwicklung einer organisationstheoretischen Entscheidungsforschung konnte dabei zu einer inzwischen nicht mehr überblickbaren Ausfächerung vorangetrieben werden. Ob es sich in den folgenden Kapiteln um den kybernetischen Ansatz von John Steinbruner, das Organisationsmodell von Graham Allison oder vielfältige Implementationsprobleme in politischen Entscheidungsprozessen handeln wird: die organisationstheoretische Betrachtung wird uns durchgehend begleiten. So zeigen Rückblick wie Ausblick, daß Organisationstheorie längst als Integrationsinstrument sozialwissenschaftlicher Entscheidungsforschung fungiert.

2. Organisationsstruktur

Mit dem Begriff „Organisationsstruktur" werden üblicherweise u. a. folgende Vorstellungen einer Organisationshierarchie mit Über-, Gleich- und Unterordnung verbunden: (1) ein Stab-Linie-System mit entsprechender Aufgabenteilung, (2) das Vorhandensein von Rollen und Kompetenzverteilungen sowie (3) „ein Promotorensystem" mit formalen und informellen Kommunikationsbeziehungen[155]. Meist wird bei der Diskussion dieser Strukturkomponenten von realen Ausprägungen bestimmter Organisationstypen abstrahiert. In der betriebswirtschaftlichen Erörterung wird generell auf die Unternehmens- bzw. Verwaltungsebene Bezug genommen. In anderen Fällen allerdings erfolgt der Rekurs auf ganz konkrete

Organisationen, wie etwa auf Gefängnisse bei der Untersuchung der unterschiedlichen Bedeutung formaler und informeller Kommunikationsbeziehungen.

Im Gefolge einer besonders abstrakt gefaßten entscheidungstheoretisch orientierten Organisationstheorie ist u. a. von Werner Kirsch der Begriff der Organisationsstruktur mit dem der „Entscheidungsepisoden" verknüpft worden[156]. Auch hier ist die betriebswirtschaftliche Entscheidungsforschung sowohl bei der Konzeptionalisierung wie bei der empirischen Untersuchung besonders stark beteiligt. Wir konnten das bei der Referierung der „Aktivitätensequenzen" oder der in Verbund miteinander verlaufenden Zielbildungs- und Problemlösungsprozesse oder bei der Verfolgung der Aktivitäten eines „Promotorengespanns" bereits aufzeigen. Organisatorische Entscheidungsprozesse als Episoden im laufenden Prozeß („ongoing processes") der Aktivitäten, innerhalb wie außerhalb der Organisation, lassen sich grob in 5 Abschnitte unterteilen: (1) Transformation und Transaktion physischer Objekte, (2) Produktion und Distribution von Aussagen, (3) Machtaufbau, -ausübung und -sicherung, (4) Konsensbildung und (5) Herbeiführung sowie Absicherung von „Commitments". (1) bis (5) treten durchaus in Kombinationen auf, wie das von Werner Kirsch angeführte Beispiel der Peitschenproduktion zeigt, in dem (1) und potentiell (3) zusammenfallen[157].

Sowohl die einleitend angesprochenen Merkmale der Organisationsstruktur, wie auch die Aktivitätenklassen sind dabei „Prämissen" für, wie auch Ergebnis von organisatorischen Entscheidungsprozessen. Dabei können Organisationsstrukturen Ergebnis latenter Nebenwirkungen wie auch bewußter („Meta"-) Entscheidungen sein. Letzterer Entscheidungstyp legt Strukturen wie z. B. standardisierte Verfahrensvorschriften als Rahmen für Objektentscheidungen fest (1). Verfahrensvorschrift wesentlich weitergefaßt ist etwa auch die vorgeschriebene Anwendung von Technologien und „Systemkonzeptionen" wie z. B. der Einsatz systemanalytischer Verfahren mit Computerunterstützung. Auf der angesprochenen Ebene der Meta-Entscheidungen liegen aber auch Planungskonzepte, die Niklas Luhmann als spezielle Entscheidungsprämissen faßt[158]: als Rahmenbedingungen für nachfolgende Detailplanungen bzw. sogenannte „Echtzeitentscheidungen", die bereits ablaufende Ereignisse regeln. Diese Ebene der Meta-Entscheidungen, gekoppelt mit dem Konzept der Entscheidungsepisoden, soll ein verstärkt entscheidungsorientiertes Verständnis von Organisationsstruktur erschließen, das die gängigen organisationsstrukturellen Vorstellungen weiter spezifizieren wird. Das Entscheidungsepisodenkonzept erscheint am ehesten geeignet, einen Beitrag zu den vielfältigen Versuchen leisten zu können, den Begriff der Komplexität in Entscheidungsprozessen – auf den wir im vierten Abschnitt zurückkommen werden – mit ersten Konturen zu versehen.

3. Organisationsreform

Fragen der Organisationsreformen – etwa in Form von Verwaltungsreformen – sind ein organisationstheoretischer „Evergreen" mit vielen historischen Bezügen.

Wir können dabei etwa an die Stein-Hardenberg'schen Reformen denken oder gleich die stärker zeitgeschichtliche Diskussion um in der Planungsabteilung des Bundeskanzleramtes begonnene Bemühungen verfolgen, die Funktionsweise der Ministerialbürokratie zu verbessern. Einige Aspekte dieser Diskussion sollen im abschließenden Kapitel diskutiert werden. An dieser Stelle gehen wir jedoch auf den Versuch ein, für die öffentliche Verwaltung der Bundesrepublik Deutschland ein numerisches Modell zu entwerfen, mit dem Ziel, Grundzüge ihres Aufbaus und ihre Funktionsweise beurteilen und verbessern zu können. Die Arbeit von Frido Wagener zum „Neubau der Verwaltung" zeigt in einem detaillierten Soll-Ist Vergleich der Verwaltungsbereiche Reformnotwendigkeiten auf[159]. Für uns soll in diesem Zusammenhang weniger die Frage einer Quantifizierung einzelner Maßstäbe als vielmehr die Auswahl der Bewertungskriterien von Interesse sein, nach denen eine solche Reform vorzunehmen ist. Derartige Kriterien vermitteln einen rudimentären Eindruck des „virtuellen Aktionssektors" der Verwaltung, da sie klar formulierte Erwartungshaltungen artikulieren.

Die öffentliche Verwaltung in der Bundesrepublik soll danach zwei übergeordnete Ziele verfolgen. Das erste Ziel — die Effektivität — wird einmal untergliedert in die Wirtschaftlichkeit. Deren interne Kriterien sind z. B. eine optimale Zahl der Verwaltungseinheiten, eine optimale Größe für Bildungs-, Gesundheits- und alle anderen Einrichtungen der öffentlichen Verwaltung, dabei jeweils bezogen auf Gebiet und Bevölkerung. Der andere Untergliederungspunkt der Effektivität ist die Leistungsfähigkeit, die u. a. als Kriterium für die Arbeitsteilung und damit Spezialisierung der Verwaltungsangestellten dient. Diese Ziele werden vornehmlich aus der deutschen Staatstradition der sparsamen Verwendung öffentlicher Mittel abgeleitet. Besonders bemerkenswert ist allerdings der Versuch, derartige Kriterien zu operationalisieren.

Für die in der Organisationstheorie so häufig diskutierte Frage, welche Ziele eine Organisation verfolgt bzw. als Richtschnur für einen „Neubau der Verwaltung" verfolgen sollte, ist als zweites übergeordnetes Ziel der Integrationswert von erheblicher Bedeutung. Die Integration einer Organisation wird für gewöhnlich zur Beschreibung interner Bemühungen benutzt, den Zusammenhalt einer Organisation durch gemeinsame Zielverfolgung nach außen zu erhalten. Hier wird deutlich, daß es für Organisationen einen Raum politischer Erwartungshaltungen gibt, der ihren Entscheidungsprozessen mehr oder minder klare Grenzen zieht. Der eine Bereich der Integration im politischen Raum ist die Wahrung und Sicherung der Rechtmäßigkeit durch Bindung des Verwaltungshandelns an die Gesetze sowie die ständige Bereitschaft für eine gerichtliche Nachprüfung der Verwaltungsmaßnahmen. Der andere Bereich der Integration bezieht sich auf die Intention der Festigung der Demokratie. Dazu gehören z. B. Anstreben größtmöglicher Aufgabendezentralisation (dabei sind Zielkonflikte mit der optimalen Größenordnung für Verwaltungseinheiten nicht auszuschließen), von „Einräumigkeit" der Verwaltung sowie möglichst breit gestreuter Entscheidungsmöglichkeiten über wichtige Verwaltungsaufgaben auf unterster kommunaler Ebene etc. An der Problematik der Reformbemühungen der öffentlichen Verwaltung läßt sich also demonstrieren, daß in der Organisationstheorie neben der Betonung bereits erwähnter interner Prozesse z. B. der Machtausübung und der Zielverfolgung ganz besonders wichtig die Beachtung der Begrenzungen durch den Kontext sind, in dem eine Organisation agiert. Diese Begrenzungen sind für politische Organisationen der Tendenz nach restriktiver als für wirtschaftliche Unternehmen, von denen erwartet wird, daß sie Gewinne erwirtschaften, sich im Konkurrenzkampf behaupten und dem technischen Fortschritt zum Durchbruch verhelfen.

4. Organisationskomplexität

Michael Cohen, James March und Johan Olsen beschäftigen sich u. a. mit Universitätsproblemen wie etwa der Wahl eines neuen Dekans oder mit Reorganisationsfragen am Beispiel der Universität Oslo. Wegen „schlecht-definierter" Präferenzen, unklarer und von den Mitgliedern nicht durchschauter „trial and error"-Verfahrensweisen und der stark fluktuierenden Partizipation in Organisations-Entscheidungsprozessen suchen sie nach einer, diese Faktoren berücksichtigenden „behavioral theory of organized anarchy". „To understand processes within organizations one can view a choice opportunity as a garbage can into which various kinds of problems and solutions are dumped by participants as they are generated. The mix of garbage in a single can depends on the mix of cans available, on the labels attached to the alternative cans, on what garbage is currently being produced, and on the speed with which garbage is collected and removed from the scene"[160].
Als Methapher für Entscheidungsprozesse in Organisationen mag die Analogie zu Abfallbeseitigungsproblemen im Stile der New Yorker Müllabfuhr überaus handfest, pragmatisch und zugleich etwas verwirrend wirken. Sie ist aber sicher eine klare Absage an die zur Analyse von Entscheidungsprozessen in Organisationen üblicherweise zur Anwendung gelangende formal-entscheidungstheoretische klassische Management-Theorie: wir finden in Organisationen Ziel-Mehrdeutigkeiten („ambiguity"), „trial and error"-Prozeduren und fluktierende Aufmerksamkeitsmuster („patterns"), für die eine benötigte normative Theorie von anderen Voraussetzungen als die klassische auszugehen hat. Die Frage ist dabei, wie rationales bzw. intelligentes Entscheiden ohne Unterstellung der Annahmen der formalen Entscheidungstheorie auszusehen hätte und vor allem, welche „Allokationsmuster" für Aufmerksamkeitszuwendungen erforderlich erscheinen. Es sind dies Fragen, die wir in anderem Zusammenhang schon diskutiert haben, welche Aufmerksamkeitsregeln (Smelser) und Phasen-Theoreme (Witte) betrafen. Hier wird noch pointierter herausgestellt, wie kompliziert das Zusammenspiel ist zwischen der Problementstehung, dem Involvieren einer wechselnden Zahl von Entscheidungsträgern, der Lösungsfindung und den Wahlmöglichkeiten in einem Entscheidungsprozeß in Organisationen.

Cohen et al. unterscheiden in ihrem Episodenkonzept vier „Prozeßströme" in einer Organisation:

(1) „Problems": als Wahrnehmung, Artikulation und Verbreitung von Problemen;

(2) „Solutions": als Lösungspotentiale in Form von „know how", Theorien, Computerkapazitäten etc.;

(3) „Participants": als Teilnehmer an Entscheidungsprozessen in Organisationen, die sich in puncto Zeit und Präsenz nicht durchgehend einer „Problemlösung" widmen können. Vielmehr betreten und verlassen die Teilnehmer am Entscheidungsprozeß sogenannte „Entscheidungsarenen" im Verlauf der Ereignisse z. T. ohne, daß Entschlüsse gefaßt wurden.

(4) Schließlich werden „Choice opportunities" angeführt: Entscheidungsarenen, Gelegenheiten, in denen von Organisationen eine Verhaltensweise erwartet wird, die man als Entscheidung bezeichnen kann.

Natürlich wird angenommen, daß diese vier Prozesse eines „garbage can"-Modells in einem gewissen Zusammenhang miteinander stehen. Aber der entscheidende Gedanke im Gegensatz zu jedem „synoptischen" Verständnis derartiger Prozesse in Organisationen ist, daß Veränderungen der Problemlagen, Lösungspotentiale, Entscheidungsteilnehmer und Entscheidungsgelegenheiten vier durchaus unterscheidbare, mit jeweiliger Eigendynamik versehene Prozesse sind.

Zusammentreffen wie Trennung der genannten vier „Ströme" wird durch ihre jeweilige Einbettung in die Entscheidungsstruktur beeinflußt. So gibt eine sogenannte Zugangsstruktur („access structure") Hinweise, welche Arten von Problemen bzw. Lösungsstrategien zu welchen Entscheidungsarenen überhaupt Eingang finden. Übersteigt die Differenzierung dieser vier Prozeßströme das menschliche Vorstellungsvermögen noch nicht, so ist ihr Zusammenspiel im zeitlichen Ablauf nur noch mit dem heuristischen Instrument einer Computer-Simulation in den Griff zu bekommen[161]. In vielen Fällen konnten Situationen ermittelt werden, in denen Probleme nicht auf Wahlmöglichkeiten und auch nicht auf Lösungsstrategien trafen. In wieder anderen Situationen blieben Probleme so lange ungelöst, bis eine unerwartet auftauchende Wahlmöglichkeit zu einer Lösung führte. Schließlich verließen wahrgenommene Probleme die Entscheidungsarena unerledigt. Eine Erledigung von in Organisationen diffundierten Problemen im Sinne von Problemlösungen, ist nach dieser Simulation nicht die Regel, sondern die Ausnahme. Eine Beobachtung dieser Sachverhalte in realen Organisationen ist wegen der nur in einer Simulation erreichbaren Trennschärfe der Einflußfaktoren äußerst schwierig. Dies liegt vor allem daran, daß diese Strukturen – z. B. die Partizipationsstruktur oder die Zugangsstruktur – „die angeben, welche Aktoren und welche Probleme bzw. Lösungen für welche Arenen ‚relevant' sind, in aller Regel mehrdeutig sind"[162].

Diese am „garbage can"-Modell orientierte Konturierung der Komplexität in „schlecht-strukturierten" Entscheidungsprozessen soll durch eine Bemerkung zur sogenannten „Komplexitätshandhabung" abgeschlossen werden. Offensichtlich sind die schwerwiegendsten Probleme, vor die eine Organisation gestellt werden kann, notwendige Bemühungen um ihre eigene Reorganisation; dies mit all jenen Implikationen, wie wir sie am Beispiel der Übernahme der Verhaltensweise der „passiven Resistenz" durch die angehende Bürgerrechtsbewegung in den amerikanischen Südstaaten vorführen konnten. Wir wiesen bereits daraufhin, daß derartige Umorganisationen für gewöhnlich der Kompetenz und Machtfülle der Organisationsführungsspitze bedürfen. Gelingen kann diese Politik nur, wenn die Betroffenen der Definition der Situation als Dilemma rückhaltlos zustimmen. So war der angehenden Bürgerrechtsbewegung in der damaligen historischen Situation nichts anderes übrig geblieben, als angesichts der komplexeren Situation in der Auseinandersetzung mit den Weißen ihre eigene „Komplexität" zu erhöhen. Dies gelang ihr dadurch, daß sie jedes Mitglied aus der üblichen Delegationsabhängigkeit entließ und jeden einzelnen zum partiellen Träger der Organisationspolitik machte. Zugleich gelang es jedoch im Zuge der Problemlösung einen „Meta-Kontext" zu entwickeln, „der die unterschiedlichen Einzelkontexte abbilden und so das Problem als simplexes Problem erfassen" läßt. Zweifellos war die Verhaltensmaxime „passive Resistenz" ein solcher „Meta-Kontext" mit klar definierbaren Verhaltensanordnungen für den häufig beschwerlichen Weg der Auseinandersetzung mit dem politischen Gegner[163].

Diese Konfrontation mit einer feindlichen Umwelt war sicher ein Beispiel dafür, daß die Behauptung der Kontingenztheorie in der Organisationsforschung von der „Entsprechung der Problemkomplexität" (Relation Organisation/Umwelt) normalerweise kein Automatismus ist, sondern der bewußten Entscheidung und Kontrolle durch das Führungssystem bedarf. Ein Beispiel für Komplexitätsreduktion bzw. -eliminierung ist etwa eine Situation, in der ein einzelner die Macht besitzt, alle anderen Beteiligten auszuschließen. Bei distributiven Auseinandersetzungen, zumeist im wirtschaftlichen Bereich, in denen sich die Beteiligten nach dem Konzept des „partisan mutual adjustment"[164] mit wechselseitigen Macht- und Aushandlungsprozessen auseinandersetzen, werden Probleme bewältigt ohne, daß Komplexität reduziert oder eliminiert wird. Als letztes Beispiel kommen wir auf die Außenverlagerung im betrieblichen Entscheidungsprozeß zur Erstbeschaffung einer EDV-Anlage zurück. Dies ist eindeutig ein Fall der „affirmativen Komplexitätserhöhung", die durch Lernprozesse mittelfristig zu einer Erhöhung der Eigenkomplexität des jeweiligen Unternehmens führt. So ist offenbar Komplexität nicht nur ein in seinen Konturen sehr schwer zu beschreibendes Kennzeichen von „schlecht-strukturierten" Entscheidungsprozessen, sondern zugleich ein taktisch-strategisches Medium, das in Organisationen bewußt variiert und zur Problemlösung verwendet wird.

Entscheidungstheoretisch ausgerichtete Organisationstheorie wird uns noch in anderen Kapiteln ausführlichst beschäftigen. Wir nehmen daher am Ende dieses Abschnitts kein Zwischenresümee vor, das die vorhandene Integration der Organisationstheorie mit der Politischen Wissenschaft besonders hervorhebt, sondern wir gehen an dieser Stelle unmittelbar zur Zusammenfassung des gesamten zweiten Kapitels über.

V. Zusammenfassung

(1) Die Entwicklung einer Theorie politischer Entscheidungsprozesse steht zwar erst am Anfang. Sie ist aber bereits heute ein interdisziplinäres Unternehmen, an

dem außer der Politischen Wissenschaft insbesondere die Psychologie, die Betriebswirtschaftslehre, die Volkswirtschaftslehre und die Organisationstheorie beteiligt
sind.

(2) Der psychologischen Entscheidungsforschung fällt eine besonders herausragende Rolle bei der Entwicklung einer interdisziplinären sozialwissenschaftlichen
Theorie politischer Entscheidungsprozesse zu. Die Weiterentwicklung der formalen
Entscheidungstheorie durch die behavioristische psychologische Entscheidungstheorie kann als ein tragbarer und ausbaufähiger Versuch angesehen werden, das Rationalmodell des um Anwendung bemühten Entscheidungstheoretikers und die Erfahrungswerte des um Problemlösungen häufig verlegenen politischen Entscheidungsträgers zu integrieren. Ihr Beitrag zur Öffnung der geschlossenen Entscheidungsmodelle und damit zur Entwicklung einer überwiegend deskriptiv-erklärenden
Theorie menschlichen Entscheidungsverhaltens auf den unterschiedlichsten Ebenen
wurde in den Bereichen der kognitiven Psychologie, der Gruppenpsychologie und
der Sozialpsychologie kenntlich gemacht. Ein weiterer Forschungszweig, als ,,Per-
sonality and Politics" vorgestellt, demonstriert den bereits hohen Grad der Verzahnung zwischen psychologischer und politologischer Entscheidungsforschung.
Spezifische Übertragungsprobleme aus der Psychologie in die Politische Wissenschaft ergeben sich für theoretische Ansätze (z. B. Die ,,Theorie der kognitiven
Dissonanz" und den ,,Stoner-Effekt"), deren Diskussion in der Mutterwissenschaft
noch nicht voll ausgereift ist. Besondere Probleme resultieren ferner aus der weitgehenden Undurchführbarkeit psychologischer Experimentaluntersuchungen in der
,,politischen Arena".

(3) In der Betriebswirtschaftslehre wird die Analyse ,,wohl-strukturierter" und
neuerdings verstärkt auch ,,schlecht-strukturierter" Problemstellungen als Untersuchungsgegenstand der Entscheidungsforschung betrachtet. Der Entwurf einer
,,Einführung in die Theorie der Entscheidungsprozesse" von Werner Kirsch sowie
die großangelegte Untersuchung zu einer ,,empirischen Theorie der Unternehmung"
von Eberhard Witte und seinen Mitarbeitern, zeugen vom hohen Stand betriebswirtschaftlicher Entscheidungsforschung. Hier bieten sich weitgefächerte Möglichkeiten vermehrter Kooperation mit der Politischen Wissenschaft, wie sie bereits
bei der Diskussion grundbegrifflicher Probleme einer interdisziplinären Entscheidungstheorie begonnen hat; im Falle der empirischen Untersuchungen zum Informationsverhalten, zum Lernverhalten, zur Zeitdrucksensitivität, zu Problemlösungs-
und Zielbildungsprozessen etc., sind eine Fülle von Konzepten empirischen Entscheidungsverhaltens gewonnen worden, die als heuristische Instrumente etwa
bei der Bildung von Ausgangshypothesen oder bei Fragestellungen an Fallstudienmaterial auch für den Kontext politischer Entscheidungsprozesse auf Anwendung
drängen. Nicht unterschätzt werden sollte das praxeologische Potential dieser
empirischen Untersuchungen für Entscheidungen in Wirtschaft und Politik. Die
Grenzen der Übertragbarkeit derartiger empirischer Forschungsmethoden liegt
auf der Hand: Die politologische Entscheidungsforschung verfügt in ihrem Unter-
suchungsbereich über keine Entscheidungsprozesse, die häufig genug auftreten,
einen solchen Grad an Vergleichbarkeit aufweisen und ein derartig einsehbares

relevantes empirisches Material für die Durchführung einer repräsentativen Stichprobe vorweisen können.

(4) Die Diskussion der sogenannten Aggregationsproblematik in der Volkswirtschaftslehre weist auf grundsätzliche Dimensionen multipersonaler Entscheidungsprozesse hin. Eine Erfassung menschlicher Bedürfnisse, Fragen der Nutzenmessung bzw. des Nutzenvergleichs sowie Probleme bei Versuchen einer Übertragung individueller Präferenzen auf die gesamtgesellschaftliche Ebene, sind gleichermaßen für die Politische Wissenschaft von Bedeutung. Sie hat ebenfalls ein legitimes Anliegen an zunehmender Kooperation mit den Wirtschaftswissenschaften im Rahmen von Ansätzen der Modernen Politischen Ökonomie. Es wurde auf das dreifache gemeinsame Interesse hingewiesen: (1) Untersuchung der Beziehungen zwischen wirtschaftlichem und politischem System, (2) Entwicklung von Konzepten und Instrumenten zur effektiveren Steuerung und Kontrolle (wirtschafts-) politischer Entscheidungsprozesse und (3) Erweiterung der Kenntnisse über die unzähligen Facetten politischer Entscheidungsprozesse durch Konfrontation konträrer wissenschaftlicher Zugriffsweisen. Dazu gehört auch die Ökonomische Theorie der Politik, die ihre Grenzen deutlich reflektiert, aber zugleich in Kombination mit Gedankengut der sogenannten Unorthodoxen zur Entwicklung prognosefähiger Modelle beiträgt. Die an verhaltenswissenschaftlich erwiesenen Grenzen politischer Entscheidungsträger orientierte Wirtschaftspolitik stellt sich u. a. Fragen der öffentlichen Problemerkenntnisprozesse, der Phasierungen staatlicher Willensbildung sowie der Durchführungshemmnisse in politischen Entscheidungsprozessen. Sie nutzt dabei die faszinierende Möglichkeit, unter Verweis auf zahlreiche historische Illustrationen, die Einflüsse geschlossener nationalökonomischer Theoriegebäude auf politische Entscheidungsprozesse zu dokumentieren.

(5) Die Organisationstheorie wird immer deutlicher zu einem zentralen Fokus entscheidungstheoretischer Untersuchungen in allen sozialwissenschaftlichen Disziplinen einschließlich der Politischen Wissenschaft. Fragen der Organisationsstruktur, der Organisationsreform und die Diskussion um Probleme der Organisationskomplexität zeigen die Breite der Überlegungen und den hohen Reflexionsstand der entscheidungsorientierten Organisationstheorie. Mit Hilfe des sogenannten „garbage can"-Modells gelingt es — unter expliziter Annahme „schlecht-definierter" Problemsituationen, auch für Organisationsteilnehmer nicht durchschaubarer „trial and error" Verfahrensweisen und der starken Fluktuation von Teilnehmern an Organisations-Entscheidungsprozessen — ein Bild solcher Entscheidungsprozesse zu entwerfen, das im Kontrast zu allen synoptischen Annahmen gängiger Management-Theorien steht. Das Konzept der „Entscheidungsepisoden", angewandt auf dieses Modell, verdeutlicht, daß die landläufige Vorstellung des Problemlösens in Organisations-Entscheidungsprozessen eher die Ausnahme und nicht die Regel ist. Das „garbage can"-Modell ermöglicht dabei eine Computer-Simulation, die eine erste rudimentäre Vorstellung von den komplexen Konturen „schlecht-definierter" Entscheidungsprozesse vermittelt.

Eine besondere Bedeutung kommt in jeder entscheidungstheoretischen Diskussion der sogenannten „Komplexitätshandhabung" zu. An mehreren Beispielen konnte darauf aufmerksam gemacht werden, daß eine in der organisationstheoretischen Kontingenztheorie angenommene „Entsprechung der Problemkomplexität" (Relation: Organisation/Umwelt) kein bloßer Automatismus ist. Erhöhung, Beibehaltung, wie Reduktion von Komplexität in Organisationen, können jederzeit als bewußt eingesetztes taktisch-strategisches Mittel fungieren, um jeweils unterschiedliche Aufgaben, mit denen sich Organisationen konfrontiert sehen, einer adäquaten Lösung näher zu bringen.

(6) Die Politische Wissenschaft verhält sich bisher in diesem Zusammenspiel sozialwissenschaftlicher Entscheidungsforschung — der Natur des besonders komplexen Untersuchungsgegenstandes entsprechend — eher nehmend als gebend. Die angedeuteten Ebenen der Kooperation sowie der überlappenden Interessen und damit der drängenden Fragen lassen bei zunehmend differenzierterer Arbeitsteilung erwarten, daß künftig der Part der Politischen Wissenschaft an Gewicht zunehmen wird. Das Potential empirischer Untersuchungsergebnisse, theoretischer Konzepte sowie von anderen Sozialwissenschaften an die Politische Wissenschaft herangetragener entscheidungstheoretischer Fragestellungen ist dabei ein nicht zu unterschätzendes Forschungspotential, das der vermehrten Ausschöpfung harrt.

Anmerkungen zum zweiten Kapitel

1 Vgl. Böhret, C., Entscheidungshilfen für die Regierung, a.a.O., S. 27 ff. sowie Witte, E., Das Informationsverhalten in Entscheidungsprozessen, Tübingen 1972, S. 1.
2 Vgl. Keeney, R.L., Raiffa, H., Decisions With Multiple Objectives: Preferences and Value Tradeoffs, New York u. a.: John Wiley & Sons, 1976 und das fünfte Kapitel, Abschn. III.
3 Gäfgen, G., Theorie der wirtschaftlichen Entscheidung, Untersuchungen zur Logik und ökonomischen Bedeutung des rationalen Handelns, Tübingen 1968, S. 102.
4 Merk, G., Programmierte Einführung in die Volkswirtschaftslehre, Bd. I, Grundlagen, Wiesbaden 1973, S. 61.
   — Auf Unterschiede zwischen den beiden Versionen des „ökonomischen Prinzips" macht Gäfgen, G., a.a.O., S. 102 f., aufmerksam.
5 Hagen, J.J., Rationales Entscheiden, München 1974, S. 28.
   — Eine Zusammenfassung der Annahmen einer Entscheidung bei Sicherheit: vgl. dazu Rück, R./Weber, H.H., in: Methoden zur Prioritätsbestimmung innerhalb der Staatsaufgaben vor allem im Forschungs- und Entwicklungsbereich. Teil I. Zentrum Berlin für Zukunftsforschung E.V. ZBZ-Bericht 8/1970, S. 47 f.
   (1) mögliche Handlungsalternativen: a_1, a_2 ...,
   (2) Umwelt X_1, auf die gewählte Handlungsalternative a_i einwirkt,
   (3) Nutzenfunktion, die jedem k_{i1} den Nutzen u_{i1} zuordnet.

Daraus folgt:

Ergebnismatrix		Nutzenfunktion	Entscheidungsmatrix	
X_1			X_1	
a_1	k_{11}		a_1	u_{11}
a_2	k_{21}		a_2	u_{21}
.	.	$k_{ij} \rightarrow u_{ij}$	.	.
.	.		.	.
a_m	k_{m1}		a_m	u_{m1}

Unter Anwendung des Rationalprinzips folgt:

$a_i \gtrsim a_k$ falls $u_{i1} \geqslant u_{k1}$ i, k 1 ... m

($>$: wird vorgezogen, $\sim$: ist indifferent)

6 Gäfgen, G., a.a.O., S. 8.
7 Vgl. Goodin, R.E., The Politics of Rational Man, London u. a.: John Wiley & Sons, 1976, S. 10.
8 von Neumann, J./Morgenstern, O., Theory of Games and Economic Behavior, Princeton N.J.: Princeton Un.Pr., 1953.
   – Bei der „kardinalen" Nutzenmessung werden über die „ordinale" Angabe der Präferenz bzw. Indifferenz hinaus die Abstände der Nutzengrößen auf einer mit Meßeinheiten versehenen Intervallskala erfaßt.
   – Zu den axiomatischen Grundlagen der „kardinalen" Nutzenmessung vgl. auch den Exkurs bei Kirsch, W., Entscheidungsprozesse, Bd. I: Verhaltenswissenschaftliche Ansätze der Entscheidungstheorie, Wiesbaden 1970, S. 36 ff.
   – Zu Problemen der Nutzen- bzw. Präferenztheorie vgl. u. a.: Krelle, W., Präferenz- und Entscheidungstheorie, Tübingen 1968.
9 Nach Gottinger, H.W., Grundlagen der Entscheidungstheorie, Stuttgart 1974, S. 2, ist dies der „erste Grenzwertsatz der Wahrscheinlichkeit", auch „Bernoullischer Satz" genannt.
10 Die Wurzeln zur modernen Nutzen- und Wahrscheinlichkeitstheorie gehen bis ins 17. Jahrhundert zurück. Bernoulli, D., wies 1738 mit der Lösung des sog. „St. Petersburger Paradoxons" nach, daß „der monetäre Erwartungswert als Entscheidungskriterium durch den Erwartungswert des monetären Nutzens (moralische Erwartung) ersetzt" werden muß zur Auflösung des Paradoxons, Gottinger, H.W., a.a.O., S. 5; vgl. außerdem seine Kritik zum „Petersburger Spiel", S. 24 ff. In diesem Paradoxon, wie übrigens auch bei den von Gossen, H.H., aufgestellten Gesetzen, wird anders als beim geschlossenen entscheidungstheoretischen Ausgangsmodell („Entscheidung bei Sicherheit") „kardinale" Nutzenmeßbarkeit unterstellt, d.h. die Abstände zwischen den Nutzengrößen sind, wie bereits erwähnt, auf einer Intervallskala erfaßbar. Im weiteren Verlauf gingen dann Neumann/Morgenstern, unter Rückgriff auf die Überlegungen Bernoullis, von der Annahme aus, daß Entscheidungssubjekte Wahrscheinlichkeitsverteilungen von Ergebnissen ordnen und bei einem Vergleich mit dem angenommenen sicheren Eintritt eines bestimmten Ereignisses Präferenz- bzw. Indifferenzurteile abgeben können. Gottinger, (S. 75) weist daraufhin, daß eine der Schwächen des axiomatischen Ansatzes von Neumann und Morgenstern die Interpretation der Wahrscheinlichkeit als objektive Wahrscheinlichkeit ist. Diese Kritik wurde insbesondere für Untersuchungen von Entscheidungssituationen relevant, die nicht wiederholbar sind oder für die keine genügende Anzahl von Beobachtungen wiederholbarer Ereignisse vorliegt. Deshalb wurde in der weiteren Entwicklung der formalen Entscheidungstheorie eine Theorie der Wahl eingeführt, die sowohl subjektive Wahrscheinlichkeiten, wie auch subjektive Werte (Nutzen) berücksichtigt. Vgl. dazu die Entscheidungsregel der Maximierung des „Subjective Expected Utility" (SEU), die insbesondere in der behavioristischen psychologischen Entscheidungsforschung zu weitverzweigter, bis heute andauernder Diskussion geführt hat. Z. B. bei Tversky, A., Addi-

tivity, Utility and Subjective Probability, in: Decision Making, Selected Readings, Edwards, W./Tversky, A. (eds.), Bungay, Suffolk: Richard Clay Ltd., 1967, S. 208 ff. Zum Überblick über die Diskussion von weitgehend im normativen Bereich verbleibenden „SEU"-Ansätzen in der Psychologie vgl. Lee, W., Psychologische Entscheidungstheorie, Eine Einführung, Weinheim/Basel 1977, S. 101 ff. Vgl. auch Kirsch, W., Bd. I, a.a.O., S. 43 ff.

11 Bezeichnen wir in Anlehnung an die Symbolik der in Anmerkung 5 vorgestellten Entscheidungsregel für eine „Entscheidung bei Sicherheit" mit u_{ik} den Nutzen der i-ten Handlungsalternative bei Eintritt der k-ten Umweltsituation und mit p_k die Wahrscheinlichkeit, daß diese Umweltsituation eintritt, so läßt sich die Entscheidungsregel von Bayes wie folgt formalisieren:

$$a_i \gtrsim a_j \longleftrightarrow \sum_k u_{ik} \cdot p_k \gtrless \sum_k u_{jk} \cdot p_k .$$

Diese Regel findet für Entscheidungen bei Risiko Anwendung.

12 Die Funktionsweise dreier Entscheidungsregeln für „Entscheidungen bei Unsicherheit" sollen anhand der genannten Beispiele „Minimax"-, „Maximax"- und „Hurwicz"-Regel demonstriert werden und zwar in Anlehnung an die Darstellung bei Kirsch, W./Michael, M./Weber, W., Entscheidungsprozesse in Frage und Antwort, Wiesbaden 1973, S. 29.

Umweltsituation / Alternative	S_1	S_2
a_1	12	1
a_2	2	3

Danach würde die Anwendung der „Minimax"-Regel zur Wahl von a_2 veranlassen, da in diesem Fall bei Eintritt der ungünstigsten Umweltsituation der Nutzen am höchsten ist. Nach der „Maximax"-Regel ist die Alternative a_1 zu wählen, da nur so das Maximum der Maxima erreichbar ist. Schließlich wird mit der „Hurwicz"-Regel ein sog. Optimismusparameter eingeführt, der zwischen 0 und 1 variiert werden kann ($O > \lambda > 1$). Bei $\lambda = 1$ ist die „Hurwicz"- mit der „Maximax"-Regel und bei $\lambda = O$ mit der „Minimax"-Regel identisch. (Eine umfänglichere Aufstellung von Entscheidungsregeln findet sich z. B. bei Gäfgen, G., a.a.O., S. 379 ff.) Die „Hurwicz"-Regel versucht die Argumente in der betriebswirtschaftlichen Entscheidungsdiskussion gegen die „Minimax"-Regel durch Einführung des „Pessimismus"-,„Optimismus"-Kriteriums zu berücksichtigen. Gegen die „Minimax"-Regel wurde vorgebracht, daß sie sowohl äußerst pessimistisch wie überaus konservativ ist und „oft in Widerspruch zur tatsächlichen Übung" der unternehmerischen Praxis steht. Schließlich wird darauf verwiesen, daß sie im allgemeinen in Oligopolsituationen gerechtfertigt ist. Heinen, E., Grundfragen der entscheidungsorientierten Betriebswirtschaftslehre, München 1976, S. 46.

Mit der letzteren Argumentation wird aber bereits die Ebene der Entscheidungen gegen die „Natur" verlassen und die spieltheoretische Ebene betreten. Zur Demonstration spieltheoretischer Überlegungen findet ebenfalls die oben angegebene Matrixform Verwendung. Allerdings stehen sich in den Spalten- wie Zeileneingängen die Handlungsalternativen zweier in einem Entscheidungsprozeß aufeinander bezogener Akteure gegenüber. Heinen (S. 46/47) weist daraufhin, daß eine vollständige Bestimmung rationalen Verhaltens nur für „Zwei-Personen-Nullsummen-Spiele" erzielt wurde. Er bezeichnet jedoch die zugrundeliegenden Annahmen — der Verlust eines Spielers entspricht dem Gewinn des anderen, vollständige Kenntnis der Spielregeln und damit aller Reaktionsmöglichkeiten — selbst für relativ besser strukturierte Probleme, wie wirtschaftliche Entscheidungsprozesse, für unangemessen.

Zur Diskussion spieltheoretischer Denkfiguren wie „Chicken-Game", Gefangenendilemma, Blockierungs- und Panik-Verhalten sowie zu Versuchen der Anwendung zur Charakterisierung politischer Entscheidungsprozesse vgl. Lee, W., a.a.O., S. 298 ff. und aus der Fülle politologischer Literatur zu spieltheoretischen Überlegungen vgl. Brams, S.J., Game Theory and Politics, New York: The Free Press, 1975. Vgl. auch die Benutzung spieltheoretischer Konzepte zur Kennzeichnung unterschiedlicher Modelle wie z. B. das „Abschreckungs"- und das sog. „Spiralen"-Modell im dritten Kapitel, S. 140 ff.

13 Höffe, O., Strategien der Humanität, Zur Ethik öffentlicher Entscheidungsprozesse, Freiburg/München 1975, S. 31. Auch in der sozialwissenschaftlichen Diskussion entscheidungstheoretischer Probleme nimmt die Benutzung des Begriffs „Paradigma" zu. So findet sich z. B. bei Steinbruner, J.D., The Cybernetic Theory of Decision, a.a.O., S. 24 ff, das „Analytic Paradigm" und das „Cybernetic Paradigm". Vornehmlich die sozialwissenschaftliche Entscheidungstheorie befindet sich in einem besonders „prä-paradigmatischen" Zustand, so daß bereits aus diesem Grund die Verwendung dieses Begriffs nur mit großer Zurückhaltung erfolgen sollte. Daß dieser Begriff bereits bei der Verwendung durch Thomas Kuhn Probleme in sich birgt, u. a. wegen seiner nicht unbeträchtlichen Leerformelhaftigkeit, darauf verweist Ludz, P.C., Thomas S. Kuhns Paradigmathese: Eine ideologiekritische Untersuchung, in: Sozialphilosophie als Aufklärung, Festschrift für Ernst Topitsch, Salamun, K. (Hrsg.), Tübingen 1979, S. 217 ff.

14 ders., S. 53.

15 Heinen, E., Grundfragen der entscheidungsorientierten Betriebswirtschaftslehre, München 1976, S. 233 ff. Auf S. 237 wird darauf verwiesen, daß bereits in der Betriebswirtschaftslehre die Mehrzahl der zu bewältigenden Probleme „schlecht-strukturiert" sind. Derartige Probleme sind nach Auffassung Heinens dadurch ausgezeichnet, daß ihnen mindestens eines der Merkmale „wohl-strukturierter" Probleme fehlt (eindeutig formulierte Ziele, vollständige, endliche Menge sich gegenseitig ausschließender Alternativen, Lösungsalgorithmus). Die formale Entscheidungstheorie, auch formale Entscheidungslogik genannt, ist insbesondere zur Lösung „wohl-strukturierter" Probleme geeignet. Zur Entscheidungslogik zählt Heinen in erster Linie die statistische Entscheidungstheorie (Entscheidungen bei Risiko und Ungewißheit), die Ökonometrie (Erfassung volkswirtschaftlicher Zusammenhänge in mathematischen Gleichungssystemen), die Spieltheorie (eine mathematisch-kybernetische Theorie zur Auswahl optimaler Alternativen, Strategien oder Verhaltensweisen) und Ansätze des sog. Operations Research (Techniken zur Lösung von Planungs-, Automatisierungs-, Design- und Organisationsproblemen). Bedingt durch die Notwendigkeit des Studiums von wesentlich schlechter oder gar „unstrukturierten" (vgl. Anmerkung 16) Problemen in den Sozialwissenschaften, bildet sich neben dieser formalen Entscheidungslogik mit besonderer Betonung normativer Fragestellungen, eine sozialwissenschaftliche Entscheidungstheorie − „behavioral decision-making theory" − heraus, die komplexe Entscheidungsprozesse zunächst einmal besser beschreiben und erklären soll.

16 Friedmann, J./Abonyi, G., Social Learning: A Model For Policy Research, Laxenburg: IIASA, Research Memorandum RM-76-26, 1976, S. 2. Die beiden Autoren weisen in der unten übernommenen Matrix auf die Bandbreite zwischen „wohl-strukturierten" und „unstrukturierten" Problemen hin. Sie gehen damit über die Definition der von Heinen als „schlecht-strukturiert" bezeichneten Probleme hinaus (vgl. Anmerkung 15). Vorzugsweise das Matrixfeld IV kennzeichnet die Strukturierung von Entscheidungsproblemen die Untersuchungsgegenstand der Politischen Wissenschaft sind.

Schaubild 3: Die Bandbreite zwischen „wohl-strukturierten" und „unstrukturierten" Problemen

	Goals are known	Goals are ambiguous or in conflict
Means-ends relationships are known at least probabilistically	I	II
Means-ends relationships are highly uncertain	III	IV

105

17 Vgl.: Woitschach, M., Strategie des Spiels, Berechenbares und Unberechenbares vom Glücksspiel bis zum unternehmerischen Wettbewerb, Reinbek 1971.

18 Lee, W., Psychologische Entscheidungstheorie, a.a.O., S. 147, (Originalausgabe: Decision Theory and Human Behavior, New York: John Wiley & Sons, 1971). Hier wird auf die „Interaktion" zwischen Nutzen und subjektiven Wahrscheinlichkeiten hingewiesen und zugleich angedeutet, welche Probleme sich daraus für die erwähnten „SEU"-Modelle ergeben.

19 Jungermann, H., Einleitung: Entscheidung – in der Theorie, in: Lee, W., a.a.O., S. 30 f.

20 Vgl. das Gespräch zwischen Keeney, R.L. und Buehrung, W.A., das die Anwendung der multi-attributiven Nutzentheorie bei Energieproblemen demonstrieren soll. Keeney, R.L., Energy Policy And Value Trade Offs, Laxenburg: IIASA, Research Memorandum RM 75-76, 1975.

21 Stegmüller, W., Probleme und Resultate der Wissenschaftstheorie und Analytischen Philosophie, Bd. I, Wissenschaftliche Erklärung und Begründung, Studienausgabe Teil 3, Historische, psychologische und rationale Erklärung. Kausalitätsprobleme, Determinismus und Indeterminismus, Berlin 1969, S. 394 f. Dort erfolgt auch der Hinweis auf Luce, R.D./ Raiffa, H., Games and Decisions, New York u. a.: John Wiley & Sons, 1957, S. 286 ff.

22 Vgl. zur Kritik am „synoptischen" Charakter der geschlossenen entscheidungstheoretischen Modelle: Braybrooke, D./Lindblom, C.E., A Strategy of Decision, Policy Evaluation as a Social Process, New York: The Free Press, 1963, S. 113. Vgl. auch Hagen, J.J., a.a.O., S. 64, der das „synoptische Ideal" auf den Laplace'schen Dämon bezieht.

23 Vgl. Anmerkung 16.

24 Posner, M.I., Kognitive Psychologie, München 1976, S. 10 ff.

25 Vgl. Luhmann, N., Grundbegriffliche Probleme Einer Interdisziplinären Entscheidungstheorie, in: Die Verwaltung, Jg. 1971, Bd. 4, Heft 4, S. 474. Luhmann verweist auf die bei Kirsch, Bd. I, a.a.O., bereits angelegte begriffliche Verschmelzung von Entscheidungsprozeß und Problemlösungsprozeß.

26 Posner, M.I., a.a.O., S. 240.

27 Simon, H.A., Administrative Behavior, A Study of Decision-Making Processes in Administrative Organization, New York: John Wiley & Sons, 1957, S. 81 f. Vgl. dazu auch das dritte Kapitel.

28 Vgl. Lindblom, C.E., Inkrementalismus: die Lehre vom „Sich-Durchwursteln", in: Wohlfahrtsstaat und Massenloyalität, Narr, W.D., Offe, C. (Hrgs.), Köln 1975, S. 161 ff. Der Begriff „Inkrementalismus" bedeutet, daß bei komplexen politischen Problemen nicht „synoptisch" verfahren werden kann, sondern der Entscheidungsträger – gemeint ist bei Lindblom vorzugsweise der Verwaltungsbeamte – spezifische Grenzwertvergleiche sog. „inkrementale" Vergleiche vornimmt. Angenommen die Alternativen X und Y stehen zur Auswahl. Beide weisen gleiche Annäherungswerte für die Zwecke a-e auf. Bei f bietet X mehr, bei g dagegen Y. Die Wahl für eine der beiden Alternativen X und Y fällt dann aufgrund des „inkrementalen" Vergleichs zwischen g und f. (Lindblom, ebda., S. 166 f.) Damit ist für Entscheidungen der Bedarf an Informationen über Werte und Ziele erheblich geringer als beim Rationalmodell.

29 Roth, R., Parteiensystem und Außenpolitik, Zur Bedeutung des Parteiensystems für den außenpolitischen Entscheidungsprozeß in der BRD, Meisenheim/Glan 1973, S. 15. Vgl. Lasswell, H.D., The Decision Process: Seven Categories of Functional Analysis, Bureau of Governmental Research, Studies in Government, Colloge Park: University of Maryland, 1956.

30 Heinen, E., a.a.O., S. 227.

31 Posner, M.I., a.a.O., S. 235 f.

32 Feger, H., Konflikterleben und Konfliktverhalten, Psychologische Untersuchungen zu alltäglichen Entscheidungen, Bern/Stuttgart/Wien 1978, S. 18. – Feger bringt an anderer Stelle einen Überblick über die psychologische Entscheidungsforschung. Zum gegenwärtigen Stand der psychologischen Entscheidungsforschung, in: Brandstätter, H./Gahlen, B. (Hrsg.), Entscheidungsforschung, Bericht über ein interdisziplinäres Symposium, Ottobeuren 1974, Tübingen 1975, S. 15 ff. Danach sind neben „Commitment", „Reversibilität" und „Nachentscheidungsprozessen" auch der „Entschluß", die „Information", die „Konfidenz", die „Konfliktstärke" und „erwartete Folgen" einer Entscheidung

zentrale Untersuchungsbereiche. Zum Problem der Konfliktlösung und Motivationsdynamik vgl. ferner: Thomae, H., Konflikt, Entscheidung, Verantwortung, Stuttgart 1974.

33 Festinger, L., A Theory of Cognitive Dissonance, Stanford, Cl.: Stanford Un. Pr., 1962, S. 50.
34 Irle, M., Macht und Entscheidungen in Organisationen, Frankfurt/Main 1971, S. 151 f.
35 ders., Verteidigung einer Theorie durch Expansion in: Zeitschrift für Sozialpsychologie 1970, Heft 1, S. 88.
36 Rohr, Ch., Verhaltensänderung, München 1972, S. 24.
37 Zajonc, R.B., Cognitive Theories in Social Psychology, in: Lindzey, G./Aronson, E. (eds.), The Handbook of Social Psychology, sec. ed., Vol I, Reading, Mass: Addison Wesley, 1968, S. 390.
38 Kupsch, P., Das Risiko im Entscheidungsprozeß, Wiesbaden 1973.
39 Mann, L., Sozialpsychologie, Weinheim/Basel 1972; Bergius, R., Sozialpsychologie, Hamburg 1976.
40 Vgl. Hofstätter, P.R., Gruppendynamik, in: Handbuch psychologischer Grundbegriffe, Hermann, T./Hofstätter, P.R./Huber, H.P./Weinert, F.E., (Hrsg.), München 1977, S. 184 f.
41 Vgl. Mann, L., a.a.O., S. 5 f.
42 Hofstätter, P.R., a.a.O., S. 191. Zu weiteren Aspekten von Entscheidungsprozessen in Gruppen vergleiche insbesondere: Brandstätter, H./Schuler, H. (Hrsg.), Entscheidungsprozesse in Gruppen, Bern 1976. Krege, W., Begriffe der Gruppendynamik, Stuttgart 1977. Lewin, K., Resolving Social Conflicts, Selected Papers on Group Dynamics, (edited by Lewin, G.W.), New York: Harper & Row, 1967. Thibaut, J.W./Kelly, H.H., The Social Psychology of Groups, New York: Wiley & Sons, 1959.
43 Irle, M., a.a.O., S. 171.
44 Zum Problem der Führungs-Dominanz sowie zum Verhältnis von Führer-Rolle vs. Gruppenrollen vgl. Neuberger, O., Führungsverhalten und Führungserfolg, Berlin 1976, S. 30 ff. und S. 92 ff.
45 Hofstätter, P.R., a.a.O., S. 190.
46 Irle, M., a.a.O., S. 171.
47 Kupsch, P., a.a.O., S. 285 ff.
48 Hofstätter, P.R., a.a.O., S. 191.
49 Besonders anschauliche wie auch methodisch-methodologisch ausgereifte Beispiele für Kleingruppenforschung liegen aus dem Bereich des „Judicial Decision-Making" vor. Zwar eignen sich richterliche Entscheidungen weniger für das Aufzeigen von „risky shifts". Desto besser lassen sich Grundhaltungen und Werte, die ein Richter verkörpert, als Ausgangslage ermitteln und auf die Einstellungen zu Amtskollegen wie auf das Abstimmungsverhalten im Entscheidungsprozess beziehen. Vgl. Schubert, G. (ed.), Judicial Decision-Making, London: Collier-Macmillan, 1963, S. 15 ff.
50 Kupsch, P., a.a.O., S. 297.
51 Vgl. Anmerkung 39.
52 MBFR: Mutual and Balanced Force Reduction talks; KSZE: Konferenz für Sicherheit und Zusammenarbeit in Europa; SALT: Strategic Arms Limitation Talks.
53 Newhouse, J., Cold Dawn: The Story of SALT, New York: Holt, Reinhart & Winston, 1973.
54 Vgl. von Cleave, W.R./Barnett, R.W., Strategic Adaptability, Orbis, Jg. 17, Nr. 3, 1974, S. 655 ff.
55 Iklé, F.C., How Nations Negotiate, New York: Harper & Row, 1964. Zur Kritik an Schelling, T.C., The Strategy of Conflict, New York: Harvard Un. Pr., 1963, vgl. Junne, G., Spieltheorie in der internationalen Politik, Die beschränkte Rationalität strategischen Denkens, Düsseldorf 1972. Vgl. zum Konzept der Spieltheorie Anmerkung 12 sowie das dritte Kapitel.
56 Einen Überblick über neuere Ansätze der Verhandlungstheorien liefern z. B. Rubin, J./Brown, B.R., The Social Psychology of Bargaining and Negotiation, New York: Academic Press, 1975, ebenso wie bereits erwähnt: Druckman, D., (ed.), Negotiations, Social-Psychological Perspectives, Beverly Hills/London: Sage Publications, 1977.

57 Vgl. Hopmann, P.T./Walcott, C., The Impact of External Stresses and Tensions on Negotiations, in: Druckmann, D., (ed.), a.a.O., S. 306. Eine analoge Einteilung findet sich in dem konflikttheoretischen Ansatz von Rapoport, A., Fights, Games And Debates, Ann Arbor: The University of Michigan, 1970.

58 Eine umfänglichere, wenn auch von den Autoren immer noch als unvollständig bezeichnete Definition untersucht Organisationen aus der Sicht von: „Participants, Goals, Roles und Environment". Sie findet sich bei: Cyert, R.M./Mac Crimmon, K.R., Organizations, in: The Handbook of Social Psychology, Vol. I, a.a.O., S. 568 ff.

59 Vgl. Anmerkung 57.

60 Die folgenden Beispiele entstammen Katz, D./Kahn, R.L., The Social Psychology of Organizations, New York: John Wiley & Sons, 1966, S. 277-281.

61 Vgl. Anmerkung 29.

62 Jervis, R., The Logic of Images in International Relations, Princeton N.J.: Princeton Un.Pr., 1970.

63 Ludz, P.C., ‚Alltagsleben‘ und ‚Strategic Interaction‘, Bemerkungen zu einem neuen Ansatz in der Theorie der internationalen Beziehungen, in: Internationale Politik in den siebziger Jahren, Raina, P. (Hrsg.), Festschrift für Richard Löwenthal, Frankfurt/Main, 1973, S. 185 ff.

64 Conway, M.M./Feigert, F.B., Political Analysis, An Introduction (sec. ed.), Boston u. a.: Allyn And Bacon, 1976, S. 112 ff.

65 Greenstein, F.I., Personality and Politics, in: ders./Polsby, N.W. (eds.), Handbook of Political Science, Vol. 2, Micropolitical Theory, Reading, Mass: Addison Wesley, 1975, S. 1 ff.

66 Lasswell, H.D., Psychopathology and Politics, Chicago: University of Chicago Pr., 1930. Dabei bedeuten: p = private motives, d = displacement of private motives from family to public objects, r = rationalization of the displacement in terms of serving public interests. ({: transformiert in Richtung auf). Der Hinweis auf diese sowie auf eine weitere Lasswell'sche Klassifikation von „Personality Types" findet sich bei Conway, M.M./Feigert, F.B., Political Analysis, a.a.O., S. 113.

67 Walker, P.G., The Cabinet, London: Jonathan Cape, 1970, S. 110.

68 Fragen des Persönlichkeitseinflusses Präsident Johnsons auf den Vietnam Krieg werden diskutiert von Greenstein, F.I., a.a.O., S. 2 f.

69 George, A.L., The „Operational Code": A Neglected Approach To The Study Of Political Leaders And Decision-Making, RAND, Santa Monica: RM-5427-PR, 1967.
Axelrod, R. (ed.), Structure of Decision, The Cognitive Maps of Political Elites, Princeton/N.J.: Princeton Un. Pr., 1976.
Vgl. das dritte Kapitel.

70 George, A.L./George, J.L., Woodrow Wilson and Colonel House: A Personality Study, New York: John Day, 1956. Diese kritische Anmerkung findet sich bei Greenstein, F.I., Personality and Politics, a.a.O., S. 41.

71 Barber, J.D., The Presidential Character: Predicting Performance in the White House, Englewood Cliffs, N.J.: Prentice Hall, 1972; Barber unterscheidet in: (1) „Active-positive" („law-makers") z. B.: Roosevelt, Truman, Kennedy; (2) „Active-negative" („advertisers") z. B. A. Johnson, Wilson, Hoover, L.B. Johnson, Nixon; (3) „Passive-positive" („spectators") z. B. Taft, Harding und (4) „Passive-negative" („reluctants") z. B. Coolidge und Eisenhower. Eine Darstellung dieser Klassifikation sowie kritische Anmerkungen dazu befinden sich bei Greenstein, F.I., a.a.O., S. 55 ff.

72 Zu dem Aspekt der potentiellen kognitiven Beeinträchtigungen vgl. die Ausführungen zu verhandlungstheoretischen Problemstellungen im vorhergehenden Abschnitt I₄.
Der Verweis auf Peter G. Bourne findet sich bei Greenstein, F.I., a.a.O., S. 64 f. Siehe auch Bourne, P.G., Altered adrenal function in two combat situations in Viet Nam, in: Eleftheriou, B.E./Scott, J.P. (eds.), The Physiology of Aggression and Defeat, New York: Plenum, 1971, S. 265 ff.

73 Vgl. Fischer, G., Experiment, in: Handbuch psychologischer Grundbegriffe, a.a.O., S. 142.

74 Haas, M., Survival Decisionmaking, in: Chittick, W.O. (ed.), The Analysis of Foreign Policy Outputs, Columbus, Ohio: Charles E. Merrill, 1975, S. 149. Die drei Modelle, die unter Heranziehung von 68 Variablen und 9 sog. „micro-clusters" mit Hilfe der Faktoren-Analyse auf ihren Erklärungswert untersucht werden, sind: (1) plötzliche und

unerwartete Drohung wird als Krise empfunden (Charles Hermann), (2) „affektive"
Beurteilungen überdecken kognitive Faktoren (Robert North), (3) kulturelle „Brücken-
bildung zwischen Völkern verhindern Kriege (Robert Angell/Raoul Naroll). Vgl. in diesem
Zusammenhang den im dritten Kapitel diskutierten Ansatz von Snyder, G.H./Diesing, P.,
Conflict Among Nations, Bargaining, Decision Making, And System Structure in Inter-
national Crises, Princeton N.J.: Princeton Un. Pr., 1977.

75 ebda., S. 137 u. 140 f.

76 ebda., S. 141.

77 Diese beiden Gründe: wenige Daten, die direkter Beobachtung zugänglich sind und eine
zu geringe Zahl von Fällen, um für statistische Analyse aufbereitbar zu sein, haben in
der Politischen Wissenschaft auf der Suche nach einem Ausweg u. a. zur sog. Simulations-
forschung geführt. Vgl. Kern, L./Rönsch, H.D., Simulationen internationaler Beziehungen:
Ein Überblick, in: Simulation internationaler Prozesse, Sonderheft der Politischen Vier-
teljahresschrift, Opladen 1971, S. 1.

78 Jervis, R., Perception and Misperception in International Politics, Princeton N.J.: Princeton Un. Pr., 1976, S. 5.

79 Vgl. Anmerkung 15 und 16.

80 Heinen, E., a.a.O., S. 373 f.

81 Steinbruner, J.D., The Cybernetic Theory of Decision, a.a.O., vgl. Anmerkung 13.

82 Kirsch, W., Entscheidungsprozesse, Bd. I: Verhaltenswissenschaftliche Ansätze der Entscheidungstheorie, Bd. II: Informationsverarbeitungstheorie des Entscheidungsverhaltens,
Bd. III: Entscheidungen in Organisationen, Wiesbaden 1970, 1971/71. Inzwischen, insbesondere unter verstärkter Aufnahme von Entwicklungstendenzen neuerer organisationstheoretischer Fragestellungen als einbändige Studienausgabe unter verändertem Titel
neu erschienen, ders., Einführung in die Theorie der Entscheidungsprozesse, Wiesbaden
1977.
Vgl. u. a. auch Klein, H., Heuristische Entscheidungsmodelle — Neue Techniken des Pro-
grammierens und Entscheidens für das Management, Wiesbaden 1971. Klis, M., Überzeugung und Manipulation — Grundlagen einer Theorie betriebswirtschaftlicher Führungsstile, Wiesbaden 1970. Kupsch, P.U., Das Risiko im Entscheidungsprozeß, Wiesbaden 1973.
Marr, R., Innovation und Kreativität, Planung und Gestaltung industrieller Forschung und
Entwicklung, Wiesbaden 1973.

83 Kirsch, W., a.a.O., Bd. I, S. 70.

84 Vgl. Luhmann, N., Grundbegriffliche Probleme einer Interdisziplinären Entscheidungstheorie, a.a.O., S. 470.

85 Kirsch, W./Michael, M./Weber, W., Entscheidungsprozesse in Frage und Antwort, Wiesbaden 1973.

86 Vgl. Kirsch, W., Bd. III, a.a.O., S. 241 ff. Ein weiteres Beispiel der Übernahme aus der
Politologie ist das Konzept der „Kern- und Satellitengruppen" von Sayre und Kaufmann
(Bd. III, S. 55 ff.).

87 Daß die Betriebswirtschaftslehre sich dieses Themas verstärkt annimmt, zeigen u. a. die
Ausführungen zum PPB in: Kirsch, W./Bamberger, I./Gabele, E./Klein, H.K., Betriebswirtschaftliche Logistik, Systeme, Entscheidungen, Methoden, Wiesbaden 1973, S. 142 ff.

88 Vgl. Etzioni, A., Die aktive Gesellschaft. Eine Theorie gesellschaftlicher und politischer
Prozese, Opladen 1975;
im übrigen vgl. die Ausführungen zur Systemtheorie im dritten Kapitel, Abschnitt I.

89 Vgl. das dritte Kapitel.

90 Luhmann, N., a.a.O., S. 476. Zur Aggregationsproblematik vgl. Abschnitt III$_1$ in diesem
Kapitel.
— Luhmann hat in seiner Würdigung nicht nur auf die Schwäche des (1) individualpsychologischen Reduktionismus bei Kirsch aufmerksam gemacht. So betont er die Notwendigkeit der auch von Kirsch gesehenen Alternative einer „Mehrheit von Systemreferenzen"
ohne seinerseits z. B. eine systemtheoretische Lösungsmöglichkeit für einen „begrenzten
Reduktionismus" anbieten zu können. Ein solcher „begrenzter Reduktionismus" würde
es nicht nur erlauben, mehrere Ebenen der Betrachtungsweise (Individuum, Gruppe,
Organisation, Gesellschaft usw.) parallel nebeneinander herlaufen zu lassen, sondern
systematisch miteinander zu verbinden. Luhmann hat außerdem auf die Problematik der
(2) „Entscheidungsprämisse" verwiesen, die als „wichtigste koordinierende Abstraktion

der Entscheidungstheorie" anzusehen ist und die – im Gegensatz zur (3) Information (zugleich „Zeichen" wie auch „Maß für die Unwahrscheinlichkeit einer Nachricht") – „eine Art struktureller Unsicherheitsabsorption" (S. 472) leisten soll. Ein schwieriges Problem ist darin zu sehen, daß Entscheidungsprämissen keine naturgegebenen Daten, sondern selber Folgen von Entscheidungsprozessen sind; damit stellt sich die Frage der „Reflexivität der Entscheidungsprozesse". Für Luhmann ist dies ein „Kapazitätsproblem": „in welchem Maße und in welcher Richtung die Entscheidungsschwierigkeiten beim Entscheiden über Prämissen von Entscheidungen wachsen" (S. 472).

Für politische Entscheidungsprozesse stellen sich für ein analoges „Kapazitätsproblem" – außer in besonderen Umbruchsituationen – relativ enge Grenzen, da umfängliche Veränderungen der Entscheidungsprämissen etwa bei von autoritativen Entscheidungen Betroffenen potentiell Aspekte der Legitimität tangieren. Paul Diesing weist daraufhin, daß bei politischen Entscheidungen nicht etwa nur an Problemlösung oder Zielerreichung, sondern zugleich an die Einbeziehung der „decision-making structure" mit ihren Komponenten („common beliefs", „commitments resulting from previous decision" etc. (S. 170)) zu denken ist. Für ihn ist dabei „achievement of ... aims with the preservation of the decision structure as a secondary issue" verbunden. (Diesing, P., Reason in Society, Five Types of Decision and Their Social Conditions, Urbana, Un. of Ill. Pr., 1962, S. 199).

Schließlich weist Luhmann auf Grenzen der von Simon und Kirsch intendierten (4) Verschmelzung von Problemlösungsprozeß und Entscheidungsprozeß hin. Diese Differenz wird in der ihm eigenen Sprache umschrieben: „Hinzuzufügen wäre, daß strukturelle Beschränkungen des Möglichen das Mögliche überhaupt erst ermöglichen. Die Doppelgesichtigkeit eines Problems als eines lösungsbedürftigen und lösbaren beruht eben darauf, daß Möglichkeiten in diesem Doppelsinne der Erzeugung der Beschränkung von strukturellen Bedingungen der Möglichkeit abhängig sind (S. 475).

Wenn wir bei einem „wohl-strukturierten" Problem die Problemlösung mit dem Vorhandensein eines Lösungsalgorithmus gleichsetzen konnten, so ließe sich Entscheiden, vornehmlich auf „schlecht-strukturierte" Probleme anwenden, für die ein Algorithmus fehlt. Für Hermann Lübbe beschränkt sich Entscheiden auf eine solche mit rationalen Mitteln nicht voll überschaubare Situation: „Die Entscheidung überspringt einen Mangel an rationalen Bestimmungsgründen des Handelns". (Ders., Theorie und Entscheidung, Studien zum Primat der praktischen Vernunft, Freiburg 1971, S. 21).

Einer Verschmelzung der Begriffe „Entscheidungsprozeß" und „Problemlösungsprozeß" sind für viele konfligäre Bereiche Grenzen gesetzt, in denen Konflikte nicht gelöst werden können, sondern günstigstenfalls eine Einigung über die Modalitäten der Konfliktregelung als Ergebnis von Entscheidungsprozessen zu erwarten ist.

91 Vgl. dazu die Definition bei Kirsch, W., a.a.O., Bd. III, S. 128, „Das A-rationale des Inkrementalismus", die den Gedanken der idealtypischen Gegenüberstellung übernimmt ohne auf die Grenzen des Gebrauchs von Idealtypen aufmerksam zu machen.

92 Haas, E.B., The Obsolescence of Regional Integration Theory, Berkeley, Cal.: Institute of International Studies, Research Series, Nr. 25, 1975, S. 37 ff. Merkmale des „Fragmented Issue Linkage" als Kompromiß-Modell zwischen Inkremental- und Rational-Modell sind z. B.: „Attempt to cope with disaggregated policies", „Deliberate search for new knowledge", „Limited holistic perspective": an ausgewählten Problemen der europäischen Integration wird die Tragfähigkeit dieses Entscheidungsansatzes demonstriert.

93 England, G.W., The Manager and His Values: An International Perspective from The United States, Japan, Korea, India and Australia, Cambridge, Mass: Ballinger Publ., 1975, S. 20.
    Eine andere Arbeit, die sich mit Werthaltung befaßt, in diesem Fall in Abhängigkeit von Organisationszielen, ist: Werle, R., Justizorganisation und Selbstverständnis der Richter, Kronberg 1977.

94 Kirsch, W., (1977), a.a.O., S. 242.

95 Witte, E. (Hrsg.), Das Informationsverhalten in Entscheidungsprozessen, Tübingen 1972. Grün, O., Das Lernverhalten in Entscheidungsprozessen der Unternehmung, Tübingen 1973. Bronner, R., Entscheidung unter Zeitdruck, Tübingen 1973. Gzuk, R., Messung der Effizienz von Entscheidungen, Beitrag zu einer Methodologie der Erfolgsfeststellung betriebswirtschaftlicher Entscheidungen, Tübingen 1975. Hauschildt, J., Entscheidungs-

ziele, Zielbildung in innovativen Entscheidungsprozessen: theoretische Ansätze und empirische Überprüfung, Tübingen 1977. Joost, N., Organisation in Entscheidungsprozessen – Eine empirische Untersuchung, Tübingen 1975.
Damit wird in der Betriebswirtschaftslehre die Ebene der „normativen Modelle" wie „homo oeconomicus", Operations Research (für Entscheidungen, jenseits von Common sense bzw. nur bis zu einem gewissen Komplexitätsgrad) und Management Gaming (Unternehmensplanspiele) mit ihren Lösungsvorschlägen für optimale Entscheidungen verlassen. Gemäß dem realwissenschaftlichen Anliegen betriebswirtschaftlicher Methodologie geht es also nicht mehr darum, zu lehren wie es sein soll, sondern herauszufinden wie es ist.

96 Witte, E., Mikroskopie einer unternehmerischen Entscheidung, Bericht aus der empirischen Forschung, in: IBM-Nachrichten, 9. Jg., Nr. 193, S. 490.

97 ebda. S. 491. Auch die im Folgenden gemachten Angaben über Auswahl der Gattung „Erstbeschaffung elektronischer Datenverarbeitungsanlagen" und weitere Aspekte des Forschungsprogramms entstammen diesem Aufsatz von Eberhard Witte.

98 Als „Entscheidungsträger" sollen dabei nicht nur die an einem finalen Entschluß beteiligten Personen bezeichnet werden, sondern auch die Personen, die im Verlauf eines längerfristigen Entscheidungsprozesses an wesentlicher Entscheidungsvorbereitung und dem Fällen von Zwischenentscheidungen beteiligt sind.

99 Kroeber-Riel, W., Ideologische Komponenten der entscheidungsorientierten Betriebswirtschaftslehre, in: Ders./Eberlein, G.L./Leinfellner, W. (Hrsg.), Forschungslogik der Sozialwissenschaften, Düsseldorf 1974, S. 287.

100 Witte, E., Mikroskopie einer unternehmerischen Entscheidung, a.a.O., S. 493.

101 ebda., S. 494.

102 Witte, E., Phasen-Theorem und Organisation komplexer Entscheidungsverläufe, in: Schmalenbachs Zeitschrift für betriebswirtschaftliche Forschung, Neue Folge, Bd. 20, 1968, S. 645 ff.

103 Zum Promotorenmodell vgl. Witte, E., Organisation für Innovationsentscheidungen, Das Promotoren-Modell, Göttingen 1973.

104 Diese Einflüsse von Organisationsstruktur, Führungsstil und Kommunikationsbeziehungen auf den Innovationsprozeß im Unternehmen beschreibt: Plöger, I., Probleme bei der Anwendung von Methoden der Ideenfindung in der Praxis, Diplomarbeit, Darmstadt 1974, S. 8 ff.

105 Witte, E., Organisation für Innovationsentscheidungen, a.a.O., S. 17 ff.

106 Plöger, I., a.a.O., S. 26.

107 Witte weist auf die praxeologische Bedeutung dieser Untersuchungsergebnisse hin und spricht ihre Überlegenheit gegenüber dem Stab-Linie-Modell an, ders., Organisation für Entscheidungen, a.a.O., S. 56 ff.

108 Bronner, R., Entscheidung unter Zeitdruck, a.a.O., S. 154.

109 ebda., S. 154 f.

110 Vgl. Nagel, A., Politische Entscheidungslehre, Band I: Ziellehre, Berlin 1975.

111 Hauschildt, J., Entscheidungsziele, a.a.O., S. 244. Im Folgenden werden im Wesentlichen die Ergebnisse dieser Untersuchung herangezogen.

112 Hauschildt verweist darauf, daß derartige „fuzzy sets" geeignet erscheinen, komplexe Eigenschaften hinreichend zu ordnen (S. 244).

113 Vgl. z. B. Axelrod, R. (ed.), Structure of Decision, a.a.O.

114 Hauschildt macht außerdem darauf aufmerksam, daß dieser Zielbildungsprozeß bei Unsicherheit nicht nur vom „Gegeneinander der Interaktionspartner" sondern zugleich vom „Miteinander um das was eigentlich gewollt sein kann' (S. 247) geprägt war. Besonders spezifisch für diesen Entscheidungsprozeß war der Einfluß von Rahmenbedingungen wie Betriebsgröße und Rechtsform. Aber noch stärker wirkte der Problemkontext auf den Zusammenhang von Zielbildung und Problemlösung (Konkurrenz der EDV-Hersteller, Höhe der Mietsumme etc. (S. 247)). Schließlich weist Hauschildt auf eine Besonderheit technisch-innovativer Entscheidungsprozesse hin: „Je höher die Komplexität der Problemlösung, desto größer die Zunahme der Varianten einer technischen Verstrickung des Zielbildungsprozesses gegenüber den Varianten seiner ökonomischen Öffnung" (S. 248).

115 Einen Überblick über das Konzept „Wohlfahrt" von der klassischen Nationalökonomie über die Neoklassik bis hin zur Marx'schen Politischen Ökonomie findet sich bei Roos, J.P., Welfare Theory and Social Policy, A Study in Policy Science, Helsingfors: Societes Scientiarum Finnica, 1973, S. 31 ff.

116 Vgl. Frey, B.S., Moderne Politische Ökonomie, die Beziehungen zwischen Wirtschaft und Politik, München/Zürich 1977, S. 91 ff.

117 Krelle, W., Präferenz- und Entscheidungstheorie, a.a.O., S. 86.

118 Vgl. Anmerkung 5.

119 Vgl. Krelle, W., a.a.O., S. 25.

120 Albert, H., Traktat über kritische Vernunft, 2. Aufl., Tübingen 1969, S. 171. Sowie ders., Marktsoziologie und Entscheidungslogik, Ökonomische Probleme in soziologischer Perspektive, Neuwied am Rhein/Berlin 1967, S. 20 ff. u. S. 245 ff.

121 Tenbruck, F.H., Zur Kritik der planenden Vernunft, Freiburg/München 1972, S. 133 f.

122 Höffe, O., Rationalität, Dezision oder praktische Vernunft, Zur Diskussion des Entscheidungsbegriffs in der Bundesrepublik, in: Philosophisches Jahrbuch, 80. Jg., 1973, S. 344. In diesem Aufsatz wird ein Überblick über formale Entscheidungstheorie einschließlich Spieltheorie gegeben sowie die Kritik u. a. des kritischen Rationalismus, aber auch der historisch-dialektischen Schule, vorgestellt. Während Höffe die Kritik von Albert mit „Fiktion eines sozialen Vakuums", die von Tenbruck mit „Fiktion eines energetisch-affektiven Vakuums" beschreibt (S. 358), läßt sich analog seine eigene Kritik mit „Fiktion eines kommunikativen Vakuums" umreißen.

123 Vgl. Frey, B.S., Moderne Politische Ökonomie, a.a.O., S. 95.
Frey hat seinerseits zurückgegriffen auf Fischel, W.A., Aesops Paradox: The Classical Critique of Democracy Processes, in: Journal of Political Economy, 80, 1972.

124 Vgl. Krelle, W., a.a.O., S. 95 ff.; zur Verdeutlichung insbesondere die Graphik auf S. 97.

125 ebda., S. 98.

126 Arrow, K.J., Social Choice and Individual Values, sec. ed., New York, 1963, vgl. Frey, B.S., a.a.O., S. 97.

127 ebda., S. 100—114.

128 Das Pareto-Optimum (als Definition für einen Zustand bei dem die Lage eines Mitgliedes in einem gesellschaftlichen Gemeinwesen nicht weiter verbessert werden kann, ohne zugleich die Lage zumindest eines anderen zu verschlechtern) fand bereits Erwähnung anläßlich der Auflistung der vier Anforderungen zur Ableitung des Arrowschen Unmöglichkeitstheorems. Zu nennen sind noch das „Kaldor-Hicks"-Kompensationskriterium sowie das „de-Scitovsky"-Doppelkriterium der Kompensation. Alfred Bohnen macht deutlich, daß es sich nicht um „objektive Kriterien" handelt für das Vorliegen von gesellschaftlichen Wohlfahrtssteigerungen — das würde nämlich die nicht vorhandene Fähigkeit zu Nutzenmessungen und -vergleichen voraussetzen — sondern um bloße Definitionen des Begriffs „soziale Wohlfahrtssteigerungen", ders., Die Utilitaristische Ethik Als Grundlage Der Modernen Wohlfahrtsökonomik, Göttingen 1964, S. 93 f.

129 Vgl. zu den Ausführungen des folgenden Abschnitts: Frey, B.S., a.a.O., S. 51—68.
Tabelle siehe S. 113.

130 Als Überblick vgl. Frey, B.S., Die ökonomische Theorie der Politik oder die neue politische Ökonomie. Eine Übersicht, in: Zeitschrift für die gesamte Staatswissenschaft, Bd. 126, Tübingen 1970. Zur Ableitung grundlegender Theoreme vgl. insbesondere S. 20 f. Zwei Beispiele für besonders umfassende Modelle (1) + (2) sowie ein grundsätzlicher Beitrag zur Theoriebildung für ökonomisches und politisches „Decision Making" (3): Vgl.: (1) Rothenberg, J., A Model of Economic and Political Decision Making, in: Margolis, J. (ed.), The Public Economy of Urban Communities, Baltimore: The Johns Hopkins Pr., 1965, S. 1 ff; und (2) Shubik, M., A Two Party System, General Equilibrium and The Vote Paradox, in: Zeitschrift für Nationalökonomie, 28, 1968; sowie (3) Lindblom, C.E., Towards A Theory of Economic and Political Decision Making, Paper presented at the 10th IPSA-Meeting, Edinburgh, 1976.

131 Frey, B.S., (1977) a.a.O., S. 87. Zu den Unorthodoxen vgl. u. a.: Veblen, T., The Theory of the Leisure Class, New York: Random House, 1961. Galbraith, J.K., American Capitalism, The Concept of Countervailing Powers, Cambridge, Mass: Harvard Un. Pr., 1952. Hirschman, A.O., The Strategy of Economic Development, New Haven: Yale Un. Pr., 1958. Boulding, K.E., Conflict and Defense, A General Theory, New York: Harper and Row, 1962.

Schaubild 4: Klassifikation der Varianten politischer Ökonomie

| | | | Methodischer Ansatz | | |
| | | | | Wirtschaftswissenschaft | |
		Marxismus	System-theorie	Traditionelle Theorie	Neuansätze
	Kritik der bestehenden Theorie	Cambridger Kapital-theorie	–	–	–
	Kritik und neuartige Theorie	Neue Linke	–	–	Unorthodoxe
Ziel der Analyse	Positive Theorie von Wirt-schaft und Politik	–	Sozial-wiss. System-theorie u. System-dynamik	Politische Wirtschafts-lehre; Ökono-mische Theorie der Politik	–
	Politik-beratung	–	System-analyse und Policy Science	Praktische Wirtschafts-politik	–

Quelle: Frey, B. S., a.a.O., S. 53.

132 Herder-Dorneich, P., Groser, M., Ökonomische Theorie des politischen Wettbewerbs, Göttingen 1977, S. 98.
133 ebda., S. 72.
134 Kirsch, G., Ökonomische Theorie der Politik, Tübingen 1974, S. 76 ff.
135 ebda., S. 78.
136 Downs, A., Ökonomische Theorie der Demokratie, Tübingen 1968, S. 37 ff. und S. 82 ff.
137 Kirsch, G., a.a.O., S. 86.
138 ebda., S. 95 und S. 108.
139 Schumpeter, J.A., Kapitalismus, Sozialismus und Demokratie, Bern 1950, S. 427 ff.
140 Downs, A., a.a.O., S. 37 ff. Trotz aller bisherigen Bemühungen, die Wahlentscheidungen mit Hilfe der „Ökonomischen Theorie der Politik" zu erklären, blieb bisher eine Fundierung des Aktes der Stimmabgabe durch das Rationalmodell äußerst mangelhaft.
141 Frey, B.S., a.a.O., S. 127, „räumlich" ist in diesem Zusammenhang nicht geographisch sondern als „Spannweite" der Parteiprogramme auf einer ideologischen Skala zu verstehen (S. 122).
142 Vgl. zum Folgenden Kirsch, G., a.a.O., sowie Olson, M., Jr., Die Logik des kollektiven Handelns, Tübingen 1968. Kirsch definiert „Externalitäten" (externe Effekte) damit, daß durch die Entscheidung eines Individuums nicht nur dessen Ziele bzw. Bedürfnisbefriedigung sondern darüber hinaus auch die „weiterer Individuen positiv oder negativ tangiert wird". Diese Definition sowie die Hinweise auf die Bedenklichkeit allokativer und distributiver Effekte sowie Probleme der Internalisierung externer Effekte finden sich bei Kirsch, a.a.O., S. 13 ff.
143 Musgrave, R.A., Finanztheorie, 2. Aufl., Tübingen 1969, S. 10.

144 Zur Einschätzung der Leistungsfähigkeit der Theorie Olsons vgl. Kirsch, G., a.a.O., S. 38 ff.

145 Frey, B.S., a.a.O., S. 187. Desgleichen bedarf u. E. einer eingehenderen Klärung inwieweit eine Maximierung der Popularität mit Stimmenmaximierung zusammenhängt und inwieweit die Popularität z. B. von Aktionen der Regierung abhängt.

146 ebda., S. 192. Auf gewisse Defizite seines Ansatzes, insbesondere die geringe Zahl der Akteure und Schwächen in der Struktur, weist Frey selber hin (S. 193).

147 Kirsch, G., a.a.O., S. 125.

148 ebda., S. 130.

149 Goodin, R.E., The Politics of Rational Man, a.a.O., S. 6 f. Eine Verbesserung der Relation: „ Comprehensiveness/Parsimony" bedeutet ein wachsender Modellumfang bei abnehmender Selektionsnotwendigkeit der Modellelemente und prinzipieller Aufrechterhaltung der ursprünglichen Modellstruktur.

150 Vgl. zum Folgenden: Voigt, F./Budischin, H.J., Grenzen der staatlichen Wirtschaftspolitik im gesellschaftlichen und sozialen Wandel, Einflüsse der Denk- und Reaktionsfähigkeit der menschlichen Persönlichkeit, Berlin 1976, insbesondere S. 27–55; sowie Smelser, N.J., Theorie des kollektiven Verhaltens, Köln 1972.

151 Voigt, F./Budischin, H.J., weisen z. B. daraufhin, daß ausgehend von der Gewerbeordnung des Norddeutschen Bundes vom 21.6.1869 dieses „Grundgesetz der liberalen Wirtschaftsverfassung" in knapp 100 Jahren nicht weniger als 120 Änderungen erfuhr (S. 33).

152 Voigt, F./Budischin, H.J., a.a.O., S. 49 ff.

153 ebda., S. 54 f.

154 ebda., S. 64 f.

155 Zur ersten Übersicht vgl. u. a.:
Cybert, R.M./Mac Crimmon, K.R., Organizations, a.a.O., Etzioni, A., Modern Organizations, Englewood Cliffs: Prentice Hall, 1964,
Grochla, E. (Hrsg.), Handwörterbuch der Organisation, Stuttgart 1973,
Irle, M., Macht und Entscheidungen in Organisationen, a.a.O.; sowie zur kritischen Auseinandersetzung mit dem Stab-Linie-Modell. Witte, E., Organisation für Innovationsentscheidungen, a.a.O., Luhmann, N., Funktionen und Folgen formaler Organisation, Berlin 1964,
March, J.G./Simon, H.A., Organizations, New York: John Wiley & Sons, 1958,
Mayntz, R., Soziologie der Organisation, Reinbek 1963.

156 Kirsch, W., Einführung in die Theorie der Entscheidungsprozesse, a.a.O., S. 242 ff. In dieser Studienausgabe wird im vierten Kapitel ein Überblick über die Entwicklungstendenzen in der neueren organisationstheoretischen Entscheidungsforschung gegeben.

157 ebda., S. 242.

158 Luhmann, N., Politische Planung, in: Jahrbuch für Sozialwissenschaft, Bd. 17, 1966, S. 273.

159 Vgl. zu diesem Abschnitt: Wagener, F., Neubau der Verwaltung, Gliederung der öffentlichen Aufgaben und ihrer Träger nach Effektivität und Integrationswert, Berlin 1969; insb. S. 320 ff. (Übersicht 22).

160 Cohen, M.D./March, J.D./Olsen, J.P., A Garbage Can Model of Organizational Choice, in: Administrative Science Quarterly, Vol. 17, Nr. 1, 1972, S. 1 ff.

161 In dieser Simulation fanden folgende Faktoren Eingang in das „Mülltonnen"-Modell: „(a) set of fixed parameters which do not change (number of time periods, of choice apportunties, of decision makers, of problems, and solution coefficients, (b) entry time, for choices and (c) for problems, (d) the net energy load, (e) access structure, (f) decision structure and (g) energy distribution among decision makers in the organizations". Insgesamt konnten 324 Situationen simuliert werden; ebda., S. 4 ff.

162 Kirsch, W., a.a.O., S. 257.

163 ebda., S. 258.

164 Das Konzept des „partisan mutual adjustment" stammt von Lindblom und wurde von Kirsch i.o.S. in den Zusammenhang der neuen Ansätze organisationstheoretischer Entscheidungsforschung gestellt, ebda., S. 258.

Drittes Kapitel
Verschiedene Ansätze zur Erklärung unterschiedlicher Dimensionen politischer Entscheidungsprozesse im Vergleich

Die Politische Wissenschaft hat selbständig, z. T. in Auseinandersetzung mit Ergebnissen der Entscheidungsforschung in anderen Sozialwissenschaften, aber auch aufgrund eigener Fragestellungen und darauf aufbauender Untersuchungsmethoden Entscheidungskonzepte entwickelt. Dabei ist der Rahmen für politologische Entscheidungsforschung weit gesteckt. Er reicht von der Analyse kognitiver Strukturen einzelner Entscheidungsträger über den Einfluß von Organisationen auf den Entscheidungsprozeß, der Untersuchung sozialpsychologischer Verhaltensphänomene bis hin zu Systemkonzepten, die wesentliche Elemente, Strukturen und Funktionen politischer Entscheidungsprozesse zu erfassen suchen.

Wir werden uns in diesem Kapitel bei dem Vergleich unterschiedlicher Entscheidungskonzepte überwiegend im Bereich der internationalen Politik bewegen. Das hat den Nachteil, daß die institutionell recht differenzierte innenpolitische Ebene als Ergebnis von Gewaltenteilung und föderativem Aufbau vorläufig ausgeblendet wird[1]. Der Vorteil liegt darin, daß wir uns auf das Entscheidungsverhalten einiger weniger Akteure in Regierungsverantwortung konzentrieren können. Außerdem macht es die weitgehende Anarchie[2] des internationalen Staatensystems notwendig, Entscheidungsprozesse in einem Kontext zu beobachten, der in größtmöglichem Gegensatz zu jener postulierten Welt der geschlossenen entscheidungstheoretischen Modelle steht. Daher ist die Vermutung berechtigt, daß Entscheidungsträger in der internationalen Politik Verhaltensweisen einnehmen, die z. T. auch in anderen unstrukturierten Bereichen, in dieser „Reinkultur" aber wohl insbesondere dort zu verzeichnen sind. Die für jeden Entscheidungstheoretiker besonders verlockende Vorstellung der Reduktion außenpolitischen Entscheidungsverhaltens auf das „Ein-Akteuer"-Modell in der „gedachten Person" des Staates als Entscheidungsträger wird dabei zunehmend relativiert. Auf der Suche nach Alternativen zum Schema des synoptischen Rationalmodells werden wir u. a. das sogenannte Organisationsmodell diskutieren. Die Tatsache, daß ein Ende des Vietnamkrieges durch die öffentliche Meinung in den USA beschleunigt wurde und daß innenpolitische Zielsetzungen eine wachsende Bedeutung im Verhältnis zu außenpolitischen einnehmen, ist einer der vielen Hinweise, die auf einen schwindenden Unterschied zwischen innen- und außenpolitischen Entscheidungsprozessen hindeuten. Die Beschäftigung mit entscheidungstheoretischen Konzepten, die überwiegend im Bereich der internationalen Politik diskutiert werden, geht von der ausdrücklichen Vermutung aus, daß eine Übertragbarkeit sowohl möglich wie fruchtbar ist — und zwar sowohl auf innenpolitische Entscheidungsprozesse, wie auch auf andere unstrukturierte Entscheidungskontexte, die Gegenstand der Erörterungen des zweiten Kapitels waren[3].

An den Beginn der folgenden Ausführungen stellen wir systemtheoretische Überlegungen, die einen umfassenden Zugriff versuchen. Ihr heuristischer Wert soll mit weiterführenden Fragestellungen aufgedeckt und zugleich auf die „Unausgefülltheit" derartiger Deutungsschemata hingewiesen werden. Die weiterführenden Fragestellungen knüpfen zunächst an der zu untersuchenden Bedeutung der Rationalanalyse für politische Entscheidungsprozesse an. Ihr werden konkurrierende Ansätze kybernetischer bzw. organisationstheoretischer Prägung vergleichend gegenübergestellt.

Bereits bei der Diskussion der sozialwissenschaftlichen Entscheidungsforschung in der Psychologie wurde auf die besondere Bedeutung der kognitiven und sozialpsychologischen Ansätze verwiesen. Diese Diskussion verläuft in der Politologie auf zwei eng miteinander verbundenen Strängen. Kognitive Strukturen politischer Entscheidungsträger sind Gegenstand empirischer Untersuchungen. Die Besonderheiten menschlichen Denkens, z. B. in Form von „Belief Systems" oder auch „Operational Codes" zeigen die Begrenzungen gegenüber den Informationsannahmen der einleitend geschilderten „homines rationales". Von besonderer Bedeutung für das Entscheidungsverhalten in der internationalen Politik, wie auch in anderen komplexen multipersonalen Entscheidungsprozessen, sind Probleme der Perzeption bzw. Misperzeption. Die Fähigkeit zur Problemlösung, zur Schürung oder Vermeidung von Konflikten, die Chance, Kompromisse zu finden statt sich in unkontrollierbare Auseinandersetzungen zu verstricken, sind Fragen, die in der sozialpsychologisch-politologischen Entscheidungsforschung einen hohen Rang einnehmen. Konfrontationen bis hin zu weltweiten Kriegen sind ebenso wie die Suche nach Kompromissen und friedlichen Lösungen Ergebnisse der von politischen Entscheidungsträgern eingeschlagenen Strategien bzw. Taktiken. Die Analyse-Ebene des internationalen Staatensystems erscheint besonders dafür geeignet, Krisensituationen zu beschreiben, die Struktur der denkbaren wie der tatsächlich ausgewählten Strategien und Taktiken sowie die Beeinflussungsversuche politischer Entscheidungsträger mit ihrer jeweils typischen „Konfrontations- bzw. Kompromiß-Dynamik" zu analysieren.

Im Folgenden werden die diskutierten Ansätze aufeinander bezogen: Dabei fragen wir vergleichend nach ihren jeweiligen Merkmalen, versuchen den jeweiligen Grad ihrer Komplexitätsreduktion zu beurteilen und zeigen, welche unterschiedlichen Vorstellungen vom Lernen als wesentlichem Element in vielen Entscheidungsprozessen mit der Konstruktion dieser Ansätze verbunden sind. Abschließend wird eine Einschätzung der beschreibenden und möglicherweise erklärenden Kraft der verschiedenen entscheidungstheoretischen Konzepte sowie ein Resümee über den bisherigen Stand der politologischen Entscheidungsforschung versucht.

I. Systemtheoretischer Reintegrationsversuch

1. Ein Rahmen für komplexe und unstrukturierte Entscheidungsprobleme

Die politologische Entscheidungstheorie steht im Verhältnis zu anderen Sozialwissenschaften vor der noch schwierigeren Aufgabe, einen konzeptionellen Rahmen für die Erfassung besonders komplexer und unstrukturierter Entscheidungsprobleme bereitstellen zu müssen. Wir werden aus der Vielzahl systemtheoretischer Ansätze, die wegen ihrer hohen Abstraktion geeignet sind, ein grobes umgreifendes Raster auch für politische Entscheidungsprozesse beizusteuern, auf den für die Politische Wissenschaft als Pionierleistung anzusehenden Ansatz von Karl Deutsch zurückgreifen. Es wurde bereits einleitend darauf aufmerksam gemacht, daß die Auffassung, die Deutsch in seinem Buch: „The Nerves of Government" von Informationsverarbeitungsprozessen vertritt, eine enge Beziehung zur kognitiven Psychologie aufweist. In die gleiche Richtung zielen daher auch Fragestellungen, die für eine nicht unbeträchtliche Heuristik dieses Modells der politischen Kommunikation und Steuerung sprechen[4]. Der systemtheoretische Ansatz von Deutsch ist wissenschaftsgeschichtlich dabei so einzuordnen, daß angesichts einer „behavioristisch" aufgesplitterten Detailforschung mit der Einführung systemtheoretischen Denkens in die Politische Wissenschaft die Analyse globaler politischer Zusammenhänge wieder in den Vordergrund gerückt wurde.

2. Das systemtheoretische Modell von Karl Deutsch

Interne Prozesse im Entscheidungszentrum

Das Modell von Deutsch unterscheidet sich z. B. vom „Input-Output" Konzept David Eastons dadurch, daß es versucht, die Entscheidungsabläufe nicht als „black box" zu fassen, sondern mit deutlichen internen Konturen zu versehen[5]. In dieser Beziehung setzt sich Deutsch auch von Gabriel Almond ab, der zwar vier Input-Funktionen und drei Output-Funktionen unterscheidet, aber ebensowenig wie Easton um eine Füllung der black box bemüht ist[6]. Deutsch ist dagegen an den internen Prozessen im Entscheidungszentrum eines Systems interessiert. Dabei kann dieses System die Ebene eines Nationalstaates verkörpern und die ablaufenden Entscheidungsprozesse können sowohl innen- wie außenpolitischer Natur sein.

Von besonderem Interesse für Deutsch sind die auch für jede entscheidungstheoretische Analyse im Vordergrund stehenden kommunikations- und informationstheoretischen Aspekte seines Ansatzes. Dies schlägt sich in Begriffsbildungen wie Bewußtsein, Autonomie und Lernkapazität sowie einer umfangreichen Feedback-Analyse nieder. Bei der Frage nach den allgemeinen Bedingungen, die ein Nationalstaat erfüllen muß, wenn er seine autonome Existenz erhalten bzw. seine Überlebenschancen steigern will, muß zunächst einmal die Struktur seiner Umwelt durch dauernden Informationsaustausch „erkennbar" bleiben. Sehen wir von den Feinheiten der insgesamt neun Operationen der Informationsauswahl, -übertragung und -auswertung ab[7], so wird der Informationsbezug eines Entscheidungssystems aus seiner Umwelt als Gewinnung von „Primärinformation" bezeichnet. Wegen der unübersichtlichen Vielfalt wird diese Informationsart gezielt reduziert, zusammengefaßt und dadurch für den politischen Entscheidungsträger „simultan" übersichtlich gehalten.

Das Zusammenspiel von Filter, Bewußtsein und Gedächtnis

Vereinfacht dargestellt ist ein politisches System nach Deutsch durch die ständige Selektion, Filterung und Bewertung von Primärinformation aus der Umwelt in der Lage, auf den eigenen Zustand zurückzuschließen, so daß die zusammengefaßte „Primär"-, auch „Sekundärinformation" genannt, gewissermaßen als „Bewußtsein" des Systems über seinen eigenen Zustand aufgefaßt werden kann. Zur vollen Beschreibung des Bewußtseins und Erfassung der von Deutsch aufgeführten neun Operationen, tritt noch eine dritte Verhaltenskomponente hinzu. Jedes Entscheidungssystem, das nur von Umwelteinflüssen (Primärinformation) und der Einschätzung seines eigenen gegenwärtigen Zustandes (Sekundärinformation) gespeist würde, wäre nicht in der Lage, im zeitlichen Verlauf seine Identität zu bewahren, Kontinuität im Handlungsverlauf aufzuzeigen, sondern wäre lediglich umweltbestimmt.

Entscheidungssysteme müssen daher auf ein äußerst wirksames Speicherzentrum zurückgreifen können. Beim Menschen wird dies als Gedächtnis bezeichnet – in politischen Systemen als Summe der Leistungen von menschlichen Gedächtnissen, Archiven, Dokumentationen und Computeraufzeichnungen, um nur die wichtigsten Speicheraggregate zu nennen. Ohne diesen Bezug auf die gespeicherte Erfahrung aus Umwelt- und Strukturveränderungen eines politischen Systems fehlt das Beziehungsgefüge für Veränderungen, wären Selbstbestimmung und autonomes Lernen undenkbar.

Das erwähnte Konzept der Autonomie beruht nach Deutsch auf dem ständigen Abrufen von Tertiärinformation (Information aus der Vergangenheit des Systems und seiner Erfassung der Umwelt) aus dem Speicherzentrum sowie deren Kombination mit Primärinformation (Information über Umweltereignisse) und Sekundärinformation (Information über den gegenwärtigen Zustand eines politischen Systems). Dieser Prozeß, der quasi als Bewußtsein des Systems auch als „Screening" bezeichnet wird, verläuft über ein kompliziertes Kommunikationsnetz und darf nach Auffassung von Deutsch in keiner seiner Komponenten nachhaltig gestört werden, da sonst Orientierungs- und Überlebensfähigkeit eines politischen Systems nachhaltig beeinträchtigt werden könnten.

Störungen etwa sind denkbar als Außensteuerung im Sinne einer vollen Anpassung an die Umwelt, wenn ein politisches System nicht nur umweltbedingte interne Umstrukturierungen vornehmen, sondern auch systemexterne Zielprojektionen verbindlich aufnehmen muß. Bei einer solchen Konstellation ist keine Autonomie mehr vorhanden, auch wenn weiterhin ein fortlaufendes „Screening" der Primär-, Sekundär- und Tertiärinformation erfolgt. Insbesondere gilt dies aber, wenn die letztgenannte Informationsart keinen Einfluß mehr auf Entscheidungsfindung und Verhaltensänderung hat. Deutsch geht wie Easton weniger davon aus, daß und wie Systeme in der Vergangenheit überlebt haben, vielmehr versucht er aufzuzeigen, was verhindert werden muß, damit politische Systeme in der Zukunft ihre Überlebensfähigkeit nicht verlieren. Die Antwort darauf liefert eine Theorie sozialen Lernens.

Wir werden bei deren abschließender Skizzierung nicht auf die „spiegelbildlich" zu sehende schöpferische Komponente dieser Theorie eingehen, sondern uns auf das zentrale Konzept des sogenannten „pathologischen Lernens" konzentrieren. Die Entschlußfähigkeit eines offenen autonomen politischen Systems wird durch Abschließen eines derartig sich selbst regulierenden Systems gegenüber weiterer Aufnahme von Außenweltinformation ermöglicht. In die Entschlußfassung gingen Primär-, Sekundär- und Tertiärinformationen ein, simultan und kritisch auf den Handlungsakt, seine Ursachen und seine möglichen Folgen bezogen. Im Augenblick der Handlungsdurchführung ist eine solche Abkapselung von der Umwelt notwendig, da widrigenfalls systemexterne Einflüsse vor der Handlungsausführung ändernd intervenieren können. Die Fähigkeit zur Handlungsdurchführung, als wichtigste Voraussetzung der Machtausübung eines politischen Entscheidungssystems, setzt die Schließung gegenüber Umwelteinflüssen zu einem bestimmten Zeitpunkt voraus.

Soweit diese Abkapselung permanenteren Charakter einnimmt, läßt sich daraus bei Deutsch seine Definition von Macht ableiten, und zwar als die Fähigkeit, es sich leisten zu können, nicht lernen zu müssen. Der Machtbegriff erhält als ein derart „informationstheoretisch verdünntes" Konzept bei dieser Betrachtungsweise einen „pathologischen" Anstrich. Das in komplizierten und ausbalancierten Rückkopplungsprozessen verlaufende Aufeinandertreffen von Primär-, Sekundär- und Tertiärinformation wird durch „loss of intake"[8], d. h. durch Ausbleiben des Einflusses der Außeninformation, für systemexterne Veränderungen unempfindlich. Parallel dazu erfolgt eine Überbewertung der Tertiärinformation. Deutsch weist daraufhin, daß die durch Siebungs- und Filterprozesse aufbereitete und gespeicherte Vergangenheitsinformation bereits integrierter Bestandteil des Kommunikationsnetzes selbst ist. Sie wird daher auf direktem Wege zu strategischen Gebieten des Entscheidungssystems vordringen können, ehe die noch vor dem Aufbereitungsprozeß stehende Außenweltinformation gefiltert ist und so potentiellen Einfluß gewinnen kann. Autonome Systeme können daher die Tendenz zeigen, gespeicherte Information überzubewerten. Eine solche Präferenz führt in letzter Konsequenz zu einer völligen Abkapselung von der Außenwelt und zu einer ausschließlichen Innensteuerung des Entscheidungssystems.

Es sind jedoch noch andere Aspekte pathologischen Lernens denkbar. Mit zunehmender Kompliziertheit der Entscheidungs- und damit Kommunikationsstruktur kann die Funktionsfähigkeit eines hochkomplexen Systems nachlassen, so daß die Gefahr besteht, die Kontrolle über das eigene Verhalten einzubüßen. Zunehmende „time-lags" können zu aufschaukelnden Prozessen führen[9]. Weitere Schwierigkeiten ergeben sich, wenn die Fähigkeit eines Systems nachläßt, die für einen kritischen Vergleich mit der Außenwelt benötigte Tertiärinformation abzurufen. Abnehmende Gedächtnisfähigkeit würde sich als wachsender Verlust äußern, autonome Entscheidungen fällen zu können und damit die Vorstellungskraft und Urteilsfähigkeit zunehmend beeinträchtigen. — Soweit die wichtigsten Ursachen für eine Ableitung des Konzeptes vom pathologischen Lernen nach Karl Deutsch.

Zur Heuristik des Modells politischer Kommunikation und Steuerung

Wir sind uns darüber im klaren, daß bei dieser skizzenhaften Vorstellung nur auf die informationstheoretisch-kybernetischen Aspekte Bezug genommen wurde und die Komponenten einer neo-thomistischen Ethik außer Betracht blieben[10]. Es ist auch nicht zu übersehen, daß diese Art Systemtheorie ihre aus der Biologie stammende und nachrichtentechnische Provenienz nicht verleugnen kann und es sich um mit Analogieschlüssen vorgenommene Übertragungen auf sozialwissenschaftliches Entscheidungsverhalten handelt[11]. Auch kann nicht außer Acht gelassen werden, daß die Füllung sowie Relationierung zentraler systemtheoretischer Begriffe, wie „Struktur" und „Funktion", insbesondere auch wegen der Doppeldeutigkeit des letzteren Begriffs, erhebliche Probleme birgt[12]. Eng mit dem Begriff der Funktion ist die Wert- und Zieldiskussion derartiger systemtheoretischer Ansätze verknüpft. Offensichtlich sind in solchen systemtheoretischen Ansätzen die Wertüberzeugungen der jeweiligen „Systemdesigner" konstitutives Element für die Ausrichtung der politischen Aktivitäten derjenigen, die politische Entscheidungen treffen. Das gilt für das auf einem statischen Gleichgewicht des Informationsverarbeitungsprozesses basierende Autonomie- und Überlebenskonzept in einem unspezifischen und für die thomistischen Elemente in einem ganz spezifischen Sinne auch bei Karl Deutsch[13].

Einleitend haben wir darauf hingewiesen, daß „The Nerves of Government" zu jenen wenigen in der Politischen Wissenschaft unternommenen Versuchen zählt, nach einer Zersplitterung insbesondere im Gefolge des Behaviorismus in unzählige empirische Detailstudien, eine Art Reintegrationsentwurf für eine Neuorientierung zu liefern. Dabei lag es nahe, daß auf die allgemeine Systemtheorie zurückgegriffen wurde, die „Partialtheorien unter einem neuen Ganzheits- und Interdependenzaspekt" zu reformieren trachtete[14]. Zwar ging es nicht darum, „holistische" Erklärungen zu liefern. Aber immer dort, wo sich „Strukturregelmäßigkeiten" aufzeigen lassen, wie etwa im Bereich von Regelungs- oder Kommunikationsstrukturen, sollten systemtheoretische Schemata zumindest Analogie-entwürfe liefern. Sie sollten zu heuristischen Fragestellungen auffordern und so eine neue „konzeptionelle Linse" für Sichtweisen liefern, die ohne diesen Ansatz verschlossen geblieben wären. Der Preis ist der hohe Abstraktionsgrad, mit dem systemtheoretische Konzepte − quasi als anwendungsorientierte Derivate der Allgemeinen Systemtheorie − in die jeweiligen Partialwissenschaften einschneiden.

Messen wir also das kybernetische Modell von Karl Deutsch an dem ihm legi-timerweise zustehenden Anspruch, eine „konzeptionelle Linse" für heuristische Fragestellungen zu sein und begnügen wir uns dabei mit einigen wenigen Hinweisen:

(1) Karl Deutsch hat anders als z. B. David Easton und Gabriel Almond die black box interner Strukturen in Entscheidungsprozessen aufzufüllen versucht und dabei die Frage nach informationstheoretischen, nachrichtentechnischen und kognitiven Aspekten politischen Entscheidungsverhaltens expliziert.

(2) Die Frage einer Konturierung von System/Umweltabgrenzung ist durch die Trennung der genannten Informationsarten in origineller Weise aufgenommen worden. Dabei konnten u. a. Fragen der uns aus der organisationstheoretischen Diskussion bekannten Problematik der Erhöhung bzw. Reduktion der Komplexität eines Entscheidungssystems in die Überlegungen aufgenommen werden.

(3) Das Abschließen von Entscheidungssystemen zur Findung der Entschluß-fähigkeit sowie die Bedeutung von Tertiärinformation für die Entscheidungsorien-tierung sind heute Fragen der aktuellen Perzeptionsforschung, die wir noch disku-tieren werden.

(4) Fragen der Funktionsstörungen politischer Entscheidungssysteme und deren in einigen Fällen erstaunlich ungenügende Kontrollfähigkeit des politischen Umfeldes ist inzwischen ebenfalls ein systematischer Aspekt politikwissenschaft-licher Perzeptionsforschung.

(5) Die explizite Berücksichtigung eines Lernkonzeptes versucht der Beobach-tung gerecht zu werden, daß politische Entscheidungsträger in ihrem zukünftigen Entscheidungsverhalten u. a. beeinflußt werden können durch die Art und Weise, wie sie Entscheidungen in der Vergangenheit getroffen haben und ob diese aus ihrer Sicht Erfolge oder Mißerfolge waren. So wird uns die Frage, ob und wie z. B. historische Erfahrungen nachfolgende politische Entscheidungen maßgeb-licher Entscheidungsträger beeinflussen können, im weiteren Verlauf dieses Kapitels beschäftigen.

Bedenken wir den Fluß, in dem sich die kognitive und sozialpsychologische Ent-scheidungsforschung heute befindet, so muß die heuristische Bedeutung dieses Mitte der 60er Jahre entwickelten Modells politischer Kommunikation und Steu-erung als beträchtlich bezeichnet werden.

II. Kritik an der Rationalanalyse — Der kybernetische Ansatz

1. Grenzen der Rationalanalyse

Die Auseinandersetzung in der Politischen Wissenschaft mit dem Konzept des synoptischen Rationalmodells fand — abgesehen von einer prinzipiellen Diskussion abgeschwächter Konzepte wie der „Bounded Rationality" von Herbert A. Simon oder des Gegenmodells der „disjointed incrementalism"-Analyse von Charles E. Lindblom — besondere Beachtung bei Versuchen, politische Entscheidungsfälle nachträglich zu untersuchen. Dabei wurde die Skepsis gegenüber dem synoptischen Rationalmodell als alleinigem Erklärungsansatz für Entscheidungsverhalten genährt, vor allem von dem unterstellten hohen Grad der Komplexitätsreduktion, die eine mögliche Lösung sowohl des Bewertungsproblems als auch des Unsicherheitsproblems unterstellt. Wenn schon das Rationalmodell zu Erklärungsversuchen herangezogen werden sollte, dann nur in Verbindung mit anderen Ansätzen:

(a) Eine solche Verbindung kann einmal in Form einer das tatsächliche politische Entscheidungsverhalten nur verkürzt „wiederspiegelnden" theoretischen „Symbiose" von Rational- und „Sich-Durchwursteln"-Verhalten erfolgen, wie etwa in dem „mixed optimum model" von Yehezkel Dror sowie dem Konzept der „Zweiphasensuche" bei Amitai Etzioni. Sowohl Dror (Public Policymaking Reexamined, 1968) wie auch Etzioni (The Active Society, 1968) sind, ähnlich wie die Verfechter einer naiven Anwendung der Systemanalyse in den Sozialwissenschaften, vom starken Optimismus effektiverer Steuerung gesellschaftlicher wie politischer Prozesse und damit der strategischen Möglichkeiten zur Verbesserung politischer Entscheidungsprozesse in den USA der 60er Jahre „beseelt". In der inzwischen auch in der Bundesrepublik erfolgten kritischen Rezeption der genannten Konzepte ist auf diesen präskriptiven Optimismus zur Genüge hingewiesen worden[15].

(b) Zum anderen ist eine solche Verbindung der Rationalanalyse mit anderen entscheidungstheoretischen Konzepten weniger „symbiotisch" als vielmehr konkurrierend — unter ständig offen bleibender Diskussion des Komplementaritätsverhältnisses — darstellbar. Gerade bei der Herausarbeitung „unterschiedlicher Dimensionen politischer Entscheidungsprozesse" kommt es darauf an, die Diskussion erst einmal weiter „aufzufächern", *politische* Beispiele und nicht immer wieder nur solche des Alltags- bzw. Wirtschaftslebens, zur Illustration entscheidungstheoretischer Konzepte heranzuziehen und nach dem „relativen" Beschreibungs- bzw. Erklärungswert der Vielzahl theoretischer Konzepte zu fragen. Entscheidungsprozesse sollen also zunächst mit unterschiedlichen, im einzelnen vorzustellenden konzeptionellen Linsen unter die Lupe genommen werden. Auch das für die Untersuchung von Entscheidungsprozessen so bedeutsame Lernverhalten von Entscheidungsträgern kann dabei zunehmend mit voneinander abweichenden Lernkonzepten beschrieben werden, die uns zusätzlich helfen, unterschiedliche Dimensionen politischen Entscheidungsverhaltens „festzumachen".

Die Suche nach neuen, eine einseitige Rationalanalyse ablösenden Konzepten entzündete sich in der Politischen Wissenschaft, so wie wir das auch in den anderen Sozialwissenschaften beobachten konnten, an den rigorosen Annahmen der geschlossenen entscheidungstheoretischen Modelle. Dabei wurde insbesondere die unterstellte Lösbarkeit des (1) Bewertungsproblems sowie des (2) Unsicherheitsproblems für politische Entscheidungsprozesse besonders heftig in Abrede gestellt.

(1) Wir kennen das bekannte Beispiel aus der nationalökonomischen Literatur: Kanonen oder Butter, oder anders formuliert, Kriegs- oder Friedensproduktion. Hier wird postuliert, daß es möglich ist, Kanonen zu bewerten, Butter zu bewerten und als gegenseitig substitutiv in der Produktion zu denken. Oder um auf das umfassendere Beispiel einzugehen, ein Mehr an Kriegsproduktion kann bei gegebenen knappen Produktionsmitteln gegen ein Weniger an Friedensproduktion aufgerechnet werden. Dabei wird die Frage der optimalen Kombination in der Produktionsstruktur zu einer einfachen nutzentheoretisch fundierten Optimierungsaufgabe, wie wir dies im zweiten Kapitel ausführlich diskutiert haben. Auf den politischen Bereich übertragen würde das bedeuten, daß kulturpolitische, währungspolitische, strategisch-außenpolitische etc. Zielsetzungen wertmäßig aufeinander bezogen und durch Kalkül miteinander in eine optimale Kombination gebracht werden können. Das erste rigorose Postulat dieses entscheidungstheoretischen Modells, an dem Politologen zunehmend Anstoß nahmen, lautet also, Lösung des Bewertungsproblems, d. h. alle für Entscheidungen relevanten Bewertungen sollen einbezogen und als gegeneinander aufrechenbar gedacht werden.

(2) Aus alltäglichen Erfahrungen ist bekannt, daß Handlungen, die auf bewußte Entscheidungen zurückgeführt werden können, manchmal zu erwünschten Ergebnissen führen; häufig zeigen sie gar keine Reaktion oder führen insbesondere in längerfristiger Perspektive zu nicht vorhersehbaren und z. T. unerwünschten Nebenwirkungen, den sogenannten Sekundäreffekten. Für politische Entscheidungsträger gilt in Anbetracht vieler hochkomplexer unstrukturierter Problemsituationen in besonderem Maß, daß sie die Mehrzahl der intendierten Handlungskonsequenzen weder mit Sicherheit, noch mit Risiko, noch mit anderen Kalkülen berechenbar vorhersagen können. Politische Entscheidungsträger müssen in vielen Fällen noch weniger als andere Handlungsträger als befähigt angesehen werden, alle möglichen Zustände der Welt „vollständig und schwach transitiv" ordnen zu können[16].

Entscheidungstheoretischer „Paradigmen"-Pluralismus

Rationalkonzepte sind in der Politischen Wissenschaft entweder in reduzierter Form wie „Bounded Rationality" (Herbert Simon), „Rational Policy Model" (Graham Allison) oder „Analytic Paradigm" (John Steinbruner) weitergepflegt worden. Sie dienten zugleich aber stets auch als Ausgangspunkt für entscheidungstheoretische Ergänzungs- bzw. Gegenentwürfe. Statt an der wiederholt erwähnten ideal-

typisch vorgetragenen Fundamentalkritik aus dem Blickwinkel der Inkrementalanalyse anzuknüpfen, sollen im Folgenden insbesondere kybernetische, kognitive,
sozialpsychologische, informationstheoretische sowie spieltheoretische Aspekte
der Entscheidungstheorie vorgestellt werden. Sie zeigen, daß die sogenannten
Paradigmen der politologischen Entscheidungstheorie keineswegs in einem sterilen
Gegensatz zueinander stehen. Vielmehr läßt sich der Zustand und die Entwicklung
des entscheidungstheoretischen „Paradigmen"-Pluralismus in der Politischen Wissenschaft approximativ mit einem subtilen „Ergänzungsverhältnis bei partieller
Ausschließlichkeit" umschreiben. Diese kritische Distanz wie zugleich Ergänzung
zur Rationalanalyse wird z. B. bei der Ableitung des „Cybernetic Paradigm" von
John Steinbruner verdeutlicht werden, auf das wir im nächsten Abschnitt ausführlicher zu sprechen kommen.

Zunächst soll der rationalanalytische Zugriff zur Erklärung politischen Ent-
scheidungsverhaltens an einem historischen Beispiel illustriert werden. Graham
Allison hat in seiner Untersuchung zur Kuba-Krise von 1962 sein „Rational Policy
Model" als eine unter denkbaren anderen „konzeptionellen Linsen" quasi als
Erklärungsraster herangezogen. Greifen wir aus den drei Hauptfragen, die sich
Allison in seiner Studie stellt – (1) Warum schickte die UdSSR Raketen nach
Kuba? (2) Warum reagierten die USA mit einer Blockade? (3) Was veranlaßte
die UdSSR zum Rückzug der Raketen? – die erste Frage heraus, die sich explizit
mit den Absichten der Sowjetunion in jener welthistorischen Konstellation beschäftigt. Allison formuliert die sich in der politischen Diskussion herauskristalli-
sierenden hypothetischen strategischen Ziele der UdSSR: Zugewinn von „Bargaining Power" für eine Gipfelkonferenz – Verstrickung der USA in Kuba als Vorbereitung für den Fall von Berlin – Verteidigung von Kuba – Test der Verteidigungsbereitschaft und des Kampfeswillens der USA – Versuch, den sogenannten
„Missile-gap" zu überwinden. Seiner Analyse mit Hilfe des „Rational Policy
Model" legt Allison die generelle Frage zugrunde: „how something was a reasonable
act given the objectives?"[17]. Analog zur Vorgehensweise nach der zweiten Version
des ökonomischen Prinzips werden die strategischen Ziele in den genannten fünf-
fachen Versionen als durch die politischen Entscheidungsträger gesetzt behandelt.
Durch möglichst schlüssige Analyse wird dann herauszufinden versucht, inwiefern
die Installation der Raketen auf Kuba durch die UdSSR ein vernünftiger sinnvoller
Akt in bezug auf eines der genannten strategischen Ziele war. Da Allison nach
Abwägung einer ganzen Reihe von Gesichtspunkten der letzteren Hypothese eines
Versuchs der UdSSR zur Verschiebung des Raketengleichgewichts zuneigt, sich
für ihn dabei aber gewisse Ungereimtheiten im Verhalten der Sowjets ergeben,
ist dies für ihn weder ein Grund, die Hypothese zu verwerfen, noch das Rationalmodell zu verdammen. Er sucht vielmehr nach ergänzenden Erklärungsansätzen,
nach weiteren konzeptionellen Linsen.

Eine Analyse politischer Entscheidungsprozesse kann nicht davon ausgehen,
daß das Entscheidungssubjekt stets als ein monolithisch-geschlossener Block auf-
tritt. Vielmehr ist davon auszugehen, insbesondere wenn man nicht nur die Entscheidungszentren auf Regierungsebene in die Betrachtung miteinbezieht, sondern

auch die ausführenden Organe, daß es sich um eine hochdifferenzierte „Decision-Making" Struktur handelt. So kommt es bei Versuchen, politische Entscheidungsphänomene zu beschreiben, immer wieder vor, daß mit Hilfe des rationalen, auf vernünftiges Handeln eines einzelnen Entscheidungsträgers zugeschnittenen Ansatzes, keine plausiblen Erklärungen gefunden werden können. Wir werden bei der Darstellung des kybernetischen Ansatzes, der auch für solche Fälle Erklärungshilfen anbietet, auf das Beispiel der Kuba-Krise kurz zurückkommen.

Laterales und horizontales Lernen

Ein völliges Abgehen vom Rationalmodell in seiner reduzierteren Form[18] fällt deshalb außer Betracht, da mit ihm bestimmte Lernvorgänge im politischen Bereich erklärt werden können, die durch andere Ansätze nicht abzudecken sind. Die Erfahrungen mit Waffensystemen im II. Weltkrieg und ihrer Weiterentwicklung, bzw. der Umstrukturierung ihres Einsatzes, ermöglicht die Erklärung von Phänomenen des sogenannten „lateralen Lernens" sowie des „horizontalen Lernens"[19].

Laterales Lernen kann dabei an Hand der Radareinführung und seiner Weiterentwicklung demonstriert werden. Nach dem Erfolgskriterium „versenkte Schiffe pro Angriff" wurde die Einführung einer technischen Veränderung — etwa die Umstellung auf eine andere Bandbreite der Ortungsgeräte — immer dann beschleunigt, wenn der Feedback abnehmende Veränderungen auf der Erfolgsskala signalisierte. Aus der stark abnehmenden versenkten Tonnage pro Angriff mußte darauf geschlossen werden, daß der Gegner inzwischen über ein geeignetes Abwehrinstrumentarium verfügte. Laterales Lernen bleibt dabei weitgehend im Rahmen bisheriger Problemlösungsversuche. Auf der Grundlage zusätzlicher Informationen aus der Umwelt — versenkte Schiffe pro Angriff — wird nach neuen erfolgversprechenden Maßnahmen gesucht.

Das britische Kabinett lieferte ebenfalls im II. Weltkrieg ein anschauliches Beispiel für sogenanntes horizontales Lernen. Es stellte sich nämlich die Frage, ob es ausreicht, mit „Search and Destroy" Maßnahmen die versenkte Tonnage zu maximieren; oder war dem vorrangigen Ziel, den Krieg zu gewinnen, nicht mit einer völlig anderen Kampftechnik näher zu kommen? Statt Schiffe zu versenken, könnte dies etwa den Übergang zu einer gezielten Bombardierung von Versorgungseinrichtungen zu Lande bedeuten. Durch „iteratives" Vorgehen gelangte der politische Entscheidungsträger so schrittweise von der Ebene der „low-level-optimizations" zur Ebene der „high-level value integration"[20].

2. Der Kybernetische Ansatz

Anläßlich der Diskussion systemtheoretischer Reintegrationsversuche in der Politischen Wissenschaft konnte auf die mehrdimensionalen Ursprünge kybernetischer

Denkweise hingewiesen werden. Zur nochmaligen Veranschaulichung wollen wir uns ausnahmsweise eines ökonomischen Beispiels sowie des Rückgriffs auf ein technisches Analogiemodell bedienen. Eine erste sozialwissenschaftliche Manifestation dieses Ansatzes geht auf Arbeiten in der betriebswirtschaftlichen Organisationstheorie behavioristischer Prägung zurück. Es wurde in diesem Zusammenhang bereits auf die für eine entscheidungstheoretische Weiterentwicklung bedeutende Arbeit „A Behavioral Theory of the Firm" von Richard M. Cyert und James G. March hingewiesen[21]. Den Autoren fiel auf, daß in einem Kaufhaus üblicherweise die Preise für ein Sortiment über einen längeren Zeitraum hinweg festgelegt werden. Preisveränderungen werden zu den üblichen Anlässen, wie z. B. den periodisch wiederkehrenden Ausverkäufen, vorgenommen. In der Zwischenzeit wird lediglich überwacht, ob die Lagerhaltung in annehmbaren Größenordnungen bleibt und der Warenumschlag mit der gewohnten Geschwindigkeit vonstatten geht. Nimmt alles seinen erwarteten Gang, werden zwischenzeitlich keine Neukalkulationen vorgenommen. Erst, wenn z. B. die Lager mit einem Sortiment blockiert werden, wird für gewöhnlich die Preiskalkulation zu einem erneuten Entscheidungsproblem.

Wir können aber zur Veranschaulichung des kybernetischen Ansatzes auch ein technisches Analogiemodell bemühen: Servomechanismen, etwa von der Art des Fliehkraftreglers an Dampfmaschinen. Bei solchen Mechanismen wird nicht auf Steuerungsfunktion, Zielsuche etc. abgehoben, vielmehr auf „homöostatische" Regel- und Kontrollfunktionen. Es wird explizit die Fähigkeit abgesprochen, die im Rationalmodell angesprochenen Bewertungs- und Unsicherheitsprobleme in Angriff zu nehmen, d. h. Entscheidungen sind expressis verbis nicht mit Umweltkalkulationen verbunden.

Dieser Aspekt sowie die im Folgenden noch näher auszuführenden, veranlassen John Steinbruner davon zu sprechen, daß der kybernetische Ansatz einen „Paradigmenwechsel" in der politikwissenschaftlichen Entscheidungsforschung bedeutet. Selbst wenn man dem, aus den erwähnten Gründen nicht voll zustimmen kann, da hier zwar ein Gegenmodell zur Rationalanalyse geschaffen wird, ohne es allerdings im Sinne einer Abwechslung voll ersetzen zu können, so liegt hier doch ein die entscheidungstheoretische Sichtweise befruchtender Ansatz vor.

Die Bedeutung von „Standard Operation Programs"

Wenden wir uns an dieser Stelle zur Veranschaulichung am politischen Fallmaterial noch einmal der Kuba-Krise von 1962 zu. Wer weiß, wie schwierig es war, die Raketenabschußrampen der Sowjets auf Kuba zu orten, den muß es umso mehr verwundern, warum die Sowjets deren Bau nicht von Anfang an getarnt haben. Eine angenommene Veränderung des „Raketengleichgewichts" zu ihren Gunsten wäre mit einer geheimen, auf Schaffung eines „fait accompli" ausgerichteten Aktion doch viel wirkungsvoller möglich gewesen. Nun könnte man auf den Gedanken kommen, daß die UdSSR den USA signalisieren wollte, was geschah. Es gibt aber zwei Argumente, die in schwächerer oder stärkerer Form dagegen zu halten sind. Einmal hat der sowjetische Botschafter auf wiederholte Fragen von Robert Kennedy geleugnet, daß auf Kuba sowjetische Raketenabschußrampen installiert werden. Die Sowjets haben aber dann — vermutlich doch wohl um ihr Verhalten geheim zu halten — nach den Gesprächen zwischen Dobrynin und Kennedy den Weiterbau der Abschußrampen mit Tarnung versehen. In diesem Verhalten liegt offensichtlich ein Widerspruch. Erklärungsversuche im Rahmen des Rationalmodells mit seiner postulierten Konsistenz von durchgehendem strategischen Ziel und darauf ausgerichtetem Mitteleinsatz weisen in diesem konkreten Fall nicht auf konsistentes, sondern auf explizit irrationales Verhalten hin.

Ein Ansatz, dieses angeblich irrationale Verhalten dennoch einsichtig machen und damit einer akzeptablen Erklärung zuführen zu wollen, kann nun darin liegen, die relevanten beteiligten Organisationen sowie deren „Muster" organisationsspezifischer Verhaltensweisen in den Blickpunkt der entscheidungstheoretischen Analyse zu rücken. Nicht mehr ein Akteur und seine Auswahl unter Alternativen sind Fokus der Betrachtung, sondern die „Outputs" von Organisationen. So gibt es bei diesem politischen Beispiel eine Reihe von Hinweisen, daß die sowjetischen Militärberater nach sogenannten „Standard Operation Programs" der Armee beim Aufbau der Raketenrampen vorgingen. Für die Armee gibt es bestimmte Vorschriften und Richtlinien, die bei der Installation von Raketen eingeübt und für alle Beteiligten zur verbindlichen Routine geworden sind. Solche Routine-Programme sind nötig, um die Funktionsfähigkeit derartiger Großorganisationen überhaupt aufrechterhalten zu können. In der Untersuchung von Allison wird daher mit der Annahme operiert, daß sich die sowjetischen Armeemitglieder auf Kuba nicht anders verhalten haben, als wenn sie Raketenrampen in irgendeinem Teil der UdSSR errichtet hätten[22].

Die kybernetische Funktion „kritischer Variablen"

Der Gedanke des „Servomechanismus" — auf den Abteilungsleiter eines Kaufhauses oder die Abordnungen der sowjetischen Armee in Kuba übertragen — zeigt für alle diese Bereiche, daß es sich dabei um arbeitsteilige Subsysteme eines Gesamtsystems handelt, für die eine Dekomposition von Entscheidungen vorgenommen werden kann bzw. aus arbeitsteiligen Gründen sogar vorgenommen werden muß. Anders als in der Organisationssoziologie, die in ihrer Blickrichtung System/Umwelt die eigene Zielverfolgung von Organisationen betont, wird hier die Blickrichtung nach innen gewendet. Das ökonomische wie das politische Beispiel verdeutlichen: in einer Organisation werden eine Reihe von Entscheidungen in Subsystemen getroffen und in ihren Auswirkungen auch nur in bezug auf das Feedback in diesem Subsystem der Organisation kontrolliert. Dabei wird für einige kritische Variablen ein „range" vereinbart. Erst bei dessen Überschreitung beginnt die Suche nach Fehlern. Diese Bereichswerte bezeichnen beim Kaufhausbeispiel z. B. einen Minimum- und Maximumwert der Warenumschlagsgeschwindigkeit. Im politischen

Bereich werden solche Bereichswerte durch die genannten „Standard Operation Programs" definiert. Erst bei einem offensichtlichen Mißerfolg, wie der Entdeckung der im Bau befindlichen Abschußrampen durch die USA, führt das Feedback zu einer Erweiterung des „Standard Operation Programs" um eine weitere Anordnung, nämlich die Weisung zur Tarnung. Gerade bei diesem, aber auch anhand zahlreicher anderer Beispiele läßt sich auf die oft zu beobachtende „Hartnäckigkeit" derartiger arbeitsteiliger entscheidungstheoretischer Mechanismen verweisen.

Grenzen und Gefahren der Entscheidungsdekomposition

An dem Vergleich des Kaufhausbeispieles und des Baus der Raketenabschußrampen auf Kuba läßt sich ein weiterer Zusammenhang aufzeigen. Die Anweisung der Kaufhausleitung an den Abteilungsleiter ist vergleichsweise einfach und vor allem im wesentlichen zwei-stufig. Das „Standard Operation Program" für eine Armee bzw. eine Armeeinheit ist dagegen stark hierarchisiert. Als je weniger kompliziert sich die Bewältigung von Umweltaufgaben herausstellt, desto weniger hierarchisiert zeigt sich die Dekomposition von Entscheidungen in Organisationen. Dieses entscheidungstheoretische Modell leistet die Komplexitätsreduktion also mit Hilfe der Dekomposition von Entscheidungen und der Einführung kybernetischer Mechanismen. Hier liegt die Stärke dieses Ansatzes, aber zugleich auch seine potentielle Schwäche. Es ist denkbar und in der politischen Wirklichkeit häufig vorfindbar, daß Situationen einen solchen Grad von Komplexität annehmen, daß eine stabile Dekomposition von Entscheidungen verneint werden muß; dies gilt insbesondere dann, wenn mehrere Entscheidungsdimensionen miteinander vermengt werden. Für solche Fälle müssen andere Erklärungsansätze gesucht werden, die diese durch den kybernetischen Ansatz offenbleibende Lücke füllen. Die angeführten Beispiele machen deutlich, daß das Zielverhalten eines derartigen kybernetischen Entscheidungsmechanismus — in deutlicher Absetzung vom Zielverhalten in der klassischen Systemtheorie — als eher reaktiv und konservierend und innerhalb dieser Randbedingungen, allerdings auch auf das Überleben ausgerichtet gedacht werden muß.

John Steinbruner führt an einem Beispiel die praxeologischen Konsequenzen kybernetischer Entscheidungsanalyse vor Augen und kritisiert in diesem Zusammenhang von den USA eingenommene „Bargaining" Positionen für die SALT I-Verhandlungen. Er warnt davor, die Abrüstungsbemühungen mit extrem harten Maximal-Positionen in Angriff nehmen zu wollen. Dies gilt sowohl für eine direkte strategische Bedrohung der UdSSR mit überlegenen Waffensystemen; es gilt aber auch für zu hartes zeitliches Drängen, um Fortschritte in den Verhandlungen zu erzielen. Ein kybernetischer Entscheidungsträger neigt potentiell dazu, Entscheidungsprozesse in seine Bestandteile zu zerlegen. Im Falle eines solchen Verhaltens liegt die Gefahr nahe, friedvolle Abrüstungsbemühungen und Drohungen scharf zu trennen und als weitgehend unzusammenhängende „issues" zu behandeln. Dies könnte aber dazu führen, daß Gegendrohungen ausgesprochen und vorbereitet werden. Ein als günstig erhoffter und in den Verhandlungen mit allen taktischen Raffinessen angestrebter Handlungsverlauf bekäme so eine unbeabsichtigte und unerwünschte negative Tendenz[23].

III. Kognitive und sozialpsychologische Dimensionen politischer Entscheidungsprozesse

1. Der Kognitive Ansatz

Wie bereits erwähnt, sind gerade für politische Entscheidungsträger komplexe Situationen denkbar, bei denen im kybernetischen Ansatz für möglich gehaltene stabile Dekompositionen von Entscheidungsprozessen nicht vorstellbar sind. Bei hochkomplexen Problemstellungen ohne weitere Hilfsmittel zur Komplexitätsreduktion müßte dann für jeden Entscheidungsträger eine extreme Unsicherheit, vollständige Hilflosigkeit und damit eine weitgehende Entscheidungsunfähigkeit die Folge sein.

Die Erfahrung zeigt jedoch das Gegenteil. Verweisen wir wiederum auf die komplexe und tatsächlich viele Aspekte involvierende Kuba-Krise von 1962. Präsident Kennedy erschien nach Erhalt der Nachricht über die Stationierung von Raketen auf Kuba keineswegs orientierungs- oder hilflos. Er wußte sofort, daß es zu handeln galt und hatte klare Einschätzungen der Konsequenzen für den Fall von „Non-Decision": Ihm persönlich würde ein Impeachment drohen, die USA hätten eine spürbare Machteinbuße in Lateinamerika hinzunehmen und im Konflikt mit der UdSSR um Berlin würde sich die Situation zuspitzen. Folglich muß es zumindest grobrastige Einschätzungsstrukturen geben, die in der Literatur gewöhnlich mit „Belief Structures" bzw. „Belief Systems" bezeichnet werden[24].

Belief Systems

Für den kognitiven Ansatz wird nach John Steinbruner davon auszugehen sein, daß eine Kraft, bzw. Kapazität menschlichen Denkens existiert, eingehende Informationen auf „Belief Structures" zu beziehen und zwar durch induktives Schließen. Diese Annahme beruht auf einem — wenn auch bei Linguisten nicht ganz unumstrittenen — Befund zu Sprachlernprozessen. Danach wird die Grammatik einer Sprache nicht durch bloße Verstärkereffekte gelernt, sondern durch induktives Schließen. Das Bewertungs- und Unsicherheitsproblem wird also nicht, wie in den geschlossenen entscheidungstheoretischen Modellen, bzw. den abgeschwächteren Versionen einer Rationalanalyse, bei voller Übersicht über die relevanten Entscheidungsprämissen durch deduktives Schließen gelöst.

Vereinfacht ausgedrückt, wird in der kognitiven Psychologie angenommen, daß es Zusammenhänge zwischen der Struktur und dem Inhalt kognitiver Operationen gibt. Dies wird zum einen daraus geschlossen, daß der gesamte Mentalapparat, insbesondere bei hoher Unsicherheit von Entscheidungssituationen, in Anspruch genommen wird. Die Beschäftigung mit einem Entscheidungsproblem erfolgt dabei aber nicht in einer von der Rationalanalyse angenommenen kompletten „Abbildung" der Problemdefinition bei vollkommener Information über relevante Entscheidungsaspekte. Die Art und Weise der inhaltlichen Beschäftigung mit zur Entscheidung anstehenden Problemen ist vielmehr von vermuteten strukturellen und prozeduralen Regelmäßigkeiten der genannten Belief Systems abhängig. Dabei wird die Konstruktion derartiger Belief Systems als nicht unabhängig gedacht von Vorgängen im menschlichen Denkapparat, die nicht der direkten und bewußten Erfahrung zugänglich sind. Hinweise zu unbewußter Beeinflussung menschlichen Denkens geben Untersuchungen in den Bereichen der visuellen Perzeptionen sowie des sprachlichen Verstehens. John Steinbruner schließt nun per analogiam aus diesen einfachen Versuchsergebnissen auf für auch bei komplexen Entscheidungen geltende Prinzipien kognitiver Prozesse. Die Art wie Menschen z. B. über Perzeptionen bzw. über inhaltliches Verstehen als sinnvoll empfundener Zusammenhänge ihr Gedächtnis speisen, ist nicht ohne Einfluß auf die Weise logischen Schließens bei Entscheidungsproblemen. Die internen Einschätzungsstrukturen müssen, um in einem hochkomplexen Entscheidungsfeld überhaupt fuktionsfähig zu bleiben, eine Tendenz zu innerer Konsistenz aufweisen. Eine Auffassung, die in bemerkenswertem Zusammenhang mit der sogenannten „Theorie der kognitiven Dissonanz" steht[25]. Diese beiden Ebenen der weitestgehend im Unbewußten verbleibenden Fähigkeit zu visueller Typenbildung, zu inhaltlichem sprachlichen Verstehen sowie der zu beachtende Widerstand gegen Wandel, zumindest in zentralen Bestandteilen von Belief Systems, können auch als „ökonomische Prinzipien" kognitiver Prozesse bezeichnet werden.

Kognitive Lösung des Bewertungs- und Unsicherheitsproblems

Aufgrund der vermuteten Eigenschaften menschlichen Denkens in komplexen Entscheidungssituationen – die vornehmlich durch Analogieschluß aus der Beobachtung einfacher Verhaltensweisen gewonnen wurden – werden, ebenso wie beim kybernetischen Ansatz, die Grundannahmen der Rationalanalyse angegriffen. Die Komplexitätsreduktion menschlichen Denkens führt nicht zu einer generellen Lösung sowohl des Bewertungs- als auch Unsicherheitsproblems im klassischen Sinne. Für komplexe Entscheidungsprozesse gilt vielmehr, daß kognitive Prozesse eine starke Tendenz auszeichnet, „Trade-Offs" zu vermeiden. Werte werden zwar simultan, aber dabei durchaus unabhängig voneinander verfolgt. Dies gilt auch für Situationen großer Unsicherheit, die in politischen Entscheidungsprozessen besonders häufig vorkommen. In einfachen Versuchen konnte nachgewiesen werden, daß eine Erhöhung der Unsicherheit zu einer Aktivierung der Denkvorgänge, insbesondere der Verarbeitung von Informationen führt. Entscheidend ist aber, daß nach dem kognitiven Ansatz Unsicherheit nicht durch probabilistische Statements, sondern durch kategoriales Schließen verarbeitet wird. Wir brauchen uns nur an die „politisch-kognitive Landkarte" Präsident Kennedys zu erinnern, die ihm eine umgehende Einordnung der perzipierten Krise ermöglichte. Es wird also bei Unsicherheit nicht nach Wahrscheinlichkeitsverteilungen für Handlungskonsequenzen gesucht, wie dies die Rationalanalyse annimmt – sondern den Ereignissen werden klare kohärente Bedeutungen zugeordnet.

In einfachen „gut-strukturierten" Situationen, in denen kognitive Operationen durch die in der Realität wahrgenommenen einfachen Bezüge stark geprägt werden, können der kognitive wie auch der kybernetische Ansatz in bezug auf eine Unsicherheitskontrolle als weitgehend identisch behandelt werden. Das Entscheidungssubjekt beschränkt sich für diese Fälle auf einige wenige bekannte Informationskanäle. Für komplexe Entscheidungsprobleme sind die kybernetischen Annahmen allerdings durch solche einer weitgehenden Werttrennung – Vermeidung von „Trade-Offs" – sowie das erwähnte kategorische Schließen zu ersetzen. Dabei erfolgt eine subjektive Auflösung von Unsicherheit bei zunehmender Bewährung und Stabilität einer Einschätzung als Funktion der Häufigkeit und damit des „Alters" des Gebrauchs dieser Einschätzung beim kategorialen Schließen. Des weiteren ist die Konsistenz zu anderen Einschätzungen von Bedeutung, sowie die uns allen aus eigenem Erleben bekannte verstärkende Wirkung einer Zustimmung von „Peers". Fragen etwa der Prägung, wie aber auch der gegenseitigen Beeinflußbarkeit solcher Belief Systems von politischen Entscheidungsträgern, werden zum Schluß dieses Kapitels wieder aufgenommen und mit Beispielen zu illustrieren versucht.

Kognitive Lernvorgänge zeigen die Tendenz, komplexe Probleme in Segmente zu zerlegen. Die Konzeptionalisierung von Belief Systems, die Neigung zur Generalisierung versprechen einen erweiterteren Lernprozeß als beim konditionierten instrumentalen Lernen des kybernetischen Ansatzes. Die aufgezeigten Grenzen bei der Bewältigung des Bewertungs- und Unsicherheitsproblems deuten indessen an, daß ein kognitiver Lernprozeß deutlich unter den Möglichkeiten des Lernkonzepts eines Rationalmodells bleiben muß. Mit der Frage, ob und wie politische Entscheidungsträger z. B. aus geschichtlicher Erfahrung lernen, werden wir uns noch anläßlich der Diskussion von Ergebnissen neuerer Perzeptionsforschung ausführlicher befassen.

2. Die Untersuchung kognitiver Strukturen politischer Entscheidungsträger

Verbatim-Protokolle des „British Eastern Committee"

Der kognitive Ansatz ist von Robert Axelrod et al. in einer wesentlich systematischeren und für unsere Fragestellung nach dem Entscheidungsverhalten politischer Entscheidungsträger in Regierungsverantwortung erhellenden Weise weiterentwickelt worden. Wurde bisher der Aufbau und die Wirkungsweise „kognitiver Strukturen" im wesentlichen mit Hilfe heuristischer Analogieschlüsse diskutiert, so kann mit der neuen Zugangsweise das bisher solchen Überlegungen anhaftende gerüttelte Maß von Spekulation ausgeräumt werden. In einer systematischen Analyse werden kognitive Aufgabenstellungen, wie z. B. die Diagnose einer politischen

Entscheidungssituation, die Suche nach Policy-Optionen, die Bewertung dieser Optionen und schließlich ein Soll-Ist Vergleich nach erfolgter Auswahl einer Handlungsalternative an konkretem Fallstudienmaterial untersucht.

Es wurde bereits einleitend auf das Glück von Robert Axelrod hingewiesen, der nach fast 50-jähriger Geheimhaltung auf die Verbatim-Protokolle zweier Sitzungen des auf „cabinet-level" agierenden „British Eastern Committee" von 1918 stieß. Auf diesen Sitzungen sollte damals entschieden werden, ob Großbritannien seine Intervention in Persien fortsetzen soll oder nicht. Unter Zuhilfenahme von Komponenten der sogenannten „Psycho-Logik", „Kausalinferenz", „Graphentheorie", „Evaluationsanalyse"[26] und der von uns einleitend vorgestellten formalen Entscheidungstheorie, wurde für einen auf ein „Policy"-Problem zugeschnittenen Entscheidungsprozeß die Struktur offengelegt. Es geht darum, für einen beteiligten Entscheidungsträger die Verbindung zwischen den Entscheidungsoptionen und den denkbaren Ergebnissen der Entscheidung in Form von Nutzeneinschätzungen offenzulegen (vgl. Schaubild 5, S. 133)[27].

Der Handlungsraum wurde zur übersichtlichen Darstellung in zwei Typen von Variablen untergliedert. Die Konzeptvariablen − in dieser Darstellung als „Punkte" gezeichnet − sind dabei z. B. auf der linken Seite der „kognitiven Struktur" die Optionen: etwa die Beibehaltung der Intervention oder ein Rückzug aus Persien; auf seiner rechten Seite die Konsequenzen der Entscheidung: Vor- bzw. Nachteil für Großbritannien oder Stärkung bzw. Schwächung der persischen Regierung. Die andere Variablenart sind die sogenannten gerichteten Graphen − in dieser Darstellung als Pfeile gezeichnet − wie wir sie auch aus der Pfadanalyse kennen. Allerdings werden sie in diesem Fall in der denkbar einfachsten Form, nicht als zyklische oder funktionale Graphen, sondern als Kausalbeziehungen mit negativen bzw. positiven Relationen zwischen den Konzeptvariablen präsentiert. Zwei Beispiele zum ersten Verständnis: Eine Zunahme der Sicherheit in Persien erhöht die Fähigkeit der persischen Regierung, die Ordnung aufrechtzuerhalten. Ein Rückzug von Großbritannien aus Persien würde die Sicherheit in diesem Lande verschlechtern.

Die „Graphik" einer kognitiven Struktur

Wie gelangen nun Axelrod und seine Mitarbeiter zu den Konzeptvariablen und den angegebenen Kausalrelationen? Aus dem zur Verfügung stehenden Material von der 45. und 48. Sitzung des British Eastern Committees, auf denen man sich mit der Persienfrage beschäftigte, wurden ca. 20.000 Worte geäußert und etwa 500 Kausalannahmen gemacht. Durchschnittlich war also jedes 40. Wort eine derartige auffindbare Kausalaussage des denkbar einfachsten Typs. Die Übersetzung der Dokumente in eine solche kognitive Struktur war das Ergebnis wiederholter und stets verfeinerter Kodierungsentscheidungen. Zwei Kodierer mußten sich über drei Jahre mit anderen Texten unabhängig voneinander im Kodieren üben, bis Regeln entwickelt worden waren, die der „intercoder reliability" in den Sozialwissenschaften vollauf genügten. Für gewöhnlich werden für jeden Teilnehmer der

Schaubild 5: Partielle kognitive Struktur eines Entscheidungsträgers des British Eastern Committee von 1918

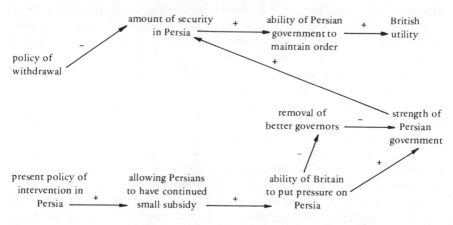

Quelle: Axelrod, R. (ed.), Structure of Decision, The Cognitive Maps of Political Elites, a.a.O., S. 61.

Diskussion in diesem Entscheidungsprozeß zwei Listen angefertigt. Während die eine die Konzeptvariablen enthält, werden auf der anderen die Kausalannahmen festgehalten.

In einem zweiten Schritt lassen sich dann die Annahmen eines jeden Entscheidungsträgers zu seiner „kognitiven Struktur" zusammenfügen, wobei die Vorzeichen der Pfeile einen positiven bzw. negativen Zusammenhang zwischen den Variablen wiedergeben. Dabei ist die Graphik so angelegt worden, daß die Richtung der Pfeile prinzipiell von links nach rechts führt. Zu vermeiden ist ferner jedes Kreuzen der Pfeile. Solche Konzeptvariablen, die Optionen verkörpern, sind auf der linken Seite der Graphik angebracht. Sie dokumentieren den Anfang der Überlegungen zu einem Entscheidungsproblem. Jede Variable, die den Gesamtnutzen als Vorteil bzw. Nachteil einer Person oder einer Organisation wiedergibt, steht auf der rechten Seite, wo die Pfeile enden.

In der abgebildeten Graphik sind zwei alternative Handlungsmöglichkeiten eröffnet. Entweder Großbritannien behält seine Intervention in Persien bei, oder aber es entschließt sich, seinen Einfluß in Persien aufzugeben. Der erste Analyseschritt besteht nun darin, einen Gesamtpfad zu verfolgen, der von links nach rechts über mehrere Stationen verläuft, die jeweils durch gerichtete Pfeile verbunden sind[28]. In der Graphik läßt sich ein derartiger Weg von der Option einer „Politik des Abzugs" bis zur Einschätzung, ob dies Großbritannien zum Vorteil oder Nachteil gereicht, über drei Stationen verfolgen. Dabei ergeben sich zwei Zwischenergebnisse und schließlich ein Gesamtergebnis als Einschätzung dieser gewählten Option. Die Option eines Rückzuges führt danach zu einer Abnahme der Sicherheit in Persien. Der Grad der Sicherheit bedeutet eine Stützung für die Fähigkeit der persischen Regierung, im Lande die Ordnung aufrechterhalten zu können. Diese Möglichkeit der persischen Regierung wiederum, Ruhe und Ordnung im Lande aufrechtzuerhalten, wird für das Interesse Großbritanniens als positiv eingeschätzt.

Fassen wir diese drei Schritte jetzt zu einem Ergebnis zusammen, so läßt sich daraus der Schluß ableiten, daß die Entscheidung Großbritanniens, sich aus diesem Einflußbereich zurückzuziehen, bei dieser empirisch gewonnenen kognitiven „Denkstruktur" zu einer negativen Beurteilung führen muß. Um dieses Ergebnis nachvollziehen zu können, müssen wir die einzelnen Pfeile „lesen", um so das Ergebnis des Pfades ableiten zu können. Eine Entscheidung, sich zurückzuziehen, die einen Zuwachs bedeuten würde (von der Entscheidung, diese Option nicht zu wählen, zur Entscheidung, diese Option doch zu wählen) würde zugleich eine Einbuße an Sicherheit in Persien bedeuten, da dieser Pfeil ein negatives Vorzeichen aufweist. Eine Abnahme der Sicherheit im Lande führt, nach der Einschätzung dieses Mitgliedes des British Eastern Committees, automatisch zu einer Abnahme der Fähigkeit der persischen Regierung, Ruhe und Ordnung aufrechtzuerhalten, da der Pfeil ein positives Vorzeichen hat. Eine Bedrohung von Ruhe und Ordnung nun wiederum würde in bezug auf Großbritanniens Gesamtinteresse in Persien einen negativen Einfluß ausüben, weil der Pfeil positiv gekennzeichnet ist.

Generell läßt sich also feststellen, daß eine Zunahme in der ersten Stufe zu einem Gesamtrückgang führt, wenn der erste Pfeil eine negative Ausrichtung und alle anderen eine positive Ausrichtung vorweisen. Eine Richtungsänderung wird so über alle weiteren Zwischenschritte indirekt aufrechterhalten.

Ein Beispiel dafür, die Graphik so zu lesen, daß eine doppelt negative Pfeilausrichtung so wirkt als sei jeder Pfeil der Zwischenstufen positiv, ist mit folgenden Schritten von der Wahl der Option bis hin zur Entscheidungskonsequenz nachzuvollziehen:

Die Möglichkeit für Großbritannien, auf Persien Druck auszuüben, verhindert nach der Einschätzung in dieser „kognitiven Struktur" eine Entlassung der fähigeren Gouverneure auf lokaler Ebene. Die Entlassung der Gouverneure führt zu einer Abnahme der Stärke der persischen Regierung. Die Stärke der persischen Regierung wiederum erhöht den Grad der Sicherheit im Lande. Aus diesen drei Schritten läßt sich nun ableiten, daß ein zunehmender Druck Großbritanniens auf Persien die allgemeine Sicherheit in diesem Einflußbereich erhöht. Ein Pfad mit zwei negativen Pfeilen und einer positiven Valenz führt zu einer indirekt positiven Beziehung zwischen Option und der generellen Zielbewertung. Daraus läßt sich nach Robert Axelrod die erste generelle Regel zum Lesen solcher Graphik ableiten: Der indirekte Effekt des Pfades ist positiv, wenn der Pfad eine gerade Zahl negativer Pfeile enthält. Er wird negativ ausgerichtet, wenn die Zahl der negativen Pfeile ungerade ist. Ein Nachweis für die Regel ist der relativ lange Pfad, der von der Option der Beibehaltung des britischen Engagements in Persien zur Erhöhung der Sicherheit in Persien führt. Die doppelt negative Pfeilausrichtung vor und nach der

Konzeptvariablen „Entlassung der besseren Gouverneure" führt zum gleichen Ergebnis, als wenn der Pfad direkt über die Variable „Stärke der persischen Regierung" führt. Aus diesem Zusammenhang läßt sich die zweite Regel generalisieren: Der totale Effekt vom Ausgangspunkt A zum Endpunkt B ist die Summe aller indirekten Effekte der Pfade von A nach B. Nehmen wir zur Demonstration eines solchen potentiellen Widerspruches noch einmal auf der Graphik den Ausgang von der Konzeptvariablen „Fähigkeit der britischen Regierung, Druck auf Persien auszuüben". Für den Fall, daß eine der beiden negativen Pfeile auf dem Weg zur Variablen „Stärke der persischen Regierung" eine positive Valenz aufweisen würde, wäre in diesem Bereich der „kognitiven Struktur" ein unauflösbarer Widerspruch entdeckt worden.

„Cognitive Map" als vereinfachtes Rationalmodell

Das wichtige Ergebnis — das zwar nicht prinzipiell verallgemeinerbar, aber für den Untersuchungszusammenhang durchaus typisch ist — zeigt eine vereinfachte „kognitive Struktur" des Entscheidungsproblems, die trotz der z. T. hohen Zahl kausaler Annahmen (bei einigen Teilnehmern der Diskussion waren es mehrere hundert) bei einem Vergleich mit den gezogenen Schlußfolgerungen keine deduktiven Fehler entdecken ließ. In der hier erläuterten „kognitiven Struktur" gab es gar keine derartigen Widersprüche oder zyklische Feedbacks, und auch bei anderen Teilnehmern traten diese nur äußerst selten auf. In Auseinandersetzung mit anderen entscheidungstheoretischen Annahmen konnte weder „Satisficing", kybernetisches Verhalten, noch eine Orientierung an der Taylor'schen lexikographischen Entscheidungsregel konstatiert werden[29]. Offensichtlich deutet die Fähigkeit der untersuchten politischen Entscheidungsträger — die ihre Entscheidungsempfehlung in deduktiver Übereinstimmung mit ihren geäußerten Diskussionsbeiträgen und Überzeugungsversuchen vortrugen — daraufhin, daß der erwartete Nutzen maximiert wurde, indem jene Konzeptvariablen, die den Nutzen mehren, erhöht und die anderen niedrig gehalten wurden. Diese in kognitiven Strukturen entdeckten Eigenschaften menschlichen Denkens zeigen, daß derart konkretisierte Belief Systems zwar vereinfachte Abbilder der Umwelt sind, sie zugleich aber rationales Verhalten im Sinne einer konsistenten und konsequenten Orientierung an erwarteten Nutzeneinschätzungen ermöglichen.

Eine solche kognitive Struktur läßt sich prinzipiell zur Diskussion mehrerer Fragestellungen heranziehen. Einmal zur Lösung des Entscheidungsproblems als Auswahl verschiedener Optionen: Es werden, wie bereits verdeutlicht, diejenigen Optionen ausgewählt, die insgesamt einen Vorteil mit sich bringen. Ein weiteres Problem ist das der Erklärung mit möglicherweise überraschenden Ergebnissen. Angenommen, der Grad der Sicherheit in Persien hat zugenommen, ohne daß Großbritannien einen Druck auf Persien ausgeübt hat, so läßt sich das nur auf einen Zuwachs der Stärke der persischen Regierung zurückführen. Da dies nicht im Rahmen des Erklärungsmodells plausibel wird, muß ein außerhalb liegender, ein sogenannter exogener Faktor dafür verantwortlich sein. Das sogenannte strategische Problem schließlich fragt etwa danach, wie das unerwünschte Ergebnis einer Politik in ein erwünschtes umgewandelt werden könnte[30]. Dabei wäre nach der Möglichkeit zu suchen, z. B. durch Einführung eines weiteren Zwischengliedes in der Kausalkette, eine Umkehrung des Gesamtergebnisses zu erreichen. Solche Umkehrungen der Valenzen eines Pfeiles können allerdings auch zur Aufgabe einer bisher erfolgreichen Politik veranlassen. Eine derartige Situation wäre etwa denkbar, wenn die Unterstützungsleistungen für Persien einen „Bumerangeffekt" entwickelten und die Fähigkeit der Briten, Druck auf Persien auszuüben, dadurch geschwächt statt gestärkt wird.

Auch wenn die Kunst der Kodierung und Gewinnung von Kausalbeziehungen nach Aussage der Experten immer noch zu einem großen Teil eher Kunst als Wissenschaft ist: Erstaunlich bleibt die bereits herausgefundene Fähigkeit menschlichen Denkens, bei einem politischen Entscheidungsprozeß dieser Komplexität „kognitive Strukturen" entwickeln zu können, die fast keine Zirkel aufweisen, keine deduktiven Widersprüche enthalten und damit der Orientierungsfähigkeit ein wesentlich besseres Zeugnis ausstellen, als dies die radikalen Kritiker der Rationalanalyse getan haben. Die Arbeiten Axelrods et al. haben ergeben, daß es so etwas wie einen optimalen Zusammenhang zwischen Problemumfang bzw. -tiefe und der komplexen Struktur solcher „cognitive maps" gibt. Die Vermutung des nicht-empirischen kognitiven Ansatzes, kognitives Denken werde durch rationale Orientierung durchaus im Sinne eines vereinfachten Rationalmodells zusammengehalten, findet hier seine Bestätigung.

3. Perzeption und Misperzeption als Hauptdeterminanten der Dynamik politischer Entscheidungsprozesse

Die Beschäftigung mit den „kognitiven Strukturen" politischer Entscheidungsträger hat uns sicher geholfen, die etwas vagen, auf Analogieschluß im Hinblick auf Experimente der kognitiven Psychologie beruhenden Annahmen über strukturelle bzw. prozedurale Regelmäßigkeiten von Belief Systems an konkreten Personen sowie einer konkreten komplexen Entscheidungssituation festzumachen. Solche kognitiven Strukturen haben den Charakter statischer Momentaufnahmen, die mit der angewendeten Untersuchungsmethode noch auf den Stand komparativ-statischer Ergebnisse gebracht werden können. So geschehen, als das Mitglied des British Eastern Committee, Lord Cecil, während der Debatten seine Meinung änderte und so eine zweite „kognitive Struktur" von ihm angefertigt werden konnte. Was uns jedoch außer einer solchen „geistigen Landkarte" interessiert, sind Fragen nach der Entstehung von Belief Systems, sowie nach ihren Veränderungen in der Auseinandersetzung zwischen „politischen Freunden", insbesondere aber zwischen politischen Gegnern. Die Untersuchung von Perzeptionen und Misperzeptionen in der internationalen Politik liefert einen besonders gelungenen Anschauungsunterricht dafür, wie durch Verknüpfung sozialpsychologischer Konzepte mit politologischem Illustrationsmaterial aus der Geschichte Einsichten über die Dynamik der Entstehung und Veränderung solcher Belief Systems gewonnen werden können.

3.1 Perzeptionen der gegnerischen Absichten als grundlegende Elemente in politischen Entscheidungsprozessen

Grenzen der Situationsdeterminiertheit politischer Entscheidungen

Nach Robert Jervis erscheint es wohl völlig zu Recht überflüssig, Erklärungen mit Hilfe eines autonomen entscheidungstheoretischen Ansatzes zu versuchen, wenn alle Staaten in gleichen Situationen gleich handeln würden[31]. Indessen gibt es Aussprüche von aktiven Politikern, wie etwa von McGeorge Bundy, der den Angriff des Vietcong auf Pleiku und den anschließenden Beginn der Bombardierung Nordvietnams durch die US-Luftwaffe mit der Bemerkung kommentierte: ,,Pleikus are streetcars". Für ihn war Pleiku ein Auslöseeffekt mit primärer Bedeutung für das Timing, nicht jedoch für die eigentliche Substanz der Bombardierungsentscheidung und damit ohne Erklärungswert für das Resultat dieses Entscheidungsprozesses. Die Bedeutung eines entscheidungstheoretischen Ansatzes wächst, je weniger sich politische Entscheidungsprozesse aus den situationellen Gegebenheiten, etwa der Außenpolitik, der Innenpolitik sowie des eigenständigen ,,Bargainings" von Organisationen erklären lassen.

Natürlich gibt es gerade im Bereich internationaler Auseinandersetzungen krisenhaft bedingte Übereinstimmung in der Verfolgung nationaler Ziele mit einer Einigkeit im Entscheidungsverhalten, welches im Effekt nur jenem gleicht, das bei einem Gebäudebrand nur Selbstmörder davon abhalten würde, schleunigst die Ausgänge aufzusuchen. Erinnern wir uns an das Beispiel von Daniel Katz und Robert Kahn, so ist richtig, daß den USA nach Pearl Harbor nichts anderes übrig blieb, als in den Krieg einzutreten[32]. Aber wir wissen zugleich, daß vom amerikanischen Präsidenten ein Anlaß für den Kriegseintritt gesucht wurde. Pearl Harbor erklärt darüber hinaus nicht, wie der Krieg geführt und warum welche Kriegsziele verfolgt wurden.

Auch innenpolitische Faktoren werden bei Beobachtungen politischen Entscheidungsverhaltens für so dominant angesehen, daß sie wenig Spielraum für situationsunabhängige Entscheidungen lassen. Nicht nur die Außenpolitik Präsident Eisenhowers ähnelte bei weitem mehr der seines Vorgängers im Amt als seiner Wahlkampfrhetorik. Ebenso konnte ein Premier Gladstone sich trotz guter Vorsätze, von einigen Ausnahmen abgesehen, nicht aus den imperialistischen Verstrickungen des damaligen Großbritanniens lösen.

Muß die Bewertung des Einflusses innenpolitischer, insbesondere auch sozialer und ökonomischer Faktoren auf das außenpolitische Entscheidungsverhalten in seiner Einschätzung als besonders schwierig und je nach ,,issue" (Entscheidungsproblem) als sehr unterschiedlich bedeutsam gelten, so läßt sich die dritte Ebene situationalen Einflusses aufgrund unserer bisherigen Ausführungen eindeutiger beantworten. Soweit uns bekannt, ist das Verhalten vieler Politiker in der Kuba-Krise 1962 weder durch ihre Rolle als Vertreter eines Ministeriums zu erklären; noch läßt sich das Organisationsmodell mit der Annahme von „Standard Operation Programs" als alleiniges Erklärungsmodell für den gesamten Entscheidungsprozeß heranziehen, wie das Graham Allison eindrucksvoll nachweisen konnte. Unsere Beschäftigung mit dem „Rational Policy Model" von Graham Allison, dem kognitiven Ansatz bei John Steinbruner und den empirischen „kognitiven Strukturen" von Robert Axelrod sowie die vielen der These von einer ausschließlichen Situationsdeterminiertheit widersprechenden Beispiele bei Robert Jervis zeigen: viele Entscheidungsprozesse, die als historisch bedeutend in die Geschichte eingegangen sind, lassen sich nicht ohne die Berücksichtigung der „Beliefs" der politischen Entscheidungsträger von ihrer Aktionsumwelt und vor allem nicht ohne Berücksichtigung der jeweiligen „Images" von anderen am politischen Entscheidungsprozeß beteiligten Akteuren beschreiben.

Handlungen von Regierungen als Signale — Die Schwierigkeit ihrer Interpretation

Entscheidend für ein erstes Verständnis der Perzeptionsproblematik ist, daß die Handlungen von Nationalstaaten durch die beobachtenden politischen Entscheidungsträger nicht einfach als Datum angesehen werden, sondern vielmehr eine Interpretation erfahren. Dabei können gleiche Handlungen im Zeitverlauf unterschiedlich interpretiert werden. So legten amerikanische Beobachter das sowjetische Bemühen, in weiten Teilen Osteuropas Fuß fassen zu wollen, ursprünglich mit der Furcht der UdSSR aus, in einem Nachkriegseuropa ohne amerikanische Präsenz einem rasch wiedererstarkenden Deutschland gegenüberzustehen. Bemühungen, in der Nachkriegszeit diese vermutete Furcht zu dämpfen und die Sowjets zu einer Mäßigung ihrer Kriegsziele durch die Zusage einer Sicherheitsgarantie für die UdSSR, durch eine UNO mit starker amerikanischer Unterstützung zu veranlassen, schlugen fehl. Von da an wurde die Sowjetunion als dem Westen gegenüber feindlich perzipiert und mit dieser Uminterpretation die Phase des sogenannten Kalten Krieges eingeleitet. In anderen Entscheidungsprozessen erfolgen keine Neuinterpretationen, wie etwa bei der beschriebenen Reaktion Präsident Kennedy's auf die Kuba-Krise von 1962, in der er von Anbeginn eine unmittelbare Bedrohung der eigenen Position, wie der Sicherheit der USA artikulierte. Nicht immer finden jedoch feindliche Aktionen eine solche Einschätzung, nämlich die einer gezielten provokatorischen, wesentliche eigene Interessen bedrohenden Absicht. Der Angriff des Vietcong auf ein ungeschütztes amerikanisches Hotel in Saigon wurde deshalb nicht mit Gegenmaßnahmen beantwortet, weil der Angriff möglicherweise bei angemessenen vorbeugenden Schutzmaßnahmen nicht erfolgt wäre. Ein anderes Beispiel ist die Hilfestellung Italiens bei der französischen Besetzung des Ruhrgebietes im Jahre 1923, die von Deutschland eher als Kohleversorgungsproblem Italiens denn als feindlicher Akt eingeschätzt wurde.

Das Verhalten zwischen Staaten, insbesondere die Reaktion auf wahrgenommene Bedrohungen, hängt wesentlich davon ab, ob das Ergebnis eines Entscheidungsprozesses gewollt und begrüßt wird. Ist beides nicht der Fall, so ist gewöhnlich nicht mit einer harten Gegenreaktion zu rechnen. Wird registriert, daß zwar Ziele anderer Staaten abträglich berührt werden, sich dies aber auf einzelne Problemfelder begrenzen läßt, ist in verschiedenen historischen Situationen der Versuch unternommen worden, durch direkte Kontaktaufnahme eine empfindliche Reaktion zu verhindern. So versuchten die USA im Frühjahr 1941 Japan noch davon zu überzeugen, daß eine Unterstützung Großbritanniens zwar Japan schaden werde, aber nicht Ausdruck einer vollends feindlichen Haltung sei. Immer, wenn als Beeinträchtigung der eigenen Ziele empfundene Ergebnisse von Entscheidungsprozessen durch die Betroffenen nicht als ein Nebenprodukt, sondern Bedrohung und Demütigung als ein bewußt vom Gegner herbeigeführtes Resultat angesehen werden, ist die Reaktion der Tendenz nach extremer. Daß diese Gefahr immer wieder bewußt gesehen wurde, führte in vielen Entscheidungssituationen im „nuklearen Zeitalter" zu verdeutlichenden Signalen zwischen den Großmächten: das galt für die eindeutig wahrnehmbaren Begrenzungen der Bombardierungsentscheidungen in Vietnam, wie für den vorsichtig auf Zeitgewinn und auf Vermeidung eines Gesichtsverlustes für die sowjetische Seite bedachten Tenor der Erwägungen bei der Behandlung der Kuba-Krise durch die USA. Die deutsche Außenpolitik hat in der zweiten Marokko-Krise (1911) ein Beispiel dafür gegeben, daß sich Frankreich nach Verhandlungsangeboten durch deutlich artikulierte Gewaltandrohung gedemütigt fühlen mußte und die eigene Verhandlungsposition dadurch potentiell geschwächt wurde.

Allerdings waren solche Signale — in Form von Handlungen bzw. Erklärungen — der eigenen Intentionen, so wirkungsvoll sie für den Verlauf eines bereits begonnenen und damit in seinen Implikationen voll übersehbaren Konflikts sein können, für andere historische Zusammenhänge als verläßliche Orientierungsmaßstäbe wenig brauchbar. Ein Eintritt der USA in einen begrenzten Korea-Krieg 1950 war zunächst abgelehnt und die Ablehnung durch eine Konzentration des amerikanischen Truppeneinsatzes auf Japan und die Philippinen unterstrichen worden. Die kalkulatorische Überlegung, daß eine begrenzte militärische Auseinandersetzung eine Verschwendung knapper Ressourcen angesichts einer möglichen weltweiten kommunistischen Konfrontation sei, wurde dann aber durch die quasi axiomatische Umorientierung abgelöst, daß jede Art von Angriffen Nationen bedroht und daher auch ein begrenzter Krieg gerechtfertigt ist. Hinzu kam in diesem Fall eine unerwartete Verdreifachung des Verteidigungshaushaltes, die eine Aufnahme der Kriegshandlungen in Korea in voller Stärke überhaupt erst ermöglichte.

In zahlreichen historischen Situationen lagen überhaupt keine Voraussagen über das zukünftige eigene Verhalten von Staaten im Konfliktfall vor. Nicht immer lassen dabei die Äußerungen politischer Entscheidungsträger auf Verschleierung, Maskierung und Täuschung in bezug auf ihre Absichten schließen. In manchen historischen Situationen waren sie politisch überfordert, wie z. B. die deutsche Regierung während des ersten Weltkrieges außerstande war, ernsthafte Friedensbedingungen zu formulieren, ohne dabei Gefahr zu laufen, das Land politisch zu spalten. Ähnliche Rücksichten auf die innenpolitische Situation machten es der belgischen Regierung Mitte der 30er Jahre unmöglich, sich selber Klarheit darüber zu verschaffen, wie es im Falle unterschiedlicher Angriffsführungen von deutscher Seite reagieren werde. Ein Beispiel für die intellektuelle Überforderung, irgendwelche Aussagen über zukünftiges Verhalten machen zu können, lieferte der „United States Chief of Naval Operations" in einem Brief vom Mai 1940 an den Kommandeur der Pazifikflotte: „Suppose the Japs do go into the East [without simultaneously attacking United States territory]? What are we going to do about it? My answer is, I don't know and I think there is nobody on God's green earth who can tell you"[33].

Zur psychologischen Dynamik des „Sicherheitsdilemmas"

Die illustrierten Möglichkeiten, gleichbleibendes Verhalten, sowie die mit einer Handlung verbundenen Intentionen unterschiedlich zu interpretieren, die Unsicherheit und z. T. Unfähigkeit zur verläßlichen Voraussage des Entscheidungsverhaltens eines jeden Staates in zukünftigen Situationen, sind einige Kennzeichen des bereits angesprochenen „anarchischen Kontextes" des internationalen Staatensystems. Die Perzeptionen von Bedrohungen durch Feinde mit erheblichem Rüstungspotential führen vereinfacht gesagt zu Abschreckungsverhalten mit einem ständigen „Ankurbeln" der Rüstungsspirale und der Vermeidung jeglicher Konzilianz, die als Schwäche ausgelegt werden könnte. Diese Konsequenz des Abschreckungsverhaltens zeigt sich bereits darin, daß auch Forderungen geringer Bedeutung in der Manier eines „Chicken Games" abgelehnt werden[34]. Die Auseinandersetzung in der Kuba-Krise 1962 liefert sogar ein Beispiel dafür, daß Präsident Kennedy einen bereits gegebenen, aber aus unauffindlichen Gründen noch nicht ausgeführten Befehl, amerikanische Raketen aus der Türkei abzuziehen, rückgängig machte, weil die Sowjets diesen Abzug zu einem Punkt der Auseinandersetzung um die Kuba-Krise machten. Ähnliche Erwägungen hielten Präsident Johnson lange Zeit auch gegen den Rat von befürwortenden Mitgliedern seiner Regierung davon ab, die Bombardierung Nordvietnams einzustellen. In der Perzeption der Auseinandersetzung mit dem Gegner wird jede Konzilianz als schädlich, die Position der Stärke dagegen als einzige Voraussetzung angesehen, zu kooperativen und damit friedlichen Wegen einer Problemlösung zu gelangen.

Während das Abschreckungskonzept in einem Status quo- und Gleichgewichtsdenken verhaftet ist, basiert das sogenannte „Spiralen-Modell" auf der Vorstellung eines anarchischen internationalen Staatensystems ohne Souverän[35]. In einem solchen System können sich Staaten vor allen möglichen Drohungen nur durch Expansion ihrer eigenen Stärke schützen. Bereits vor dem ersten Weltkrieg wurde das „Sicherheitsdilemma" von dem britischen Außenminister Lord Grey erkannt, daß nämlich eine Erhöhung der eigenen Sicherheit vom Gegner stets als feindlicher Akt empfunden werden muß. Dieses Sicherheitsdilemma wird noch verstärkt, wenn jeder Staat an den Vorteil eines Präventivschlages glaubt. Kleine Anlässe, wie z. B. zu Beginn des ersten Weltkrieges, können ungeahnte Folgen haben. Die jüngsten Vorschläge zur Durchbrechung des Sicherheitsdilemmas konkretisieren ihre Perzeption der Möglichkeit einer zunehmenden Kontrolle der Spannungen des internationalen Staatensystems an der spieltheoretischen Konstruktion des „Prisoner's Dilemma", das den Vorteil einer auf Kooperation und zunehmendem Vertrauen basierenden Zusammenarbeit im Gegensatz zu jeder Gewaltanwendung hervorhebt[36]. Bevor wir jedoch zu den Verhaltensvorschlägen von Robert Jervis zur Abmilderung des Sicherheitsdilemmas übergehen, sollen noch einige zusätzliche Anmerkungen zur Perzeptionsproblematik dieses Dilemmas angeführt werden.

Danach wird das Sicherheitsdilemma durch eine Art „psychologische Dynamik" noch verstärkt. Aufgrund einer näher zu erläuternden „kognitiven Rigidität" wird ein politischer Entscheidungsträger das feindliche Image von einem „Feind"-Staat nur sehr schwer abbauen können, zumal es fortwährend verstärkt zu werden scheint. Die normale Annahme ist, daß Waffen in den Händen anderer eine Bedrohung signalisieren. Waffen in den eigenen Arsenalen bedeuten dagegen — unter der Annahme einer Erhöhung der eigenen Verteidigungsbereitschaft — lediglich einen Beitrag zur eigenen Sicherheit. Die psychologische Dynamik setzt nun mit folgenden Annahmen ein:

(1) Ein politischer Entscheidungsträger hat kein richtiges Verständnis von der Wirkung seiner eigenen Politik. Bei der Anwendung von Drohungen geht er zwar davon aus, daß diese verstanden werden und auch Wirkung zeigen. Verfolgt er selber aber keine aggressive, sondern nur eine auf Verteidigung bedachte Rüstungspolitik, so geht er irrigerweise davon aus, daß der potentielle Gegner diese Unterscheidung auch wirklich perzipieren kann.

(2) Er unterliegt diesem Irrtum, obwohl er selber jede Rüstungsverstärkung des Gegners als Bedrohung wahrnimmt. Dieser Teufelskreis der Misperzeptionen schließt sich, da jede Rüstungserhöhung des Gegners — auch eine aus defensiven Absichten gehegte — als aggressiv, weil im Lichte der eigenen und vermeintlich vom Gegner auch so perzipierten Verteidigungsbemühungen als ungerechtfertigt angesehen werden muß. Ein typisches Beispiel für die Zuspitzung feindlicher Perzeptionen war die Entwicklung in der Tschechoslowakei, in der 1948 die UdSSR ihren Einfluß konsolidierte und dabei durchaus mit einer Reaktion des Westens rechnete. Die Gründung der Nato jedoch war für die Sowjets ein Zeichen dafür, daß die USA noch gefährlicher waren, als sie ursprünglich angenommen hatten. Robert Jervis spekuliert zur Illustration einer derartigen psychologischen Dynamik über mögliche sowjetische Perzeptionen im Zusammenhang mit der amerikanischen Alarmbereitschaft am Ende des israelisch-arabischen Krieges von 1973; diese erfolgte aufgrund der Nachricht, daß die UdSSR drohte, Truppen nach Ägypten zu entsenden. Für den Fall, daß diese Drohung stimmte, war die amerikanische Reaktion durchaus angemessen. Andernfalls aber würden die Sowjets in der Annahme, daß die USA den wahren Sachverhalt kennen, nach den Motiven der amerikanischen Alarmbereitschaft gefragt haben. Entweder wurden eigene amerikanische militärische Pläne verfolgt oder die UdSSR sollte gedemütigt werden, etwa, indem nachträglich die Behauptung aufgestellt werden könnte, ein energisches Auftreten der USA habe die Sowjets von ihren ursprünglichen Vorhaben abgebracht. Ein

Ausweg aus dem Dilemma der letzteren Annahme, die von der UdSSR wohl keineswegs ohne weiteres so hingenommen worden wäre, ermöglicht die denkbare Unterstellung, daß die Sowjets ihrerseits realisierten, daß die USA eine derartige Drohung unterschätzt haben[37].

Die vorausgehenden Bemerkungen über das Sicherheitsdilemma und seine psychologische Dynamik waren als ein weiterer deutlicher Hinweis auf die potentielle Bedeutung von Perzeptionen über die Intentionen anderer Entscheidungsträger und nicht etwa als die Darstellung eines allgemein gültigen Erklärungsmodells für die Anarchie der internationalen Politik gedacht. Dies mag ein gültiger Erklärungsansatz für einige Entscheidungsepisoden der Phase das Kalten Krieges gewesen sein. Jüngste Bemühungen um Rüstungsbegrenzungen zeigen, daß ein Element der begrenzten Kooperation in diese Welt der Abschreckungs- und Wettrüstungsautomatik Eintritt gefunden hat; es wird aber erst mit dem nötigen zeitgeschichtlichen Abstand berichtet werden können, ob ein nachhaltiger Einfluß auf die gegenseitigen Perzeptionen der Kontrahenten zu verzeichnen ist, der auch in einem zunehmend unübersichtlichen multipolaren Staatensystem von Bestand ist.

Wir haben bereits bei der Diskussion des kybernetischen Ansatzes die Vorschläge von John Steinbruner an die amerikanische SALT I-Delegation vorgestellt. Dort wurde bekanntlich das Argument der möglichen „Trade-Off"-Vermeidung politischer Entscheidungsträger hervorgehoben und nachhaltig davor gewarnt, die von eigenen Rüstungsanstrengungen ausgehenden Bedrohungen zu unterschätzen[38]. Die Verhaltensmaximen von Robert Jervis nun zielen in eine ganz ähnliche Richtung. Er fordert ein Abgehen von den großen auf Abschreckung und „counterforce first strike" angelegten Raketensystemen und präferiert z. B. Polaris U-Boote als unverwundbare und als „effective for retaliation" verwendbare Waffensysteme. Ebenso wichtig erscheint ihm die Wirkung des eigenen Verhaltens bei anderen realistischer als „potentiell bedrohend" einzuschätzen, zugleich aber die Perzeption gegnerischen Verhaltens nicht ohne weitere Prüfung pauschal als aggressiv zu rubrizieren, sondern auch für Ansätze möglicher Kooperation „abzutasten"[39].

3.2 Ausgewählte Aspekte der Perzeptionsbildung

Tendenz zu „kognitiv-affektiver" Balance

Der Perzeptionsansatz von Robert Jervis nimmt den Gedanken der Vermeidung von „Trade-Offs" des kybernetischen Ansatzes von John Steinbruner wieder auf und verfeinert ihn zu einem Konzept der sogenannten „irrationalen Konsistenz". Grundlage dieses Konzepts ist die mit vielen Beobachtungen belegte Tendenz zu einer „kognitiv-affektiven" Balance von Belief Systems, wie wir sie bereits bei der Diskussion der Theorie von Leon Festinger oder auch der Überlegungen von Fritz Voigt und Hans Jörg Budischin vorgestellt haben[40]. Besonders in der Außenpolitik ist eine solche Balance allerdings weniger eine Frage von Sympathie oder

Antipathie, sondern einer nüchternen, „realistischen" Kalkulation der Interessen und Absichten sowohl des Gegners wie der Verbündeten. Erinnert sei an die Bemerkung Churchills im Zusammenhang mit der Ankündigung von britischen Hilfeleistungen an die UdSSR nach Beginn des deutschen Angriffs im zweiten Weltkrieg: „If Hitler invaded Hell, I would make at least a favourable reference to the Devil in the House of Commons"[41]. Das „irrationale" Verhalten ist nun nicht auf eine bloße Vermeidung der Perzeption von „Trade-Offs" begrenzt, sondern es bringt bei der Verfolgung eines wichtigen Zieles die ganze Argumentationslinie in Reih und Glied. Für solche Polarisationen politischer Argumentationen gibt es unzählige Beispiele: Eine Unterstützung der Alliierten durch die USA vor dem japanischen Angriff in Pearl Harbor wurde von denjenigen für notwendig befunden, die einen Sieg Deutschlands als bedrohlich für die nationale Sicherheit der USA empfanden und Materiallieferungen als kriegsentscheidend ansahen. Die Vertreter einer „isolationistischen" US-Außenpolitik dagegen vertrauten auf die Möglichkeit einer Koexistenz mit Deutschland und behaupteten, daß Materiallieferungen den Sieg Deutschlands keinesfalls verhindern könnten. Häufig werden in die Argumentation zusätzlich stützende Wahrscheinlichkeits- bzw. Kostenannahmen eingeflochten. Für das letztere ein Beleg aus der inneramerikanischen Vietnamdiskussion: Wer für einen Abzug aus Vietnam plädierte, führte häufig als Gründe dafür an, daß der Krieg prinzipiell nicht gewonnen werden könne und die Kosten einer Niederlage relativ gering seien. Andere, die bis zuletzt an die Möglichkeit eines Sieges glaubten, hielten unter Hinweis auf die Domino Theorie gerade die Kosten eines Abzugs für extrem hoch. Ein Wert, der besonders bevorzugt aus dem „Trade-Off" mit anderen ausgeblendet wird, ist die allgemein menschliche Moral. Wer immer Krieg führte, sollte dies nach Thucydides so tun, daß die Angriffe direkt gegen das feindliche Volk vorgebracht werden, da nur so ein kurzer und schnell entschiedener Kriegsverlauf erreichbar sei. Eine solche „humane Doktrin" gehört häufig zum Argumentationshaushalt der Befürworter strategischer Bombardierungen [42].

Auf einen besonders bemerkenswerten Erklärungszusammenhang zwischen ökonomischer Wohlfahrt, liberaler Weltanschauung, begünstigter geographischer Lage in den USA und der Tendenz zur Vermeidung von „Trade-Offs" in außenpolitischen Entscheidungsprozessen verweist Robert Jervis in Anlehnung an Robert Osgood u. a.[43]. Die „Realisten" wie die „Idealisten" in den USA behaupteten danach, daß ihre Politik den nationalen Interessen ebenso wie der internationalen Wohlfahrt und Moral diene, einerlei ob das Land nun stark gerüstet ist oder nicht. Amerikanische politische Entscheidungsträger entgingen wegen des ständig wachsenden Kuchens des „Plenty" über lange Zeiträume brisanten Redistributionsentscheidungen; wegen des Glaubens an eine Interessenharmonie entgingen sie ebenso der Notwendigkeit einschneidender planender Eingriffe, und wegen der geopolitischen Lage ihres Landes hatten sie stets die Freiheit der Wahl, sich einzumischen oder isolationistisch zurückzuziehen. Eine solche, mit der geschichtlichen Entwicklung gewachsene Tendenz schwierigen, einschneidenden und mit großen Opfern verbundenen „Trade-Offs" ausweichen zu können, wird in einer Zeit wachsender ökonomischer Schwierigkeiten, sich intensivierender Interdependenzen, einer zunehmenden Planungsmentalität und direkter Bedrohung von außen vor nicht unbeträchtliche Herausforderungen gestellt.

Zur Informationsverarbeitung im Perzeptions-/Misperzeptions-Ansatz

Bei der Diskussion des Modells von Karl Deutsch wurde deutlich, daß Informationsarten in einem politischen Entscheidungssystem ständig auf neue Außenweltinformationen treffen. In der Sprache der kognitiven Psychologie stellt sich somit die Frage, wie ein Belief System Informationen aus der Umwelt verarbeitet bzw. assimiliert. Die bestätigende Information findet dabei offensichtlich bevorzugte Aufnahme. John Foster Dulles, wie auch Konrad Adenauer — wenn auch bei letzterem weniger eindeutig — wurde nachgesagt, daß sie Informationen über Fehlleistungen des wirtschaftlichen Systems in der UdSSR ihrem Image entsprechend unbesehen akzeptierten und sich in der Auseinandersetzung mit gegenteiliger Information schwer taten. Bei schwierig zu interpretierenden politischen Begebenheiten führt die Informationsauslegung immer wieder zu Fehleinschätzungen. Anläßlich der Evakuierung der sowjetischen Zivilisten aus Syrien, einige Tage vor Beginn des arabischen Angriffs von 1973 auf Israel, glaubte die Regierung der USA, daß eine Krise zwischen den arabischen Ländern und der Sowjetunion unmittelbar bevorstand. Das Image der zu schwachen Araber und die Prädisposition der Amerikaner, den Willen zum Kämpfen mit der waffentechnischen Kampf- und Feuerkraft gekoppelt zu denken, führte zu derart fälschlichen Erwartungen. Indessen können Perzeptionen auch bei wesentlich konkreteren Objekten in die Irre führen. Der Auftrag, die „Bismarck" zu versenken, führte im Mai 1941 zu einem Angriff der Royal Air Force auf den Kreuzer „Sheffield", trotz aller deutlichen Unterschiede zur Bismarck als „dem gesuchten Schiff". In wieder einem anderen Fall führten falsche Vorstellungen des britischen Nachrichtendienstes z. B. zu einer Verwechslung von zwölf V-2 Raketen mit zwölf Mannschaftszelten.

Ganz offensichtlich besteht ein enger Zusammenhang zwischen den Vorstellungen in einem Belief System — das können visuelle Vorstellungen sein aber auch abstrakte Konstrukte wie Modelle, Konzepte oder Theorien — und der Perzeption der faktischen Umwelt. So wenig wie in der Wissenschaft bei der ersten zu einer Theorie in Diskrepanz stehenden Information nicht gleich die ganze Theorie verworfen wird, sonst wäre wissenschaftliches Arbeiten bekanntlich gar nicht möglich[44], so wenig können Belief Systems ohne eine kognitive Rigidität von Vorstellungen, Prädispositionen sowie Erwartungen funktionsfähig bleiben: sie wären unfähig, ihre Umwelt zu interpretieren und damit sowohl entscheidungs- wie handlungsunfähig. Auch bei minimaler Kohärenz z. B. der Konzeptvariablen und Kausalbeziehungen in der vorgestellten „kognitiven Struktur" wird zunächst eine Abwehr von Orientierungslosigkeit gebieten, nicht gleich jede diskrepante Information aufzunehmen und zu einer Neuorientierung zu verarbeiten. In manchen Fällen verschließen sich politische Entscheidungsträger unbewußt oder bewußt vor Informationseingängen. Entweder liegen Versäumnisse vor, oder aber Nachrichten werden als unerträglich empfunden, so wie z. B. von Stanley Baldwin, der es ablehnte, einen Bericht über die deutsche Wiederaufrüstung überhaupt zur Kenntnis zu nehmen mit dem Hinweis, daß ihm derartige Informationen „den Schlaf rauben". Wir haben aber auch bereits Beispiele präsentiert, wie die Umorientierung der amerikanischen Haltung gegenüber der UdSSR, die zur Einleitung des Kalten Krieges führte[45], bei denen erhebliche Anstrengungen und Beeinflussungsversuche unternommen werden, über neue Informationen zu einem veränderten Belief System und damit zu einer neuen, veränderten Perzeption einer Situation zu gelangen.

Die wichtige und generell wegen der komplizierten Interaktion zwischen der potentiellen Evidenz eingehender Information und der zur Orientierung notwendigen Image-Bildung kaum beantwortbare Frage stellt Robert Jervis und beantwortet sie so: „This analysis of course raises the question of when will the person's expectations be likely to mirror the stimuli that he is presented with? Luck is one answer and perhaps applies in more cases than we like to think"[46]. Natürlich ist dies nur eine Teilantwort, die durch die sehr allgemeinen Hinweise auf an die Erfordernisse einer Situation angepaßten Prädispositionen und Erwartungen ergänzt wird. Ob aber diese in eine historische Situation passen oder nicht, ist weitgehend vom Zufall abhängig. Alle diejenigen englischen Politiker, die wegen ihrer Prädispositionen in den 30er Jahren in Opposition zur offiziellen Appeasement-Politik der Regierung standen, haben im nachhinein recht behalten. Mit anderen Führungsfiguren im Deutschland jener Zeit wäre allerdings das deutsche Ziel der Rückgewinnung einer starken politischen und wirtschaftlichen Position in Europa ohne hasardeurhafte militärische Operationen und entsprechende Dominanzansprüche im Rahmen einer Appeasement-Politik sehr wohl möglich erschienen. Wäre Hitler nicht an die Macht gekommen, so würden uns diese Engländer heute nicht klug, weise und vorausschauend erscheinen, sondern als gefährliche Kriegstreiber. — Wie bei jedem politikwissenschaftlichen Ansatz, der bisher zur Erfassung politischer Entscheidungsprozesse diskutiert worden ist, soll auch der Perzeptions-/Misperzeptions-Ansatz abschließend nach seinem Lernkonzept befragt werden.

3.3 Geschichtliche Lernprozesse politischer Entscheidungsträger

Die Orientierung an historischen Schlüsselereignissen

Eine Fülle von Beispielen belegt die Annahme, daß in politischen Entscheidungsprozessen eine Orientierung, sei es bewußt oder unbewußt, an historischen Schlüsselereignissen erfolgt. Als Präsident Truman von der Invasion der Nord-Koreaner unterrichtet wurde, verglich er diese Situation mit dem Verhalten anderer Aggressoren wie Hitler, Mussolini und den Japanern. Insbesondere dramatische, spektakuläre Ereignisse, wie die Entwicklung in den 30er Jahren in Europa, haben die Perzeptionen für nachfolgende Ereignisse unwillkürlich nachhaltig beeinflußt.

Und dies obwohl häufig ausdrücklich gesehen wird, daß ein derartiger auf einem Analogieschluß beruhender „rationaler Kurzschluß" keineswegs immer zur Beurteilung einer völlig neuen Situation geeignet ist. Überwiegend wird heute zwar im Rückblick die Appeasement-Politik als ein Fehler, aber zugleich eine Politik der Abschreckung gegenüber Hitler für wirkungslos eingeschätzt. Dennoch äußerte Präsident Johnson in bezug auf Vietnam die Meinung, daß München gelehrt habe, ein Nachgeben in Vietnam würde lediglich den „Appetit des Aggressors" vergrößern. Das zurückhaltende Auftreten Großbritanniens während der Berlin-Krise von 1958–1962 zeigt allerdings, wie das neue Faktum der Furcht vor einer nuklearen Auseinandersetzung die Erfahrungen von München in einer andersartig perzipierten Situation überdeckte. Präsident Roosevelt hielt zunächst das Versagen des Völkerbundes nur dann für vermeidbar, wenn drei bis vier Großmächte die Aufsicht über das Verhalten der anderen Nationen übernehmen und so für die Einhaltung des Friedens sorgen. Nicht zuletzt das 1944 nachlassende Vertrauen in die UdSSR ließ ihn davon sprechen, daß auch die kleinste Nation Einfluß auf den Entscheidungsprozeß einer neu zu gründenden und überlebensfähigen internationalen Organisation nehmen sollte. Eine Veränderung der Präferenzen in der Gegenwart führte so zu einer veränderten Einschätzung der Ursachen des Scheiterns des Völkerbundes sowie zu einer neuen, abhilfeversprechenden Konzeption.

Politische Erfahrungen als Lernprozeß?

Nun ist nach Robert Jervis der Lernprozeß politischer Entscheidungsträger von den einfach strukturierten und auch relativ klar definierbaren Lernprozessen der bisher diskutierten entscheidungstheoretischen Ansätze in mehrfacher Hinsicht zu unterscheiden. Vereinfacht gesagt sind Lernprozesse im Perzeptions-/Misperzeptions-Ansatz vom Eintreten bestimmter Ereignisumstände abhängig; gegenüber den rationalanalytischen, kybernetischen und kognitiven Lernprozessen sind sie dabei wegen der spezifischen Besonderheiten explizit zu berücksichtigender Aspekte des politischen Prozesses erheblich defizitärer[47]. Wie einleitend erwähnt, sind es insbesondere die historischen Schlüsselereignisse, die große Aufmerksamkeit erregen. Allerdings werden sie gewöhnlich aus ihrem spezifischen situationsbezogenen historischen Kontext herausgelöst und für generalisierbar gehalten. Die Suche nach Begründungen und tieferen Ursachen für den Verlauf politischer Entscheidungsprozesse unterbleibt tendenziell aufgrund der Pragmatik und Hektik politischer Verhaltensweisen. Ein Zuwachs an Wissen im Sinne zunehmender politischer Erfahrungen ist − anders als in „idealen" Lernsituationen − durch die Konzentration auf den äußeren Hergang gekennzeichnet. Das „Was" historischer Ereignisse unter weitgehender Vernachlässigung der insbesondere weniger spektakulären „Ursachenbündel" steht im bevorzugten Blickfeld. Schließlich führt auch die geringe Zahl vergleichbarer Fälle keineswegs dazu, daß zukünftige Entscheidungsprobleme besser durchschaut oder gar einer erfolgversprechenderen Lösung zugeführt werden.

Nachfolgende Entscheidungsprobleme zwar als „ganz anders" im Vergleich zu früheren zu bezeichnen, sie dann aber doch mit unter dem Eindruck früherer Ereignisse gewonnenen Perzeptionen in Angriff zu nehmen, zeigt das Lernverhalten einer „post hoc ergo propter hoc"-Mentalität. Aber daß — anders als z. B. in einer afrikanischen Dorfgemeinschaft, wo in entsprechender geographischer Lage im Frühjahr die Bäume jedesmal wieder grün ausschlagen, wenn sich der Medizinmann vorher ein grünes Gewand angelegt hat — die politische Arena für derartige Extrapolationsversuche denkbar ungeeignet ist, zeigen die zahlreichen Fehleinschätzungen und Fehlentscheidungen.

Immer wieder wurde vornehmlich übersehen, daß sich wesentliche Faktoren eines historischen Kontextes nicht festlegen lassen, sondern der Veränderung und dynamischen Entwicklung unterliegen können. Der norwegische Außenminister Halvdan Koht hatte sich am Verhalten Hitlers orientiert, der jedesmal — sowohl Österreich als auch der Tschechoslowakei sowie Polen gegenüber — zunächst Forderungen unterbreitet hatte, bevor er zum Angriff überging. Koht hatte sein Land zumindest solange in Sicherheit gewähnt, wie keine deutschen Forderungen artikuliert wurden. Er übersah dabei, daß Hitler es nur im Kontext der Friedenszeit nötig hatte, sich zur Rechtfertigung „nach außen" Vorwände für seine militärischen Angriffsoperationen zu verschaffen. Die nördlichen Bewegungen der deutschen Flottenverbände blieben zwar nicht unentdeckt, aber die Norweger vermuteten zunächst, daß sie in die Weite des Atlantiks ausliefen. Norwegen wurde aufgrund dieser Fehlperzeption führender politischer Entscheidungsträger von der Invasion der deutschen Truppen so gut wie vollständig überrascht. Ein anderes einschlägiges Beispiel ist das Verhalten der Marine Großbritanniens nach dem ersten Weltkrieg. Die britische Admiralität glaubte einer erneuten Bedrohung durch die deutsche U-Boot Waffe so gut wie keine Aufmerksamkeit schenken zu müssen, da mit der Versenkung der Lusitania im ersten Weltkrieg die USA in den Krieg eintraten. Der unbegrenzte U-Boot Einsatz hatte damit zu einer kriegsentscheidenden Wende geführt. Es überstieg die Vorstellungskraft der britischen Admiralität, daß jemand dumm genug sein könnte, das noch einmal zu wiederholen.

Hauptfaktoren für nachhaltiges Lernen politischer Entscheidungsträger

Ohne eine Aussage darüber zu wagen, ob die folgenden vier Faktoren zur nachhaltigen Beeinflussung politischen Lernens im Geschichtsprozeß nun in einem additiven oder multiplikativen Verhältnis zu sehen sind, nennt Robert Jervis: (1) Das Lernen aus erster Hand, also aus eigenem Erleben, (2) die Erfahrungen zu Beginn des Erwachsenendaseins und der ersten Karriereschritte, (3) die Wirkungen von Entscheidungskonsequenzen für das Entscheidungssubjekt und seine Nation und (4) die Breite verschiedener Verhaltensanalogien[48].

(1) Die Beispiele sind Legion, in denen politische Entscheidungsträger zu wenige Lehren aus den negativen Erfahrungen Anderer ziehen. Das eigentliche Problem politischen Lernens scheint dabei weniger zu sein, daß sie aus den Erfahrungen

Anderer zu wenig, als vielmehr, daß sie aus den eigenen Erfahrungen zu viel lernen: für das Erlebte eine überdurchschnittliche perzeptive Sensibilität entwickeln im Verhältnis zu nur Berichtetem und Gelesenem. Ein anschauliches Beispiel für Schwierigkeiten im Umgang zwischen Nationen mit unterschiedlichem Erfahrungshintergrund war die Behandlung der Reparationsfragen nach dem II. Weltkrieg. Während die Westalliierten noch unter dem Eindruck der äußerst unbefriedigenden Abwicklung nach dem ersten Weltkrieg standen, waren die Sowjets in die damaligen Regelungen wesentlich weniger involviert und konnten so das restriktive Verhalten des Westens nach dem zweiten Weltkrieg als einen Akt der Feindlichkeit gegenüber der UdSSR interpretieren. Daß flüchtige Erlebnisse für die Beurteilung komplexer Probleme nicht immer angemessen sind, zeigt der später nicht haltbare Optimismus Winston Churchills in bezug auf den Erfolg des Einsatzes sogenannter S-Geräte zur U-Boot Abwehr, der in einer Manöverübung in seinem Beisein demonstriert worden war.

(2) Truman war nur wenig jünger als Roosevelt, orientierte sich aber erheblich weniger an den Erfahrungen von Versailles. McGovern war weniger auf München fixiert als Kennedy, obwohl der altersmäßige Unterschied nicht ausreicht, diese voneinander abweichenden Perzeptionsweisen in der internationalen Politik zu erklären. Läßt sich bei diesen Beispielen die These von einer Prägung wesentlicher Perzeptionen zu Beginn des Erwachsenenalters nur durch zusätzliche Beobachtungen stützen, so gibt es historische Beispiele, daß ganze Generationen deutlich unterscheidbare Sichtweisen verkörpern. Ende der 80er Jahre des 19. Jahrhunderts war die ältere französische Diplomatengeneration, die den Zusammenbruch Frankreichs im Gefolge der Politik Napoleons erlebt hatte, England gegenüber deutlich konzilianter eingestellt als die jüngere Generation.

(3) Die geschilderte Konflikt-Orientierung vieler Politiker an den Erfahrungen im Europa der 30er Jahre belegt die Bedeutung von Entscheidungskonsequenzen − mit ihren teilweise tiefreichenden Wirkungen − für zukünftiges politisches Verhalten zur Genüge.

(4) Die Gefahr, weltpolitische Konfliktsituationen nur aus der Perspektive einiger weniger, dann aber besonders dominierend perzipierter „Analogie-Fälle" zu sehen, sind für Robert Jervis eine der besonderen, traditionell bedingten Begrenzungen amerikanischer Außenpolitik. Allerdings genügt der Hinweis auf die zunehmenden außenpolitischen Engagements in der jüngeren Geschichte, daß die USA in Relation zu anderen, z. B. den europäischen Staaten auf einen rasch wachsenden „Schatz" auch außenpolitischer Erfahrungen zurückgreifen kann.

IV. Der Konfrontations-/Kompromiß-Ansatz: Die 2 × 2 „Bargaining"-Matrix

1. Die Struktur von Strategie und Taktik

Kritik an gängigen Standard-Interpretationen in der Spieltheorie

Dem aufmerksamen Leser dürfte kaum entgangen sein, daß in den bisherigen Ausführungen einer Verwendung spieltheoretischer Modelle zur Entscheidungsanalyse mit durchwegs skeptischer Ablehnung begegnet wurde. Maßgeblich für eine solche kritische Einschätzung der Nutzanwendung spieltheoretischer Konzepte für die Erklärung „schlecht-strukturierter" politischer Entscheidungsprozesse war die auch in dieser Arbeit wiederholt vorgenommene Kritik an den heroischen Annahmen der „Omniscienz" (vollkommenes Wissen) des klassischen Rationalmodells[49]. Abgesehen davon, daß in politischen Konfliktsituationen der Verlust des einen Spielers keineswegs immer der Gewinn des anderen Spielers ist, eine vollständige Bestimmung rationalen Verhaltens aber bisher nur für Zwei-Personen-Nullsummenspiele ermittelt werden konnte: die Erkenntnisse der interdisziplinär ausgerichteten verhaltenstheoretisch orientierten Entscheidungsforschung gerieten in immer schärferen Gegensatz auch zu den spieltheoretischen Grundannahmen, etwa der vollständigen Kenntnis der kardinalen bzw. ordinalen Ausspielungsmatrix, der vollständigen Kenntnis der Spielregeln und damit der eigenen Reaktionsmöglichkeiten sowie der Reaktionsmöglichkeiten des Gegenspielers.

Ähnlich jedoch wie bei der heuristisch fruchtbaren Kritik an den geschlossenen entscheidungstheoretischen Modellen — mit der Entwicklung einer realistischeren Rationalanalyse, des Konzepts der „Begrenzten Rationalität", des kybernetischem und organisationstheoretischem Denken entsprungenen „Bureaucratic-Politics"-Konzepts sowie einer realistischeren Fassung der Informations- und Einflußbeziehungen durch den Perzeptions-/Misperzeptions-Ansatz — hat ebenfalls in der Spieltheorie eine Diskussion um realistischere Verhaltensannahmen und Beschreibungs- bzw. Erklärungsmöglichkeiten, insbesondere des Konfliktverhaltens politischer Entscheidungsträger, Platz gegriffen.

Um die denkbar einfachste spieltheoretische 2 × 2 Matrix für die Analyse von ‚Crisis Bargaining", d. h. die Analyse des Krisenverhaltens von Staaten mit seiner Spanne von äußerster konfligärer Austragung (Zwangsanwendung, konventioneller bzw. nuklearer Krieg) sowie friedlich-kompromißhafter Lösung eines Konflikts, anwenden zu können, wurden u. a. folgende Annahmen der klassischen Spieltheorie fallengelassen. (1) Die Entscheidungsträger in einer Krisensituation kalkulieren danach nicht den erwarteten (Grenz-)Nutzen aller denkbaren Alternativen. Je nach Entscheidungsstruktur (z. B.: singulärer Entscheider, mit Beratern, ein Entscheidungskomitee), je nach Entscheidungsproblem (stärker „wohl"- bzw. „schlecht"-strukturiert, strategisch bzw. taktisch usw.) sowie je nach dem Stadium eines sich zur Krise zuspitzenden Konflikts wird vielmehr auf mehrere entscheidungstheoretische Ansätze zurückgegriffen. Dabei reicht das Repertoire von den vorgestellten Konzepten der Rationalanalyse, der „Bounded Rationality", bis hin zu dem von Graham Allison in seiner wiederholt erwähnten Kuba-Studie vorgestellten Modell III: „Bureaucratic-Politics"[50]. (2) Ferner fallen die Annahmen eines simultanen Spiels mit nur einem Spielzug und der Trennung von eigentlichem „Spiel" und vorgelagerten Kommunikationsprozessen. (3) Die „Payoffs" und damit die gesamte Auszahlungsmatrix eines Spiels sollen nicht mehr als endgültig gegeben gelten. Vielmehr sind die Payoffs durchaus Ergebnis subjektiver Einschätzungen, die sich im Krisenverlauf durch Drohungen, Einlenken sowie veränderte Perzeptionen — also durch Beeinflussungsversuche und Informationsprozesse — in unterschiedliche Richtungen verändern können. Diese Kritik an wesentlichen gängigen spieltheoretischen Annahmen zeigt, daß es gerade nicht darum gehen kann, die Spieltheorie zu einem Lösungsalgorithmus auch für komplexe politische Entscheidungssituationen auszubauen. Glenn Snyder und Paul Diesing zeigen in ihrem nach Umfang, Fokus und empirischer Verankerung einer Kombination theoretischer Konzepte richtungsweisenden Buch: „Conflict Among Nations, Bargaining, Decision Making, And System Structure In International Crises" in forschungsstrategischer Weise, wie Spieltheorie als ein Rahmenkonzept für empirische politologische Entscheidungsforschung fruchtbar gemacht werden kann[51].

Die Beschreibung der Struktur einer Krisensituation

Für Snyder/Diesing ist eine Krisensituation gekennzeichnet durch: a sequence of interactions between the governments of two or more sovereign states in severe conflict, short of actual war, but involving the perception of a dangerously high probability of war"[52]. Der Zeithorizont, der von den Autoren vergleichend untersuchten 16 Krisen (Fashoda (1898), Marokko (1905/6), Bosnien (1908), Marokko (1911), 1914, Ruhrgebiet (1923), München (1938), USA-Japan (1940/41), Iran (1946), Berlin (1948), Suez (1956), Berlin (1958/61), Quemoy (1958), Libanon (1958), Kuba (1962), Yom Kippur (1973)) reicht, wie der Überblick zeigt, von mehreren Tagen, einigen Wochen bis zu mehreren Jahren. Gilt bereits für die relativ kurzen Zeithorizonte internationaler Konflikte, wie die vielen Beispiele der Kuba-Krise von 1962 gezeigt haben, daß Krisen nur als eine „Sequenz von Interaktionen" zwischen Regierungen von Staaten denkbar sind, so gilt dies umso unvermeidlicher bei langfristigen mehrjährigen Krisen. Dies bedeutet aber, daß wir mit dem einfachen spieltheoretisch konstruierten formalen Modell staatlichen Krisenverhaltens im Schaubild 6 zwar das kompromißbereite bzw. kompromißlose strategische Verhalten der beiden staatlichen Akteure und die vier möglichen resultierenden Ergebnisse (Kompromiß, „Deadlock" sowie Interessendurchsetzung von A oder B), quasi als Grundstruktur einer Konfliktsituation, erfassen können. Snyder/Diesing weisen jedoch in Aufnahme der Kritik an der behavioristischen Spieltheorie daraufhin, daß ein solches „starres" Schema nicht in der Lage ist, die

Schaubild 6: Formales Modell staatlichen Krisenverhaltens

		B	
		Make concessions	No concessions, stand firm
		C	D
A	Make concessions — C	compromise	B gets his way
	No concessions, stand firm — D	A gets his way	deadlock, no agreement

Quelle: Snyder, G. H./Diesing, P., Conflict Among Nations, a.a.O., S. 40.

„Interaktionssequenz" und damit die zeitliche Entwicklung einer Krise unter Berücksichtigung auch taktischer Varianten der Akteure zur Erreichung gestellter Ziele mit einzubeziehen.

Sie stellen sich die Aufgabe, möglichst viele dieser Komponenten tatsächlichen Krisenverhaltens in die Analyse aufnehmen zu können. Dabei lassen sich zunächst sechs nach ihrer Auffassung wichtige Charakteristika staatlichen Verhaltens in Krisensituationen festmachen, denen in der klassischen Entscheidungs- wie Spieltheorie bisher nicht genügend Aufmerksamkeit gewidmet wurden:

(1) Spieler, also staatliche Akteure, erstellen schon in einem relativ frühen Stadium eines Konfliktes eine „subjektive" Auszahlungsmatrix (vgl. Schaubild 7). Dabei werden die Absichten und langfristigen Ziele des Gegners ebenso wie die des „Bündnis"-Partners eruiert sowie Informationen über die militärischen Möglichkeiten, die politische Konstellation in einer Regierung und die innenpolitische Situation ermittelt. Es wird davon ausgegangen, daß einige dieser anfänglichen Einschätzungen im Verlauf der Krise durch neu gewonnene Informationen erheblichen Korrekturen unterworfen werden.

(2) Für gewöhnlich versuchen Entscheidungsträger, eine für die Verfolgung ihrer Interessen brauchbare und zufriedenstellende Strategie — in dem formalen Modell staatlichen Krisenverhaltens also „Make concessions" bzw. „Stand Firm" — aus ihren anfänglichen Einschätzungen abzuleiten. Das Fallmaterial liefert jedoch auch Beispiele dafür, daß derartige Strategien erst „Schritt für Schritt" im Krisenverlauf entwickelt wurden.

(3) Solche eigenen Strategien zielen darauf ab, daß Gegen- wie Mitspieler beeinflußt werden und ihre jeweiligen „subjektiven" Einschätzungen den eigenen

151

Zielen und ihrer Durchsetzungsmöglichkeit annähern. Kommunikation wird damit zu einem zentralen Bestandteil des Verhaltens in Krisen, ein Tatbestand, auf den bereits bei „experimental gaming" hingewiesen worden ist[53]. Kommunikation kann dabei direkt durch Gespräche, Reden, Memoranden, aber auch indirekt durch nicht getarnte Truppenbewegungen, Budgetentscheidungen, Rückruf von „Emissären" sowie durch offene Aktionen mit dem Ziel, eine Veränderung der „objektiven" Situation herbeizuführen, erfolgen.

(4) Das Informations-Feedback kann zu folgenden Verhaltensweisen führen: (a) Einige Entscheidungsträger in den 16 Fallstudien haben ihre ursprüngliche Einschätzung einer Krisensituation in deren Verlauf wiederholt geändert. (b) Andere wiederum waren ihrer Sache so sicher, daß sie entweder widersprechende Informationen ignorierten oder einfach uminterpretierten. In vielen Fällen näherten sich bei Korrekturen die subjektiven Einschätzungen den — aus der Sicht des Analytikers — tatsächlichen Situationen an.

(5) Einige revidierte Einschätzungen führten sogar zu einer Revision der anfänglich verfolgten Strategie.

(6) Besteht eine Spielerpartei aus mehreren Mitgliedern, so ist nicht nur die Einigung auf eine Strategie bereits ein häufig mühevoller Aushandlungsprozeß. Auch die Ausführung der Strategie bleibt dann meist nicht frei von der spezifischen Zielverfolgung dieser Mitglieder, mit dem Ergebnis, daß schon aus diesem Grunde eine andere Strategie als die geplante zum Zuge kommt[54].

Zur Beschreibung der Struktur einer Krisensituation bedarf es also einer veränderten Interpretation der im Schaubild 6 vorgestellten starren Krisenmodell-Matrix. Eine realistischere Handhabbarkeit der Spieltheorie setzt voraus, daß die Entwicklung und Veränderung der das strategisch/taktische Verhalten seiner Mitspieler verkörpernden Ausspielungsmatrix in das Schema eingebaut wird. Erst eine solche — zwar die Basisstruktur einer Krisensituation kennzeichnende, aber in erster Linie auf die vielfältigen Beeinflussungsfaktoren und damit die potentielle Veränderung des Akteurverhaltens in einer Krisen-„Episode" ausgerichtete — uminterpretierte Spieltheorie kann zum Integrationsfaktor für eine Reihe von Ansätzen werden, die wir in diesem Kapitel bereits diskutiert haben. Dabei sind Kommunikation, Informations-Feedback, Strategie-Revisionen, kognitive Prozesse, Entscheidungs-Struktur und -Verhalten sowie die Einbindung der Akteure in die Ebene auch des internationalen Staatensystems Faktoren, die eine simple spieltheoretische Matrix strukturieren und verändern können.

Prisoner's Dilemma und Chicken Game

In der oberen Hälfte des Schaubildes 7 (S. 153) werden die in der Spieltheorie bisher wohl am häufigsten diskutierten Konfigurationen „Chicken Game" und „Prisoner's Dilemma" sowohl mit generellen Abkürzungen versehen, wie auch numerisch dargestellt. Zunächst ein paar erläuternde Bemerkungen zu den verwendeten Abkürzungen.

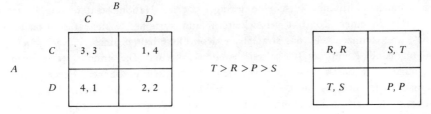

		B	
		C	D
A	C	3, 3	1, 4
	D	4, 1	2, 2

$$T > R > P > S$$

R, R	S, T
T, S	P, P

Prisoner's Dilemma

		B	
		C	D
A	C	3, 3	2, 4
	D	4, 2	1, 1

		C	D
	C	R, R	S, T
	D	T, S	P, P

$$T > R > S > P$$

Chicken Game

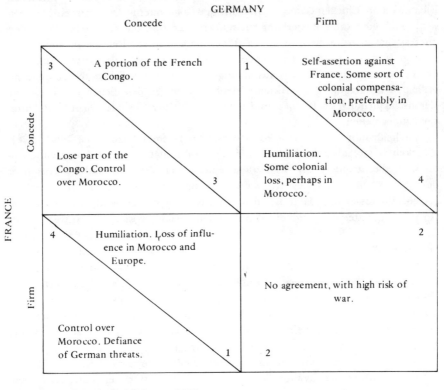

2 × 2 Matrix der Marokko-Krise von 1911

Quelle: Snyder, G. H./Diesing, P., Conflict Among Nations, a.a.O., S. 88, 107, 90.

A und B sind zwei sich in einer Konfliktsituation gegenüberstehende Akteure. Das können politische Entscheidungsträger zweier Nationalstaaten sein, aber auch zwei in einen Konflikt verwickelte Bündnissysteme. C steht für „Concessions" und kennzeichnet das strategische Konfliktverhalten eines zu Nachgeben, Einigung und Kompromißverhalten bereiten Akteurs. Die andere strategische Möglichkeit ist durch Festhalten an den ursprünglich erhobenen Forderungen (Demands: D) notfalls um den Preis einer bewaffneten Konfrontation gekennzeichnet. Beharren beide Kontrahenten auf ihren Forderungen, so erreichen sie keine Verhandlungseinigung; sie stehen vielmehr vor neuen gravierenden Handlungsentscheidungen, nämlich mit welchen zwanghaften bzw. kriegerischen Mitteln sie ihren jeweiligen Forderungen den nötigen Nachdruck verschaffen wollen. Je nachdem welcher der beiden Akteure es nun fertig bringt, seine strategische Ausgangsforderung aufrechtzuerhalten und den Gegner zugleich mit taktischen Mitteln zu einem Einlenken zu bewegen, kann entweder A oder B seine ursprüngliche bzw. modifizierte Forderung auf dem Verhandlungswege durchsetzen. Scheuen beide Akteure vor einer Konfrontation und den daraus möglicherweise resultierenden „Kosten", so eröffnet sich die Möglichkeit, daß beide versuchen, durch ein Feilschen um Teilerfolge ihren jeweiligen „Nutzen zu maximieren", und so den Konflikt durch eine Kompromißlösung beenden.

Bevor jedoch auf zwei spieltheoretische Konfrontationstypen — Prisoner's Dilemma und Chicken Game — und ihre jeweilige interne Dynamik eingegangen wird, noch eine kurze Bemerkung zur numerischen Auszahlungsmatrix. Die Zahlen interessieren nicht in ihrer absoluten Höhe, sondern in den Relationen zueinander; es liegt also keine kardinale, sondern lediglich eine ordinale Verwendung vor. Zahlen, wie Symbole in der Auszahlungsmatrix sollen lediglich die subjektiven ordinalen Schätzungen der Akteure symbolisieren. Zahlen dienen dabei nur zur Veranschaulichung ob R, S, T und P in einer $>$-Relation oder einer $<$-Relation zueinander stehen.

Was heißt nun: (a) $T > R > P > S$ (Prisoner's Dilemma) bzw. (b) $T > R > S > P$ (Chicken Game) im Schaubild 7 (S. 153)? T (Temptation to try for a win) symbolisiert die ursprüngliche Forderung eines jeden Akteurs und ist Ausdruck des „Sieges" über den Gegner, wenn es gelingt, diese Forderung auch durchzusetzen. Voraussetzung dafür ist, daß ein Gegner gefunden wird, der sich diesen Ansprüchen unterwirft und die damit verbundenen „Kosten" S (Surrender) zu tragen bereit ist. R (Reward for Cooperation) symbolisiert das Ergebnis des „ausgefeilschten" Kompromisses. P (Punishment) schließlich steht für die zu „erwartenden Kosten" von nach Verhandlungsmißerfolgen zu erwartenden gewaltsamen bzw. kriegerischen Handlungen. Greifen wir aus den nach Anatol Rapoport — von dem die obige Symbolik stammt — und Melvin Guyer denkbaren 78 ordinalen 2×2 Matrizes lediglich die beiden symmetrischen (d. h.: die ordinale Reihenfolge von (a) und (b) sind für beide Akteure identisch) auf Konfrontation ausgerichteten Fälle (a) und (b) heraus, so fällt folgender Unterschied auf[55].

Für Prisoner's Dilemma und Chicken Game gilt gemeinsam, daß beide Akteure die Durchsetzung ihrer ursprünglichen Forderungen am stärksten präferieren; ebenso steht in beiden „Spielen" eine Kompromißlösung an zweiter Stelle ihrer Präferenzskala. Der Unterschied zeigt sich in der ordinalen Stellung von P und S. Während im Falle von Prisoner's Dilemma eine Konfrontation dem einseitigen Nachgeben gegenüber den Forderungen des Gegners eindeutig vorgezogen wird, gilt für Chicken Game gerade der umgekehrte Sachverhalt. Diese beiden spieltheoretischen Konfigurationen — die in ihrem Ursprung auf das Dilemma zweier unabhängig voneinander verhörter Gefangener, bzw. die Mutproben von aufeinander zufahrender Auto- bzw. Motorradfahrer zurückgehen — haben immer wieder die Diskussion des bereits in diesem Kapitel angesprochenen sogenannten Sicherheitsdilemmas geprägt. Wir wollen im Folgenden nun an einem Fallbeispiel der Frage nachgehen, welche innere Dynamik eine solche im Rahmen der Aufrüstungs- und Abschreckungsdiskussion überwiegend in Richtung drohender Konfrontation benutzte Matrix für die Entschärfung einer anfangs bedrohlichen Krise und damit für eine Kompromißlösung entfalten kann.

2. Fallbeispiel: Die zweite Marokko-Krise

Glenn Snyder und Paul Diesing haben bei ihrer spieltheoretischen Interpretation der zweiten Marokko-Krise von 1911 auf Vorarbeiten zu dieser Fallstudie von Charles Lockhart Bezug genommen. Der mit dieser Krise nicht so vertraute Leser sollte zur Ergänzung seines Hintergrundwissens möglichst auf die Darstellung im Appendix von „Conflict Among Nations" zurückgreifen[56]. In die Matrix des Schaubildes 7 wurden Bewertungen der damaligen Akteure Deutschland und Frankreich aufgenommen, die nach Auffassung der Autoren ihr damaliges Verhalten bestimmten. Während die Felder „Kompromiß" (CC) sowie „Keine Einigung" (DD) unmittelbar verständlich erscheinen, werden zunächst die beiden in SW/NO-Richtung gegenüberliegenden Felder der Matrix interpretiert. Die deutsche Selbstbehauptung (Self assertion) gegenüber Frankreichs Wunsch, Marokko voll unter seine Kontrolle zu bringen, der französische Widerstand (Defiance) gegen Bedrohungen von deutscher Seite und die von beiden Nationen empfundene Demütigung (Humiliation) bei einer bedingungslosen Akzeptierung der gegnerischen Ausgangsforderungen sind sowohl politisch wie psychologisch zu verstehen. Auf dem Spiel steht neben den eigentlichen politischen Kernfragen, etwa der Aufteilung von Einflußbereichen, stets auch die „internationale Reputation". „Humiliation" bedeutete eben nicht nur Verlust eines Einflußbereiches, sondern zugleich sozialpsychologisch auch den Ausschluß aus der Gruppe ernstzunehmender Kolonialmächte in der Kalkulation dritter Staaten. Insofern hatte die Marokko-Krise für Deutschland wie auch Frankreich den Charakter eines Tests, koloniale Ansprüche nicht nur generell vehement anzumelden, sondern zugleich gerade auch in einem solchen speziellen Fall mit Nachdruck durchsetzen zu können.

Gegenstand der Krise war, daß Deutschland — anders als Großbritannien, Spanien und Italien, die für ihre Zustimmung zu einer erweiterten französischen Kontrolle in Marokko von Frankreich Kompensationen erhalten hatten — in dieser

Angelegenheit nicht einmal konsultiert worden war. Dagegen hatte Deutschland bereits 1906 protestiert und war auch damals „leer ausgegangen". Frankreich konnte sich also gute Chancen ausrechnen, das damalige Ziel, Deutschland zu demütigen, noch einmal wiederholen zu können.

Der französische Plan, Unruhen gegen den Sultan von Marokko zur Durchführung einer Expedition in die Hauptstadt Fez zu nutzen und das Land zu einem Protektorat zu machen, führte zur Artikulation deutscher Kompensationsansprüche. „Demütigung" und der „Verlust des Einflusses in Marokko und Europa" als C-„Payoff" Deutschlands wurde als unerträglicher eingeschätzt, als eine bewaffnete Konfrontation: (S < P). Deutschland reagierte darauf bekanntlich mit der Drohgebärde des „Panther"-Sprungs, ein Kanonenboot gleichen Namens ging im Hafen von Agadir vor Anker. Frankreich seinerseits empfand jedoch die Vorstellung, Deutschland aufgrund militärischer Bedrohung einen Teil Marokkos gerade in dem Augenblick abtreten zu müssen, als es sich selber anschickte, die volle Kontrolle zu übernehmen, ebenso unerträglicher, als eine bewaffnete Konfrontation: (S < P).

Der Verlauf der Krise wurde durch einen französischen Regierungswechsel verzögert und durch das Eingreifen Großbritanniens fast zu einer direkten Konfrontation zwischen Deutschland und Großbritannien umgewandelt. Die Briten hatten sich vom „Kabinett der Nationen" in der Diskussion der Marokko-Frage ausgeschlossen gefühlt und brachten dies Deutschland gegenüber in so schroffer Weise zum Ausdruck, daß sie danach glaubten, ihre Admiralität vor einem deutschen Angriff warnen zu müssen.

Trotz der gegenseitigen Misperzeptionen — Großbritannien hatte das deutsche Schweigen ihm gegenüber zur Marokko-Frage als „bedrohlich", Deutschland dagegen britisches Schweigen als „Indifferenz" ausgelegt — konnten die „Gemüter beruhigt werden". Allerdings war die deutsche Position durch die Intervention Großbritanniens und sein offenes Unterstützungsangebot an Frankreich deutlich geschwächt. Es gelang, die im Gefolge von Drohgebärden weitgehend festgefahrenen Verhandlungen durch die ernsthafte Diskussion eines Kompensationsobjekts außerhalb Marokkos neu zu beleben. Allerdings war ein Einlenken der beiden Kontrahenten auf deutscher Seite nach der britischen Intervention von einer deutlich risikoreicheren Einschätzung des „DD-Feldes" in der Matrix begünstigt. Frankreich wurde von Großbritannien ermahnt, das Unterstützungsangebot Großbritanniens keineswegs zu ernst zu nehmen, so daß die französische Risikoeinschätzung eines Kriegsverlustes gegen Deutschland beträchtlich bleiben mußte.

Erst vor diesem Hintergrund eines britischen „Balance of Power"-Schachzugs konnten die einlenkenden politischen Kräfte sowohl in Frankreich wie in Deutschland einen Kompromiß ins Auge fassen. Man einigte sich schließlich auf ein französisches Protektorat in Marokko und eine Übergabe etwa von 1/5 des französischen Kongo mit Seezugang an Deutschland, das dafür einen geringen Anteil eigener afrikanischer Besitzungen an Frankreich abgab.

Natürlich sind auch andere Ausgänge derartiger Krisen denkbar. Gelingt es nicht, einen Wendepunkt wie in dieser Marokko-Krise zu finden, der einen Übergang von unversöhnlicher Konfrontation zu einem einlenkenden Kompromißverhalten ermöglicht, kann weitere Zwangsanwendung und letztlich Krieg resultieren. Schließlich könnte der Versuch unternommen werden, durch Beeinflussung eine Entschärfung der perzipierten Folgen von S zu erreichen, die eine CD- bzw. DC-Lösung ermöglichte. Wir hätten es dann nicht mehr mit einer Matrix-Konstellation: T > R > P > S wie in der hier geschilderten zweiten Marokko-Krise zu tun. Vielmehr wäre die Dynamik der Auseinandersetzung zu einem Chicken Game geworden mit T > R > S > P. Eine Position, die im übrigen Deutschland in der ersten Marokko-Krise von 1905/6 eingenommen hat[57].

V. Zusammenfassung (Schaubild S. 158 f.) – Erklärung als Synthese

Im Verlauf dieses dritten Kapitels haben wir bei der intensiven Beschäftigung mit unterschiedlichen Dimensionen politischer Entscheidungsprozesse immer wieder von entscheidungstheoretischen „Ansätzen", entscheidungstheoretischen „Konzepten" sowie entscheidungstheoretischen „Modellen" gesprochen. Dies ist ohne Angabe differenzierender Überlegungen zugegebenerweise Ausdruck eines Sprachwirrwarrs. Dabei sind dem Autor gängige Unterscheidungen durchaus bewußt: etwa der stringenter gefaßte Modellbegriff in der ökonomischen bzw. ökonometrischen Verwendung und andererseits die Benutzung von „Ansatz" (Approach) oder auch „Konzept" als Ausdruck dafür, daß in einer Wissenschaft zu den angesprochenen Problemen bisher weder ein geschlossenes Theoriegebäude oder auch nur eine sogenannte „Theorie mittlerer Reichweite" entwickelt werden konnten. Die weitgehend synonyme Verwendung dieser drei Begriffe aus Gründen der sprachlichen Variation, ist eben möglich und zugleich Ausdruck dafür, daß die politologische Entscheidungsforschung sich nach wie vor in einem Entwicklungsstadium theoretischer „Gärung" befindet: sie ist gegenwärtig noch primär auf der Suche nach immer neuen, bisher nicht gesehenen Zusammenhängen und Facetten zur Erfassung möglichst vieler, komplexer Phänomene politischer Entscheidungsprozesse.

Die Verankerung politologischer Entscheidungs-Ansätze erreicht und durchbricht längst die Grenzen vieler anderer Disziplinen. Anläßlich der Diskussion systemtheoretischer Überlegungen (vgl. Ansatz I, Schaubild 8, S. 158 f.) konnte dabei auf die Biologie (Bertalanffy) – Überleben/Autonomie – auf die Nachrichtentechnik sowie die Informationstheorie (Wiener) – Regelung/Rückkopplung/ Informationsverarbeitungsprozesse/Lernen – verwiesen werden. Natürlich ist ein solches gigantisches begriffliches Reinterpretationsschema zur Erfassung von Entscheidungsprozessen in einem politischen System nationalstaatlichen Zuschnitts notgedrungen abstrakt und insofern defizitär. Dennoch bleibt die heuristische Funktion des systemtheoretischen Ansatzes, Fragen zu stellen und Antworten zu suchen, z. T. in Zusammenarbeit mit anderen Disziplinen, unbestritten.

Wie sich schon bei der Systematisierung der interdisziplinären sozialwissenschaftlichen, entscheidungstheoretischen Diskussion im zweiten Kapitel andeutete,

Schaubild 8: Vergleich der Merkmale, der unterschiedlichen Komplexitätsreduktion sowie der jeweiligen Lernkonzepte der im Kapitel drei gegenübergestellten Ansätze zur Erklärung politischer Entscheidungsprozesse

Ansatz	Merkmale	Komplexitätsreduktion	Lernkonzept
I System-theorie	– System erhält Konturen durch Umweltbezug – Unterschiedliche Ansätze betonen Strukturen, Funktionen, Kommunikationsprozesse sowie Input-Output Relationen – Entscheidungsprozesse als black box bzw. Screening unterschiedlicher Informationsarten – Ausrichtung durch Wertüberzeugungen der „Systemdesigner"	– Eigenkomplexität – Erhöhung sowie Reduktion von Komplexität – Bewertungs- u. Unsicherheitsprobleme werden durch ein (notwendigerweise) statisches Gleichgewichtskonzept gelöst	– Autonomie, Ultrastabilität
II Rational-analyse	– Entscheidungsprämissen gegeben – Vollständige, schwach-transitive Ordnung der Ereignisse – Explikation der Rationalität – Weiterentwicklung: Bounded Rationality – Gegenmodell: Inkrementalanalyse	– Lösung des Bewertungsproblems – Lösung des Unsicherheitsproblems	– Laterales und horizontales (kausales) Lernen
III Kybernetischer Ansatz	– Fähigkeit, Bewertungs- u. Unsicherheitsproblematik i.o.S. zu lösen, wird verneint – Dekomposition von Entscheidungen, die arbeitsteilig in Subsystemen getroffen werden – Keine Umweltkalkulation sondern Feedback-Kontrolle, z. B. von Standard Operation Programs	– Dekomposition von Entscheidungen – Kybernetische Mechanismen zur Komplexitätsreduktion	– Konditioniertes, instrumentales Lernen
IV Kognitiver Ansatz	– Strukturelle u. prozedurale Regelmäßigkeiten von Belief Systems – Konkrete kognitive Strukturen mit Konzeptvariablen, Kausalbeziehungen sowie Maximierung des erwarteten Nutzens	– Denken in generalisierten Partial-Modellen	– Begrenzter, auf innere Stabilisierung bedachter Lernprozeß

V Perzeptions-/Misperzep-tions-Ansatz	– Autonomer entscheidungstheoretischer Ansatz, da nicht alle Staaten in allen Situationen gleich handeln – Perzeptionen steuern Orientierungsverhalten in Entscheidungsprozessen: abhängig u. a. von Prädispositionen, kognitiv-affektiver Balance u. Image-Bildung mit Einschätzung von Intentionen Anderer – Kognitive Verzerrungen u. typische Misperzeptionen- wie z. B. Annahme vollständiger Planung der Handlung Anderer, Überschätzung der eigenen Bedeutung in der Politik Anderer, Unterschätzung der Eigenmächtigkeit von „Agenten" etc. – zeigen deutliche Begrenzungen der Rationalität in politischen Entscheidungsprozessen	– Irrationale Konsistenz: Vermeidung von Trade-Offs – Psychologische Dynamik – Anpassung neuer Information an bereits existierende „Beliefs"	– Besondere Bedeutung historischer Schlüsselereignisse – „Post hoc ergo propter hoc"-Mentalität – Prägend wirken u. a. bewußtes Miterleben insb. in der Jugend, außergewöhnliche Konsequenzen sowie Vergleichbarkeit mit anderen Entscheidungsprozessen
VI Konfronta-tions-/Kompro-miß-Ansatz	– Kompromiß, Deadlock, T- und S-Payoffs – Merkmale 1–6 (S. 151 f.) – Kombination mit Entscheidungstheorie (Rationalanalyse, Begrenzte Rationalität, Bureaucratic Politics) – Perzeptions-/Misperzeptions-Ansatz – Belief Systems („rational and irrational Bargainer") – Bi- bzw. Multipolarität des intern. Staaten- u. Bündnissystems	– 2 × 2 Matrix – Struktur von Strategie u. Taktik – Integration bzw. Synthese von Spieltheorie, Rationalanalyse, Bounded Rationality, Bureaucratic Politics, Belief Systems, Informationsverarbeitung, Perzeption, intern. Staatensystem	– Experimental Gaming – Vermeidung von Konfrontation, Eröffnung von Kompromissen – Lernkonzepte II, III, IV u. V

spielt für die Entwicklung einer politologischen Entscheidungstheorie die „Symbiose" mit der Psychologie eine in mehrfachem Sinne herausragende Rolle. Die kognitive Psychologie hat dabei das Augenmerk der Politologen auf das Herausarbeiten von strukturellen und prozeduralen Regelmäßigkeiten der dargestellten Belief Systems gerichtet. Inzwischen hat sich aus dieser Zusammenarbeit mit der kognitiven Psychologie heraus in der Politologie ein eigener, mit großem analytischen und methodischen Aufwand betriebener politikwissenschaftlicher Forschungsbereich herauskristallisiert: der (IV) Kognitive Ansatz mit der graphischen Repräsentation kognitiver Strukturen konkreter politischer Entscheidungsträger (Konzeptvariablen/Kausalbeziehungen/Maximierung des erwarteten Nutzens). In engem Zusammenhang mit Forschungsergebnissen der kognitiven Psychologie steht auch der von uns so benannte (V) Perzeptions-/Misperzeptions-Ansatz, da er u. a. kognitive Verzerrungen und daraus folgende typische Misperzeptionen zu seinem Untersuchungsgegenstand zählt. Die Abhängigkeit von Prädispositionen, die Neigung zu „kognitiv-affektiver" Balance, die Image-Bildung, das Lernen anhand von historischen Schlüsselereignissen oder auch schließlich die psychologische Dynamik des Wettrüstens im Rahmen des internationalen Staatensystems weisen sowohl von der Entstehung, wie auch der Wirkungsweise derartiger „Psychomechanismen" auf das Untersuchungsfeld der Sozialpsychologie hin. Bekannt ist natürlich, daß eine fundamentale Kritik und damit eine Öffnung der geschlossenen entscheidungstheoretischen Modelle — mit ihren vereinfachten Annahmen einer Lösung sowohl des Bewertungsproblems, wie auch des Unsicherheitsproblems — insbesondere aus psychologischer Sicht erfolgte (vgl. zweites Kapitel, I, 1.3). Weniger bekannt dürfte indessen sein, daß es ein gelernter Psychologe war, nämlich der Nobelpreisträger Herbert A. Simon, der seine Kritik an den Annahmen der klassischen, formalen Entscheidungstheorie in konstruktiver Umsetzung zu dem inzwischen eigenständigen sozialwissenschaftlichen Entscheidungsmodell der „Bounded Rationality" verdichtete. (Vgl. zweites Kapitel, I. 2., S. 46 sowie FN 15 und 23.)

Der in Anlehnung an John Steinbruner vorgeführte (III) Kybernetische Ansatz erscheint wegen der einfachen Struktur des zugrundegelegten Analogiemodells eines technischen Regelungssystems (analog dem Regler einer Dampfmaschine à la James Watt) auf den ersten Blick fast simpel und ohne weiteres einleuchtend. Geht er doch zunächst konform mit der psychologischen Kritik am synoptischen Rationalmodell, die eine Fähigkeit das Bewertungs- und Unsicherheitsproblem synoptisch zu lösen, nachdrücklich verneint (vgl. Ansatz II, Schaubild 8, S. 158 f.): Die Entscheidungsprämissen gelten gerade nicht als gegeben und ebenso wird in Abrede gestellt, daß der politische Entscheidungsträger eine Übersicht über die „vollständige, schwach transitive Ordnung der Ereignisse" verfügt. Statt dessen wird auf das verwiesen, was im Ansatz I: „Systemtheorie" vermißt wurde, daß nämlich eine Dekomposition von Entscheidungen erfolgen kann, die dann arbeitsteilig in Subsystemen getroffen werden. Damit sind aber bisher erst in Umrissen bekannte Probleme der Organisationsforschung angesprochen, wie das Beispiel der Feedback-Kontrolle von sogenannten „Standard Operation Programs" andeuten konnte. Daß mit dem Gedanken der „Dekomposition" von Entscheidungen, bzw.

positiv gewendet, der „Komposition" von Entscheidungsstrukturen, etwa durch Vertreter verschiedener Organisationen – z. B. Minister als Vertreter des Standpunktes ihrer jeweiligen Ressorts in einer Kabinettssitzung – zugleich die „Büchse der Pandora" geöffnet wird: das zeigt die Diskussion des von Morton Halperin und Graham Allison entwickelten, bislang nur vage gefaßten Entscheidungskonzepts: „Bureaucratic Politics", das inzwischen für das empirisch ermittelte Entscheidungsverhalten in Krisensituationen von Snyder/Diesing in seiner ursprünglichen Form als weitgehend unbrauchbar abgelehnt worden ist[58]. Insofern öffnet der – zunächst so einfach erscheinende – kybernetische Ansatz die Grenzen zur Organisationstheorie und stößt damit die Tür zu einem der komplexesten, kompliziertesten und bisher wohl auch kontroversesten politologischen Forschungsfelder auf: wie wird in Organisationen entschieden, bzw. welchen Einfluß hat das Zusammenspiel zwischen Organisationen auf den Verlauf eines politischen Entscheidungsprozesses (vgl. S. 97 ff.)?

So enorm breit die Phalanx der Kritik am synoptischen Rationalmodell mit Systemtheorie, kognitiver Psychologie, empirischer Erforschung konkreter kognitiver Strukturen, mit Sozialpsychologie, Perzeptions- bzw. Misperzeptionsforschung, kybernetischem Feedback-Denken und der Organisationstheorie auch immer sein mag: Uns sind immer wieder Entscheidungskonzepte begegnet, die als engste Derivate dieses wissenschaftsgeschichtlichen Ausgangsmodells anzusehen sind. Das „Analytic Paradigm" von John Steinbruner mit seinem lateralen und horizontalen kausalen Lernen, das „Rational Policy Model" von Graham Allison, aber auch die „Maximierung des erwarteten Nutzens" in den kognitiven Strukturen von Robert Axelrod gehört zu solchen Ansätzen bzw. Überlegungen, die Nutzenorientierung wie auch Nutzenmaximierung politischer Entscheidungsträger nicht aus dem Auge verlieren und aus jeweils unterschiedlichem Blickwinkel weiterverfolgen.

Auch wenn nach den Maßstäben eines Hempel/Oppenheimer'schen Erklärungsmodells von keinem dieser Ansätze (einschließlich VI) als von einer „Erklärung" gesprochen werden kann und der Begriff „Erklärungsskizzen" jene Ansätze vielleicht eher trifft, so läßt sich über den bisherigen Stand politologischer Entscheidungsforschung doch folgendes Resümee treffen: (1) Die äußerst differenziert und mit vielen interdisziplinären Verflechtungen verlaufende – in diesem Kapitel systematisierte und dabei didaktisch möglichst verständlich aufgezeigte – Diskussion politikwissenschaftlicher Entscheidungstheorie-Bildung war bisher um eine zunehmende „Diversifikation" des Sortiments „konzeptioneller Linsen" zur Herausarbeitung möglichst zahlreicher entscheidungstheoretischer Dimensionen in der Politischen Wissenschaft bemüht. (2) Einige Ansätze, wie etwa „Bureaucratic-Politics", sind dabei stark kontrovers geblieben; andere haben ihren besonders starken Anreiz zu weiterer Forschung unter Beweis gestellt, wie etwa die noch längst nicht abgeschlossene, mit der kognitiven Psychologie und der Sozialpsychologie in engem Zusammenhang stehende Perzeptionsforschung; schließlich konnte in einem Fall zur empirisch-analytischen Durchdringung kognitiver Entscheidungsstrukturen ehemals aktiver Politiker vorgestoßen werden. (3) Kommen bereits im

Perzeptions-/Misperzeptions-Ansatz erste Bemühungen um ein Zusammenfügen einzelner Forschungsstränge, etwa der kognitiven bzw. Sozialpsychologie, zum Tragen, so gilt der Gedanke einer Synthese der bisher weitgehend auf Ausweitung und Gewinnung neuer Aspekte ausgerichteten politikwissenschaftlichen Entscheidungsdiskussion dezidiert für den Ansatz VI. Der Konfrontations-/Kompromiß-Ansatz ist nicht zuletzt aus dem Grund in die Betrachtung dieses Kapitels miteinbezogen worden, um auf eine Tendenzwende zu verstärkt synthetisch vorgehender Forschungsstrategie bei der Analyse politischer Entscheidungsprozesse aufmerksam zu machen.

Die folgenden abschließenden Ausführungen sprengen dabei den Charakter einer bloßen Zusammenfassung; sie wollen Ausblick geben auf neueste Entwicklungen sowie besondere Probleme in der politikwissenschaftlichen Entscheidungsforschung. Die Analyse des Konfliktverhaltens von Staaten in der internationalen Politik zeigt erste Erfolge bei dem Bemühen um eine zunehmende Integration bisher relativ unabhängig voneinander diskutierter theoretischer Ansätze. Gerade die „politisch-strategischen" Aspekte zwischenstaatlichen Verhaltens erweisen sich als Theorie-Fokus: (1) mit ihrer Relationierung strategisch, taktischer Maßnahmen zur entweder stärker bipolaren oder multipolaren Struktur des internationalen Staatensystems, (2) der besonderen Betonung von für Verhandlungen typischen Kommunikations- und Informationsprozessen sowie (3) der Mischung aus Rationalanalyse-, „Bounded Rationality"- und „Bureaucratic Politics"-Verhalten in internen Entscheidungsprozessen[59]. Das besondere Interesse an politischen Krisensituationen hat in der Politischen Wissenschaft immer wieder zur möglichst „mikroskopisch" genauen Wiedergabe einzelner Krisenentscheidungen angeregt. Dabei gelten insbesondere solche Studien als vorbildlich, die den Versuch unternehmen, die Fülle des Materials durch ein theoretisches Raster zum „sprechen zu bringen" und unter bisher nicht gesehenen Aspekten zu interpretieren[60]. Ein echter Durchbruch, im Sinne einer ersten Synthese von bisher weitgehend unvermittelten theoretischen Bemühungen sowie differenzierterer Relationierung enger beieinander liegender theoretischer Ansätze, gelang erst mit dem Fundus der oben genannten 16 von Glenn Snyder und Paul Diesing auf Gemeinsamkeiten und Unterschiede hin analysierten Krisensituationen.

Präferenzstrukturen — und zwar sowohl die eigenen, wie die des politischen Gegners — gelten nur in Ausnahmefällen als von Anfang an bekannt bzw. für die Dauer des gesamten Entscheidungsprozesses als gegeben. Vielmehr werden die zunächst subjektiven Perzeptionen durch bewußte Informationssuche und Einflußnahme, wie dies am Beispiel der strategischen und taktischen Maßnahmen während der Marokko-Krise von 1911 demonstriert werden konnte, mit den „realen Verhältnissen" konfrontiert. In der Sprache von Snyder und Diesing geht es darum: „to learn the ‚name of the game' "[61]. Der Name der spieltheoretischen Konstellation der zweiten Marokko-Krise hieß Prisoner's Dilemma und machte in der Anfangsphase der Krise deutlich, daß beide Kontrahenten die Anwendung von Gewalt einem Nachgeben gegenüber den gegnerischen Forderungen vorzogen. Am Fallbeispiel konnte jedoch gezeigt werden, wie im weiteren Verlauf Deutschland und auch Frankreich ihre Präferenzstrukturen verändert haben, Abstriche von den anfangs hochgesteckten Zielen machten und schließlich, nach einem Wendepunkt des Einlenkens, unter gegenseitiger Einräumung von Konzessionen eine Kompromißlösung fanden.

Eine solche Beschreibung der Veränderung von Präferenzstrukturen politischer Entscheidungsträger zeigt, daß die gewissermaßen statische Diskussion über Belief Systems im Kognitiven Ansatz (vgl. III, Schaubild 8, S. 158 f.) und die in engem Zusammenhang damit stehende Diskussion über die kognitive Rigidität in der Perzeptionsforschung (vgl. IV, ebda.) zu eng und isoliert bleibt. Die Einbindung dieser Diskussionen in die Dynamik des Ablaufs von politischen Entscheidungsprozessen weist nicht nur im Marokko-Beispiel darauf hin, daß die ersten eingehenden Informationen ihre Interpretation quasi durch „Schließen" in den jeweiligen Belief Systems erfahren müssen. Eine Veränderung der Präferenzstrukturen, eine Anpassung von Erwartungshaltungen oder gar Strategie-Revisionen und damit eine zunehmend „realistischere Diagnose" der Entscheidungssituationen ist nur denkbar, wenn „the belief system gradually moves into the background, that is, the arrow from ,belief system' to ,interpretation' gradually disappears"[62]. Damit werden über die spieltheoretische Interpretation von Fallstudienmaterial, unter Aufzeigen der Dynamik von Strategie und Taktik in politischen Entscheidungsprozessen, wesentliche Elemente des Kognitiven und Perzeptions-Ansatzes in einer neuartigen theoretischen Synthese zu erklären versucht. Die Kritik von Snyder und Diesing am Coddington'schen Verhandlungsmodell und die Einteilung in rationale und irrationale Entscheidungsträger in Verhandlungsprozessen zeigt, daß solche Erklärungsversuche sicher in eine realistischere Richtung zielen, dabei aber ihre Struktur äußerst kompliziert wird und nicht ohne Widersprüche bleibt; müssen doch aus dem „Hintergrund" heraus Belief Systems im gesamten Krisenverlauf immer dann aktiviert werden, wenn es darum geht, eingehende Informationen auf bewußt angelegte Täuschungen hin zu überprüfen.

Führt eine gemäß den aufgezeigten Merkmalen 1 bis 6 (vgl. S. 151 f.) uminterpretierte spieltheoretische Analyse von Krisensituationen – immer dokumentiert an konkreten Beispielen – zu neuen Möglichkeiten der Integration mit dem Kognitiven und Perzeptions-/Misperzeptions-Ansatz sowie zu einer Reformulierung der bisherigen theoretischen Annahmen über das Verhalten von Entscheidungsträgern in Verhandlungs- bzw. Informationsprozessen während des Verlaufs politischer Krisen: so werden auch des längeren bereits ausdifferenzierte entscheidungstheoretische Ansätze nach ihren Relationen zueinander sowie ihrem jeweiligen Stellenwert neu diskutiert.

Zunächst besteht zwischen Snyder und Diesing Einigkeit darüber, daß sowohl die Rationalanalyse wie der durch Vermeidung direkter „Trade-Offs" und Verfolgung einzelner positiver (Ziele) sowie negativer (Vermeidung von Positionseinbußen) „Constraints" gekennzeichnete entscheidungstheoretische Ansatz „Bounded Rationality" beide zur Erklärung des Verhaltens politischer Entscheidungsträger in Krisensituationen anwendbar sind. Die dem Leser vorgeführten strategischen Entscheidungen Frankreichs wie auch Deutschlands in der Marokko-Krise von 1911 zeigen, daß die in der Matrix des Schaubildes 7 (vgl. S. 153) von den Konflikt-parteien angestrebten Constraints mit einem entscheidungstheoretischen Verhalten à la Bounded Rationality sinnvoll interpretiert werden können: ein Befund, der im übrigen für alle untersuchten Krisenfälle zutrifft.

Zugleich bleibt jedoch Raum für Maximierungsverhalten; so wenn zwischen Deutschland und Frankreich über den jeweils größtmöglichen Kompensations-anspruch (Gebietsabtretung im Kongo gegen politische Kontrolle in Marokko) entschieden werden muß. Hier, bei der Beurteilung dieses Beispiels, inwieweit es der rationalanalytischen Interpretation zugänglich ist, hört die Einigkeit der Autoren jedoch bereits auf: in einer längeren Fußnote widerspricht Snyder Die-sing's Versuch, der Rationalanalyse gegenüber dem Bounded Rationality-Ansatz nur eine Ergänzungs- bzw. Hilfsfunktion zuweisen zu wollen[63]. Damit wird eine Diskussion eröffnet, die zeigt, wie problematisch die zunächst einleuchtende — auch in diesem Kapitel verdeutlichte — analytische Trennung zwischen diesen beiden so eng beieinander liegenden entscheidungstheoretischen Konzepten bei deren Anwendung auf empirisches Fallmaterial bleibt und wie sehr deren Komplemen-tarität ein noch offenes Problem ist.

Gelten Rationalanalyse und Bounded Rationality als problemlösungsorien-tierte Konzepte, so ist der entscheidungstheoretische Ansatz „Bureaucratic Politics" auf die Analyse des politischen Prozesses innerhalb politischer Entscheidungs-gremien ausgerichtet. Der bereits wiederholt angeführte organisationstheoretische Gedanke, daß Organisationen ihre eigenen, z. T. eng begrenzten Ziele verfolgen, wird hier auf das Verhalten von Entscheidungsträgern in der politischen Arena übertragen. Minister bzw. Staatssekretäre vertreten danach als Exponenten die Ziele ihrer Ressorts, etwa in Kabinettssitzungen: sie bemühen sich um politische Einflußnahme und suchen Möglichkeiten der Koalierungsbildung zur Durchsetzung insbesondere der Ressortziele. Dieses wiederholt erwähnte, von Halperin und Allison in die Diskussion eingebrachte Konzept, das den Rollen-Aspekt („where you stand depends on where you sit") besonders hervorhebt, erhält im Konfron-tations-/Kompromiß-Ansatz eine stärker politisch strategische Ausrichtung. Das empirische Fallmaterial der Krisenentscheidungen zeigt, daß politische Entschei-dungsträger vor die Alternative gestellt, ihre Ziele gewaltsam zu erreichen bzw. zum Kompromiß einzulenken, sich in drei Lager aufteilen lassen: a) Falken (hard-liner), b) Tauben (soft-liner) und c) Gemäßigte (middle-liner). Eine Analyse vor-nehmlich der Einflußbemühungen und Koalierungskämpfe innerhalb wie zwischen diesen Lagern wurde bisher in diesem entscheidungstheoretischen Konzept ver-nachlässigt[64].

Mit diesen Hinweisen — daß politologische Entscheidungsforschung ein breites Sortiment „konzeptioneller Linsen" bereitstellt, besondere Anstrengungen unter-nimmt, vorliegende entscheidungstheoretische Ansätze zu integrieren und ihren jeweiligen Stellenwert zu ermitteln sowie bisher vernachlässigte Aspekte durch analytische Neu-Interpretationen empirischen Fallmaterials gewinnt — wollen wir den Versuch eines Resümees über den bisherigen Stand der Bemühungen um eine politische Entscheidungstheorie vorläufig abschließen. Die im Vergleich zu anderen

Wissenschaften immer wieder betonte unbefriedigende Datenlage (a), die damit zusammenhängende Notwendigkeit, auch auf untypische Fälle zurückgreifen zu müssen (b) sowie die aus (a) und (b) resultierenden — erst ansatzweise diskutierten — Probleme einer Generalisierbarkeit bisheriger Forschungsergebnisse, können den Gesamteindruck nicht verwischen: Es liegt bereits ein beachtlicher Kanon politikwissenschaftlicher entscheidungstheoretischer Konzepte vor, deren empirische Testung bereits voll in Angriff genommen worden ist.

Wie einleitend angekündigt, ist die eine Stoßrichtung der Arbeit die Suche nach entscheidungstheoretischen Erklärungskonzepten. Wir haben bisher einen überproportionalen Anteil unserer Bemühungen der Suche nach derartigen möglichst deskriptiven Entscheidungsansätzen gewidmet: dies war eine Kompositionsentscheidung, die bewußt unter dem Eindruck gefällt wurde, daß dieser Teil der Analyse politischer Entscheidungsprozesse bislang wegen seiner großen Komplexität und Schwierigkeit der Zusammenhänge eher stiefmütterlich, äußerst zersplittert behandelt und nicht in einer solchen „survey-artigen" Darstellung präsentiert worden ist. Im Folgenden werden wir nach einem kurzen Versuch, auch an einem innenpolitischen Beispiel (Lebensqualität/Umweltschutz) einige insbesondere im zweiten Kapitel dargestellte Erklärungsansätze auszuprobieren, ausführlich zur Diskussion des politologischen Instrumentariums zur Entscheidungsverbesserung einschwenken (u. a. Soziale Indikatoren, Delphi, Scenarios, Planning-Programming-Budgeting, „Decision Analysis"). Den Abschluß werden dann einige grundsätzliche Bemerkungen über Probleme der Politikberatung sowie der Entscheidungsdurchführung und Entscheidungskontrolle bilden.

Anmerkungen zum dritten Kapitel

1 Im vierten Kapitel finden ausgewählte Elemente eines innenpolitischen Entscheidungsproblems verstärkt Beachtung.
2 Die Vorstellung vom internationalen Staatensystem als einem System mit anarchischen Zügen findet u. a. wiederholt Erwähnung bei Jervis, R., Perception and Misperception in International Politics, a.a.O.
3 Vgl. dazu Snyder, R.C./Bruck, H.W./Sapin, B., Foreign policy decision-making. An approach to the study of international politics, Glencoe: The Free Press of Glencoe, 1962. Die Autoren weisen in einem 10 Punkte-Katalog auf einige vermeintliche Besonderheiten außenpolitischer Entscheidungen hin. Diese Besonderheiten sind jedoch sehr allgemein gehalten und gelten in einzelnen Punkten wie z. B. 6. „Relative lack of ‚experimental opportunity‘ and infrequency of replicable situations" auch für innenpolitische Entscheidungsprozesse. In einem anderen Punkt 9. „Time-lag between the arising of problem-situation and the unfolding of its full implications" wird der Zeitbedarf von Entscheidungsprozessen angesprochen, den wir bei dem diskutierten betrieblichen Entscheidungsprozeß ebenfalls nachzeichnen konnten. Snyder et al. schränken ihren Hinweis auf die Besonderheiten außenpolitischer Entscheidungen sogleich wieder ein, indem sie formulieren: „we believe that, analytically, all decision-making in ‚formal organizations can be handled the same way" (S. 104).
Eine wachsende „Verschmelzung" von Innen- und Außenpolitik wird unter dem Stichwort „Linkage Politics" diskutiert. Vgl. dazu: Rosenau, J.N. (ed.), Linkage Politics, New York: Free Press 1969.

4 Vgl. zum Folgenden: Deutsch, K.W., The Nerves Of Government, Models Of Political Communication And Control, a.a.O.

5 Easton, D., A Framework for Political Analysis, a.a.O.: „Support" (Unterstützung für Träger der Regierungsverantwortung, öffentliche Ämter, die „political community") und „Demand" (Forderungen spezifischer wie allgemeiner Natur) sowie „Output" (Gesetze, Verordnungen und allgemeine Appelle) sind die wesentlichen Elemente des Easton'schen Systems. Im ersten Kapitel wurde das Modell von Richard Rose als dem von Easton verwandt gekennzeichnet (Vgl. Erstes Kapitel, FN 59).

6 Vgl. Almond, G.A., Introduction: A Functional Approach to Comparative Politics, in: ders., Coleman, J.S. (eds.), The Politics of Developing Areas, Princeton N.J.: Princeton Un. Pr., 1970, S. 1 ff.: Input-Funktionen („political socialization and recruitment, interest articulation, aggregation, political communication") und die Output-Funktionen („rule-making, rule-application and rule-adjudication") sind die Elemente des Modells von Almond.

7 Diese 9 Operationen (Selektion, Abstraktion, Kommunikation, Informationsspeicherung, Informationsaufgliederung, Abrufen, Kombination, kritischer Vergleich, Anwendung) kennzeichnen wesentliche Elemente des in dem angeführten Schaubild 9 auf Seite 167 verlaufenden Entscheidungsprozesses nach Deutsch.

8 Deutsch, K.W., a.a.O., S. 222.

9 Vgl. dazu das Zusammenspiel der „Konzepte", „load", „lag", „gain" sowie „lead" bei K.W. Deutsch, S. 187 ff.

10 Des weiteren finden sich Aspekte des christlichen Existentialismus; vgl. dazu u. a. die Konzepte der Liebe und Würde bei K.W. Deutsch, S. 215 ff.

11 Die biologische und nachrichtentechnische Ausrichtung der Systemtheorie gehen insbesondere auf Ludwig von Bertalanffy (General System Theory, Foundations, Development, Applications, New York: George Braziller, 1969) und Norbert Wiener (Kybernetik, Regelung und Nachrichtenübertragung im Lebewesen und der Maschine, Düsseldorf 1963) zurück.

12 Funktion kann einmal bedeuten: bereits erbrachte Leistung, zum anderen: gestellte Aufgabe bzw. zu erbringende Leistung. Der Strukturbegriff bezieht sich in diesem Modell politischer Kommunikation und Steuerung auf die im Schaubild 9 (FN 7) aufgeführten Zusammenhänge. Er läßt allerdings jeden konkreten Hinweis auf die institutionellen Strukturen eines politischen Systems vermissen.

13 Wir werden im Folgenden noch die Sichtweise eines kybernetischen Prozesses kennenlernen, die Werte nicht „from whithout", sondern eine Betrachtung und Reaktion auf Werte in Form von kritischen Variablen im politischen Entscheidungsprozeß „from within" berücksichtigt (vgl. S. 122 ff.).

14 Rybol, J.H., Logische und methodische Aspekte systemtheoretisch-kybernetischer Forschungsansätze in der Politikwissenschaft, Essen 1974, S. 68.

15 Vgl. dazu Schwarz, G.P., Entscheidungstheorie, in: Gabriel, O.W. (Hrsg.), Grundkurs Politische Theorie, Köln/Wien, 1978. Dort werden 6 Entscheidungsmodelle vorgestellt: Zweck-Mittel-Schema, deduktiv rationales Modell, Modell der brauchbaren Entscheidung, disjointed incrementalism, Optimalmodell (S. 359) und Strategie der Zweiphasensuche (S. 367).

16 Vgl. zu den Ausführungen der Kritik am Rationalmodell sowie der Einführung des kybernetischen „Paradigms" Steinbruner, J.D., The Cybernetic Theory of Decision, New Dimensions of Political Analysis, a.a.O.

17 Vgl. Allison, G.T., Essence of Decision, Explaining the Cuban Missile Crisis, a.a.O.; siehe auch ders., Conceptual Models and the Cuban Missile Crisis, in: American Political Science Review, LXIII, Nr. 3, 1969, S. 689 ff.

18 Vgl. dazu die Definition, die Steinbruner dem „analytic paradigm" gibt: (1) „limited value integration" (2) „plausible appropriate subjective adjustments to new information" (3) „causal learning process: upward and lateral expansion" (S. 45 f.).

19 Steinbruner, J.D., The Cybernetic Theory of Decision, a.a.O., S. 40 ff.

20 ebda., S. 44.

21 Cyert, R.M./March, J.G., A Behavioral Theory of the Firm, Engelwood Cliffs, N.J.: Prentice Hall, 1963.

Schaubild 9: Modell zum Informationsfluß außenpolitischer Entscheidungen

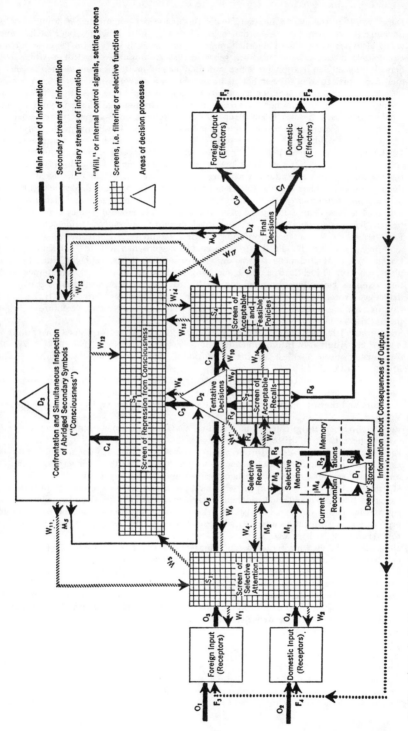

Quelle: Deutsch, K. W. a.a.O., S. 258.

22 Dieses wohl spektakulärste Beispiel für die Diskussion der potentiellen Wirkungsweise von „organizational memories" — zu denen Standard Operation Programs oder auch „contingency plans" gehören — wird natürlich immer wieder heftig diskutiert. Im Tenor wird einmal das Erstaunen darüber zum Ausdruck gebracht, daß Abordnungen der Roten Armee sich in derartig unglaublich irrationaler Weise verhalten haben könnten; sodann werden Gegenargumente produziert: die UdSSR hat nicht mit so starkem Widerstand der USA gerechnet; sowjetische Diplomaten streiten grundsätzlich ab, solange keine gegenteiligen Weisungen vorliegen; die amerikanischen elektronischen Aufklärungsmöglichkeiten wurden unterschätzt; technisch lasse sich ein Bauplatz für Raketenabschußrampen nicht tarnen etc. Gegen jedes dieser Argumente können jedoch ihrerseits Gegenargumente vorgebracht werden. Da die UdSSR ein „closed system" ist, gerade auch bezüglich der internen Entscheidungsprozesse ihrer politischen Führungsgremien, lassen sich die Annahmen von Allison nicht mit letzter Gewißheit beurteilen. Sein Argument zielt jedoch auf den richtigen Punkt: Die Verwendung von „organizational memories" in politischen Entscheidungsprozessen erklärt häufig Entscheidungsverhalten, das ohne Berücksichtigung einer organisationstheoretischen Sichtweise für den Analytiker irrational und damit unerklärlich bliebe. Aus dem Fallmaterial eben der gleichen Kuba-Krise gibt es einen dokumentierten Beleg, der zeigt, wie „organizational memory" zu einer irrationalen, in diesem Fall taktischen Verhaltensaufforderung führte. Natürlich verfügten die USA über keine „contingency plans" für die Konfrontation mit sowjetischen Raketen auf Kuba. Auf Anfragen, welche Maßnahmen 1962 zu ergreifen seien, lieferte das Pentagon einen Invasionsplan zum Sturz Fidel Castros. Diese für 1962 inadäquate Maßnahme wurde erneut diskutiert, weil es einen Invasionsplan aus der Zeit des Schweinebucht-Debakels gab und die damaligen Protagonisten einer Invaison noch im Amt waren. Vgl. Snyder, G.H./Diesing, P., Conflict Among Nations, Bargaining, Decision Making, And System Structure in International Crises, Princeton N.J.: Princeton Un. Pr., 1977, S. 373.

23 Steinbruner, J.D., Beyond Rational Deterrence, The Struggle for New Conceptions, in: A Quarterly Journal of International Relations, Vol. XXVIII, Nr. 2, 1976, S. 241. Vgl. dazu die Ausführungen über „Trade-Off"-Vermeidung und „Constraints" in diesem Kapitel S. 130 f., 142 und 163.

24 Vgl. zum kognitiven Ansatz generell und speziell zum Konzept der „Belief Structures" als Ergebnis der „inferential capacity of the mind which is actively involved in imposing structure on otherwise highly ambiguous data" (S. 90) Steinbruner, J.D., a.a.O., S. 88 ff.

25 Vgl. S. 47 f.

26 Vgl. Axelrod, R. (ed.), Structure of Decision, a.a.O., S. 8 f.; im übrigen vgl. zum Folgenden insbesondere das erste, dritte und vierte Kapitel.

27 Die Skizze wurde aus dem dritten Kapitel von Axelrod (S. 61) übernommen und zeigt einen Teilausschnitt der vollständigen im vierten Kapitel (S. 88 f.) wiedergegebenen „Cognitive Map" von Marling, dem damaligen britischen Geschäftsträger in Persien.

28 Mit einer solchen Struktur von Entscheidungsprozessen über mehrere Konzeptvariable mit kausalen Relationen unterschiedlichen Vorzeichens läßt sich die Grundannahme der gängigen Spieltheorie, die „Trade-Offs" als bekannt voraussetzt bei komplexen Entscheidungsproblemen einmal mehr als unrealistisch bezeichnen (vgl. zweites Kapitel FN 12).

29 Vgl. Axelrod, R. (ed.), a.a.O., S. 92.

30 ebda., S. 64 ff., es wird ferner darauf hingewiesen, daß mit Hilfe der „Cognitive Maps", die wir mit „kognitive Strukturen" übersetzt haben, auch Probleme des „Forecasting" unter Heranziehung der „zweiten Regel" behandelt werden können.

31 Jervis, R., Perception and Misperception in International Politics, a.a.O., 14. Wo dies im Folgenden durch Anführung anderer Autoren oder Verweis auf andere Stellen innerhalb der eigenen Arbeit nicht ausdrücklich kenntlich gemacht ist, stammen die Konzepte wie illustrierenden Beispiele aus dem Beitrag von Jervis.

32 Vgl. Kapitel zwei, S. 54.

33 Jervis, R., a.a.O., S. 55.

34 Vgl. S. 152 ff.

35 Jervis, R., a.a.O., S. 62.

36 Vgl. Kapitel zwei, FN 12. Dieses Beispiel zeigt Grenzen der klassischen Verwendung spieltheoretischer Modelle in der internationalen Politik, da die Kosten eines Krieges in jedem Fall unakzeptabel sind. Zu einer hier nicht weiterverfolgten Diskussion der Evidenzen, die

gegen das Abschreckungs- und Spiral-Modell sprechen sowie einer genaueren Kennzeichnung der Unterschiede zwischen beiden Modellen, vgl. Jervis, R., a.a.O., S. 77–111. Vgl. außerdem S. 152 ff.

37 ebda., S. 74.
38 Vgl. S. 128 f.
39 Jervis, R., a.a.O., S. 111 ff.
40 Vgl. S. 47 ff. und S. 90 f.
41 Jervis, R., a.a.O., S. 122.
42 ebda., S. 132.
43 ebda., S. 136.
44 ebda., S. 156 ff.
45 Vgl. S. 138.
46 Jervis, R., a.a.O., S. 180. Vgl. dazu in diesem Kapitel S. 163 sowie FN 61.
47 Zum Vergleich der Lernkonzepte der verschiedenen entscheidungstheoretischen Ansätze vgl. das Schaubild 8, S. 158 f. Während die anderen Lernkonzepte i.S. einer Bemühung um die Verbesserung des Ergebnisses eines Entscheidungsprozesses aufgefaßt werden können, versucht der hier dargestellte Lernbegriff von Robert Jervis (S. 217–287), im Rahmen von Perzeptionsprozessen in politischen Entscheidungsabläufen betrachtet, auf die besonderen Grenzen politischen Lernens aufmerksam zu machen.
48 Mit der Frage von Jervis nach dem Verhältnis von Beeinflussungs- und Erklärungsfaktoren im politischen Lernprozeß (S. 239) wird ein Problem angeschnitten, das sich generell auch für die Relation der hier diskutierten „konzeptionellen Linsen" zur Erklärung unterschiedlicher Dimensionen politischer Entscheidungsprozesse stellt. Allerdings sollte die Such-Frage hier doch weniger additiv oder multiplikativ als vielmehr additiv und/oder kompetitiv lauten.
49 Vgl. dazu in diesem Kapitel die FN 28 und 34 sowie im zweiten Kapitel die FN 12.
50 Vgl. neben Allison, G., The Essence of Decision, a.a.O., auch Halperin, M., Bureaucratic Politics and Foreign Policy, Washington D.C.: Brookings, 1974. Vgl. FN 58.
51 Snyder, G.H./Diesing, P., Conflict Among Nations, Bargaining, Decision Making, And System Structure In International Crises, a.a.O. Die vorgetragene Kritik an gängigen Standards der Spieltheorie findet sich insbesondere auf S. 182. Wir werden in dem – von uns in bewußter Vereinfachung des Snyder/Diesing-Ansatzes so benannten – Abschnitt VI „Der Konfrontations-/Kompromiß-Ansatz ..." auf wesentliche von den Autoren eröffnete bzw. weiterentwickelte „konzeptionelle Linsen" hinweisen. Zur Demonstration der Lesart einer 2 × 2 Matrix wird dabei auf eine Fallstudie – von insgesamt über einen Zeitraum von 75 Jahren sich erstreckende 16 Fallstudien – zurückgegriffen: die mit einem Kompromiß endende Marokko-Krise von 1911. Die „synthetische" Sichtweise der Autoren sowohl in bezug auf den Zusammenhang einer ganzen Reihe theoretischer Konzepte untereinander, wie auch der Einarbeitung illustrativen Fallmaterials, soll uns im abschließenden Abschnitt V „... Erklärung als Synthese" dieses dritten Kapitels als Folie dienen, den Bezug der dem Leser vorgestellten entscheidungstheoretischen Konzepte untereinander zu reflektieren.
52 ebda., S. 6.
53 Vgl. u. a. Rapoport, A./Chammah, A., The Game of Chicken, in: Buchler, I./Nutini, H. (eds.), Game Theory and the Behavioral Sciences, Pittsburgh: Un. of Pittsburgh, 1969.
54 Diese Punkte 1–6 werden von Snyder, G.H./Diesing, P., Conflict Among Nations, a.a.O., auf S. 86 f. aufgeführt.
55 Vgl. Rapoport, A./Guyer, M., A Taxonomy of 2 × 2 Games, in: General Systems (1966), S. 203 ff.
56 In einer Kurzform finden sich sämtliche Fallstudien im Appendix. Die Marokko-Krise von 1911 nach „Precipitant, Challenge, Confrontation (Phase 1: France vs. Germany, Phase 2: The British intervention), Resolution" zusammengefaßt, in: Snyder, G.H./Diesing, P., Conflict Among Nations, a.a.O., S. 541 ff. Zur spieltheoretischen Interpretation der Krise vgl. ebda., S. 90 ff.
57 Ein Überblick über die spieltheoretischen Konfigurationen aller von den Autoren untersuchten Fallbeispiele findet sich im folgenden Schaubild 10, S. 170.
58 ebda., S. 348 ff.
59 ebda., vgl. insbesondere Kapitel V: „Decision Making" (S. 340 ff.) sowie den Abschnitt: „Summary and Synthesis" (S. 471 ff.).

Schaubild 10: Krisenstrukturen und ihre Ergebnisse

Structures	Cases	Typical Outcomes
Symmetrical		
1. Prisoner's Dilemma	Agadir, 1911 Berlin, 1958—1962 Yom Kippur, 1973	Compromise
2. Chicken	Munich, 1938 (late phase) Berlin, 1948 Lebanon, 1958 Iran, 1946 (late phase)	One side capitulates
3. Leader	Bosnia, 1908 (early phase) Germany-Austria, 1914 Ruhr, 1923 Iran, 1946 (early phase)	One partner leads, the other follows: or alliance or detente breaks up
4. Deadlock	U.S.-Japan, 1940—1941	War
Asymmetrical		
5. Called Bluff (one party in Prisoner's Dilemma; other in Chicken)	Morocco, 1905 Quemoy, 1958 Cuba, 1962	Capitulation by Chicken party or unequal compromise
6. Bully (Bully-Chicken)	Fashoda, 1898 Bosnia, 1909 (later phase)	Capitulation by Chicken party
7. Bully-Prisoner's Dilemma	Germany-Austria vs. Russia-France, 1914	War
8. Big Bully (Big Bully-Chicken)	Munich, 1938 (early phase)	War (avoided in this case by shift of German structure to Chicken or Bully)
9. Protector (Bully-Lead Leader)	Suez, 1956 (U.S.-Great Britain) Quemoy, 1958 (U.S.-Taiwan)	Dominant ally protects and restrains client

Quelle: Snyder, G. H./Diesing, P., Conflict Among Nations, a.a.O., S. 482.

60 Vgl. u. a.: Allison, G.T., Essence of Decision, a.a.O.; sowie Paige, G.D., The Korean Decision, New York: Free Press, 1968; allerdings unterliegt das von Paige in seiner Studie verwendete, von Snyder et al. (vgl. FN 3) entworfene theoretische Raster — als am empirischen Fallmaterial in wesentlichen Bereichen nicht einlösbar — der fundamentalen Kritik seiner Urheber.
61 Snyder, H.G./Diesing, P., a.a.O., S. 488.
62 ebda., S. 334.
63 ebda., FN 6, S. 348.
64 Nach Snyder/Diesing geht es — in ihrer Kritik am Modell III von Allison in seiner Kuba-Studie — bei einer Reformulierung des „Bureaucratic Politics"-Ansatzes um eine stärkere Betonung des jeweiligen persönlichen „Bias", wie er z. B. in der Unterscheidung von „Falken" und „Tauben" zum Ausdruck kommt: „The problem is to recognize the interplay between personal line and official position without reducing either one to the other" (S. 361).

Viertes Kapitel
Lebensqualität: Die diffuse Entstehung eines neuen Zielbündels — ungelöste Meßprobleme

Das Aufbranden der Diskussion um den Begriff der „Lebensqualität" in der Bundesrepublik Deutschland Anfang der 70er Jahre — mit einem „time-lag" gegenüber der öffentlichen Propagierung von „quality of life" durch die amerikanischen Präsidenten Kennedy (1963) und Johnson (1965) — ist ein weiteres Beispiel für die Berechtigung einer Grund-These der verhaltenswissenschaftlich orientierten Volkswirtschaftslehre: Die Inhalte wirtschaftspolitischer Entscheidungsprozesse werden weitgehend von real empfundenen wirtschaftlichen, sozialen und politischen Engpaß-Problemen bestimmt.

Für die Betrachtung eines politischen Entscheidungsprozesses ist das gewählte Beispiel deshalb von besonderem Interesse, weil seine Verlaufsform als ungewöhnlich gekennzeichnet werden kann. Nach einer relativ abrupten Inszenierung im Wahlkampf von 1972 und besonderer Hervorhebung in der Regierungserklärung von 1973 „ebbte" die Diskussion um den Begriff der Lebensqualität in den darauffolgenden Jahren stark ab. Sie kam in der politischen Arena bald vollends zum Versiegen, ohne daß sich die angeprangerten Defizitprobleme grundlegend entschärft hätten. Anfang der 70er Jahre ein besonders hochrangiges Ziel im öffentlich diskutierten Zielsystem in der Bundesrepublik, ist die Forderung nach einer Verbesserung der Lebensqualität sehr rasch weitgehend zu einem politischen Schlagwort, zu blasser Rhetorik geworden. Bereits während der „politischen Hochzeit" dieses Begriffs, der sich besonders in seiner Verbreitung durch die Medien weitgehend auf ökologische Fragen beschränkte, begann durch Artikulation besonders in den Gewerkschaften und der SPD, verstärkt aber auch in den Sozialwissenschaften, die zunächst diffuse Entstehung eines neuen Zielbündels; dieses reichte von der bloßen Propagierung des neuen Themas bis zu grundlegenden Konkretisierungen seiner Ziel- und Wertimplikationen für das gesellschaftliche und politische System in der Bundesrepublik.

In der Wissenschaft wurde es dabei sehr bald als Aufgabenstellung, wie aber auch als besonderes Manko empfunden, daß sie zur Zeit der intensiven politischen Diskussion des Begriffs der „Lebensqualität" und der damit angesprochenen sozio-ökonomischen Zusammenhänge über keine brauchbaren Konzepte zur Operationalisierung und damit zur Konkretisierung der aufgestellten Postulate verfügte. Die wissenschaftlichen Bemühungen um eine Verbesserung der Meßbarkeit wesentlicher, mit dem Postulat „Verbesserung der Lebensqualität" zusammenhängender Ziele mit Hilfe sozialer Indikatoren sind jedoch — auch nach dem weitgehenden Verschwinden dieser Diskussion als „lautstarker" Forderung von der politischen Arena — unbeirrt fortgesetzt worden.

Wir werden uns im Folgenden zunächst um eine knappe Beschreibung der ungewöhnlichen Verlaufsform des Lebensqualitätspostulats in seiner Eigenschaft als politische Forderung bemühen. Es sei ausdrücklich betont, daß es sich im Rahmen dieser Arbeit und vor allem gemäß dem Übergangscharakter dieses Kapitels zu einer Diskussion der „Instrumente zur Entscheidungshilfe" nicht einmal der Intention nach um eine analytisch vertiefte Darstellung unter Berücksichtigung etwa sämtlicher beteiligter Akteure, ihrer Entscheidungen und Aktionen und deren jeweilige Dokumentation handeln kann. So reizvoll diese bisher nicht geleistete Aufgabe wäre: beabsichtigt ist lediglich, Überlegungen aus vorausgehenden Kapiteln etwa zum Komplex „Overloaded Government", zu verhaltenstheoretischen Ansätzen in der Volkswirtschaftslehre, zur Theorie öffentlicher Güter etc. zu einer möglichst neukombinierten Kommentierung des „Auf und Ab" der politischen Diskussion um eine Verbesserung der Lebensqualität in der Bundesrepublik zu verknüpfen. An diesen Vorspann soll sich dann eine Erörterung wesentlicher Ziel- und Wertimplikationen des Begriffs „Lebensqualität" anschließen, die sowohl die politische und wirtschaftliche Diskussion in der Bundesrepublik wie auch einige weltweite Aspekte mit einbezieht. In einem dritten Abschnitt schließlich werden dann Möglichkeiten und Grenzen des Messens von Zielen durch soziale Indikatoren erörtert. Damit stellen wir ein erstes potentielles Instrument zur Entscheidungshilfe vor, deren Konstruktion und Wirkungsweise uns dann im anschließenden fünften Kapitel beschäftigen wird.

I. Lebensqualität als politische Forderung am Beispiel der Umweltdiskussion

1. Phasen der Problemerkenntnis

Artikulation negativer Auswirkungen wirtschaftlichen Wachstums

In dem bereits in Grundzügen vorgestellten verhaltenswissenschaftlichen Ansatz der Volkswirtschaftslehre von Fritz Voigt und Hans Jörg Budischin wurde an historischen Beispielen belegt, daß insbesondere Krisen und Krisensymptome – mit ihrer Artikulation von Unzufriedenheit über die Gefährdung bzw. Nichterfüllung grundlegender Werte – das Problembewußtsein geschärft haben[1]. Die negativen Auswirkungen des ökonomischen Wachstums auf das ökologische System u. a. in Form von Luft-, Wasser- und Lärmbeeinträchtigungen, begann in der Bundesrepublik etwa gegen Ende der 50er Jahre einer immer breiteren Öffentlichkeit bewußt zu werden. Allerdings erschienen zu jener Zeit derartige negative Einflüsse noch als lediglich vereinzelte Folgen eines im übrigen vorbehaltlos zu bejahenden industriellen Wachstums. Das Gefühl der Unzufriedenheit hatte also noch nicht jenen Schwellenwert erreicht, den man mit den genannten Autoren als „kritische Masse" zur Durchsetzung von tiefergreifenden Umorientierungen bezeichnen kann.

Damit aus einem derartigen Gefühl der Unzufriedenheit ein „kollektives Ereignis" mit breiter Resonanzwirkung im Smelser'schen Sinne wird, in dem eine Gruppe mit „Unternehmerqualitäten"erfolgreich Lösungsmöglichkeiten anbieten kann, bedarf es einer Reihe von Determinanten. Dazu gehören u. a. sogenannte „strukturelle Anfälligkeiten" (wie etwa während der Energiekrise 1973 demonstriert), Spannung, Kristallisation einer generalisierten Vorstellung (im Falle der Umweltproblematik: die Erkenntnis eines generellen Zielkonfliktes zwischen Wirtschaftswachstum und Lebensqualität), Beschleunigungsfaktoren, Mobilisierung zum Handeln und soziale Kontrolle. Die Kombination solcher Determinanten kann dabei sehr unterschiedlich sein und gibt so einen Hinweis, welcher Typ kollektiven Handelns potentiell resultiert. Um das an dem zwar einfacher strukturierten, dafür allerdings mit außenpolitischen Bezügen versehenen Beispiel der Energiekrise zu demonstrieren: ob daraus lediglich eine diplomatische Demarche des Protestes, eine philoarabische Haltung, eine Gesetzgebung zur Energieeinsparung, die ad hoc Maßnahme des Sonntagsfahrverbots und/oder die Inangriffnahme langfristiger Substitutionsprozesse auf dem Energiesektor folgt, ist eben eine Frage der Kombination derartiger „Determinanten"[2].

Durchbruch des Lebensqualitätspostulats in die „politische Arena"

Lassen sich diese Kombinationen und das daraus ableitbare Handeln nur schwer präzisieren, so kann das Überschreiten eines oben erwähnten „Schwellenwertes" am Beispiel der Umweltschutzgesetzgebung durchaus frühzeitig festgestellt werden. Offensichtlich waren jedoch „generalisierte Vorstellungen" eines prinzipiellen Konfliktes zwischen Wirtschaftswachstum und Lebensqualität zu dieser Zeit, nämlich Ende der 50er Jahre noch nicht vorhanden; falls doch, so waren sie auf jeden Fall noch zu schwach zu einer Mobilisierung politisch relevanter Gruppierungen mit entsprechend starken Integrationseffekten, die sich zur Gefolgschaftsbildung hätten verdichten lassen. In einer solchen Konstellation „derartiger Phasen der staatlichen Willensbildung in bezug auf Maßnahmen der Wirtschaftspolitik" nahm es nach Voigt/Budischin nicht Wunder, daß „auch die in Einzelaktionen erstrittenen Abhilfen und gesetzlichen Maßnahmen allenfalls vorläufigen Charakter trugen"[3]. Die Autoren führen als Beleg dafür den zur Reinhaltung der Luft am 22.3.1958 im Bundestag eingebrachten Gesetzentwurf zur Änderung der Gewerbeordnung und zur Ergänzung des BGB an. Durch dieses Gesetz, mit Geltung vom 22.12.1958, wurden bisher noch nicht genehmigungspflichtige gewerbliche Anlagen der ordnungsbehördlichen Kontrolle unterstellt. Durch entsprechende Auflagen sollten Unternehmer Umweltschutzmaßnahmen gemäß dem jeweils letzten Stand der Technik vornehmen lassen. Allerdings bedeutete der Zusatz „sofern sie wirtschaftlich tragbar" sind, eine Kompromißformel, die eine ernstzunehmende Schutzwirkung von vornherein mehr als fraglich erscheinen ließ.

Mehr als eine Dekade später, im Hauptreferat zum Deutschen Städtetag im Mai 1971, betonte der Bundesjustizminister, Hans Jochen Vogel, daß Probleme der städtischen Ballungsgebiete gesellschaftspolitischer Strukturveränderungen bedürfen und zwar ausgerichtete am Ziel einer Verbesserung der Lebensqualität[4]. Knapp ein Jahr darauf hält die Industriegewerkschaft Metall in Oberhausen einen internationalen Kongreß zum Thema „Lebensqualität" ab; im gleichen Jahr weist die SPD in ihrem Wahlprogramm im Rahmen der Innenpolitik dem Ziel der Lebensqualität eine herausragende Bedeutung zu, die sich schließlich in der Regierungserklärung Willy Brandts vom Januar 1973 niederschlägt. Bezeichnenderweise setzt von diesem Datum an schlagartig eine Flut wissenschaftlicher Publikationen zur Lebensqualitätsproblematik ein. Die Kassandrarufe der öffentlichen Meinung, speziell der führenden Presseorgane, hatte schon Ende der 60er Jahre begonnen, z. B. unter der Thematisierung der Verseuchungskatastrophe im Rhein, auf die Gefahren für die Biosphäre und damit zusammenhängende Beeinträchtigungen der Lebensqualität hinzuweisen, ohne daß dieser Begriff vor dem Städtetag 1971 schon in der öffentlichen Diskussion eine nennenswerte Rolle gespielt hätte. Etwa in diesem Zeitraum 1969–1971 erfolgt eine Umorientierung der politischen Entscheidungsträger wie der generalisierten Vorstellungen über Umweltfragen in der Öffentlichkeit. Dabei haben mehrere Faktoren zusammengespielt: z. B. die erhebliche Weiterentwicklung des Wohlstandsniveaus gegenüber den 50er Jahren, eine parteipolitische Reformprofilierung, insbesondere aber das Sammeln von Umwelt-Meßdaten, deren Publikation in aufsehenerregender Weise eine bisher affektiv unangetastete Wachstums- und Wohlstandsmentalität zu tangieren begann.

2. Lebensqualität und „Overloaded Government"

Das Wechselspiel von „Einstellungskomponenten"

Voigt/Budischin hatten in Anlehnung an Smelser auf unterschiedliche Einstellungskomponenten, wie die affektive, die kognitive und die Verhaltenskomponente aufmerksam gemacht. Nach dem jeweiligen Zusammenwirken dieser Komponenten kann das Verhalten zur Umweltschutzgesetzgebung nun folgende Interpretation erfahren. Ursprünglich war die Diskussion um Umweltprobleme – gewissermaßen in einer ersten Wahrnehmungsphase – durch ein Überwiegen der gefühlsmäßigen Komponente bestimmt – „blauer Himmel über der Ruhr". Dann wurden im Verlauf der 60er Jahre zwar zunehmend harte Daten über Luft-, Wasser-, Lärmschäden etc. gesammelt und durchaus mit dem hoch entwickelten Industriealisierungsprozeß in eine Verbindung gebracht, ohne allerdings die nach wie vor ausgeprägte Wachstumspräferenz schwächen zu können. Erst allmählich, wie erwähnt erst gegen Ende der 60er Jahre, gewinnt die kognitive Verhaltenskomponente ein Übergewicht; sie vermittelt die Erkenntnis, daß Wirtschaftswachstum kein unantastbares Ziel mehr ist, sondern durch die nachhaltige Orientierung an einer verbesserten Lebensqualität relativiert werden muß. 1969 werden daraufhin die gravierendsten Umweltprobleme in einem Sofortprogramm unter dem inzwischen verstärkten Eindruck behandelt, daß Umweltverschmutzung die entscheidende

Herausforderung der 70er Jahre sein wird. Die bisher starke Uneinheitlichkeit der Gesetze, Verordnungen und Vorschriften im föderativen System der Bundesrepublik sollte einer Vereinheitlichung zugeführt werden, die 1971 in Form eines Umweltprogramms erfolgte. Bezeichnenderweise steht dabei im Mittelpunkt das umweltkonforme Verhalten eines jeden Einzelnen. Voigt/Budischin kommen zu folgendem Resümee: „Man kann diese mögliche Erscheinungsform einer Problembewältigung als Prozeß der Selbstbesinnung und Selbsterziehung betrachten, wobei freilich einschränkend zu bemerken ist, daß die praktischen Grenzen dieser Bereitschaft zur Mitarbeit an den anstehenden Umweltproblemen und somit die Inkonsistenz im Verhältnis zwischen der affektiven und kognitiven auf der einen Seite und der Verhaltenskomponente auf der anderen Seite täglich nachweisbar sind"[5].

Das Dilemma der „Nicht-Ausschließbarkeit"

Nun hat uns die Beschäftigung mit der Theorie der öffentlichen Güter gelehrt, daß eine solche Gesetzgebung wohl kaum ein Vorbild für „Selbstbesinnung" und „Selbsterziehung", sondern eher ein Vorbild dafür sein dürfte, Regelungen zu finden, die es jedem Einzelnen, der selber externe Kosten verursacht, ermöglicht, die Übernahme dieser Kosten zu vermeiden. Auch Voigt/Budischin sehen dieses Verhalten durchaus, indem sie auf die Inkonsistenz der Verhaltenskomponente mit den anderen Komponenten hinweisen; aber sie versuchen keine plausible, darüber hinausgehende Erklärung zu geben. Philipp Herder-Dorneich und Manfred Groser nehmen aus der Sicht der Ökonomischen Theorie der Politik zu Fragen der Umweltschutzmaßnahmen wie folgt Stellung. „Wird z. B. im Rahmen von Umweltschutzmaßnahmen Reinigung von Luft angeboten, also so etwa, ,der blaue Himmel über der Ruhr', kann jeder diesen blauen Himmel genießen, auch wenn er selber nicht an der Bereitstellung dieser Leistung beteiligt war. Es besteht Nicht-Ausschließbarkeit"[6]. Wir erinnern uns, daß in einer solchen Situation jeder rational Handelnde die Trittbrettfahrer- bzw. „free-rider"-Position einnehmen wird.

Die Schere zwischen Reformeifer und abnehmender Ressourcenverfügbarkeit

Um diesem grundlegenden Dilemma abzuhelfen, sind nun eine ganze Reihe von Vorschlägen gemacht worden. Von subtileren Maßnahmen einer Durchforstung des Steuersystems, etwa der Gewerbesteuer-, Hubraumsteuer- sowie Einkommens- und Körperschaftssteuergesetze, inwieweit sie zu umweltfreundlichem Verhalten anreizen, bis hin zur grundsätzlichen Forderung einer Kriminalisierung von Umweltschädigungen, soll ein verschärfter Einsatz der Rechtsinstrumente erfolgen. Andere Vorschläge wollen das Subventionsinstrumentarium für umweltfreundliche Produkte und Produktionsweisen eingesetzt wissen, etwa für den biologischen Landbau, der Nahrungsmittel ohne die Anwendung von Schadstoffen produziert, oder auch für die Entwicklung und die Produktion nicht benzingetriebener Kraftfahrzeuge. Eine weitere Anregung sieht die Einführung einer sogenannten Umweltbörse vor, an der Lizenzen für Umweltverschmutzung oder -zerstörung gehandelt werden. Durch öffentliche Versteigerung von Lizenzen für Wasserverschmutzung soll eine Gemeinde die Summen einnehmen können, die sie für die Klärung des Abwassers benötigt. Das Fazit nach der Präsentation eines solchen Kataloges unterschiedlicher Vorschläge ist, daß auch damit der Übergang zu gezielten Ge- und Verbotslösungen auf die Dauer wohl schwerlich zu vermeiden ist. Sei es, daß die Anreize ungenügend sind, daß immer auf neue Weise „free-rider"-Positionen gesucht werden, oder wegen astronomischer Kosten bei der Realisierung mancher Vorschläge Abwanderung wirtschaftlicher Aktivitäten aus regionalem oder gar nationalem Bereich droht[7]. Die Radikalität einiger Vorschläge brachte zum Ausdruck, daß in solchen Fällen der Spieß umgedreht werden sollte, indem nun das Ziel Lebensqualität gegenüber anderen Zielen absolut gesetzt wurde.

Diese Diskussionen fielen in die Phase einer voll entfalteten Reformeuphorie und in das Ende einer langen Periode der Gewöhnung an hohe Wachstumsraten und damit an ausreichende budgetäre Ressourcen. Nach der Diskussion der wirtschafts-politischen Nachkriegs-Entwicklung im ersten Kapitel erinnern wir uns an die Veränderung der wirtschaftlichen Landschaft in der Bundesrepublik in der ersten Hälfte der 70er Jahre. „Internationalisierung der nationalen Ressourcen" und abnehmende „Budget-Dividenden" sind wesentliche Merkmale für das von Richard Rose entworfene Konzept eines „Overloaded Government"[8]. Die aufgeführten Vorschläge in der Diskussion um eine Verbesserung der Lebensqualität weisen auf eine tendenzielle Verschärfung der Schere zwischen abnehmender Verfügbarkeit über Ressourcen und wachsenden Ansprüchen an staatliches Engagement hin. Die Forderungen nach Subventionen, die einmal erlassen, erfahrungsgemäß ein „verfilztes" und für längere Zeiträume irreversibles Eigenleben führen, Einnahmenverluste der Staatskasse durch steuerliche Anreize oder auch nach Einrichtung sogenannter Umweltbörsen durch Abwanderung von Industrien, wären weitere Meilensteine zu einem „Overloaded Government". In diesem Sinn vollzieht sich die Diskussion um eine Verbesserung der Lebensqualität in einer wirtschafts-politischen Trendwende, die eine Realisierung vieler in erstem euphorischen Reformeifer vorgetragener und noch nicht voll durchdachter Konzepte von vornherein „mangels Masse" höchst unwahrscheinlich machte.

II. Einige Ziel- und Wertimplikationen des Lebensqualitätspostulats

1. Zur inhaltlichen Bestimmung des Begriffs

Unter der Oberfläche der — vor allem in der politischen Arena in Form von Gesetzgebungsvorhaben ausgetragenen — Auseinandersetzung um eine Minderung der Beeinträchtigungen der menschlichen Biosphäre durch „Pollution", begann eine weitgefächerte Diskussion, z. T. mit Grundsatzcharakter, zur inhaltlichen Ausfüllung des Begriffs „Lebensqualität". Auf dem erwähnten internationalen Gewerkschaftskongreß der IG Metall zum Thema Lebensqualität im April 1972 wurde von der Gewerkschaft ein Rahmen gesetzt, den geladene Wissenschaftler und Politiker ausfüllen konnten. Die Palette der behandelten Themen reichte dabei von Fragen der Bildung, des Verkehrs, der Umwelt, der Regionalentwicklung, des sogenannten qualitativen Wachstums bis hin zu Problemen der Demokratisierung sowie zukünftigen Entwicklung der Gewerkschaften. Von den politischen Parteien in der Bundesrepublik Deutschland hat sich nur die SPD in besonders intensiver Weise der Lebensqualitätsproblematik angenommen. Die politische Programmatik dieser Diskussion hatte dabei sowohl eine „Außen"-Funktion, wie aber auch eine nicht zu unterschätzende „Innen"-Funktion für die Partei; sie fungierte gewissermaßen als „innerparteiliches Harmonisierungsinstrument"[9] mit einer Integrationsfunktion auch für strategische Grundsatzdiskussionen in den Reihen der Jungsozialisten. Das Dortmunder Wahlprogramm der SPD von 1972, das die Parteien-Diskussion um dieses Postulat initiierte, gliederte die politisch-gesellschaftliche Ebene in Bereiche mit besonderem Einfluß auf Verbesserungsmöglichkeiten der Lebensqualität in der Bundesrepublik wie folgt auf: Gesundheit, Soziale Gerechtigkeit/Arbeitsschutz, Mitbestimmung, Sparförderung/Beteiligung der Arbeitnehmer am Produktivvermögen, Sport/Freizeit/Erholung sowie Informationsfreiheit und Meinungsvielfalt. Damit hatte die gewerkschaftliche und parteipolitische Diskussion in voller Breite eingesetzt.

Ethische Dimensionen

Es wurde sehr bald deutlich, daß die Tiefendimensionen der Diskussion um Lebensqualität deren Funktion als bloßer Sammelbegriff für alle möglichen Formen des Protestes gegen die Produktion von „Social Costs" einer wissenschaftlich-technischen Zivilisation bei weitem an Bedeutung übertrafen. Es wurde ein „cultural lag", ein Unwirksamwerden überkommener Leitbilder und Normen angesichts der rapiden wissenschaftlich-technologischen Entwicklungen artikuliert. Lebensqualität erhält in dieser Sichtweise der Tendenz nach den Rang von neuen „Sinnentwürfen", von gesellschaftspolitischen Leitbildern, die eine wesentlich weitere Bedeutung des Begriffes Umwelt fassen wollen, als den der Biosphäre und damit des Postulats der Bewahrung menschlichen Lebens vor Verkümmerungen. „‚Umwelt' kann biologisch so definiert werden: alle Faktoren der Umgebung eines Lebewesens, die von direkter Bedeutung für dasselbe sind. Durch die komplexen Interdependenzbeziehungen sämtlicher Elemente einer Umgebung wirken auch alle Folge- und Nebeneffekte des Lebens letztlich wieder in die Umwelt zurück. In diesem Sinne wäre Umwelt die Gesamtheit aller direkten Beziehungen des Menschen zu seiner biotischen, politischen, wirtschaftlichen, sozialen und kulturellen Umgebung"[10]. Unter der Glocke eines derart weit gefaßten Umweltbegriffs und damit zusammenhängenden weitgehend unbegrenzten politischen, wirtschaftlichen und soziokulturellen Bezugsmöglichkeiten für das Lebensqualitätspostulat, begann eine breite Werte-Diskussion, von der im Folgenden nur einige wesentliche Aspekte Erwähnung finden können.

Von Theologie und Kirche wird darauf verwiesen, daß alles Materielle nur einen Teil der Lebensqualität ausmachen kann. Der Trend der Wohlstandsgesellschaft zu steigendem Konsum komme der Verherrlichung der Verschwendung als Tugend gleich und dürfe nicht dazu führen, Verzicht und Askese, eingebettet in Aspekte der sozialen Gerechtigkeit z. B. gegenüber der Dritten und Vierten Welt, völlig aus dem Blickfeld zu verlieren[11]. Kernaussage der christlichen Ethik ist dabei die Forderung nach einem Abbau des anthropozentrischen Menschenbildes im Sinne eines Beherrschenwollens der Umwelt. In der mehrdimensionalen Verwirklichung des Menschen in seinen Beziehungen zu Gott, zu seinen Mitmenschen und der natürlichen Umwelt gehe es vielmehr darum, Sprachsymbole wie „Erfülltes Leben", Parteinahme für Schwache und Unterdrückte, Behandlung der Welt als Lehen und unversehrte Übergabe an kommende Generationen in der ethischen Reflexion des Begriffs Lebensqualität mitzudenken[12].

Indessen werden Probleme des Gleichgewichts materieller und immaterieller Werte sowie der Gerechtigkeit auch konkreter — auf politische, wirtschaftliche und soziale Probleme zugespitzt — diskutiert. So, wenn Selbstbestimmung als Ausdruck von Lebensqualität in einer pluralistischen Gesellschaft nur für den Fall als realisierbar angesehen wird, daß die Mitglieder einer Gesellschaft grundlegende Werte und Verhaltensnormen anerkennen[13]. Die Frage des Gleichgewichts zwischen immateriellen und materiellen Werten spielt auch eine besondere Bedeutung in der internationalen Diskussion um die Erwünschtheit bzw. Unerwünschtheit des sogenannten „Nullwachstums". Während für die hochindustrialisierten Länder ein vermehrt qualitatives Wachstum gefordert wird, soll dies für Länder der Dritten Welt keineswegs ein Stop des quantitativen Wirtschaftswachstums bedeuten. Zum einen wird mit Gossen argumentiert, daß aufgrund einer unterschiedlichen industriellen Ausgangsbasis eine Steigerung des Wachstums für Entwicklungsländer eine relativ höhere Bedeutung als für die wohlhabenderen Industrieländer hat. Zum anderen wird ein generelles Recht auf Wohlstand durchaus bejaht. In der Diskussion derartiger Fragestellungen steht das Ziel der Erhöhung der Lebensqualität im Sinne einer Steigerung des qualitativen Wachstums unter weitestgehender Eindämmung quantitativen Wachstums in doppelter Frontstellung. Die Erhebung derartiger Forderungen nach einem Nullwachstum wären nicht nur fruchtlos, weil sowohl die Länder der Zweiten als auch Dritten Welt dieser Verhaltenserwartung — z. T. wohl auch als Reaktion auf die Empfehlungen des Club of Rome — des öfteren vehement widersprochen haben. Eine solche Forderung würde auch für das Distributionsproblem zwischen Entwicklungsländern und hochindustrialisierten Ländern auf lange Sicht ein zunehmend schwieriger auszugleichendes Konfliktpotential beinhalten. Anwachsendes Konfliktpotential ist jedoch auch ein Grund dafür, daß in den hochindustrialisierten Ländern selber der Gedanke eines Nullwachstums wenig Anhängerschaft finden kann, da die hier auch vorhandenen Distributionsprobleme der Tendenz nach „eingefroren" und damit Anlässe zu verschärften Verteilungskonflikten gegeben würden.

Gegen Ende dieses bis in einige prinzipielle Aspekte ethischer Probleme des Lebensqualitätsbegriffs vorstoßenden Überblicks sei an die konkreten Ausgangsbeispiele erinnert. In der Literatur wird der inhaltliche Kern des Lebensqualitätspostulats — für ein Korrektiv zu sorgen durch nachdrücklich erhobene Forderung nach Berücksichtigung gesamtgesellschaftlicher Interessen (statt nur privaten Reichtum und öffentliche Armut zu produzieren) sowie Lebenschancen gerechter zu verteilen — durchaus unterschiedlich, weitverzweigt und z. T. ohne gegenseitige Kenntnisnahme beschrieben. Dies mag angesichts der angesprochenen tiefen und breiten Dimensionen dieses Begriffs nicht weiter verwunderlich sein. Zu vermerken bleibt jedoch, daß die politische Plattform mit der Notwendigkeit zur Zielartikulation hier eine verstärkte Annäherung der divergierenden Standorte bringt. Gewerkschaften und SPD konzentrieren sich mit vergleichbarem Nachdruck auf sich überlappende Zielbereiche, die, ganz grob formuliert, Reformen am politischen und ökonomischen System sowie in den Domänen Wohnen und Arbeiten umfassen. In CDU und FDP ist in dieser Phase der Diskussion nur ein vergleichsweise allgemeiner politischer Gebrauch des Begriffs Lebensqualität zu erkennen, der kaum „Bereichskonkretisierungen" aufweist[14].

2. Das Zielbündel

Funktionen einer großen Themenstellung

Die anfänglich starke Resonanz der Diskussionen über Probleme der Verbesserung der Lebensqualität in Literatur, Medien, Politik und Öffentlichkeit ist sicherlich ein Reflex dafür, daß unter diesem Begriff ein ganzer Katalog von prinzipiellen, von ethischen Fragen bis hin zu pragmatischen Handlungsanweisungen abgedeckt werden kann. Jeder mag sich ihn betreffende bzw. interessierende Aspekte heraussuchen und sie doch stets in den weiten Rahmen einer großen Thematik stellen. Vermutlich ist ferner für die enorme Durchschlagskraft des Lebensqualitätskonzepts auch die Tatsache ausschlaggebend gewesen, daß mit diesem gedanklichen Instrumentarium konventionelle Maßstäbe, wie Berechnungsmodi des Bruttosozialprodukts und Ermittlungsweisen des Lebensstandards kritisch durchleuchtet werden können. Schließlich eignet sich dieses Konzept ungewöhnlich gut als Argumentationsbasis für eine Bestandsaufnahme sowie generelle Kritik fundamentaler Wertannahmen in einer jeden Gesellschaft. Wie auch immer die Bewertung des plötzlichen Durchbruchs des Lebensqualitätspostulats in die öffentliche Arena bei einer sorgfältigeren Prüfung ausfallen mag, sie wird zusätzlich konstatieren können, daß dieses Phänomen bis in den Bereich der Institutionen hinein zu verfolgen ist. Bekanntlich wurde in den USA zu dem bereits bestehenden „Council of Economic Advisors", mit seiner seit 1947 regelmäßigen Veröffentlichung des „Economic Report", zusätzlich ein „Council for Social Advisors" zur Bearbeitung spezifisch sozialer Problemstellungen gegründet. Der bisher zwar erwähnte, aber noch nicht explizit angesprochene Aspekt der starken Konsensusfähigkeit ist jedoch u. E. die eigentliche Stärke für den Gebrauch des Lebensqualitätspostulats und dessen ungewöhnliche Resonanz im politischen Alltagsgeschäft. Es wurde bereits darauf

aufmerksam gemacht, daß dieses Konzept z. B. in der SPD gegenüber den Jungsozialisten seine hohe Integrationskraft unter Beweis stellen konnte. Darin liegt
aber natürlich zugleich auch die besondere Schwäche des Begriffs „Lebensqualität", daß er nämlich anfällig bleibt für Scheinkonsens, wenn es nicht gelingt, sich
auch auf der Ebene konkreter Ziele zu einigen.

Oberziele und deren Konkretisierungsversuche

In dem Beitrag von Engelhardt/Wenke/Westmüller und Zilleßen: „Lebensqualität — Zur inhaltlichen Bestimmung einer aktuellen politischen Forderung" sind
als Beispiele einmal formale Oberziele — in Relation zum Hauptziel „Lebensqualität" — wie Selbstbestimmung, Partizipation, Solidarität, Soziale Fortentwicklung,
Fortbestand der Menschheit aufgeführt. In einem weiteren Zugriff wird das Hauptziel Lebensqualität auf stärker inhaltlich bestimmte Oberziele bezogen wie etwa:
Erhaltung und Verbesserung der natürlichen Umwelt, Verbesserung der Versorgung
mit Wirtschaftsgütern, Verbesserung der sozialen Beziehungen, Verbesserung der
politischen Institutionen, Verbesserung des geistig-seelischen (kulturellen) Lebens[15].
Zunächst sollte festgehalten werden, daß diese 10 Oberziele nur einige Beispiele
sind, die sich durch Literatur-, Parteiprogramm- oder Durchsicht anderer amtlicher
Quellen oder z. B. auch durch eine „Brain-Storming" Sitzung von Experten wie
auch durch Versuche, Modelle zu Teilaspekten der Lebensqualitätsproblematik zu
konstruieren, leicht vermehren ließen. Sehen wir uns bei den formalen Zielen die
vorgeschlagene Auflistung in Unterziele einmal am Beispiel der Partizipation näher
an: a) Gesellschaftspolitische Mitbestimmung, b) Bürgerinitiativen, c) Recht auf
Anhörung, d) Anhörungsebene (z. B. Parlament) und wir könnten dann nach ersten
einfachen Indikatoren fragen wie z. B.: Anzahl der Bürgerinitiativen oder Häufigkeit
der Anhörungen. Einmal ist zu beobachten, daß Partizipation mit jeder weiteren
Stufe enger gefaßt wird. Zugleich wird aber auch deutlich, daß eine inhaltliche
Aussage darüber, was lebensqualitätsfördernd sein soll, völlig offen bleibt. Zu
einer Festlegung käme es erst, wenn z. B. gefragt würde, ob Partizipation auch in
der Wirtschaft vorherrschen und dort den „Herr im Haus"-Standpunkt ablösen
soll; oder ob Bürgerinitiativen nur im Bereich gesellschaftspolitischer Randprobleme
„Lückenbüßer"-Funktionen leisten sollen oder ob mehr erwartet wird. Ganz dezidiert kann die Diskussion allerdings erst dann werden, wenn etwa bei der gesetzlichen Fassung von Mitbestimmungsproblemen über die prozentuale Sitzverteilung
in Leitungsgremien entschieden werden soll. Spätestens bei dieser Entscheidung
gehen dann die Meinungen für gewöhnlich auseinander — auch wenn anfangs
durchaus Übereinstimmung über die Einführung der betrieblichen Mitbestimmung
in der Wirtschaft bestand.

Unter den inhaltlich auszufüllenden Oberzielen läßt sich in leichter Abwandlung
zu Engelhardt et al. relativ leicht eine Zielkonkretisierung verfolgen. Nehmen wir
die Ebene der Verbesserung des geistig-seelischen (kulturellen) Lebens: a) Bildungspolitik, b) Gymnasium, c) Sexualkundeunterricht, d) Analyse ethischer Entschei-

dungssituationen, e) Konflikt zwischen Eigeninteresse und Gemeinwohl. Es ist ganz offensichtlich, daß hier eine inhaltlich stufenweise zunehmende Konkretisierung erfolgt, an die uns im folgenden Abschnitt zusätzlich beschäftigende Fragen anschließen, nämlich ob und wenn ja, wie derartige Ziele mit quantitativen Maßstäben numerisch gefaßt und damit für alle Beteiligten unzweideutig vergleichbar werden können.

Ein völlig anderes Beispiel, um das Oberziel Lebensqualität zu konkretisieren, ist das von uns bereits im ersten Kapitel beiläufig erwähnte Weltmodell, das Jay Forrester in seinem Buch: „Der teuflische Regelkreis" vorgestellt hat. Er bringt die Modellvariable „Lebensqualität" mit der Veränderung von nur vier Zustandsvariablen in Beziehung: der Bevölkerungszahl, den Rohstoffreserven, dem Kapitalbestand sowie dem „Verschmutzungsgrad". Lebensqualität, als Maßstab für das Verhalten im Rahmen des Modells, wird dabei in eine stärkere Einflußbeziehung zur Nahrungsmittelproduktion als zum sogenannten materiellen Lebensstandard gebracht. Weder die Modellstruktur noch die Verhaltensannahmen können jedoch als bisher ausreichend geprüft gelten, und die geringe Anzahl von nur vier „Variablen" bedeutet für jede einzelne einen, zumal im Weltmaßstab, sehr großen inhaltlichen Umfang. Die negativen Auswirkungen einer hohen Bevölkerungsdichte können ohne weitere Differenzierung, etwa in Regionen, generell negative Einflüsse auf Verbrechen, psychologische Belastungen, Privatsphäre, Krankheiten und gewaltsames Verhalten bis hin zum Krieg haben[16]. Damit wird die Definition des Verhaltensindikators „Lebensqualität" im Rahmen eines solch einfach strukturierten Weltsystems zu einer äußerst unscharfen Konstruktion mit erheblichen Ermessensspielräumen für Interpretationen. Der zunächst so eingängige Begriff der Lebensqualität mit seiner hohen Konsens- und Problematisierungskapazität weist also gerade auf der Ebene des internationalen Staatensystems ganz erheblich erschwerte und bisher kaum gelöste Probleme bei Konkretisierungsversuchen auf.

Diese Beispiele sollen andeuten, daß mit dem Lebensqualitätspostulat eine große Zahl von Zielbündeln konstruierbar ist, die keine eindeutigen Zielhierarchien aufweisen und so auch nicht auf einen jeweils eindeutig definierbaren Meßwert zurückgeführt werden können.

III. Ungelöste Meßprobleme: Soziale Indikatoren

1. Bruttosozialprodukt und Lebensstandard: Kritik an tradierten Maßstäben

Vom Einkommen, den Preisen und der Qualität der Wirtschafts- und Konsumgüter ist die Lebensgestaltung sowohl des einzelnen Menschen, einer Familie, einer Berufsgruppe bzw. sozialen Schicht und schließlich einer ganzen Nation abhängig. Die Bewertung der ökonomischen Lebenshaltung kann dabei auf die unterschiedlichste Weise gemessen werden. Am verbreitetsten sind die regelmäßigen Erhebungen der Statistischen Ämter zur Beobachtung der preismäßigen Entwicklung sogenannter Warenkörbe mit dem Untersuchungsziel, den Lebenshaltungskostenindex zu erfassen. Auf nationaler Ebene gilt das Bruttosozialprodukt als Wertmesser der von einer Nation produzierten Güter und Dienstleistungen. Dieser Wertmesser ist zum Symbol des Wohlstandsempfindens und des Fortschrittsdenkens geworden. Bei Vergleichen zwischen Nationen und ganzen Regionen gilt das Bruttosozialprodukt als ein „Indikator" erster Ordnung, dessen unterschiedliche Höhe das Kriterium für die z. B. bereits des öfteren erwähnte Unterscheidung in hochindustrialisierte Länder und die „Dritte Welt" ist. Zunehmende Differenzierungen derartiger Einteilungen wie z. B. „Vierte Welt" und „OPEC"-Länder sind wiederum am Wertmesser „Bruttosozialprodukt" orientiert. Die genannten ökonomischen Meßgrößen, sei es als Lebenshaltungskostenindex, Bruttosozialprodukt oder als inzwischen durch die UN-Statistiken standardisierter Lebensstandard, waren für uns kaum reflektierte Orientierungsmaßstäbe, so lange sich der Industrialisierungsprozeß in den hochindustrialisierten Ländern ungehindert am Ziel des größtmöglichen Wachstums ausrichtete.

Kritische Stimmen begannen darauf aufmerksam zu machen, daß derartige wirtschaftliche Kennziffern jedoch nicht den wahren Stand des Fortschritts und des Wohlstands messen können. Sie geben durchwegs zu hohe Werte an, da eine ganze Reihe von erheblichen Kosten, die notwendigerweise bei der Erstellung von Gütern und Dienstleistungen in modernen Volkswirtschaften in die Produktion eingehen, nicht berücksichtigt werden. In die Gewinn- und Verlustrechnungen der privaten Wirtschaftseinheiten gehen z. B. jene Auswirkungen der Produktion nicht ein, die in der Regel der Allgemeinheit in vielfältiger Form aufgebürdet werden und für die „Pollution" nur eine Erscheinungsform unter vielen ist. Daß private Produktionseinheiten die Übernahme derartiger „Social Costs" tendenziell vermeiden, darauf macht die Ökonomische Theorie der öffentlichen Güter aufmerksam. Solange für die Inanspruchnahme bisher öffentlicher, für die Allgemeinheit verfügbarer Güter kein Ausschließlichkeitsprinzip besteht, werden externe Kosten durch einen „rationalen" Entscheidungsträger möglichst nicht übernommen. Statt dessen herrscht das Verhalten des wiederholt bemühten „Trittbrettfahrers" vor, wenigstens dort, wo keine Verbote herrschen und für die Nutzung von Gütern, etwa als Produktionsfaktoren, kein Entgelt entrichtet werden muß.

Bedrohung der Biosphäre und gesellschaftspolitische Defizite

Derartige durch „free-rider"-Verhalten fühlbare Benachteiligungen, (verschmutzte Luft, verpestete Gewässer, gesundheitsschädigender hoher Lärmpegel) waren und sind jedoch nur eine Kategorie von Phänomenen, die mit dem Begriff „Social Costs" bezeichnet werden können. Der Industrialisierungsprozeß brachte eine ganze Reihe zusätzlicher Beeinträchtigungen mit sich, die nicht direkt über die Sinnesorgane registriert und als unmittelbare Bedrohung der Biosphäre empfunden werden. Es handelte sich um mit industriellen Strukturwandlungen einhergehende Beeinträchtigungen bislang ausgewogener Lebensräume, die zu immer schwerwiegenderen Abweichungen von z. T. verfassungsmäßig verbrieften Rechten politischer

Gemeinwesen beitrugen. Ballungszentren als eine wesentliche Voraussetzung, wie auch als ein notwendiges Ergebnis industrieller Aktivitäten, führten zunehmend durch die dazu in Kontrast stehende Entleerung und Unattraktivität anderer Lebensräume zu Verstößen gegen das Prinzip der Gleichheit auf einer ganzen Reihe von Bezugsebenen: Bildung, Beruf, Infrastrukturausstattung, Finanzkraft der Gemeinden, Umweltbeeinträchtigung, Kulturangebot usw.. Raumordnungsgesetzgebung und eine entsprechend aktive Raumordnungspolitik, wie z. B. Infrastrukturinvestitionen und Zonenrandgebietsförderung waren Teilantworten staatlicher Wirtschaftspolitik auf die Entstehung von „Social Costs", die in Form von Beeinträchtigungen verfassungsmäßig verbürgter Rechte registriert wurden. Wir konnten am Beispiel der Umweltdiskussion auf historische Gesetzgebungsprozesse verweisen, die verdeutlichten, daß sich die Haltung des „Wachstumsfetischismus" in der Bundesrepublik Ende der 60er Jahre deutlich änderte und durch einen Suchprozeß nach neuen Orientierungsmaßstäben abgelöst wurde.

Für die USA lag dieser Umschwung bereits in der ersten Hälfte der 60er Jahre, wie dies Carl Böhret in einer inhaltsanalytisch gewonnenen Zielhierarchie für die Jahre während der Johnson-Administration nachgewiesen hat[17]. Schon 1964 nahm in den USA das ursprünglich hoch bewertete Ziel des Wachstums und der Stabilität gegenüber Fragen der Bekämpfung von Armut und für das Jahr 1968 auch gegenüber den Zielen der Bekämpfung von Kriminalität und Förderung von Gesundheit einen unvergleichlich viel niedrigeren Rang als in der Kennedy-Administration von 1961–1963 ein. Es zeigt sich in diesen Zielhierarchien – die, wie bereits erwähnt, aus Untersuchungen von Regierungsprogrammen, Reden führender Politiker sowie anderen Verlautbarungen inhaltsanalytisch gewonnen wurden – daß die Perzeption der am Entscheidungsprozeß der Regierung beteiligten Politiker einen entscheidenden Wandel durchgemacht hatte. Anders als in der Bundesrepublik, in der sich eine Relativierung des Wachstumsziels weitgehend auf die Beeinträchtigung der Biosphäre zurückführen läßt, erklärt sich die Abwendung vom bloß quantitativen Wachstumsziel in den USA vornehmlich aus besonders gravierenden Defiziten der amerikanischen Gesellschaft, die sich u. a. in den Bereichen der Minoritäten, der Familie, der Gesundheit, der Armut und der Kriminalität zeigten.

Das nach Umfang wie auch Intensität neuartige Planungsdenken war für eine an „free enterprise" gewohnte Gesellschaft ein Einschnitt, der durch ein ganz bewußtes Aufzeigen sozialer Mißstände und im Verlauf der Durchführung staatlicher Maßnahmen erst ganz allmählich zur Routine werden konnte. Die neue Sichtweise sozialer Probleme verstärkte die Bemühungen, das angeführte System ökonomischer Meßwerte zu ergänzen. Für gesellschaftspolitische Problemstellungen stärker qualitativer Art bedurfte es der Entwicklung eines neuartigen Instrumentariums. Dabei erschien für eine Zielorientierung in politischen Entscheidungsprozessen die volkswirtschaftliche Gesamtrechnung als ein zu hoch aggregiertes Instrumentarium; es schien unmöglich, damit einer auf unterschiedliche und nichtökonomische Zielbereiche dekomponierten Entscheidungsstruktur gerecht werden zu können. Deshalb beauftragte die US-Regierung namhafte Wissenschaftler, wie z. B. den in leitende Funktion berufenen Ökonomen Mancur Olson, an der Ent-

wicklung einer neuen Kategorie von „Meßfühlern" zur Erfassung sozialer Mißstände — in diesem Fall im Bereich der Kriminalität — mitzuwirken. In der Bundesrepublik Deutschland waren nicht die sozialen Mißstände — die es hier in dieser
Zuspitzung, nicht zuletzt wegen der inzwischen über ein Jahrhundert währenden
Tradition im Umgang mit „Netzen zur sozialen Sicherung", in dieser Form nicht
gibt — ausschlaggebendes Movens, sich mit der Entwicklung sozialer Indikatoren
zu befassen. Es waren vielmehr Vertreter von Wissenschaft und Ministerialbürokratie, die, um nur einige zu nennen, wie Reimut Jochimsen, damals in der Planungsabteilung des Bundeskanzleramtes, Reinhard Bartholomäi, damals im Bundesministerium für Arbeit und Sozialordnung sowie Wolfgang Zapf in der deutschen
Gesellschaft für Soziologie[18] in der Phase zunehmenden politischen Planungs-
bewußtseins Anfang der 70er Jahre die ersten Grundlagen für die Entwicklung
eines politischen Entscheidungs- und Indikatorensystems für die Bundesrepublik
legten.

2. Soziale Indikatoren — Meßprobleme

Indikatorenbewegung und Sozialreports

Inzwischen hat sich eine sozialwissenschaftliche Gruppierung formiert, die gewöhnlich als Soziale Indikatorenbewegung bezeichnet wird. Außer der im nationalen
Rahmen arbeitenden „SPES"-Gruppe, erforschen im internationalen Bereich sowohl die OECD („List of Social Concerns Common to Most OECD Countries")
sowie das „Statistical Office" der UNO („Towards a System of Social and Demographic Statistics") Probleme des sozialen Wandels und der Wohlfahrtsentwicklung.
In einem weiten Sinne gehören diese Indikatorensysteme zum umfangreichen Feld
der sozialen Berichterstattung. In dem für die Diskussion um Probleme der Lebensqualität besonders virulenten Zeitraum, fällt die Publikation einer ganzen Reihe von
Beiträgen, die ebenfalls zur Sozialberichterstattung gehören. Als Beispiele lassen
sich u. a. anführen die Veröffentlichung des amerikanischen Sozialministeriums
„Toward a Social Report", die „Materialien zum Bericht zur Lage der Nation
1971, 1972 und 1974" der Bundesregierung, sowie die Sammelbände „Social
Intelligence for America's Future" und „Indicators for Social Change"[19]. Es
sind dies sämtlich Sozialreports, die über die Erfassung auch ökonomischer Daten
hinaus eine Bestandsaufnahme breitgefaßter sozialer, gesellschaftlicher, recht-
licher und politischer Tatbestände in unterschiedlichen Staaten vornehmen. Die
Indikatorensysteme unterscheiden sich von den Sozialreports dadurch, daß sie
für ausgewählte Problembereiche — z. B. SPES: Bevölkerung/Sozialer Wandel,
Mobilität/Arbeitsmarkt, Beschäftigungsbedingungen/Einkommen, Einkommensver-
teilung/Einkommensverwendung sowie Versorgung/Verkehr/Wohnung/Gesundheit/
Bildung und Partizipation — Zieldimensionen konstruieren, um zu konkret faßbaren
und möglichst meßbaren Größen vordringen zu können. Der Beitrag der genannten

und anderer Sozialreporte zur Indikatorenbildung liegt insbesondere darin, daß diese Literatur eine Hauptreferenzquelle für die Konstruktion von Zieldimensionen ist[20].

Indikatorendefinitionen

Wir finden nun in der gängigen Literatur sehr enge Definitionen für Indikatoren wie z. B.: „Meßzahlen, die das zu untersuchende System in guter Näherung beschreiben" oder „Indikatoren dienen zum Operationalisieren von Variablen, sie repräsentieren die gemeinte Eigenschaft mehr oder weniger, aber empirisch direkt nachweislich"[21]. Derartige, auf den Aspekt einer empirischen Repräsentation des Untersuchungsgegenstandes durch die Bildung von Meßzahlen abgestimmte Definitionen eignen sich vorzugsweise für Indikatorenbildungen ohne gravierende Probleme bei der Quantifizierung. So kann der Begriff „Lebensstandard" aus einer engen Begrenzung des Bezugs auf nur Einkommens- und Verbrauchsdaten mühelos einer erweiterten Operationalisierung zugeführt werden, ohne daß Probleme bei der Quantifizierung auftreten. Das Zentrum Berlin für Zukunftsforschung hat zur Durchführung eines Lebensstandardsvergleichs in sechs europäischen Ländern 53 Indikatoren aufgelistet und dabei neben den genannten Größen Einkommen und Verbrauch noch Daten aus den Bereichen Soziales, Bildung, Kultur, Verkehr und Administration herangezogen[22].

Die SPES-Arbeitsgruppe hat sich einer sehr viel vageren, aber für das Vorstoßen in bisher nicht quantifiziertes Neuland anregenderen Definition von Richard Stone angeschlossen: „Soziale Indikatoren beziehen sich auf Bereiche gesellschaftspolitischer Bedeutsamkeit, und sie können dazu dienen, unsere Neugierde zu befriedigen, unser Verständnis zu verbessern oder unser Handeln anzuleiten. Sie können die Form einfacher statistischer Zeitreihen haben oder sie können synthetische statistische Reihen sein, die durch die mehr oder weniger komplizierte Verarbeitung einfacher Reihen gewonnen werden ... Soziale Indikatoren sind eine Teilmenge der Daten und Konstrukte, die aktuell oder potentiell verfügbar sind, sie unterscheiden sich deshalb von anderen Statistiken nur durch ihre Relevanz und Brauchbarkeit für einen der oben genannten Zwecke"[23]. Damit stellt sich für die Indikatorenbildung prinzipiell das gleiche Problem wie für die Statistik, nämlich in diesem Sinne als relevant erachtete Daten zu gewinnen. Das Problem einer Entwicklung sogenannter „realisierbarer Sozialindikatoren" besteht nun gerade darin, daß bei Versuchen der Indikatorenbildung für Bereiche hoher gesellschaftspolitischer Bedeutung das „zu untersuchende System" nicht „in guter Näherung", sondern nur noch mit erheblichen Abstrichen durch sogenannte „Ersatzindikatoren" erfaßt werden kann.

Schwierigkeiten und Schwächen bei der Indikatorenbildung

Auf die besonderen Schwierigkeiten der Gewinnung von relevanten Daten bei dem Versuch – in diesem Fall für den Bildungsbereich – Indikatoren zu entwickeln, macht Rainer Ruge in seinem „Exkurs über die Messung von Bildung" aufmerksam. Hier besteht ein großes Interesse an der möglichst genauen Erfassung einer mit dem Erwerb von Zertifikaten offizieller Bildungsinstitutionen erlangten Kompetenz. Die Bildung von „Performanz"-Budgets der Bildungseinrichtungen, die z. B. die Anzahl der erworbenen Zertifikate, den Anteil der jeweiligen Jahrgänge etc. erfassen, ist durch Beschaffung entsprechender, auf Entwicklung der Bildungsinstitutionen bezogener statistischer Daten verhältnismäßig unproblematisch. Geht es allerdings darum, die Kompetenz als ein Maß für die erworbenen Kenntnisse und Fähigkeiten in die Indikatorenbildung miteinzubeziehen, so läßt sich der Erwerb derartiger Fähigkeiten zwar etwa durch Leistungstests nachweisen. Es bleibt allerdings ein kaum zu lösendes Problem zu ermitteln, welchen Anteil am Erwerb der Kompetenz die sogenannte Bildungsumwelt (Familie, „Peer Groups" etc.) hat. Auch wären die Veränderungen der Ergebnisse von Leistungstests schwer interpretierbar und „kaum politikfähig"[24]. Diese bisher nicht befriedigend gelösten Schwierigkeiten führen dazu, daß in die Indikatorenbildung vorwiegend institutionelle Maße zur Erstellung eines Performanz-Budgets eingehen. Die Unterdimension der beruflichen Weiterbildung schließlich ist ein besonders treffendes Beispiel für den häufig zu verzeichnenden Datenmangel. So fehlen Angaben über den Anteil der über 18-jährigen in der Bevölkerung, der an berufsrelevanten Weiterbildungsveranstaltungen teilnimmt. Über die innerbetriebliche Fortbildung, wie z. B. das „on-the-job-training", ist kaum etwas bekannt. Man greift in solchen Fällen zur Groborientierung bevorzugt auf Ersatzindikatoren zurück, in diesem konkreten Fall auf die Anzahl der Kursbelegungen an Volkshochschulen.

Engelhardt et al. weisen bei der Kommentierung einer Untersuchung der englischen Wochenzeitung „The Economist" aus dem Jahre 1972 auf weitere Schwächen insbesondere bei der vergleichenden Indikatorenbildung hin, die sich durch zusätzliche Probleme der Datenvergleichbarkeit ergeben[25]. Dort wurde der Versuch unternommen, Lebensqualität in 14 Ländern anhand von 15 Sozialindikatoren zu vergleichen. Jeder einzelne Indikator (+ Frühehen/+ Studenten/+ Bad-Ausstattungen/ + Fernseher/+ Telefone/+ Tageszeitungen/+ Autos/+ Wirtschaftswachstum/– Bevölkerungsdichte/– Selbstmorde/– Morde/– Verkehrstote/– Kindersterblichkeit/± Scheidungen je Einwohner) wurde jeweils durch die prozentuale Abweichung eines Landes vom Gesamtdurchschnitt aller Länder ermittelt und bei überdurchschnittlichen Werten mit der angegebenen Vorzeichenvalenz versehen. Dieses gewiß sehr „grob gestrickte", auf eine zusammengefaßte numerische Größe des Gesamtindikators „Lebensqualität" ausgerichtete Indikatorenmodell macht erneut deutlich, daß z. B. die Zahl der Hochschulstudenten recht wenig über die Qualität des Bildungssystems aussagt. Wie berichtet, versuchen verfeinerte Ansätze der Indikatorenbildung im Bildungsbereich hier Verbesserungen anzubieten, aber die Grundfrage der Distanz von „idealen" Indikatoren und den sogenannten „proxies"

(Ersatzindikatoren) bleibt doch (vgl. das Beispiel der Kompetenzerfassung) bestehen. Ein zweiter, ebenfalls erheblicher Einwand richtet sich gegen die völlig gleiche Gewichtung der Einzelindikatoren bei ihrer Zusammenfassung zu einem Gesamtindikator. Wird eine Gewichtung vorgenommen, wie an dem Weltmodell von Forrester demonstriert, bleibt erneut die Diskussion über den Grad der jeweiligen Gewichtung zu führen. Viele Indikatoren können einen durchaus ambivalenten Charakter haben. Eine Bewertung der Scheidungsmöglichkeiten etwa hat den durch die Scheidung gegebenen potentiellen Freiheitsraum ebenso zu berücksichtigen wie die desintegrierenden Effekte. In einem Lande wie den USA dürfte die Bewertung dabei sicher anders ausfallen als in vielen Ländern, z. B. der Dritten Welt, in denen das Auseinanderfallen einer Familie zu besonders gravierenderen Diskriminierungen und negativen Beeinträchtigungen des Lebenszyklus einzelner Betroffener führen kann. Außer der immerwährenden Forderung nach neuen Indikatoren bleibt also auch eine länderspezifische, kulturelle Eigenheiten berücksichtigende Vergleichbarkeit ein zusätzliches Desiderat jeder Indikatorenforschung.

Soziale Indikatoren als Gegenstand öffentlicher Diskussion

Wenn Wolfgang Zapf daraufhin weist, daß Zieldimensionen durch Inhaltsanalyse von Gesetzen sowie von programmatischen Äußerungen und die Konstruktion der Zieldimensionen mittels genauer Durchsicht durch die Fachliteratur gewonnen werden, so können doch auch derartig objektivierende Verfahrensweisen der Gewinnung keineswegs vermeiden, daß soziale Indikatoren wertgebunden sind[26]. Würden bei der Erstellung solcher Indikatoren wesentliche Elemente z. B. des Bildungssystems deskriptiv zu erfassen gesucht, so ist dann deren Einordnung in das Bündel der Zieldimensionen doch nur mit wertenden Maßstäben ihrer jeweiligen Bedeutung möglich. Gerade bei der Kopplung mit dem Postulat der Lebensqualität ist die normative Funktion über die Erstellung von Istwerten hinaus auf die jeweilige Vorgabe von Sollwerten ausgerichtet.

Dabei kann die „Entwicklung von Sozialindikatoren nicht einfach als eine beliebige Setzung" verstanden werden. „Zwischen Indikator und zu messendem Sachverhalt wird hypothetisch-theoretisch ein Zusammenhang unterstellt, der sich prinzipiell immer als falsch bzw. unbefriedigend erweisen kann"[27]. Dieser hypothetisch-theoretische Zusammenhang ist bereits bei der Differenzierung zwischen idealem Sozialindikator und dem auf Grund der Datenlage vorerst nur realisierbaren Indikator angesprochen worden. Damit ergibt sich zumindest eine doppelte Schwierigkeit. Wir wissen in vielen Fällen, auch bei der Konstruktion solcher idealer Indikatoren, nicht genau, ob die damit verbundene Theoriebildung in etwa das „Wohlfahrtsempfinden" und damit die Einstellung der von den Maßnahmen Betroffenen zur Lebensqualität annähernd realistisch erfaßt. Die restriktive Datenbasis zwingt in vielen Bereichen, wie z. B. im erwähnten Bildungssektor, die Erstellung von Indikatorensystemen primär auf die Leistungsmessungen zu konzentrieren.

Die Indikatorenbewegung ist sich indessen der mit einem solchen Zugang verbundenen Gefahr bewußt, „Bürger lediglich als passive Objekte des Wandels bzw. als passive Leistungsempfänger zu bezeichnen"[28]. Für eine Dauerbeobachtung und längerfristige „Wohlfahrtsmessung" müßten verstärkt und durch Bereitstellung einer eigenständigen Umfragebasis folgende Faktoren einer genaueren Beobachtung unterzogen werden: (1) private Ziel- und Wertsetzungen im Sinne der Interessen von Individuen und Gruppen, (2) öffentliche Ziele und Wertsetzungen als Interessen der gesellschaftlichen und politischen Kräfte und (3) Werte als Grundkonzepte, die z. B. über Einstellungsbildung die beiden efstgenannten Komponenten beeinflussen[29]. Die Entwicklung der Indikatorenbewegung zielt damit auf eine Erfassung jener Bereiche, die für die Auswahl und Strukturierung der Zieldimensionen neue Entscheidungsgrundlagen für eine wissenschaftlich-systematische Ableitung von Indikatoren bereitstellen können. Die Datenschutzgesetzgebung wird in diesem Zusammenhang als ein zusätzlicher, die bisher nach wie vor unbefriedigende Datenerhebung für derartige Fragestellungen begrenzender Faktor eingeschätzt. Gerade bei Fragen der Soll-Festlegung von Indikatorenwerten geht es jedoch nicht so sehr um Umfragedaten, sondern vielmehr um eine offene gesellschaftspolitische Diskussion zur Auseinandersetzung über die Art und die Höhe der zu erbringenden Leistungen. Eine solche Diskussion soll der Gefahr eines „bürokratisch verkrusteten Umgangs" mit Sozialindikatoren begegnen. Sie wird auch von der Indikatorenbewegung ausdrücklich als an den Bedürfnissen einer möglichst breiten Öffentlichkeit orientierter Feedback für eine zukünftig verbesserte Erstellung gesellschaftspolitischer Zielsysteme gewünscht.

Die Beschäftigung mit Indikatoren hat bereits bei den wenigen hier angeführten Beispielen gezeigt, daß trotz aller Meßschwierigkeiten die Vorteile einer Auseinandersetzung mit Problemen der Indikatorenbildung und der Bemühung um eine ständige Verbesserung der Indikatoren überwiegen. Das Lebensqualitätspostulat hat die mannigfaltigen Ziel- und Wertimplikationen einer modernen Industriegesellschaft in den Blickpunkt der wissenschaftlichen und öffentlichen Diskussion gerückt. Dabei ist als wesentliches Fazit deutlich geworden, daß sowohl soziale wie politische Prozesse besonders in den hoch entwickelten Industriegesellschaften keineswegs eindimensional beschrieben oder beeinflußt werden können. Es bedarf zu deren kontrollierter gesellschaftspolitischer Steuerung vielmehr komplexerer Modelle für die unterschiedlichsten Bereiche, die z. B. von der Bildung über die Gesundheit, die Partizipation bis hin zur Kriminalität die auch nicht-ökonomischen Datenkonstellationen zunehmend zu erfassen suchen. Unvollkommenheit bisheriger Meßverfahren, lückenhafte und z. T. verzerrende Erklärungsmodelle und damit Begrenzungen der Möglichkeiten für sozialtechnologische Beeinflussungen sind die Herausforderungen; breiteste öffentliche Diskussion der Wert- und Zielimplikationen sozialer Indikatoren sind die unabdingbare Notwendigkeit für ihren von einer breiten Öffentlichkeit kontrollierten Einsatz zur Steuerung konkreter Einzelmaßnahmen, welche in ihren Auswirkungen letztlich die Lebensqualität jedes Einzelnen berühren.

IV. Zusammenfassung

(1) Die Diskussion um den Begriff der „Lebensqualität" wurde zwar erst Anfang der 70er Jahre explizit in der politischen Arena der Bundesrepublik aufgenommen. Es läßt sich jedoch an einem Teilaspekt des Lebensqualitätspostulats — der Diskussion um die vielfältigen Beeinträchtigungen der menschlichen Biosphäre — ein bereits in den 60er Jahren einsetzender und wegen seiner Verlaufsform außergewöhnlicher Entscheidungsprozeß um die beginnende Umweltgesetzgebung festmachen. Dabei standen zur Beurteilung einiger Dimensionen dieses innenpolitischen Entscheidungsprozesses Aspekte des öffentlichen Problemerkenntnisprozesses, der staatlichen Willensbildung und eine möglichst differenzierte Einschätzung einiger ausgewählter gesetzlicher Maßnahmen mit Hilfe unterschiedlicher, bereits im zweiten Kapitel diskutierter Erklärungskonzepte im Vordergrund. Die Diskussion um Umweltschutz und weiter gefaßte Bereiche der Lebensqualität wurden ferner im Lichte der im ersten Kapitel in einem Exkurs ausführlich behandelten wirtschaftspolitischen Entwicklung in der Bundesrepublik und der These vom sogenannten „Overloaded Government" behandelt.

(2) Z. T. durch Gewerkschaften und politische Parteien initiiert, im wesentlichen jedoch im Bereich der Kirchen, im Bereich der Literatur und der Wissenschaften setzte eine Diskussion um die Wert- und Zielimplikationen des Lebensqualitätspostulats ein, die in ihrer Breite und Tiefendimension das gesellschaftliche, wirtschaftliche und politische System der Bundesrepublik in wesentlichen Aspekten kritisch durchleuchtete. Dabei zeigte sich, daß, bei aller Kapazität des Begriffs „Lebensqualität", eine gemeinsame Erörterung globaler gesellschaftspolitischer Zielvorstellungen zu fokussieren, wesentliche Fragen der Konkretisierung diskutierter „Zielbündel" unbeantwortet blieben.

(3) Die in relativ kurzer Frist einsetzende Entartung des Lebensqualitätspostulats zu einem politischen Schlagwort und bloßer Rhetorik konnte allerdings nicht verhindern, daß in den Sozialwissenschaften längst Probleme der Meßbarkeit sozialen Wandels und der Wohlfahrtsentwicklung einen vorderen Rang bei der Beschäftigung mit Fragen der Lebensbedingungen sowohl im internationalen Rahmen wie auch in der Bundesrepublik eingenommen haben. Bruttosozialprodukt und andere ökonomische Meßwerte in ihrer Funktion als alleinige Wertmesser sozialen Fortschritts sind einer fundamentalen Kritik unterzogen worden. Sie sollen allmählich durch den Einsatz sozialer Indikatoren ergänzt bzw. in den angeführten Bereichen ersetzt werden. Auf das Desiderat, wie auch die besonderen Probleme der Weiterentwicklung gesellschaftspolitischer Entscheidungs- und ihr zugrundeliegender Indikatorensysteme, insbesondere aber auf Meßprobleme bei ihrer Erstellung, sowie auf die Notwendigkeit der Einbeziehung öffentlicher Diskussionen sozialer Indikatoren wurde abschließend hingewiesen.

Anmerkungen zum vierten Kapitel

1 Vgl. S. 89 f.
2 Vgl. Smelser, N.J., Theorie des kollektiven Verhaltens, a.a.O., S. 324 f.
3 Voigt, F./Budischin, H.J., Grenzen der staatlichen Wirtschaftspolitik im gesellschaftlichen und sozialen Wandel, a.a.O., S. 71.
4 Vgl. Linder, W., Lebensqualität Und Sozialistische Lebensweise – Zur Politischen Semantik Und Funktionsbestimmung Zweier Politischer Kategorien Im Gesellschaftssystem der BRD und DDR, Magisterarbeit, München 1977, S. 4 f.
5 Voigt, F./Budischin, H.J., a.a.O., S. 46.
6 Herder-Dorneich, P./Groser, M., Ökonomische Theorie des politischen Wettbewerbs, a.a.O., S. 56.
7 Engelhardt, H.D./Wenke, K.E./Westmüller, H./Zilleßen, H., Lebensqualität – Zur inhaltlichen Bestimmung einer aktuellen politischen Forderung, Ein Beitrag des Sozialwissenschaftlichen Instituts der evangelischen Kirchen in Deutschland, Wuppertal 1973, S. 120 ff.
8 Vgl. die Diskussion im ersten Kapitel, S. 22 ff.
9 Linder, W., a.a.O., S. 13 ff.
10 Engelhardt, H.D. et al., a.a.O., S. 82.
11 ebda., S. 43.
12 ebda., S. 38 f.
13 In Fortsetzung der Kritik an einer Dominanz wirtschaftlicher Werte, könnte dies in Anbetracht des wohlfahrtstheoretischen Nachweises, der eine Aggregationsmöglichkeit individueller Präferenzen zu „stimmigen" gesamtgesellschaftlichen Präferenzen verneint, eine kritische Haltung gegenüber der ethischen Position des Utilitarismus begründen. Vgl. Höffe, O., A Theory of Justice, in: Philosophische Rundschau, 21. Jg., 1975, S. 187 ff.
14 Vgl. eine diesbezügliche Textanalyse von Linder, W., a.a.O., S. 23 f.
15 Engelhardt, H.D. et al., a.a.O., S. 102 f.
16 Forrester, J.W., Der teuflische Regelkreis, a.a.O., S. 60 f.
17 Böhret, C., Entscheidungshilfen für die Regierung, a.a.O., S. 96 f.
18 Vgl. Bartholomäi, R.C., Soziale Indikatoren, Die Neue Gesellschaft Jg. 12, 1972, S. 943 ff.; Jochimsen, R., Zum Aufbau und Ausbau eines integrierten Aufgabenplanungssystems und Koordinierungssystems der Bundesregierung, 1971, in: Ronge, V./Schmieg, G. (Hrsg.), Politische Planung in Theorie und Praxis, München 1971, S. 184 ff.; Zapf, W. (Hrsg.), Lebensbedingungen in der Bundesrepublik, Sozialer Wandel und Wohlfahrtsentwicklung SPES: Sozialpolitisches Entscheidungs- und Indikatorensystem, Frankfurt/New York, 1977.
19 Vgl. OECD: List of Social Concerns Common to Most OECD Countries, Paris 1973; United Nations, Statistical Office, Towards a System of Social and Demographic Statistics, Studies in Method, Ser.F, Nr. 18, New York, 1975; U.S. Department of Health, Education, and Welfare, Toward a Social Report, Washington D.C., 1969; Materialien zum Bericht zur Lage der Nation, a.a.O.; Gross, B.M. (ed.), Social Intelligence for America's Future, Boston, 1969; Sheldon, E.B./Moore, W.E. (eds.), Indicators for Social Change, New York, 1968. Der an international diskutierten und praktizierten Indikatorenkatalogen interessierte Leser mit besonderem Schwerpunkt der Entwicklungspolitik vgl. insbesondere das vierbändige „Handbuch zur Dritten Welt" von Nohlen, D. und Nuscheler, F., Hamburg 1974–1978.
20 Darauf weist Wolfgang Zapf hin: Zapf, W. (Hrsg.), Lebensbedingungen in der Bundesrepublik, a.a.O., S. 13 u. 24.
21 Vgl. Nagel, A., Politische Entscheidungslehre, Band I: Ziellehre, Berlin 1975, S. 384.
22 Strukturentwicklung der Wirtschaft und Gesellschaft von Einzelstaaten und Staatengruppen am Beispiel des Lebensstandards in den EWG-Ländern, Berlin: Zentrum Berlin für Zukunftsforschung, 1969, S. 22.
23 Vgl. United Nations, Statistical Office, Towards a System of Social and Demographic Statistics (prepared by Richard Stone), ST/STAT. 68, New York, 1973, S. 66. Der Hinweis darauf, daß die SPES-Arbeitsgruppe dieses Zitat als „anregend" begreift, findet sich bei Zapf, W., a.a.O., S. 17.
24 Runge, R., Ziele und Ergebnisse der Bildungspolitik, Ansätze zu einem System von Bildungsindikatoren, in: Zapf, W., a.a.O., S. 76.

25 Engelhardt, H.D. et al., a.a.O., S. 108.
26 Zapf, W. (Hrsg.), Lebensbedingungen in der Bundesrepublik, a.a.O., S. 14 f.
27 ebda., S. 17.
28 ebda., S. 22.
29 Vgl. dazu

Schaubild 11: Ein Modell der Wohlfahrtsproduktion

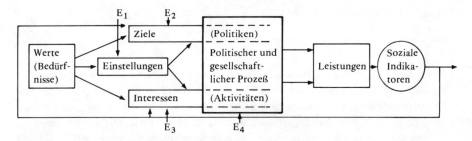

Quelle: Zapf, W., a.a.O., S. 22.

Fünftes Kapitel
Ausgewählte Instrumente zur Entscheidungsverbesserung — Möglichkeiten und Grenzen

Wir haben uns im vorausgehenden Kapitel bereits mit einem modernen Instrument zur Entscheidungsverbesserung beschäftigt: den sozialen Indikatoren. Politischen Entscheidungsträgern auf unterschiedlichen Ebenen und für die zahlreichen erwähnten Bereiche sollen handlungsleitende Informationssignale übermittelt werden. Anders als bei der Diskussion entscheidungstheoretischer Ansätze zur Erklärung politischer Entscheidungsprozesse steht bei der Betrachtung der Instrumente zur Entscheidungsverbesserung nicht primär die Entscheidung, der Entschluß und die tatsächliche Entscheidungsdurchführung, sondern „the Analysis for Decision", also die Analyse in der entscheidungsvorbereitenden Phase im Blickpunkt[1]. Dabei wird versucht, die mannigfaltigen Bezüge eines Entscheidungsproblems wie z. B. seine menschlichen, umweltbezogenen, technologischen und politischen Dimensionen in die Untersuchung einzubeziehen.

Als „praxeologisches Entscheidungskonzept"[2] zielt „Systems Analysis" — spätestens mit der politischen Karriere McNamaras und seiner Einführung von PPB in die amerikanische Verteidigungspolitik — auf eine systematische Vorgehensweise, auf die Analyse eines bestimmten ausgewählten Problembereiches und die Anwendung verschiedenster Methoden und Techniken. Ist Operations Research ein Oberbegriff für die vielfältigen Lösungsmethoden wohl-strukturierter Probleme, so kann Systemanalyse als Oberbegriff für alle Vorgehensweisen zur Analyse wesentlich schlechter bzw. unstrukturierterer Probleme gelten[3]. Um eine genauere Definition dieses Begriffes wird wegen der Vielfalt neu denkbarer Bereichsanalysen und Methodenkombinationen nach wie vor gerungen. Für ein erstes Verständnis mag die oben umrissene Definition für Systemanalyse als systematische multi-methodische Bereichsanalyse mit der erklärten Absicht zur Entscheidungsverbesserung vollauf genügen.

Wir werden uns im Folgenden zunächst den sogenannten heuristischen Problemlösungsverfahren widmen, die von der vertieften Durchdringung eines komplizierten Entscheidungsproblems und damit einer Verbesserung des Informationsstandes, einer Nutzbarmachung von Expertenurteilen bis zu systematischer Bündelung unterschiedlicher Methoden reichen. Im Planning-Programming-Budgeting (PPB) wird die Systemanalyse einem harten Test unterzogen, da sie sich hier in dem „urpolitischen" Bereich des Budget-Prozesses mit seinen etablierten Strukturen auch der Entscheidungsdurchführung und Kontrolle bewähren muß. Der Einsatz formaler Entscheidungstheorie, die wir im zweiten Kapitel diskutiert haben, soll im Abschnitt „Decision Analysis" vorgestellt und damit auf einen Integrationsversuch aufmerksam gemacht werden, der die Erfahrungswerte politischer Entscheidungsträger in das Rationalmodell aufzunehmen sucht. Die Bemühungen um den Einsatz von Instrumenten zur Entscheidungsverbesserung sind stets eingebunden in die umfassendere Problematik des Verhältnisses von Sozialwissenschaften und praktischer Politik. Die gängigen Modelle der Politikberatung und einige ihrer spezifischen Probleme sollen daher abschließend in einem Exkurs in Umrissen dargestellt werden[4].

I. Heuristische Problemlösungverfahren

1. Strukturierte Konferenzmethode: Das „Brain-Storming"

Die heuristischen Problemlösungsverfahren finden ihren Ausgangspunkt an dem immer wieder artikulierten entscheidungstheoretischen Grundgedanken der besonders großen Abweichung in komplexen realen Entscheidungssituationen von dem gedachten Idealzustand „vollkommener Information". Es geht dabei um eine möglichst kreative Informationsbeschaffung mit der Erarbeitung neuer Alternativvorschläge und Problemlösungsperspektiven. An Brain-Storming Sitzungen sollten sich höchstens 12 Personen beteiligen — neben Experten möglichst auch Nichtfachleute, um einer potentiell drohenden „Betriebsblindheit" vorzubeugen. Bei aller Offenheit für spontane und auf entfernt liegende Assoziationsfelder gerichtete Äußerungen werden derartige Sitzungen von Anfang an mittels einer Problemvorgabe „fokussiert". Die Moderation durch einen Sitzungsleiter sollte allerdings durch das Bemühen gekennzeichnet sein, die Diskussionsrunde „aufzulockern". So weist der Moderator die Teilnehmer auf Vermeidung von kreativitätshemmender Kritik, auf die Erwünschtheit möglichst vieler thematisch bezogener Äußerungen — also von Quantität in Relation zur Qualität — und auf eine möglichst positive Aufnahme der Ideen anderer Sitzungsteilnehmer hin. Er sollte nach kurzer Problemskizzierung nur noch lange Beiträge zusammenfassen, Kritik verhindern, sich bei Konzentrationspausen zurückhalten und eine Liste der geäußerten Ideen zur Problemlösung fertigen[5]. Carl Böhret führt an, daß bei gründlich vorbereiteten Themenstellungen — etwa durch im Folgenden näher zu kennzeichnende „Scenarios" — in 30-minütigen Sitzungen bis zu 75 „Einfälle" produziert werden konnten, von denen im Schnitt etwa fünf bis sieben wert waren, weiter verfolgt zu werden[6].

Von der Systematik eines „General-Problem-Solver" Programm von Herbert A. Simon über die systematische Nutzbarmachung der „kontrollierten Phantasie" in Form von Brain-Storming Sitzungen bis hin zu Diskussionssitzungen in politischen Entscheidungsgremien bleibt die Zielsetzung vergleichbar. Die Divergenz zwischen der Situationsbeschreibung und den gesetzten Zielen bzw. gesuchten Auswegen soll durch Abrufen vorhandener „Lösungsrepertoires" aus dem Gedächtnis oder durch einen Suchprozeß nach neuen Problemlösungsmöglichkeiten überbrückt werden. Während bei Simon die Denkschritte seiner Versuchspersonen über die

Lösung von Teilproblemen bis zum Gesamtproblem sorgfältig registriert werden[7], in Brain-Storming Sitzungen produzierte Einfälle je nach ihrer „Brauchbarkeit" weiter verfolgt werden, erfolgt eine Beurteilung der Möglichkeiten von Diskussionssitzungen politischer Entscheidungsgremien eher „ex negativo" bestimmt. So beklagt Theodore Sorensen den Hang von Gruppenurteilen zu Konsens, Übereinstimmung und Kompromißbereitschaft. Nur in seltenen Situationen, wie z. B. den Diskussionen im „National Security Council Executive Committee" während der Kuba-Krise, ergab sich eine freie, offene Diskussion — die allerdings auch bei Krisenentscheidungen eher die Ausnahme als die Regel ist. „The fact that we started out with a sharp divergence of views, the President has said, was ‚very valuable' in hammering out a policy"[8].

Offensichtlich unterscheidet sich Problemlösungsverhalten in politischen Entscheidungsgremien auf Regierungsebene von den skizzierten heuristischen Brain-Storming Sitzungen dadurch, daß in ersteren offene, schonungslose Kritik geradezu als Glücksfall angesehen wird. Der Unterschied liegt vor allem darin, daß die „Kreativität" der politischen Entscheidungsträger auf den Entschluß des Präsidenten gerichtet ist und die Diskussion der Gruppenmitglieder neben allen Versuchen, ihren parteilichen Interessenstandpunkt durchzusetzen, auch als Mittel zum Zweck verstanden wird, die gegensätzlichen Optionen in der Schräfe der Auseinandersetzung möglichst bis zur letzten Konsequenz einer „Problemlösung" in der politischen Arena auszuloten. Die Brain-Storming Sitzung des oben skizzierten Typs stellt dagegen freies Assoziieren und damit Kreativitätsentfaltung der einzelnen Mitglieder in den Dienst der ersten Anregungsphase, einer Entfaltung von prinzipiell mit rationalen Denkschritten strukturierbaren Problemen bei denkbar größtem Abstand zum Handlungsentschluß. Gemeinsam für ein politisches Entscheidungsgremium wie eine heuristische Brain-Storming Sitzung gilt, daß sie für „sensitiv" in bezug auf gruppendynamische Prozesse gelten. Für die Präsidenten Truman und Kennedy galt, daß sie bewußt Sitzungen des NSC bzw. seines Executive Committees fern blieben, um die Diskussion durch ihre Anwesenheit nicht von vornherein „einzuebnen". In der Nutzung von Expertenurteilen hat das Wissen um den, von uns im zweiten Kapitel behandelten „Stoner-Effekt" dazu geführt, daß auch auf im Folgenden näher einzugehende „anonymere" Befragungsmethoden zurückgegriffen wird.

2. Delphi

Eine gegenseitige, unmittelbare Beeinflussung wird bei dem sogenannten Delphi-Verfahren zur Nutzbarmachung von Expertenurteilen vermieden. Ursprünglich wurde dieses Verfahren von Theodore Gordon und Olaf Helmer in ihrem „Report On A Long-Range Forecasting Study" entwickelt; und zwar für ein Untersuchungsprogramm langfristiger, bis zu 50-jähriger Prognosen für die Bereiche wissenschaftliche Entwicklung, Bevölkerungswachstum, Automation, Weltraumtechnologie, Auftreten von Kriegen sowie Waffentechnologie. Die Untersuchung wurde bei der

RAND Corporation unter der Bezeichnung „Project Delphi" durchgeführt[9]. Mit Hilfe von Fragebögen soll dabei die intuitive professionelle Urteilsfähigkeit von anonym verbleibenden Experten ermittelt werden. Die rücklaufenden Antworten werden statistisch aufbereitet und aus der Skala für gewöhnlich durchaus abweichender Reaktionen zu einem Problem der Median sowie die jeweiligen beiden Quartilswerte ermittelt. Entscheidend ist nun, daß diese Werte dem Experten-Panel mitgeteilt werden. In einem erneuten Rücklauf wird um eine begründete Information für das Abweichen vom Gruppenurteil gebeten und erwartet, daß diesmal die Streuung der Antworten geringer ausfällt. Eine Grenze der Wiederholbarkeit erscheint dann gegeben, wenn die Meinungen der Experten als weitgehend unflexibel gelten können und vor allem der Arbeitsaufwand als unverhältnismäßig hoch angesehen werden muß.

Zwar konnte für den Unternehmensbereich nachgewiesen werden, daß die prognostische Treffsicherheit der Delphi-Methode höher ist, als wenn Einzelpersonen Prognosen abgeben[10]. Was für relativ „wohl-strukturierte" Probleme gelten mag, muß für „unstrukturierte" Probleme jedoch nicht ebenso Gültigkeit haben. Für das erwähnte „Project Delphi" wurde gar nicht erst ein expliziter Anspruch auf Verläßlichkeit der Vorhersagen erhoben[11]. Grundsätzlich lassen sich gegen das Delphi-Verfahren jene Bedenken vorbringen, die gegen jede, also auch eine spezialisierte Meinungsumfrage erhoben werden können. Carl Böhret faßt dies wie folgt zusammen: „Persönlichkeitsorientierte Verfälschungen aus dem unterschiedlichen Informationsstand und wegen inadäquater Zusammensetzung der Befragten sind schwer zu vermeiden". Die Gefahr einer Steuerung der Antworten durch die Frageformulierung und das Abschneiden von möglicherweise langfristig besonders wichtigen Bewertungen durch den angestrebten „Konvergenzprozeß" zum Mittelmaß werden ebenfalls moniert. Die Nutzanwendung dieser Methode für die Politische Wissenschaft erscheint insbesondere aber deswegen bedenklich, weil die Bewertung von politischen Zielen und Mitteleinsätzen durch Experten den Blick für die legitim unterschiedliche Ziel- und Mittelbewertung der den politischen Prozeß gestaltenden politischen „Parteiungen" verschüttet[12]. Die Delphi-Methode gehört damit zu jenem von Herman van Gunsteren so bezeichneten „rational-central-rule approach in public affairs", der im weiteren Verlauf der Ausführungen noch eine deutliche Kritik erfahren wird[13]. Für Herman Kahn liegt ein weiterer Nachteil dieser modernen Form des „Delphi-Orakels" darin, daß „the results are typically very fashionable"[14]. Die Gefahr einer nur oberflächlichen Problembehandlung besteht um so mehr, als für unstrukturierte Probleme mit großer Reichweite, Fachleute immer nur Expertenwissen für einige Aspekte der zugesandten „questionnaires" haben können, in vielen, häufig wesentlichen Aspekten dagegen notgedrungen ausgeprägte Laien bleiben.

3. Scenario

Abgrenzung und Definition

Wenn wir in Anlehnung an Ingo Plöger wie folgt abgrenzen: Scenario als ein Verfahren zur Ermittlung „möglicher zukünftiger Entwicklungen und Situationen", Prognose als Feststellung der „wahrscheinlichsten zukünftigen Situation" — dann wäre Utopie eine Situation außerhalb des Möglichkeitsbereichs[15]. Innerhalb dieses Rahmens denkbarer zukünftiger Entwicklungen und Situationen kann dann ein Scenario definiert werden als: „die hypothetische Aufeinanderfolge von Ereignissen, die zum Zweck konstruiert wird, die Aufmerksamkeit auf kausale Zusammenhänge und Entscheidungspunkte zu lenken"[16]. Eine solche „Konstruktion der Ereignisfolge" weist ausdrücklich auf das Artifizielle der Vorgehensweise hin. Es verbleibt bei der Erstellung von Scenarios ein erheblicher Freiheitsraum zwischen der möglichst ungehinderten, auch durchaus spekulativen Freisetzung von Imaginationskraft und Kreativität und dem Einbau sorgfältig recherchierter Daten und Trends.

Vom eigentlichen Scenario nun läßt sich die sogenannte Scenario-Technik abgrenzen und wie folgt definieren: „Die Scenario-Technik ist eine integrierte, systematische und vorausschauende Betrachtung, bei der, ausgehend von einer heutigen Situation, unter Zugrundelegung und Betrachtung des zeitlichen Bezugs plausibler Entwicklungen und Ereignisse, das Zustandekommen und der Rahmen zukünftiger Situationen aufgezeigt werden, die als Entscheidungshilfe dienen sollen"[17]. Insbesondere zur Untersuchung weniger gut-strukturierter, auf die Zukunft ausgerichteter Entscheidungsprobleme in der Betriebswirtschaftslehre, ist die Scenario-Technik bereits zu einem verhältnismäßig geschlossenen Methodenkanon ausgereift[18].

Drehbuch-Schreiben und stringentere Scenarios

Das früher eher am klassischen Drehbuch-Schreiben (scenario-writing) orientierte „anekdotische und eindimensionale" Scenario mit seiner „einfacheren, aber unterhaltenderen Form" wird zunehmend durch stringentere Formen ergänzt[19]. Es ging ursprünglich darum, den schrittweisen Übergang eines gegenwärtigen, z. B. politischen Zustandes unter Angabe plausibler Gründe und Aufzeigen vermuteter wesentlicher Wechselwirkungen etwa psychologischer, sozialer, wirtschaftlicher, kultureller, politischer und militärischer Art in eine gedachte Zukunftsentwicklung zu beschreiben. Dabei waren die Vorgehensweisen „business-as-usual", aber auch noch „surprise-free", eher zur Illustration von Trendentwicklungen, denn als neuartige Voraussageformen gedacht[20]. Herman Kahn weist daraufhin, daß es zwar ratsam wäre, auch überraschende, also unwahrscheinliche Ereignisse mit in die Überlegungen einzubeziehen, zumal, wenn die Bedeutung derartiger Ereignisse für den betrachteten Entwicklungsausschnitt etwa eines politischen Systems äußerst bedeutsam werden könnte. Nur gibt es eben möglicherweise keine Auswahlmethode für die Hereinnahme unerwarteter Ereignisse, die einen wissenschaftlichen Konsens auf sich vereinigen könnte. Wenn dieser Tatbestand auch nur Ausdruck der vorfindbaren Komplexität und generellen Unvorhersagbarkeit sowie natürlich auch der Schwäche bestehender Theorien und unseres empirischen Wissens ist, so besteht für Kahn dennoch eine Notwendigkeit, Scenarios dieser Art auch in Zukunft zu fertigen. Für ihn befinden wir uns gegenwärtig auf halber Strecke eines 500-jährigen Übergangsprozesses, von der bei ihm so bezeichneten präindustriellen zur postindustriellen Gesellschaft. Wir müssen dabei zu seiner aktiven Bewältigung in bewußter Abwendung von einer übertriebenen „technology assessment"-Mentalität Risiken auf uns nehmen und uns vor den Grundübeln der „Atlantic Protestant Culture Area" mit ihrer sogenannten „Educated Incapacity" hüten[21]. Allerdings wird nicht deutlich, ob Scenarios in erster Linie dazu dienen sollen, derartige Erkenntnisse zu gewinnen bzw. welchen Beitrag an welchen Entscheidungspunkten sie beisteuern könnten, um den Übergangsprozeß bewältigen und die auf einen ganzen Kulturkreis bezogenen Defizite systematisch abbauen zu können.

Die stringenteren, systemanalytisch orientierten Scenarios versuchen, die kritischen Verzweigungs- bzw. Entscheidungspunkte eines Problemfeldes zu quantifizieren und damit zu präzisieren. Ehe wir uns einem derartigen Besipiel zuwenden, soll jedoch darauf hingewiesen werden, daß stringenter gefaßte Scenarios sowohl in rein verbaler Form, wie auch in völlig mathematisierter Fassung präsentiert werden können. Sie geraten bei immer angereicherteren und verfeinerten Annahmen zunehmend in die Nähe von Computer-Simulationen. Ernst Gehmacher stellt in verbaler Form ein Scenario über die „Wirkung des Video-Recorders auf das Fernsehen in einer postindustriellen Wohlstandsgesellschaft (oder in einer Gesellschaft auf dem Wege dahin)" vor und stellt unter Angabe möglichst präziser, z. T. ökonomischer Sachverhalte die so begründete Vermutung auf, daß dem Fernsehen nach Einführung und Verbreitung der Recorder verstärkt die Vermittlung des Gefühls vom „Dabeisein" und damit die Rubrik erhöhter „Aktualität" zufallen wird. Ein in mathematisierter Form vorgeführtes Beispiel über den Zusammenhang zwischen Bevölkerungsentwicklung, Produktivität und den unterschiedlichen Expansionsraten einzelner Wirtschaftszweige kann dabei durch Rückführung solcher mathematisierter Darstellungen in simple Ordinalskalen (statt absoluter Zahlen: mehr oder weniger) in einfachere verbale „Metrik transponiert" werden[22].

Das Beispiel eines Energie-Scenarios

Wir wollen an dieser Stelle die Gelegenheit benutzen und auf die Bedeutung naturwissenschaftlich-technischer Scenarios für die Entscheidungsvorbereitung nachdrücklich aufmerksam machen und zwar an einem Beispiel, das wegen seiner langfristigen Perspektive, seiner globalen Ausmaße, aber auch wegen der zeitlichen Brisanz der zu treffenden Entscheidungen besondere politische Aufmerksamkeit verdient. Wolf Häfele, derzeit Direktor des International Institute for Applied Systems Analysis, und sein Mitarbeiter Wolfgang Sassin haben auf verschiedenen internationalen Konferenzen z. B. in Istanbul und in Brüssel Scenarien vorgelegt, die sich mit Problemen der zukünftigen weltweiten Energieversorgung befassen[23].

Anders als bei vielen 5—15-jährigen nationalen Planungen wird von vornherein ein Planungshorizont bis ins Jahr 2030 veranschlagt, der langfristige Umstrukturierungen im Energiesektor in die Betrachtung einbeziehen kann. Eine globale Problemsicht erscheint deshalb geboten, weil die Abhängigkeit einzelner Nationalstaaten von den Entwicklungen des Gesamtangebotes wie der -nachfrage evident erscheint. Auch bei diesem Scenario ist das Ziel, nicht Prognosen zu liefern, sondern zu lernen. Es geht vor allem darum, Energieprobleme in den nötigen Größenordnungen zu analysieren, Bezüge zu nationalen Energiediskussionen herzustellen und Basismaterial für eine partnerschaftliche Diskussion mit den Entwicklungsländern bereitzustellen.

In der Studie „A Future Energy Scenario" wird nach eher vorsichtigen Schätzungen für das Jahr 2030 ein gesamter Energieverbrauch von 35 Tera-Watt p. a. (gegenwärtig ca. 7,5 TW) bei einem Durchschnitt von bis dahin angestrebten 4,4 KW/pro Kopf der Bevölkerung veranschlagt[24]. Das bedeutet bei einer Bevölkerungsverdoppelung von 4 auf 8 Mrd. Menschen in diesem Zeitraum eine kumulierte Primärenergie-Nachfrage von ca. 1000 Tera-Watt, also einem Äquivalent von 1000 Mrd. Tonnen Kohle[25]. Bis zum Jahr 2030 kann davon ausgegangen werden, daß bei der unterstellten wirksamen Nachfrage die leicht handhabbaren Öl- wie auch Gasreserven erschöpft sein werden, ebenso wie ein beträchtlicher Teil der Kohlereserven. Wegen der voraussichtlich geringen Ergiebigkeit der Energiegewinnung auch bei verbesserter technischer Reife durch Wasserkraft, Wind, Wellen, Tidenhub etc. verbleiben als praktisch unlimitierte Energiequellen nur die Sonnenenergie sowie die Nuklearenergie. Die Solarenergiegewinnung ist, in großem Stil betrieben, sowohl sehr platzraubend wie auch, durch hohen Materialaufwand, sehr kostspielig. Die Nuklearenergieerzeugung (Kernspaltung) könnte bis zum Jahr 2030 mit Leichtwasserreaktoren den zur Deckung des Gesamtenergiebedarfs anfallenden Anteil der Elektrizitätsproduktion übernehmen. Mit den ca. 60fach effektiveren Schnellen Brütern und chemischen Reaktoren könnte in größerem Ausmaß die für eine zukünftige Energieversorgung brauchbare Grundsubstanz Methanol gewonnen werden. Würden bis zum Jahre 2030 die in dem Scenario veranschlagten Kapazitäten an Schnellen Brütern bereitgestellt, so ergäbe sich bis dahin ein Bedarf von ca. 10 Mio Tonnen des relativ billigen natürlichen Urans. Der entscheidende technische Aspekt eines derartigen Energiescenarios ist, daß in einer Art Kreislauf sowohl innerhalb wie zwischen Schnellen Brütern und Leichtwasserreaktoren die „Brennstoffe" nicht mehr einfach verbrannt, sondern zum gegenseitigen Gebrauch während der Energiegewinnung aufbereitet werden. Die Abhängigkeit von knappen etwa fossilen Energieressourcen könnte durch den vermehrten Einsatz nuklearer Technologie erheblich abnehmen und muß dies wohl auch bis zu diesem Zeitpunkt wegen der bis zum Jahr 2030 stark zurückgehenden Verfügbarkeit fossiler Energieressourcen.

Der entscheidende ökonomische und damit zugleich distributionspolitische Aspekt ist jedoch, daß die Erbauung des veranschlagten nuklear-chemischen Komplexes Investitionen in Höhe von ca. $20 \cdot 10^{12}$ \$ (20 Billionen) erfordert. Die

Kosten – deren partiell spekulativer Charakter gesehen wird, die aber auch durchaus in grobe Zahlen gefaßt werden sollten, um eine Vorstellung von den ungewöhnlichen Größendimensionen derartiger energiepolitischer Investitionsvorhaben zu vermitteln – sind damit keineswegs vollständig in Ansatz gebracht. Während man 10 TW mit fossilen Brennstoffen, Wasserkraft und den erst in der Entwicklung wie Weiterentwicklung befindlichen Energiequellen wie Biogas, Wind, lokal gewonnener Solarenergie etc. zu erzeugen hofft, je weitere 10 TW mit bis dahin äußerstenfalls erstellbaren Schnellen Brütern, bzw. Leichtwasserreaktoren, so verbleibt ein Rest von 5 TW, den es mit teurer Solarenergie abzudecken gilt. Unterstellt, daß bis dahin im Bereich der Solarenergiegewinnung großen Stils technische Durchbrüche und Verbesserungen gelingen, steigen die mutmaßlichen Gesamtkosten für die notwendige Energie-Kapitalstock-Bildung auf $40 \cdot 10^{12}$ \$ an und das bei der Größenordnung des Weltbruttosozialprodukts für 1970 in Höhe von $3,6 \cdot 10^{12}$ \$ p. a. Bei einer Reproduktionsgeschwindigkeit des Kapitalstocks von 2 1/2 Jahren und bei einem Anteil des Energie-Kapitalstocks am gesamten Kapitalstock von 25 % sowie einer Konsumquote von 60 % würde die Höhe des zur Abdeckung dieser enormen Kosten erforderlichen Weltbruttosozialprodukts bis zum Jahre 2030 auf $64 \cdot 10^{12}$ \$ p. a., also gegenüber dem Sozialprodukt von 1970 um das 18fache gestiegen sein bei nur 4 1/2facher Steigerung der Energieproduktion[26]. Eine realistischere Annahme von ca. 3 % jährlichen Wachstums des Weltbruttosozialprodukts läßt dieses bis zum Jahre 2030 auf $17 \cdot 10^{12}$ \$ p. a. ansteigen und einen Energie-Kapitalstock in Höhe von $10 \cdot 10^{12}$ \$ bereitstellen. Dies würde aber zum gegenwärtigen Zeitpunkt eine strategische Entscheidung zur Energie-Kapitalstock-Bildung erfordern, die jene restlichen $30 \cdot 10^{12}$ \$ durch eine Senkung der Konsumquote von 60 % auf 52 % bereitstellen müßte. Die Berechnungen vom IIASA weisen aber ausdrücklich daraufhin, daß eine Verzögerung dieser Entscheidung um nur 15 Jahre bereits den Rückgang der Konsumquote auf 45,5 % erfordern würde.

Besonders beeindruckend an diesem 35 TW Energie-Scenario ist die Tatsache, daß mit Hilfe der offerierten Zahlen in etwa die Größendimensionen der nur langfristig und in globaler Kooperation zu lösenden Energieprobleme in überschaubarer Weise umrissen werden. Es ist ein echtes Scenario, da es nach eher vorsichtigen Schätzungen der Nachfrageentwicklung und nur denkbar möglicher Mobilisierung der technologischen Kapazitäten vor die Entscheidungen stellt, entweder weiterhin kostbare Ressourcen zu verschwenden oder aber Kapitalausstattungsinvestitionen vorzunehmen, die als eigentlicher Engpaß für eine zukünftige Energiepolitik angesehen werden. Es wird schließlich auf die zeitlichen Dimensionen dieses Entscheidungsprozesses aufmerksam gemacht und verdeutlicht, wie enorm hoch der Preis für eine Verschiebung des Beginns einer langfristigen und global orientierten Energiepolitik sein wird.

Die besondere Schwierigkeit, die hier durch den weiten Zeithorizont noch verschärft wird, liegt wie bei den meisten Scenarios in der notwendigen Umsetzung in praktische Politik. Die Einschätzung der diesbezüglichen technologischen Zusammenhänge durch politische Entscheidungsträger dürfte zum einen durch das Vertrauen in Experten bestimmt sein. In diesem Fall sicher eine realistische Komponente aufgrund der praktischen, insbesondere naturwissenschaftlichen Erfahrungen und Erfolge zumindest einer der an diesem Energie-Scenario beteiligten Personen. Dieses Vertrauen in technisches Expertenwissen dürfte aber zum anderen in einer deutlichen Konkurrenz stehen zu politischen Lernprozessen in der Vergangenheit. Technologie erschien überwiegend als Technischer Fortschritt, der neue Entwicklungsmöglichkeiten eröffnete und damit „Plenty" bereitstellte. Hier wird jedoch gefordert, den Gürtel enger zu schnallen und Technischen Fortschritt mit einschneidenden Maßnahmen einer drastischen Senkung der Konsumquote zu verbinden. Die Versuchung für politische Entscheidungsträger, sich bei aller Einsicht in die im Scenario verdeutlichte Problematik in ihren Belief Systems doch wieder auf die Einschätzung des Technischen Fortschritts als einer „Deus ex Machina" zu besinnen, ist deshalb so groß, weil internationale Kooperation erfahrungsgemäß ein langwieriger zeitraubender Prozeß ist, der in kurz- und mittelfristiger Sicht nicht eine Lösung von Energieproblemen aus nationaler Perspektive ersetzen kann. Gravierend kommt hinzu, daß der in dieser Studie anberaumte Zeithorizont in krassem Mißverhältnis zu politisch institutionalisierten Zeithorizonten, wie etwa Legislaturperioden steht.

So notwendig eine „Hochaggregierung" der Daten als unabdingbare Voraussetzung für eine Umorientierung der zukünftigen energiepolitischen Zielsetzungen erscheint: es wäre zugleich nötig, von der Ebene der sieben Weltregionen (USA, UdSSR und Osteuropa, Westeuropa und Japan, Mittel- und Südamerika, Süd-Ost Asien und Afrika, Mittlerer Osten und China) zumindest auf die nationalstaatliche Ebene, möglichst aber sogar bis auf die Ebene der mit energiepolitischen Entscheidungen befaßten „Knotenpunkte" innerhalb nationalstaatlicher „politischer Infrastruktur" zu desaggregieren. Nur so haben energiepolitische Orientierungsmaßstäbe eine Chance, in dem Bereich der eigentlichen Entscheidungsdurchführung und Kontrolle „umgesetzt" zu werden.

Ferner sind mit den hier geforderten notwendigen Entscheidungen Distributionsfragen, außer auf nationaler, insbesondere auch auf internationaler Ebene tangiert, in denen eine Auseinandersetzung um knappe Ressourcen gerade erst begonnen hat. Dabei zeigt sich die Struktur des globalen Energiemarktes äußerst inhomogen: sie reicht von marktwirtschaftlich orientierten Multis über „mixed economy" mit sowohl markt- wie auch planwirtschaftlichen Elementen bis hin zu den osteuropäischen Staatshandelsländern. Es ist bei einer derart inhomogenen multipolaren Entscheidungsstruktur keineswegs zu erwarten, daß „technologische Rationalität" allein Fortschritte in der Lösung von Energieversorgungsproblemen bestimmen, sondern mit erheblichem Gewicht das Ausspielen von Machtpositionen sowie mühsames z. T. „inkrementales Bargaining" in weltweitem Maßstab eine Rolle spielen wird.

Schließlich sind politische Entscheidungen gerade dieser Größenordnung nicht einfach durch Dekret von oben zu lösen; sie sind stets eingebunden zu denken in jenes weite Feld der Artikulation und Administration, das bei Energiefragen von Bürgerinitiativen — mit ihrem nicht zu unterschätzenden Einfluß auf Risiko-Artikulation, Standortentscheidungen und Implementationshemmnisse — bis zu einschneidenden staatlichen Budgetbewilligungen reicht. Wie schwierig gerade im letzteren Bereich ein „rational-central-rule approach" sein kann, wird uns im Folgenden noch des näheren zu beschäftigen haben.

II. Planning-Programming-Budgeting (PPB)

1. Ausgangsüberlegungen und Skizzierung des PPB

Eines der wichtigsten Verfahren zur systemanalytischen Planung im politischen Bereich ist das sogenannte PPB. Fragen der Integration politischer wie wirtschaftlicher Planung werden seit den 60er Jahren im Rahmen dieses Planungs- und Budgetierungssystems diskutiert. Anders als bei der Bewertung vieler privatwirtschaftlicher Leistungen kann eben eine Beurteilung von Regierungsleistungen gerade nicht über Marktgrößen erfolgen. Es bleibt daher ein echtes Problem, über Budget-Alternativen zu entscheiden. Wo der Maßstab fehlt — wie bei der Entscheidung, ob etwa durch Investitionen im Gesundheitssektor eine Zahl von 50 Menschen per anno vor dem Tod durch eine bestimmte Krankheit bewahrt werden sollen, oder etwa durch alternative Verwendung der Mittel im Bildungssektor die Bereitstellung von einigen Hundert Ausbildungsstätten ermöglicht werden soll — so ist dies eine Entscheidung, für die es keine einfache Lösung gibt. Unsere Überlegungen zur Aggregationsproblematik im zweiten Kapitel haben deutlich gemacht, daß eine allgemeine soziale Präferenzfunktion, die uns dafür eindeutige Lösungen anbieten könnte, nicht existiert. Aber auch alle anderen Methoden, wie etwa das Konzept der sogenannten „Opportunity Costs" sowie Versuche, die individuelle Nutzenfunktion für staatliche Aktivitäten von Bürgern eines politischen Gemeinwesens erfragen und zur Grundlage staatlichen Handelns machen zu wollen, scheitern an grundlegenden Meßproblemen, die sich letztlich aus der diskutierten interpersonellen Unvergleichbarkeit von Nutzenvorstellungen ergeben. Es ist eben nicht möglich, für das Unternehmen „Staat" eine optimale Produktionsfunktion aufzustellen im Sinne einer gesellschaftlichen Wohlfahrtsmaximierung. Dies ist einer der Gründe, warum auf staatlicher Ebene ein Bedarf an Instrumenten für die Unterstützung bei der Lösung von Entscheidungsproblemen des angegebenen Typs besteht.

Rationale und traditionelle Haushaltspolitik

Eine intendierte rationale Haushaltspolitik unter dem Gesichtspunkt einer möglichst effizienten Allokation knapper Haushaltsmittel sollte einem Merkmalskatalog folgen, der sich nach Carl Böhret wie folgt auflisten läßt: (1) Erfassen der bedeutendsten Zielsetzungen nach ihren Präferenzen unter Berücksichtigung von Interessen der Bürger, wie auch Wahrung der Führungsaufgaben des politischen Entscheidungsträgers, (2) Auflistung der auf die jeweilige Zielerreichung ausgerichteten Handlungsalternativen, (3) Beseitigung bzw. Korrektur ineffizienter Programme, (4) möglichst langfristige Kostenanalyse der verfolgten Programme und Relationierung mit den zur Verfügung stehenden Haushaltsmitteln, (5) Bewertung öffentlicher Aufgaben nach sogenannten Nutzenkriterien in Relation zu den angestrebten Zielen und schließlich (6) klarer Ausweis sowohl der angestrebten öffentlichen Leistungen wie der Leistungsempfänger[27]. Dieses gewiß sehr allgemein gehaltene, dabei aber anspruchsvolle Konzept einer rationalen Haushaltspolitik zielt auf einen breitgestreuten, unterschiedlichste Interessen berücksichtigenden und dennoch exekutierbaren Budgetprozeß als Kernstück jedes demokratischen politischen Systems sowie auf eine Offenlegung der Werte- und Zieldiskussionen in einem solchen System. Es wird hier ein der Tendenz nach synoptischer Charakter des Budgetierungsverhaltens angestrebt, der politische Ziele transparent, alternative Handlungsstrategien identifizieren und ihre Konsequenzen vergleichbar machen soll.

Die Einführung des Planning-Programming-Budgeting Verfahrens in die amerikanische Haushaltspolitik ist sicher als ein wesentlicher Einschnitt in die Budgetgeschichte dieses Landes anzusehen. Sie kann aber natürlich nicht bedeuten, daß es vorher keine haushaltspolitischen Konzepte gegeben hätte. Seit Beginn der 20er Jahre lösten sich eine zunächst kontrollbetonte, dann eine managementbetonte und schließlich eine besonders planungsausgerichtete Budgetorientierung ab. Nach Allen Schick stand bei der Kontrolle die Bindung der Budgetausführung an vorgegebene Richtlinien und Ziele, beim Management dagegen die Umsetzung der Ziele in konkrete Projekte im Vordergrund; bei der Planung zeigte sich ein Budgetverhalten, das erst mit der Einführung des zu skizzierenden PPB zur vollen institutionellen Entfaltung gelangen sollte[28]. Die traditionelle Haushaltspolitik wurde mit der aufkommenden Möglichkeit der Einführung eines neuen Budget-Planungssystems einer besonders heftigen Kritik unterzogen. Wesentliche Argumente gegen eine Fortführung traditioneller Budgetierweisen waren vor allem: (1) aus den Aufstellungen eines Budgets geht nicht hervor, wofür die aufgeführten Positionen Verwendung finden, (2) es gibt ähnliche bzw. aufeinanderbezogene Programme in unterschiedlichen Ressorts, (3) es gibt keine Informationen über den Zielerreichungsgrad, (4) die Fragmentation des Entscheidungsprozesses erlaubt keine übergreifende Planung, (5) dafür ist auch die übliche einjährige Zeitspanne zu kurz, (6) der inkrementale Entscheidungsprozeß erlaubt keine grundlegenden Programmänderungen, gar nicht zu reden von einer Programmabsetzung[29]. Mit Einführung des Planning-Programming-Budgeting Systems sollten die kritisierten Mängel bisheriger Budgetprozesse möglichst weitgehend vermieden werden.

Die Ursprünge von PPB reichen zurück bis in die Jahre nach dem ersten Weltkrieg. Es wurde bereits in dieser Zeit von der New Yorker Stadtverwaltung eingeführt. Auch im industriellen Sektor fand es frühzeitig Verwendung, wie z. B. bei General Motors. Bei der allgemein intensiven Suche nach Instrumenten zur Entscheidungsunterstützung während des zweiten Weltkrieges wurde auch PPB, und zwar für die Bewirtschaftung von Rohstoffen herangezogen. Nach dem zweiten Weltkrieg wurde PPB im militärischen Bereich für Probleme von „Weapons

Systems Analysis" insbesondere bei der RAND Corperation verwendet. Schließlich, mit Hilfe der Vorarbeiten von RAND, wurde zur Zeit der Präsidentschaft John F. Kennedys 1961 im US-Verteidigungsministerium mit diesem Instrumentarium unter dem industriell auf diesem Gebiet bereits erfahrenen Robert McNamara als Verteidigungsminister zu arbeiten begonnen[30]. 1965 wurde dann schließlich PPB durch Anordnung von Präsident Johnson in einem großen Teil des amerikanischen Regierungssystems unter Beaufsichtigung durch das „Bureau of the Budget" eingeführt[31].

Die formale Struktur des PPB

Das Bureau of the Budget hat eine formale Struktur vorgeschrieben, die von allen anwendenden Bundesbehörden einzuhalten sind. Dabei verkörpert diese Struktur lediglich Mindestanforderungen, die durch Einführung weiterer Instrumente jederzeit ergänzt werden können[32].

(1) Zunächst ist eine „Programmstruktur" für die jeweils angestrebten Ziele zu erarbeiten, die also „output"-orientiert ist und die Aktivitäten einer Behörde auf die Ziele bezieht. Damit wird eine möglichst explizite Zielformulierung angestrebt, die eine „Formulierung von operationalen Effizienzkriterien" leistet[33] und den Vergleich sowohl zwischen einzelnen Programmen, wie zwischen Behörden, die gleiche Ziele anstreben, ermöglichen soll. Bei der Realisierung gab es einmal Schwierigkeiten dadurch, daß von verschiedenen Behörden gleiche Aktivitäten zu unterschiedlichen Programmen bzw. Programmkategorien zusammengefaßt wurden und eine durchgreifende Angleichung in allen Behörden für zu kostspielig angesehen wurde. In einigen Fällen, wie etwa dem amerikanischen Außenministerium, mußte die Erstellung einer Programmstruktur überhaupt wegen „der starken Zersplitterung der Zuständigkeiten im Bereich der Außenpolitik" abgelehnt werden[34].

(2) In einem „Programm-Memorandum" werden die Empfehlungen eines jeden analysierten Problembereiches zusammengefaßt. Am Anfang des Budgetzyklus versendet das Bureau of the Budget an die Behörden sogenannte „Issue Letters" mit der Angabe von Entscheidungsproblemen. In diesen Programm-Memoranden gibt die jeweilige Behörde an, welche Entscheidungen, vor allem aber warum diese Entscheidungen getroffen wurden. Dabei sind Ziele möglichst zu quantifizieren und die Alternativenauswahl mit Hilfe von Kosten-Nutzen-Analysen zu begründen, sowie aufzuzeigen, wer die Kostenträger und wer schließlich die Nutznießer sind.

(3) Die abgegebenen Empfehlungen sollen auf „Spezielle Analytische Studien" gestützt werden. Diese Studien geben u. a. vertieft Auskunft über die Wirkungen von Programmen und erfassen etwa auch die indirekten Kosten, vergleichen Inputs, Outputs und möglichst auch Outcomes und legen die Bewertungskriterien für Prioritäten offen.

(4) Schließlich sollen die Auswirkungen der zu treffenden Entscheidungen für zukünftige Haushaltsjahre in einem „Programm"- und „Finanzplan" aufgezeigt werden. Da dieser beabsichtigte, zukünftige Entscheidungen mit ihren erwarteten

Auswirkungen nicht enthält, handelt es sich also nicht um einen Finanzplan im herkömmlichen Verständnis. Die besondere Bedeutung dieser Form von Programm- und Finanzplanung liegt in dem Überblick über die in jedem Budget prozentual stark vertretenen „fixen Ausgabenblöcke".

2. Die Defizite des PPB

Die Hoffnungen und Erwartungen des Einsatzes einer solchen formalen Struktur des PPB-Verfahrens waren sehr hoch. Es wurden bessere öffentliche Entscheidungen, eine größere Zahl zur Auswahl stehender Programme, insbesondere aber eine Vermeidung von Überschneidungen und eine dadurch bedingte Vergeudung von Mitteln als Folge der Einführung dieses Instrumentariums erwartet.

Inzwischen hat eine deutliche Ernüchterung im Umgang mit PPB um sich gegriffen. Trugen dazu anfangs insbesondere die Unterschätzung der Kosten seiner Einführung bei, so werden inzwischen grundsätzliche Zweifel an seiner Durchführbarkeit artikuliert. Die Hindernisse für einen durchgreifenden Erfolg werden hauptsächlich in drei Ursachen gesehen: (1) es fehlt eine explizite Beziehung zum politischen Prozeß, (2) Grundannahmen des PPB beruhen auf einer orthodoxen Organisationstheorie, die als überholt gilt, (3) die praktischen Notwendigkeiten des tatsächlich ablaufenden Budgetprozesses lassen PPB nicht durchgreifend zur Wirkung kommen[35].

(1) PPB ist keineswegs ein „neutrales" Budget- und Analyseinstrumentarium. Seine Einführung hatte für alle Beteiligten spürbare Machtverschiebungen zur Folge mit einer deutlichen Tendenz zur Zentralisation des Entscheidungsprozesses. In mit Budgetierungsproblemen befaßten Organisationen gewannen folglich Stabspositionen gegenüber solchen der Linie an Gewicht. Ferner fühlte sich die Legislative gegenüber der Exekutive benachteiligt und verstärkt manipuliert. Sie war an die traditionelle Budget-Präsentation gewohnt und revanchierte sich nach der Einführung mit Streichungen von Geldern für die Durchführung von PPB. Derartige Machtverschiebungen stoßen gewöhnlich auf erbitterten Widerstand. PPB ignoriert die im Verhältnis zur synoptischen Rationalität dieses Instrumentariums völlig anders geartete Rationalität politischer Prozesse und ist auch in diesem Punkt nicht auf das politische Aktionsumfeld abgestimmt. Ein politisches Gemeinwesen muß entscheiden, handeln und zugleich ein politisches Gemeinwesen bleiben, ein Gedanke, der bei der Vorstellung von einer „sturen" Verfolgung einmal fixiert vorgegebener abstrakter Ziele allzu häufig „eskamotiert" wird[36]. Das Überleben politischer Gemeinwesen erfordert den Umgang mit Interdependenz und Pluralität politischer Interessenvertretung, wobei eine Einigung über Handlungsverläufe gerade durch eine jeweils spezifische Vermischung von Mitteln und Zielen ermöglicht wird, die dem synoptischen Denken eines solchen „rationalen" Budgetierungs-Verfahrens fremd ist.

(2) Die Grundannahmen des PPB über Entscheidungsverhalten in Organisationen gehen von einer einfach gegliederten hierarchischen Organisationsstruktur aus. Die

Beschäftigung mit empirischen Ergebnissen betrieblicher Entscheidungsprozesse, wie auch die Diskussion neuerer entscheidungstheoretischer Ansätze in der Organisationstheorie haben jedoch gezeigt, daß weder von einer einfachen pyramidalen Struktur, mit der sich Organisationen beliebig steuern ließen, noch von einer immer einheitlichen Entscheidungsstruktur die Rede sein kann. Es wurde bereits darauf hingewiesen, daß PPB Machtverschiebungen in der Entscheidungsstruktur mit sich bringt, die wegen der überaus einfachen organisationstheoretischen Annahmen nicht vorausgesehen waren. Es genügt also nicht, das Verhalten einiger weniger Entscheidungsträger an der Organisationsspitze zu verändern, sondern es muß für die Umsetzung der formalen PPB-Struktur in Budget-Entscheidungen eine breite Phalanx von Mitarbeitern durch Schulung und Motivation gewonnen werden. Das politische und wirtschaftliche Organisationsumfeld der mit Budgetierungsentscheidungen befaßten Behörden wird im PPB nicht ausreichend berücksichtigt; und dies, obwohl politische Entscheidungen, wie etwa der Eintritt in den Vietnamkrieg oder wirtschaftliche und politische Entwicklungen, wie z. B. die Inflation einen nicht zu unterschätzenden Einfluß auf die Haushaltslage haben. Ferner gilt es im Gegensatz zu den Anweisungen der formalen PPB-Struktur zu überlegen, ob es nicht doch angesichts rapider gesellschaftlicher, wirtschaftlicher und politischer Veränderungen sinnvoll ist und höhere Flexibilität verspricht, wenn mehrere Programme in einem bestimmten Problembereich operieren, als eine starr auf die Verfolgung abstrakter Organisationsziele festgelegte Behörde, die gegenüber Veränderungen nach aller Erfahrung eher unflexibel reagiert.

(3) Abgesehen von den anfangs wohl ebenfalls unterschätzten „intellektuellkomputationalen" Fähigkeiten bei einer Umsetzung der formalen PPB-Struktur etwa im Umgang mit der Kosten-Nutzen-Analyse[37], sind auch die rein praktischen Notwendigkeiten des tatsächlich ablaufenden Budgetprozesses bei der Einführung von PPB in ihrem „Impact" nicht angemessen eingeschätzt worden. Zunächst wurden, wie erwähnt, die Kosten der Einführung unterschätzt; es wurde aber darüberhinaus ungenügend beachtet, daß die Wirksamkeit von PPB stark abhängig von frei verfügbarer Manövriermasse im Haushalt ist, die nur selten in genügendem Umfang existiert. Eine ausgeprägte Ressourcenbezogenheit, eine Orientierung an der „finanziellen Decke" wird von PPB weitgehend mißachtet, ein Grund übrigens, warum PPB sogar im US-Verteidigungsministerium bis heute als Budgetierungs-System nicht zufriedenstellend funktioniert hat. Die durch den regulären Budget-Rhythmus gesetzten zeitlichen Grenzen in Form von unumstößlichen „Deadlines" haben in vielen Fällen die „Analysis"-Komponente von PPB „überrollt", d. h. daß die „Speziellen Analytischen Studien" entweder nicht termingerecht abgeliefert wurden, oder aber häufig ihre Ergebnisse nicht mehr in den Budget-Vollzug integriert werden konnten. Für den gesamten Budget-Prozeß wurde die Erfahrung gemacht, daß Kontroll- und Management-Aktivitäten gegenüber der Analysis-Komponente den Löwenanteil des Einsatzes von „Mann/Stunden" ausmachten. Schließlich erwies sich der Einsatz von PPB — anders als in den von uns eingangs geschilderten wirtschaftspolitischen Phasen hoher Wachstumsraten und überproportionaler Budgetüberschüsse — in rezessiven Phasen des Wirtschaftszyklus zunehmend als ungeeignet.

In den vorangehenden Ausführungen sollte keinesfalls die Debatte über die Gründe der Schwierigkeiten im Umgang mit PPB in ihrer ganzen Breite dargestellt werden. Auch in der Literatur wurde bisher keine Gesamtdarstellung über die bisherigen vielfältigen Einsätze von PPB vorgelegt. Die Fehlschläge oder zumindest notwendigen erheblichen Einschränkungen der formalen Ansprüche von PPB ließen sich nur in einem Vergleich umfänglicherer Fallstudien noch gründlicher analysieren. Worauf es uns ankam, war zu zeigen, daß synoptische Instrumente zur Verbesserung des politischen Entscheidungsprozesses nach einer euphorischen Phase der Neuerung sehr bald an die Grenzen ihrer Einsatzmöglichkeiten stoßen können; dies umso mehr, wenn die Anwender die „Rationalität des politischen Prozesses" und damit die Einbettung dieser Instrumente in das politische Umfeld nicht reflektieren und die intellektuelle Leistungsfähigkeit der Entscheidungsträger in Anbetracht knapper Zeit, knappen Geldes und hoher Komplexität der zu analysierenden Zusammenhänge stark überschätzten: insbesondere aber, wenn der „on-going"-Politikprozeß also z. B. der Budgetprozeß „umgestülpt" statt in seiner bisherigen Leistungsfähigkeit ergänzt bzw. lediglich in defizitären Bereichen verbessert werden soll. Diese Gefahr des Scheiterns in der praktischen Bewährung solcher Entscheidungsinstrumente wird größer, wenn der zur Entscheidungsverbesserung, verstärkten Steuerung und Kontrolle ausersehene Politikbereich besonders groß ist, wie dies für jeden Budgetprozeß mit seinen Implikationen gilt. Auch viele Scenarios weisen gezwungener Maßen wegen der diskutierten Interdependenzen und weit ausstrahlenden Wirkungen der beschriebenen Zusammenhänge — wie etwa für den Bereich der zukünftigen Energiepolitik demonstriert — die Tendenz auf, vielfältige und zugleich umfängliche Politikbereiche zu tangieren. Eine geringere Gefahr des Scheiterns bei Versuchen der Anwendung bzw. Umsetzung der in Instrumenten zur Entscheidungsverbesserung angebotenen Analysekonzepte und gewonnenen Ergebnisse ist zweifellos dann gegeben, wenn von vornherein nur begrenzte segmenthafte Problemausschnitte als mögliches Einsatzfeld herausgegriffen werden, wie dies in der im Folgenden zu skizzierenden sogenannten „Decision Analysis" versucht worden ist.

III. „Decision Analysis"

Trend in der behavioristischen psychologischen Entscheidungstheorie

Wir haben bereits im zweiten Kapitel darauf hingewiesen, daß die moderne behavioristische psychologische Entscheidungstheorie die Möglichkeit nutzt, das Instrumentarium der formalen Entscheidungstheorie für die Konstruktion von Entscheidungshilfesystemen heranzuziehen.

Die Psychologie hat im Umgang mit Entscheidungsproblemen durchaus zwei Gesichter. Das eine ist von uns hinlänglich mit den Hinweisen auf die kognitiven Begrenzungen menschlichen Entscheidungsverhaltens nachgezeichnet worden, letztlich als Ausgangspunkt für die Öffnung der geschlossenen entscheidungstheoretischen Modelle und damit der Entwicklung einer überwiegend deskriptiven Theorie menschlichen Entscheidungsverhaltens. Auf der anderen Seite läßt sich in der insbesondere mathematisch ausgerichteten psychologischen Entscheidungstheorie seit der Konferenz über Bayes'sche Forschung 1972 ein Trend feststellen, den Detlof von Winterfeldt in seinem Beitrag: ,,Entscheidungshilfesysteme" wie folgt charakterisiert: ,,Was in den Referaten und Diskussionen zum Ausdruck kam, wurde später als ,,shift to the real world" bezeichnet. Dieser Wandel wird charakterisiert durch einen Trend weg vom Experimentierraum in die Büros von Managern, Politikern und Wissenschaftlern, weg von deskriptiven Modellen des Entscheidungsverhaltens zu Modellen rationaler Entscheidungen, weg von theoretischen und psychologischen Problemen zu praktischen und ökonomischen Problemen"[38]. Die psychologische Entscheidungstheorie – in der Perzeption der anderen Sozialwissenschaften stets auf der Suche nach neuen Aspekten menschlichen Entscheidungsverhaltens zum Ausbau einer möglichst umfassenden deskriptiven Entscheidungstheorie – versucht die formale Entscheidungstheorie nach dem Grundprinzip: ,,teile und herrsche" zu einem Instrument der Entscheidungsverbesserung zu machen.

Diese Weiterentwicklung der formalen zur präskriptiven Entscheidungstheorie durch die behavioristische psychologische Entscheidungstheorie kann u. E. als ein weiter ausbaufähiger und zunehmend tragfähiger Versuch angesehen werden, das Rationalmodell des um Anwendung bemühten Entscheidungstheoretikers und die Erfahrungswerte des nach Problemlösungen suchenden politischen Entscheidungsträgers zu integrieren.

,,Value Trade-Offs" alternativer Energie/Umwelt-Strategien

Besondere Bedeutung bei diesen Versuchen kommt der sogenannten multi-attributiven Nutzentheorie zu. Es sollte für uns nach den bisherigen Darstellungen einsichtig sein, daß komplexe politische Entscheidungsprobleme nur dann evaluiert werden können, wenn eine ganze Reihe sogenannter ,,Attributes", also Entscheidungsfaktoren, in die Betrachtung miteinbezogen werden. Das Energie-Scenario vom IIASA mit seinen vielfachen Implikationen war dafür ein Beispiel. In der multi-attributiven Nutzentheorie nun werden diese Faktoren systematisch aufgelistet – gewissermaßen als Strukturbild des Entscheidungsproblems und zu einem Kalkül zusammengefaßt, das der Neumann-Morgenstern'schen Formel einer Maximierung des Erwartungsnutzens vergleichbar ist – um so den gesamten ,,Impact" einer Entscheidung auf eine möglichst bündige Formel zu bringen. Bleiben wir zur Veranschaulichung, die hier nur andeutungsweise unter Hinweis auf die Referenzliteratur erfolgen kann, bei der Frage nach den ,,Value Trade-Offs" alternativer Energie/Umwelt-Strategien, wie sie anläßlich eines breit angelegten Vergleichs verschiedener Energieprojekte in Frankreich, der DDR und den USA in einer Untersuchung vom IIASA zu beantworten versucht wurde. Als ,,Attributes" für eine Evaluierung der Energie-Politik in diesen Regionen wurden unter Angabe der Meßziffern in den

Klammern nicht weniger als 11 Entscheidungsfaktoren aufgelistet: (1) Fatalities (Deaths), (2) Permanent Land Use (Acres), (3) Temporary Land Use (10^3 Acres), (4) Water Evaporated (10^{12} Gallons), (5) SO_2 Pollution (10^6 Tons), (6) Particulate Pollution (10^6 Tons), (7) Thermal Energy Needed (10^{12} kwh (thermal)), (8) Radioactive Waste (Metric Tons), (9) Nuclear Safeguards (Tons of Plutonium Produced), (10) Chronic Effects (Tons of Lead) und schließlich (11) Electricity Generated (10^{12} kwh (electric))[39]. In der zitierten Studie von Ralph Keeney: „Energy Policy And Value Trade-Offs" wird ein „Assessment of Buehring's Utility Function" vorgenommen. In einem durch vorgegebene Annahmen schlechter bzw. guter Merkmalsausprägungen der Entscheidungsfaktoren strukturierten Gespräch, das Ralph Keeney selber führt, werden die Präferenz- wie auch Nutzenvorstellungen seines Gesprächspartners Bill Buehring durch Herantasten an Indifferenzpunkte bei je paarweisen Faktor („Attribute") -vergleichen ermittelt[40]. Zu den Annahmen und Problemen der „Utility" und „Preferential Independence" sowie der eigentlichen Ableitung der Nutzenfunktionen sei auf die Studie von Keeney hingewiesen; für eine grundsätzlichere Orientierung dagegen das von ihm zusammen mit Howard Raiffa veröffentlichte Buch: „Decisions With Multiple Objectives: Preferences And Value Trade-Offs" empfohlen.

Wir wollen abschließend nur eher pragmatischen — aber gerade für eine Anwendung der präskriptiven Entscheidungstheorie bei politischen Entscheidungsträgern nicht unwesentlichen — Aspekten nachgehen. Die nötigen vorbereitenden Gespräche zur Ermittlung der Nutzenfunktion nahmen in etwa volle 8 Stunden in Anspruch: ein erhebliches Zeitbudget für ein einzelnes „Policy"-Problem. Ferner gelang eine den Präferenzen adäquate Feststellung der Nutzenfunktion erst in einer nach einigem zeitlichen Abstand nochmals geführten informellen Diskussion, nachdem Buehring sein eigenes Entscheidungsverhalten an Hand der Nutzenfunktion immer wieder reflektiert, modifiziert und auf Konsistenz überprüft hatte. Jedoch sollten angesichts der enormen Geldmittel und „Mann-Jahre", die für die Experten-Analyse von Energieproblemen aufgewendet werden — bei deren potentiell gerade auch politischer Tragweite — 8 Stunden intensiven Gesprächs mit einem aktiven politischen Entscheidungsträger und entsprechender zusätzlicher Nachberatungszeit ein durchaus vertretbarer Aufwand sein. Wie groß indessen der Lerneffekt, der Einfluß auf das nachträgliche politische Verhalten sein wird, ob im Endeffekt ein Tangieren der sogenannten „Core-Beliefs" politischer Entscheidungsträger bei der „nutzentheoretischen" Beschäftigung mit derart verhältnismäßig gutstrukturierten Problemen überhaupt zu verzeichnen ist: das alles sind Fragen, die nur durch Proben aufs Exempel im politischen „Feld" geprüft werden können.

IV. Exkurs: Politikberatung

Das Zusammenspiel von Politik und Wissenschaft ist ein traditionelles und weites Feld, das hier lediglich kursorisch angesprochen werden kann; wegen seiner Bedeutung gerade aber auch für Erfolg und Mißerfolg des Einsatzes von Instrumenten zur Entscheidungsverbesserung soll es explizit Erwähnung finden. Wir haben bisher bereits wiederholt von „Think Tanks", wie z. B. der RAND Corporation und dem International Institute for Applied Systems Analysis, gesprochen sowie über einige von den verschiedensten Institutionen erstellte Sozialreports berichtet. Sowohl die Naturwissenschaften wie auch die Sozialwissenschaften verfügen seit längerem über solche Institutionen, deren erklärtes Ziel es ist, Ergebnisse zu produzieren, die zumindest von wissenschaftlicher Seite als direkt politikrelevant betrachtet werden. Die sowohl systematischen wie aus dem wissenschaftlichen Forschungsprozeß heraus unmittelbar einsichtigen Ergebnisse − z. T. eben auch in Form sogenannter Verzweigungs- bzw. Entscheidungspunkte, wie bei dem Beispiel des Energie-Scenarios − werden unter Hinweis auf menschliches Einsichtsvermögen, seine Klugheit und Intelligenz[41] als Maßstäbe und optimale Richtlinien aufgefaßt, die auf ihre möglichst rasche Umsetzung im politischen Entscheidungsprozeß warten.

In den Sozialwissenschaften wird nun spätestens seit Max Weber eine Diskussion über den Zusammenhang zwischen Sozialwissenschaften und praktischer Politik geführt, die bereits eine Reihe von „Modellvorstellungen" präsentiert hat. Max Weber glaubte noch an eine originäre Eigenständigkeit politischer Entscheidungen, unbeeindruckt von allen Versuchen wissenschaftlicher Beratung. Das sogenannte „dezisionistische Modell", bei dem der politische Entscheidungsträger unbeeinflußt von Beratern, einer systematischen Ziel- und Optionen-Diskussion, gewissermaßen „in Klausur" völlig auf sich selber gestellt entscheidet, verkörpert diese Vorstellung „irrationaler" politischer Entscheidungsfindung. Von Helmut Schelsky und Hermann Lübbe ist darum das sogenannte „technokratische Modell" in die Debatte eingeführt worden. Der Politiker ist nach diesen Vorstellungen hochgradig abhängig von Experten unterschiedlichster Provenienz und den viel beschworenen „Sachzwängen", einem vagen Sammelbegriff u. a. für die vielfältigen Eigengesetzlichkeiten staatlicher Administration. Von Jürgen Habermas schließlich stammt das sogenannte „pragmatische Modell", das von anderen, wie z. B. Ulrich Lohmar erweitert worden ist. Bei diesen Vorstellungen des Zusammenspiels von Sozialwissenschaften und Politik wird von der hoffnungsvollen Vorstellung zunehmender gegenseitiger Beeinflussung und Kooperation ausgegangen. Diese drei Modelle können als Idealtypen unterschiedlicher Beziehungsaspekte zwischen Sozialwissenschaften und Politik bezeichnet werden und gelten in der jüngeren Diskussion gerade weil sie Idealtypen sind als weitgehend ungeeignet, die äußerst komplexen Wechselbeziehungen von Sozialwissenschaften in der politischen Arena in den Griff zu bekommen[42].

Peter C. Ludz geht in seinem Beitrag: „Reflexionen zum Verhältnis von Sozialwissenschaften und praktischer Politik" − in dem eigene Erfahrungen im Umgang mit Politik und Verwaltung zu Empfehlungen verarbeitet werden − von dem weitergefaßten Begriff „Competitive Cooperation" aus, der bekanntlich von C. West Churchman geprägt worden ist. Ohne auf einzelne Aspekte dieser Kooperation, wie etwa „strukturell ähnliche Aufgabenstellungen" in Sozialwissenschaften und Politik oder „Verwissenschaftlichung von Politik" und „Politisierung der Sozialwissenschaften" in diesem Rahmen näher eingehen zu können, wollen wir unsere Bemerkungen insbesondere auf die folgenden zwei Aspekte konzentrieren: (1) welche generellen konzeptionellen Hilfestellungen können Sozialwissenschaften bei der Entscheidungsfindung bereitstellen, und (2) welche halbwegs realistische Quintessenz kann ansatzweise aus bisherigen Erfahrungen im Umgang mit Politik und Verwaltung gezogen werden?

(1) Häufig können – nach den Erfahrungen des Autors als wissenschaftlicher Mitarbeiter bei der Erstellung der „Materialien zum Bericht zur Lage der Nation" (1972 und 1974) – politische Entscheidungsträger keine eindeutige Antwort auf die Frage nach den Zielen ihrer Politik geben und auch nicht danach, welche Wege beschritten werden können bzw. müssen, um ein gesetztes Ziel zu erreichen. Hier besteht eine ständige Aufgabe für die Sozialwissenschaften in der Verdeutlichung und Konkretisierung denkbarer politischer Zielsetzungen und im Aufzeigen möglicher Lösungswege.

(2) Wichtig im Umgang mit Politik und Verwaltung erscheint dabei, daß Kontakte zwischen Wissenschaft und Politik nicht nur in der Ablieferung von Scenarios und deren anschließender bzw. häufig sogleich auch abschließender Diskussion bestehen; es muß vielmehr insbesondere von Seiten der Wissenschaft eine kontinuierliche Kontaktpflege mit dem nötigen Wissen um die entscheidenden „Etagen" in der Ministerialbürokratie betrieben werden. Ein effizientes Beratungsverhältnis setzt eben voraus, daß von wissenschaftlicher Seite ein Einblick und eine Reflexion der Machtaspekte in Politik und Verwaltung gewonnen wird; deren Unkenntnis impliziert sonst die Gefahr, in der Administration nicht die richtigen Ansprechpartner zu finden. Anders gewendet besteht die größte Gefahr – gewissermaßen eine „Todsünde" der Wissenschaften im Umgang mit der Politik – darin, stets nur den Spitzenkontakt zu suchen und dabei an anderen, häufig den eigentlichen primären Entscheidungszentren innerhalb der Administration „vorbeizuzielen". Erinnern wir uns an die im zweiten Kapitel von der empirischen betriebswirtschaftlichen Entscheidungsforschung ausgesprochene Warnung vor der in der klassischen Managementlehre unreflektiert gepflegten „Vergötzung" des Finalentschlusses. Komplexe, risikoreiche und weit in die Zukunft weisende Entscheidungen werden verstärkt das Ergebnis des Zusammenwirkens von Machtpromotoren, Fachpromotoren und Kommunikationspromotoren sein – und dies verstärkt gerade auch in der Politik.

Vermutlich lassen sich die unter (1) und (2) angesprochenen Aspekte, wenn auch in Abwandlungen, ebenso auf die Naturwissenschaften beziehen, deren Bedeutung mit zunehmender Technisierung und „Computerisierung" des wirtschaftlichen, gesellschaftlichen und politischen Lebens ständig wächst. Allerdings sind die Erfolgschancen eines qualitativ noch so hochwertigen naturwissenschaftlich-technisch fundierten Scenarios, in konkrete politische Entscheidungen umgesetzt zu werden, mit Gewißheit dann erheblich niedriger einzuschätzen, wenn das heute in den Sozialwissenschaften bereits in Bezug auf (1) und (2) gesammelte „Know how" über Politik und Verwaltung von den Naturwissenschaften nicht durch vermehrte wissenschaftliche Kooperation zwischen den Disziplinen „abgerufen" wird.

V. Zusammenfassung

(1) Die Beschäftigung mit den vorgestellten heuristischen Problemlösungsverfahren weist auf Bemühungen hin, durch systematische Verbesserung des Informationsstandes für Entscheidungsträger den Abstand zum entscheidungstheoretischen Idealzustand der vollkommenen Information soweit wie möglich zu verringern. Das „Brain-Storming" strebt dabei optimale Bedingungen zur Entfaltung kreativen Assoziierens unter Ausschluß hemmender gegenseitiger Kritik an. Auf die andersgeartete Kreativität von Diskussionsteilnehmern in politischen Entscheidungsgremien, auf die dort häufig ausdrücklich von ihnen erwartete, z. T. aggressive Formen annehmende Auseinandersetzung wurde ebenso hingewiesen wie darauf, daß politische wie unpolitische „Problemlösungs-Sitzungen" in bezug auf gruppendynamische Prozesse als „sensitiv" gelten.

(2) Die Delphi-Methode strebt eine Nutzbarmachung von Expertenurteilen ohne gegenseitige unmittelbare Beeinflussung an. Konnte für „wohl-strukturierte" Probleme eine erhöhte prognostische Treffsicherheit festgestellt werden, so macht bereits das sogenannte „Project Delphi" deutlich, daß dies für „unstrukturierte" Probleme nicht ebenso gelten muß. Generelle Probleme aus dem Bereich der Umfrageforschung sowie der Hinweis auf die notwendige Begrenzung des Expertenwissens auf wenige und häufig sehr eng abgesteckte Bereiche sind weitere Hauptstützen der Kritik an der Delphi-Methode.

(3) Scenario, als das inzwischen weitverbreitete Verfahren zur Ermittlung möglicher zukünftiger Entwicklungen, läßt sich in eine eher klassische Form des „anekdotischen und eindimensionalen Drehbuch-Schreibens" sowie eine stringentere systemanalytisch ausgerichtete Scenario-Form scheiden. Als besonders vorbildliches, wie auch politikrelevantes Beispiel wurde das 35 Tera Watt-Scenario mit Lösungsvorschlägen zur langfristigen Energiepolitik vorgestellt. In diesem „Future Energy Scenario" wird einmal demonstriert in welchen, insbesondere auch numerischen Größenordnungen politische Entscheidungsträger zu denken lernen müssen. Auf der anderen Seite läßt gerade eine solchermaßen gigantische globale Problemsicht deutlich werden, daß die damit zusammenhängenden Fragen der Entscheidungsrealisierung, der ökonomischen Verteilungskämpfe sowie der internationalen Aufgabenteilung nicht nur aus dem Blickwinkel der technologisch-ökonomischen Rationalität beantwortbar sind, sondern der politischen Mobilisierung und Steuerung bedürfen.

(4) Das Planning-Programming-Budgeting Verfahren ließ sich zunächst als ein Versuch rationaler Haushaltspolitik in seinen formalen Grundzügen vorstellen. In einem zweiten Schritt konnten dann die wesentlichen Ursachen diskutiert werden, die eine wirkungsvolle Realisierung dieses umfassenden Budgetierungskonzeptes bis heute verhindert haben. PPB ist keineswegs ein machtpolitisch neutrales Budgetinstrumentarium. Seine „Konstrukteure" gingen jedoch von einer zu vereinfachten Organisationstheorie aus und unterschätzten die Schwierigkeiten bei der Umsetzung in den tatsächlich ablaufenden Budgetprozeß bei weitem.

(5) „Decision Analysis" als eine insbesonders an „multiattributiver Nutzentheorie" orientierte Weiterentwicklung der formalen Entscheidungstheorie wurde als ein potentiell weiter ausbaufähiger Versuch vorgestellt; mit ihrer Hilfe könnten das Rationalmodell des um theoretische Lösungsmöglichkeiten bemühten Entscheidungsanalytikers und die Erfahrungswerte des um reale Problemlösungen häufig verlegenen politischen Entscheidungsträgers stärker integriert werden.

(6) In einem Exkurs sprachen wir einige wesentliche Probleme der Politikberatung an, deren Bedeutung für Erfolg und Mißerfolg gerade auch beim Einsatz von Instrumenten zur Entscheidungsverbesserung gar nicht genug betont werden kann. Wir stellten uns die Fragen, welche generellen konzeptionellen Hilfestellungen Sozialwissenschaften bei der Entscheidungsfindung bereitstellen können und welche Quintessenz ansatzweise aus bisherigen Erfahrungen im Umgang mit Politik und Verwaltung zu ziehen ist. Unter Hinweis auf eine zunehmende Technisierung und „Computerisierung" des wirtschaftlichen, gesellschaftlichen und politischen Lebens wurde abschließend auf die immer schwierigerer werdende, zugleich aber notwendigere Koordination des komplizierten Wechselspiels zwischen Sozialwissenschaften, Naturwissenschaften und praktischer Politik aufmerksam gemacht.

Anmerkungen zum fünften Kapitel

1 Vgl. die Definition von „Systems Analysis" im Memorandum on The Handbook of Applied Systems Analysis, IIASA, Laxenburg, 1977, S. 4.
2 Vgl. Böhret, C., Entscheidungshilfen für die Regierung, a.a.O., S. 72. Für die folgenden Ausführungen gilt in Anlehnung an Böhret PPB als „angewandte systems analysis" (S. 238). Die in diesem Absatz gegebene allgemeine Definition von Systemanalyse gilt jedoch ebenso für die speziellen systemanalytischen Studien als Teil von PPB (vgl. S. 292).
3 Zur Unterscheidung zwischen „wohl-strukturierten" und „unstrukturierten" Problemen vlg. FN 16 im zweiten Kapitel.
4 Daß es sich bei dieser Auswahl von Themenstellungen zur Diskussion u. E. besonders relevanter Aspekte für den Einsatz von Instrumenten zur Entscheidungsverbesserung in der Politischen Wissenschaft nur um eine sehr begrenzte Auswahl handelt, wird auch deutlich bei einem Vergleich mit dem Inhaltsverzeichnis des voraussichtlich Anfang der 80er Jahre erscheinenden „Handbook of Applied Systems Analysis" (vgl. FN 1).
Die Auswahlkriterien für das fünfte Kapitel waren, (1) Verbesserung des Informationsstandes für Entscheidungsträger (Brain-Storming), (2) Prognose-Entwürfe und ihre Treffsicherheit ((a) Delphi, (b) Drehbuch-Schreiben), (3) Entscheidungspunkte und Implikationen eines politikrelevanten Beispiels mit globalen Ausmaßen (Energie-Scenario), (4) Bewährung eines rationalen Entscheidungsinstrumentes in einem Kernbereich des politischen Systems (PPB), (5) formale Entscheidungstheorie als Brücke zwischen Analytiker und politischem Entscheidungsträger (Decision Analysis) und schließlich (6) als Rahmenthema: Sozialwissenschaften und praktische Politik (Politikberatung). Ein weiterer reizvoller Aspekt ist der von Modellbildung und Entscheidungsanalyse. Eine Diskussion von Simulationsmodellen wurde jedoch einmal aus Gründen der Darstellungsökonomie vermieden, zum anderen, da u. E. Aufwand und Ertrag für die Diskussion politischer Entscheidungsprozesse immer noch in einem unausgewogenen Verhältnis stehen. Es ist aber langfristig keineswegs ausgeschlossen, daß aus diesem Instrumentarium vornehmlich der experimentellen Forschung und Theoriebildung insbesondere mit Weiterentwicklung auch der Computer-Technologie ein leistungsfähiges Entscheidungshilfe-Instrument wird. Vgl. z. B. Guetzkow, H./ Kotler, P./Schultz, R., Simulation In Social And Administrative Science, Overviews and Case-Examples, Englewood Cliffs: Prentice Hall, 1972.
5 Vgl. Kirsch, W./Bamberger, I./Gabele, E./Klein, H.K., Betriebswirtschaftliche Logistik, Systeme-Entscheidungen-Methoden, Wiesbaden 1973, S. 588 f. Kirsch et al. weisen darauf-

hin, daß dieses Verfahren von der Beratungssozietät Batten, Barton, Durstine und Osborn entwickelt wurde und inzwischen für die unterschiedlichsten Problembereiche Verwendung findet. Ferner wird auf das u. a. im industriellen Bereich mit Erfolg eingesetzte Verfahren der Synektik aufmerksam gemacht, das die nicht-rationalen emotionalen Kreativitätsreserven zu aktivieren versucht. Schließlich finden als Kreativitätsmethoden noch die Osborn Checkliste, Funktionsanalysen, -kombinationen und die Morphologie vergleichende Erwähnung (S. 582).

6 Vgl. Böhret, C., a.a.O., S. 70.

7 Vgl. Simon, H., Perspektiven der Automation für Entscheider, in: Entscheidungsverhalten in Organisationen, Bd. 1, Quickborn 1966, S. 92.

8 Vgl. Sorensen, T.C., Decision-Making in The White-House, a.a.O., S. 60.

9 Gordon, T./Helmer, O., Report On A Long-Range Forecasting Study, in: Helmer, O., Social Technology, New York: Basic Books, Inc., 1966, S. 44 ff.

10 Schöllhammer, H., Die Delphi-Methode als betriebliches Prognose- und Planungsverfahren, in: Zeitschrift für Betriebswirtschaft, 22, 1970, S. 132.

11 Gordon, T./Helmer, O., a.a.O., S. 45.

12 Vgl. z. B. die Bestimmung von Werthierarchien mit Hilfe der Delphi-Methode bei Böhret, C., a.a.O., S. 87; sowie die Bestimmung des sog. „Politologischen Meßwerts" zur Bewältigung einer Universitätsreform, Böhret, C./Nagel, A., Politisches Entscheidungshilfsmittel Systemanalyse, in: PVS, X, 4, 1969, S. 587.

13 van Gunsteren, H.R., The Quest for Control, a.a.O., vgl. sechstes Kapitel, S. 220 ff.

14 Kahn, H., On Studying The Future, in: Greenstein, F.I./Polsby, N.W. (eds.), Handbook of Political Science, Vol. 7, Strategies of Inquiry, Reading, Mass.: Addison Wesley, Publ. Comp., 1975, S. 427.

15 Plöger, I., Der Aufbau, die Vorgehensweise und die Anwendung der Szenario-Technik in der betriebswirtschaftlichen Planung, Diplom-Arbeit, München 1976, S. 15 f.

16 Kahn, H./Wiener, A., Ihr werdet es erleben, Voraussagen der Wissenschaft bis zum Jahr 2000, Reinbek 1971, S. 252.

17 Oberkampf, V., Szenario-Technik, Darstellung der Methodik, Frankfurt 1976, S. 7.

18 Vgl. dazu Plöger, I., Der Aufbau, die Vorgehensweise und die Anwendung der Szenario-Technik in der betriebswirtschaftlichen Planung, a.a.O., wo auf S. 51 die „Prozeßschritte der Szenario-Technik": (1) Analysenphase (Problemdefinition, Beschreibung des Problemfeldes sowie des -umfeldes etc.), (2) Prognose Phase (Annahmen zukünftiger Entwicklung, Präszenarien, Entscheidungskriterien etc.), (3) Synthesephase (Szenarienerstellung evtl. Postszenarien) und die „Methoden der Szenario-Technik" wie (1) Strukturierungsmethoden (morphologischer Kasten, Strukturierungsbaum etc.), (2) Ideenfindungsmethoden, (3) Bewertungsmethoden (Cross-Support-Matrix, Scoring Verfahren etc.) und (4) Prognosemethoden (Delphi, Cross-Impact-Analysis etc.) in einer Matrixdarstellung systematisch aufeinander bezogen werden.

19 Gehmacher, E., Methoden der Prognostik, Eine Einführung in die Probleme der Zukunftsforschung und Langfristplanung, Freiburg 1971, S. 86.

20 Kahn, H., On Studying the Future, a.a.O., S. 428. Vgl. zum Folgenden insbesondere S. 430—438.

21 Merkmale dieser „Incapacity" sind: (1) Exercise of favorite skills, (2) Parochial professionalism, (3) Constraining bureaucratic rules, (4) Misplaced incentives, (5) Ideological biases, (6) Insufficient imagination, (7) Irrelevant experience and intuition, (8) Communication with likeminded individuals (S. 438).

22 Gehmacher, E., a.a.O., S. 87 f. (V.v. ist eine solche „Transponierung" ohne zusätzliche Daten nicht möglich).

23 Vgl. Häfele, W./Sassin, W., A Future Energy Scenario, Invited Paper At The Tenth World Energy Conference Istanbul, Turkey, September 1977, dies.: Resources And Endowments, An Outline On Future Energy Systems, Contribution to the NATO Science Committee Twentieth Anniversary Commemoration Conference, April 1978, Brussels.. Vgl. u. a. auch Häfele, W., Energy Strategies And The Case of Nuclear Power, Laxenburg RR-76-10. Im Folgenden wird vornehmlich auf den ersten Beitrag rekurriert, da er in besonders bündiger Weise auf gegenwärtige und zukünftige Energieprobleme Bezug nimmt.

24 Tera = 10^{12} (Mega = 10^6, Giga = 10^9).

25 Es wurde eine zunehmende Einebnung der extrem ungleichen weltweiten Energieverteilung unterstellt. Nach Disaggregation in internationale Weltregionen (USA, UdSSR und Osteu-

ropa, Westeuropa und Japan, Mittel- und Südamerika, Süd-Ost Asien und Afrika, Mittlerer Osten, China) ergab sich die geschätzte Nachfrage für das Jahr 2030 durch Addition der vermuteten Nachfrage in den einzelnen Regionen. Auch das unterstellte wirtschaftliche Wachstum lag mit 3,7 % unter den Annahmen anderer Institutionen (S. 2/3).

26 Vgl. Häfele, W./Sassin, W., a.a.O., S. 12.

27 Vgl. Böhret, C., a.a.O., S. 175 f.

28 Schick, A., The Road to PPB: The Stages of Budget Reform, in: Lyden, F.J./Miller, E.G. (eds.), Planning Programming Budgeting, Markham Publ. Comp., 1971, S. 17 ff.

29 Vgl. van Gunsteren, H. R., The Quest for Control, a.a.O., S. 52 f.

30 In der RAND Corporation waren an der Entwicklung von PPB Charles Hitch, insbesondere aber David Novick beteiligt. Vgl. u. a. Novick, D. (ed.), Program Budgeting, Program Analysis And The Federal Budget, Cambridge, Mass.: Harvard Un.Pr., 1965, sowie ders. (ed.), Current Practice in Program Budgeting (PPBS), Analysis and Case Studies Covering Government and Business, New York: Crane, Russak, 1973. Das für die Organisationsgestaltung und Entscheidungshilfe im Verteidigungsministerium unter McNamara eingeführte PPB sowie die System- bzw. Cost-Effectiveness-Analyse mit den Programmelementen, ,,mayor programs'', dem 18monatigen PPB-Zyklus und der zeitweise starken Stellung McNamaras durch PPB gegenüber den Joint Chiefs of Staff werden ausführlich behandelt in: Murdock, C.A., Defense Policy Formation, A Comparative Analysis of the McNamara Era, Albany: State University New York Press 1974, S. 44 ff. Im übrigen arbeitet das US-Verteidigungsministerium, im Unterschied zu anderen amerikanischen und vielen nicht-amerikanischen staatlichen Behörden, die seinerzeit das PPB ebenso eingeführt hatten, nach wie vor mit diesem Instrumentarium. Allerdings kommen insbesondere mit wachsender Kapazität der Computer laufend zusätzliche Verfahren, wie die ,,Cross-Impact''-Analyse etc. hinzu.

31 Böhret, C., a.a.O., S. 174.

32 Vgl. zur formalen Struktur (1–4) Gressner, K., Das Planning-Programming-Budgeting System, Probleme der Anwendung bei der staatlichen Aufgaben- und Finanzplanung, München-Pullach/Berlin 1972, S. 9 ff.

33 Vgl. Kirsch, W./Bamberger, I./Gabele, E./Klein, H.K., Betriebswirtschaftliche Logistik, a.a.O., S. 145.

34 Gressner, K., a.a.O., S. 120, (Anmerkung 14).

35 Die im Folgenden aufgeführten Kritikpunkte (1–3) sind von Herman van Gunsteren zusammengefaßt worden, auf den wir uns im wesentlichen beziehen, a.a.O., S. 57 ff.

36 van Gunsteren, H. R., definiert politische Rationalität: ,,we see that the public interest is not somehow objectively given, but that it is in the making in the political process; that, although it cannot generally be seen as identical with specific outcomes of specific political interactions, it is always very closely intertwined with these interactions and their outcomes, (S. 59).

37 Vgl. zur Problematik der Kosten-Nutzenanalyse u. a. Gressner, K., a.a.O., S. 55 ff.; Kirsch, W. et al., a.a.O., S. 606 ff.; sowie van Gunsteren, H. R., a.a.O., S. 63 ff.

38 von Winterfeldt, D., Entscheidungshilfesysteme, in Eckensberger, L.H. (Hrsg.), Bericht über den 28. Kongreß der Deutschen Gesellschaft für Psychologie, Bd. 2, Göttingen 1974, S. 293.

39 Keeney, R.L., Energy Policy And Value TradeOffs, Laxenburg: RM-75-76, 1975, S. 4.

40 ebda., S. 8 ff; zu einer grundsätzlichen Orientierung über die nutzen- und präferenztheoretischen Annahmen vgl. Keeney, R.L./Raiffa, H., Decisions With Multiple Objectives: Preferences And Value TradeOffs, New York u. a.: John Wiley & Sons, Inc., 1976.

41 Vgl. Häfele, W./Sassin, W., A Future Energy Scenario, a.a.O., S. 14; In dem ca. ein halbes Jahr später vorgelegten Beitrag derselben Autoren: ,,Resources And Endowments, An Outline On Future Energy Systems'' werden die Zweifel an menschlicher Klugheit und Intelligenz als deutliche Warnung artikuliert, daß nämlich die Nichtbefolgung einer von der Wissenschaft vorgestellten Antizipation durch die politischen und sozialen Institutionen zu einer Krise dieser Institutionen führen könnte (S. 41).

42 Vgl. Ludz, P.C., Reflexionen zum Verhältnis von Sozialwissenschaften und praktischer Politik, in: Baier, H. (Hrsg.), Freiheit und Sachzwang, Beiträge zu Ehren Helmut Schelskys, Opladen 1977, S. 14. Diesem Beitrag entstammen auch Überlegungen zu ,,konzeptioneller Hilfestellung der Sozialwissenschaftler bei der Entscheidungsfindung oder Entscheidungsvorbereitung'' (S. 17) sowie Erfahrungen bzw. Empfehlungen im Umgang mit Politik und Verwaltung (insb. S. 21 f.).

214

Sechstes Kapitel
Probleme der Entscheidungsdurchführung und Entscheidungskontrolle

I. Aus dem Blickwinkel der Implementations- und Wirkungsanalyse:
   Das Ergebnis des Entscheidungsprozesses als „unabhängige Variable"

Anläßlich der Erwähnung der von Harold Lasswell entwickelten „sieben funktionsanalytischen Kategorien" eines Entscheidungsprozesses wurde deutlich, daß auch
bei verbindlicher Festlegung einer Alternative (prescription) mit diesem Entschluß
der Entscheidungsprozeß keineswegs beendet ist. Wir erinnern uns an die drei weiteren Stufen: (1) die spezifische Ausführung (application), (2) die Effizienzkontrolle (appraisal) und schließlich (3) die Möglichkeit einer Entscheidungsrevision
oder Entscheidungsaufhebung (termination)[1]. Realisierung und Effizienzbeur-
teilung, also Entscheidungsdurchführung und Entscheidungskontrolle, gehören nach
dieser Auffassung in eine entscheidungstheoretische Betrachtung politischer Entscheidungsprozesse ausdrücklich hinein.

Der Output als unabhängige Variable

Inzwischen hat sich jedoch eine neue Spezialisierung und damit wissenschaftliche
Arbeitsteilung herausgebildet, die der Entscheidungsrealisation, Entscheidungswir-
kung und Entscheidungskontrolle jeweils besondere Aufmerksamkeit widmet.
In der Sprache David Eastons waren wir in unseren bisherigen Ausführungen davon
ausgegangen, daß das Ergebnis eines Entscheidungsprozesses, der sogenannte Output bzw. Outcome, als abhängige, eben durch die Analyse des Entscheidungsprozesses zu erklärende Variable anzusehen ist. John Grumm macht nun allerdings in
seinem Beitrag: „The Analysis of Policy Impact" darauf aufmerksam, daß wir bei
einer Sichtweise von Entscheidungsdurchführung und Entscheidungskontrolle
durch Implementations- wie auch durch Impact- und Wirkungsanalyse den Output
des Entscheidungsprozesses nicht mehr als zu erklärende abhängige Variable zu
betrachten haben, sondern als unabhängige Variable[2]. Die Entscheidung wird also
als gegeben angenommen und die Implementation (Durchführung), die Impacts
(Auswirkungen) sowie die Evaluierung (Bewertung) einer Entscheidung sind die zu
untersuchenden Sachverhalte bzw. Vorgänge. Wir müssen folglich an dieser Stelle
die Kompetenz einer politologischen Entscheidungstheorie für beendet erklären;
für den Fall, daß wir die Grenzziehung zwischen abhängiger und unabhängiger
Variablen überschreiten wollen, ist ausdrücklich auf neue Wissensbereiche wie etwa
die „Policy Analysis" hinzuweisen, die sich dezidiert u. a. auch mit diesen Fragen
befassen[3].

Es sprechen aus unserer Sicht zumindest zwei Gründe dafür, diese Grenze dennoch zu überschreiten.

(1) Zunächst ein pragmatischer: bietet sich doch ein Anschluß an die Diskussion über Probleme des „Overloaded Government" an, bei der in Anlehnung an Richard Rose darauf hingewiesen wurde, daß staatliche Ausgaben etwa im Gesundheitswesen immer dann einen schwer einzuschätzenden „Impact" (vgl. Schaubild 1, S. 26 f.) aufweisen, wenn das nicht direkt beeinflußbare Verhalten der Bürger konstitutiv für die angestrebte Zielerreichung ist. Impact-Forschung kann also einen Aufschluß darüber beizutragen suchen, wie erfolgreich Regierungen bei der Verfolgung ihrer unzähligen Programme tatsächlich sind.

(2) Der zweite Grund ist systematischer Natur. Einmal waren die bisherigen Ausführungen darum bemüht, Erklärungsversuche für Verhalten in politischen Entscheidungsprozessen beizutragen. Ein Blick auf die von Renate Mayntz vorgestellten Zusammenhänge zwischen „Phasen und Aktoren im politischen Prozeß" macht deutlich, daß die Implementation politischer Entscheidungen mit ihren eigenen Adressaten und Implementationsträgern ein wesentlicher, der Beschreibung und Erklärung bedürftiger und zu differenzierender Teilaspekt staatlicher Entscheidungsprozesse ist[4]. Zum anderen hat uns bei der Diskussion der Möglichkeiten und Grenzen des Einsatzes von Instrumenten zur Entscheidungsverbesserung wiederholt die Frage beschäftigt, welche Schwierigkeiten bei der Umsetzung und Realisierung etwa von Scenario-Ergebnissen in die praktische Politik bedacht werden müssen. Ausführlicher haben wir im Zusammenhang mit der Einführung des Planning-Programming-Budgeting Systems das Problem der Implementierung formaler Budget-Strukturen und die keineswegs zufriedenstellenden Ergebnisse seit Einführung dieses Instrumentariums diskutiert. Erklärungsversuche politischer Entscheidungsprozesse wie auch Versuche zu ihrer Verbesserung sind also auf eine Beschäftigung mit diesen auf die Analyse der Phase nach dem eigentlichen Entscheidungsprozeß ausgerichteten neuen Forschungsgebieten angewiesen.

Programm-Evaluierung

In den USA waren, wie verschiedentlich ausgeführt, Anfang bis Mitte der 60er Jahre die Erwartungen in die „ex-ante"-Planungstechniken, wie z. B. das PPB recht hochgesteckt. Aber bereits seit 1964, z.Z. der Administration von Präsident Johnson mit der Verkündung des „Krieges gegen die Armut" und seinen „Great Society"-Programmen wurden Fragen nach der Wirkunge derartig umfänglicher Programme von zunehmender Bedeutung[5]. Die durch praktische Erfahrungen allmählich gedämpfteren Erwartungen in „ex-ante"-Planungstechniken sowie die Notwendigkeit, insbesondere die umfangreichen sozialpolitischen Arbeitsprogramme — zur Anhebung der Lebens- und Arbeitsbedingungen vornehmlich in den Slum-Gebieten der amerikanischen Großstädte — in ihren Auswirkungen unter Kontrolle zu bekommen, führte zu einer wachsenden Wertschätzung von „ex-post"-Wirkungsanalysen; sie sollten im nachhinein Informationen zu bisherigen

Programm- und Handlungsabläufen bereitstellen. So wurden noch in den 60er Jahren per Gesetzgebung bis zu 1 % der Programmfördermittel für die Evaluierung eben dieser Programme in einer ganzen Reihe von Einzelgesetzen bereitgestellt. Bis in die Administration von Präsident Nixon wurden große Evaluierungsvorhaben wie z. B. zum „Model Cities Program" oder zum Sanierungsprogramm des Bundes initiiert, um die z. T. bereits auslaufenden Programme in ihren Auswirkungen besser einschätzen zu können. Über das „Office of Economic Opportunity", das dem Weißen Haus direkt unterstellte „Office of Management and Budget" mit einer Abteilung für „Evaluation and Program Implementation" bis hin zum „General Accounting Office" des Kongresses wurden auch auf institutioneller Ebene die nötigen Voraussetzungen für eine intensive Untersuchung und Kontrolle von Programm-Auswirkungen geschaffen.

In der Bundesrepublik lassen sich erste Ansätze zu einer Evaluation staatlicher Handlungsprogramme ebenfalls in die Phase der Reformbemühungen Ende der 60er Jahre zurückverfolgen. Standen auch hier zunächst die „ex-ante"-Planungstechniken im Vordergrund, so wurde 1973 durch entsprechende Verwaltungsvorschriften die „ex-post"-Analyse mit Hilfe von „Kosten-Effektivitäts"- oder „Kosten-Nutzen"-Analysen zur offiziellen Aufgabenstellung erhoben. Einen besonders hoch entwickelten Stand weisen Evaluationsbemühungen inzwischen in den Bundesministerien für Ernährung, Landwirtschaft und Forsten, für wirtschaftliche Zusammenarbeit sowie für Forschung und Technologie auf. Von den inhaltlich definierbaren Politikbereichen sind es dabei vor allem die Wirtschaftspolitik bis hin zur Verbesserung der regionalen Wirtschaftsstruktur, die Arbeitsmarktpolitik, die Raum- und Siedlungspolitik sowie die Städtebauförderung, in denen entweder bereits seit längerer Zeit oder unmittelbar bevorstehend Erfolgskontrollen im Sinne der Evaluierung staatlicher Handlungsprogramme zum Einsatz kommen.

Erste Ansätze zu einer Wirkungsforschung

Hellmut Wollmann und Gerd Michael Hellstern geben in ihrem Beitrag: „Sozialwissenschaftliche Untersuchungsregeln und Wirkungsforschung" auf die Frage, wie sich Wirkungen auf Politikprogramme zurückführen lassen, eine bezeichnende Umschreibung für die Schwierigkeiten bei der Suche nach dafür adäquaten Untersuchungsmethoden: „Die für Wirkungsanalysen kennzeichnende Frage, welche Wirkungen auf das Handlungsprogramm zurückzuführen sind (,Kausalitätsproblem'), erweist sich als ein umso dornigeres methodisches Problem, als sich das Handlungsprogramm (als interessierende ,unabhängige Variable') seinerseits aus einer Vielzahl von Faktoren und Elementen zusammensetzt und der Wirkungsverlauf insgesamt in ein vielfältig verflochtenes Wirkungsfeld eingebettet ist, in dem die relevanten Wirkungsketten von mannigfachen anderen (,exogenen') Faktoren beeinflußt werden können"[6].

Die genannten Autoren weisen am Beispiel des sogenannten „Head-Start"-Programms — ein für sozial deklassierte Bevölkerungsgruppen in den USA kompensatorisch konzipiertes Vorschulprogramm — daraufhin, wie schwierig und kontrovers die Übertragung etwa der in der Sozialpsychologie und Kleingruppenforschung gängigen experimentellen Methode (Experimentelle Gruppen/Kontrollgruppen) auf die Untersuchung der Wirkungsweise eines gesellschaftspolitischen Mammut-Programms ist, das über 500.000 Kinder umfaßte. Zugleich wurde deutlich, daß politisch-gesellschaftliche Konfliktfelder dieser Art Versuchen der Einflußnahme nicht entgehen; diese können sich zu Beginn bei der Formulierung der Untersuchungsfrage ebenso wie im weiteren Verlauf der Untersuchung und schließlich bei der Ablieferung sowie Verwendung der Forschungsergebnisse manifestieren. In diesem speziellen Fall war das — wie gesagt methodisch heftig umstrittene — Ergebnis, daß sich „kognitives" und „affektives" Verhalten von Kindern aufgrund von „Head Start" langfristig nur äußerst schwach verändere. So jedenfalls wurde dies von Präsident Nixon in einer vorzeitigen Erklärung der Öffentlichkeit mitgeteilt; allerdings ohne den von ihm gewünschten politischen Erfolg zu bewirken, da der Kongreß sich von dieser relativ pessimistischen Einschätzung des damaligen amerikanischen Präsidenten nicht sonderlich beeindrucken ließ und nicht nur die Aufrechterhaltung, sondern sogar eine deutliche Ausweitung dieses Programms beschloß.

Auch auf dem Gebiet der in den USA traditionell besonders gepflegten „Community Power"-Forschung hat die neue Forschungsrichtung ihre Spuren hinterlassen. In Aufnahme der von Robert Dahl geprägten Fragestellung: „Who Governs?" wurde eine erweiterte Fassung präsentiert: „Who Governs, Where, When, and With What Effects?", die den Fokus der Untersuchungen auf die Ergebnisse der Politik und weniger auf ihre Genesis legte. Ursprünglich standen also am Beispiel der Stadt New Haven die Frage nach kommunaler Macht- und Einflußverteilung sowie generell die institutionell-politischen Entscheidungsprozesse in Städten und Gemeinden im Vordergrund der Untersuchungen. Allerdings führte die neue „Output-Effizienz"-Orientierung nun ihrerseits bei Überbetonung sozio-ökonomischer Faktoren zu einer weitgehenden Vernachlässigung des politisch-institutionellen Rahmens[7]. Für die „Community Power"-Forschung wie für andere Bereiche der Wirkungsforschung gilt gleichermaßen, daß „Case-Studies" als besonders geeignetes Hilfsmittel angesehen werden, die Auswirkungen politischer Entscheidungsprozesse bei der Verfolgung intendierter Programme zu registrieren.

Reichlich auswertbares Material zur Untersuchung dieser Zusammenhänge kann ebenfalls anfallen, wenn aus dem Bereich der Universität direkter, partizipativer Kontakt gepflegt wird, wie dies bei dem sogenannten „Oakland Project" der Fall war. Mitglieder der „University of California" haben in der Berkeley benachbarten Stadt Oakland sowohl auf der Ebene der „Stadtväter" wie auch verschiedener Gruppierungen in der Stadtgemeinde ihre Dienste angeboten, sich an Aktionen zur Programm-Durchführung aktiv beteiligt, an der Universität Kurse abgehalten sowie Studien zu Fragen von „Urban Problems" veröffentlicht. Jeffrey L. Pressman und Aaron B. Wildavsky liefern mit ihrer Studie zum Scheitern dieses „Oakland" Projekts: „Implementation, How Great Expectations in Washington Are Dashed in Oakland" reichhaltiges Anschauungsmaterial, das über den amerikanischen

Kontext hinaus zu ersten Generalisierungen über die Wirkung von Handlungshemmnissen bei staatlichen Wohlfahrtsprogrammen einlädt[8].

In einer Phase noch relativ ungesicherten Wissens, was sowohl die Datenbasis wie die Festigung von Hypothesen betrifft, ist derartiges Primärmaterial, insbesondere wenn es in Fallstudien präsentiert wird, ein erster wichtiger Zugang zu einer beschreibenden Durchdringung der im Eingangszitat so bezeichneten äußerst komplexen „Wirkungsfelder". Andere Methoden der Wirkungsforschung setzen in ihren Annahmen weniger realistisch an – so etwa bei den künstlichen Untersuchungssituationen der im Zusammenhang mit „Head Start" bereits erwähnten experimentellen Vorgehensweisen. Quantitative Verfahren haben ebenfalls gravierende Nachteile, da die „Richtung der Ursache/Wirkungs-Kette" in komplexen Zusammenhängen meist äußerst unsicher bleibt, wesentliche Prozeßvariablen nicht operationalisiert werden können und die geringe Datenbasis meist nicht für die Anwendung von auf einen gewissen Grad der Aggregation angewiesenen statistischen Verfahren ausreicht. Als besonders wünschenswert für den Forschungsbereich der Wirkungsanalyse wird die Zugrundelegung von Fallstudien mit daran anschließenden sogenannten „follow-ups" also „nachgeschalteten" Untersuchungen unter Verwendung all jener Methoden angesehen, die ohne eine Vorstrukturierung durch Fallstudien „zu kurz greifen" würden und dabei Gefahr laufen, relevante Fragestellungen tendenziell auszuklammern[9].

Implementationsforschung als Desiderat

Während in der Wirkungsforschung die Frage nach dem „Impact"[10] von Entscheidungsprozessen im Hinblick auf die Programmrealisierung – unter dem Aspekt der Ferne bzw. Nähe, also dem Abstand zu gesetzten Programmzielen im Untersuchungszeitpunkt – analysiert wird, ist ein anderes neues Forschungsgebiet, die sogenannte Implementationsforschung nicht primär auf eine Messung der Zielerreichungsgrade von Programmen ausgerichtet. Sie ist ebenso wie die Wirkungsforschung Ausdruck einer generellen Umorientierung mit der Abwendung von der „Input-Phase" der vorbereitenden Entscheidungsanalyse und der daraus resultierenden Politikformulierung; statt dessen erfolgt eine Hinwendung zu Problemen und zum Prozeß der Programmverwirklichung. Dabei stehen neben einer möglichst typologischen Auflistung von „Programmtypen" und ihrer Affinität zu bestimmten Verläufen in Implementationsprozessen insbesondere die „Implementationsstruktur" mit den Durchführungsinstanzen als Implementationsträgern und den Adressaten als Zielgruppen staatlicher Programme im Blickpunkt des Forschungsinteresses[11]. Einen ersten kategorialen Rahmen mit den soeben aufgeführten Elementen, auch als sogenannte „Faktorenkomplexe" bezeichnet, hat Renate Mayntz vorgelegt. Für sie sind diese Faktorenkomplexe ihrer Wirkung nach in interdependenter Beziehung zueinander zu denken. „Eine tatsächliche Beeinträchtigung der Durchführung ergibt sich oft erst, wenn mehrere Faktoren zusammenkommen, etwa hoher Widerstand bzw. hoher Kontrollaufwand aufgrund des Regelungstyps und unzureichende Kontrollkapazität oder Motivation und Gelegenheit zum abweichenden Durchführungshandeln auf seiten der Vollzugsträger"[12]. Es bestehen also bereits erste kategoriale Rahmenvorstellungen als Voraussetzung einer „noch zu entwickelnden, empirisch fundierten Implementationstheorie". In einem konkreten Implementationsprozeß ist eine spezifische Kombination von „Problemstruktur", gewähltem „Regelungsinstrument" (den Programmerkmalen), „Implementationsstruktur" und Verhalten der Adressaten für den Verlauf des Implementationsprozesses ausschlaggebend. Dieser in einem ersten Entwurf formulierte kategoriale Rahmen soll durch Inangriffnahme empirischer Untersuchungen analytisch schrittweise weiter verfeinert und zugleich durch empirische Datenerhebungen möglichst konkret veranschaulicht werden.

In dieser noch jungen, sich gerade erst formierenden Forschungsrichtung werden Fragen gestellt, deren Beantwortung für die politologische Entscheidungsforschung von unmittelbarer Bedeutung ist. Dazu gehört z. B. die Mutmaßung, ob der Gesetzgeber überhaupt „primär und kontinuierlich an zielgerechter Implementation interessiert ist"[13]. Es liegt auf der Hand, daß eine Aussage darüber, ob und inwieweit Ziele, die in Programmen verfolgt werden, für politische Entscheidungsträger entscheidungs- und handlungsleitend sind, für die z. T. sehr divergierenden Aussagen über die Rolle von Zielen in unterschiedlichen entscheidungstheoretischen Konzepten von klärendem Nutzen sein kann. Neben diesem potentiellen Feedback für eine politologische Entscheidungstheorie nährt die Implementationsforschung jedoch noch eine weitere Hoffnung. Nach den Ausführungen im fünften Kapitel über ausgewählte Instrumente zur Entscheidungshilfe, dürfte deutlich geworden sein, daß die Problematik der Umsetzung von Scenarios oder des Einsatzes von PPB realistischer beurteilt werden kann, wenn sich dieser Forschungszweig tatsächlich zunehmend zu einer empirisch fundierten Implementationstheorie entwickelt.

II. „The Quest for Control" — Das „bedenkliche" Übergewicht der politischen Steuerung und Kontrolle durch nationalstaatliche Regierungen in der entscheidungstheoretischen Diskussion

Die Vorstellung von politischen Entscheidungsprozessen eines einzigen Herrschaftszentrums

Entscheidungsdurchführung und Entscheidungskontrolle haben uns, wie andere Aspekte politischer Entscheidungsprozesse zuvor, jeweils aus der Perspektive amtierender Regierungen in einem nationalstaatlichen Rahmen beschäftigt. Wir haben sowohl die entscheidungstheoretischen Konzepte wie auch die illustrierenden Beispiele stets unter diesem Blickwinkel gewählt[14]. Dies geschah aus gutem Grund, da in den auch politisch arbeitsteiligen menschlichen Gemeinwesen Regierungsentscheidungen das größte Gewicht haben und weil nur von dieser Position aus kontinuierlich mit einer sonst unbekannten Verbindlichkeit und Reichweite für Entscheidungen autoritativ entschieden werden kann. Dem Leser wird bei dem langen „gemeinsamen Marsch" durch die Fülle der entscheidungstheoretischen Fragestellungen, Konzepte und Instrumente nicht verborgen geblieben sein, daß die Sicht des „rational-central-rule approach" dominierte. Dieser von Herman van Gunsteren geprägte Begriff — in freier Übersetzung etwa die Vorstellung (approach) von einem Herrschaftszentrum (central-rule) mit der Fähigkeit zu rationaler (rational) Entscheidung — hat die häufig normativ auf Entscheidungsverbesserung ausgerichtete Diskussion um die Instrumente zur Entscheidungshilfe über weite Strecken bestimmt. Lediglich bei der Problematisierung der Umsetzungsmöglichkeiten von Scenario-Entwürfen in praktische Politik und bei der fundamentalen Kritik am PPB wurde auf die Bedenklichkeit eines derartig einseitigen entscheidungstheoretischen Zugriffs aufmerksam gemacht. Doch auch die entscheidungstheoretischen Erklärungskonzepte sind trotz aller in den ersten Ausgangsüberlegungen üblichen diametralen Distanzierung von den geschlossenen entscheidungstheoretischen Modellen nicht frei von der Sichtweise dieses „Approach". Das „Analytic Paradigm" von John Steinbruner, das „laterale" sowie „horizontale" kausale Lernen, das „Rational Policy Model" von Graham Allison, aber auch die „Maximierung des erwarteten Nutzens" in den „kognitiven Strukturen" von Robert Axelrod, ebenso wie der auf Autonomie und Ultrastabilität ausgerichtete Informationsverarbeitungsprozeß der Systemtheorie von Karl Deutsch — sämtlich im dritten Kapitel diskutiert — sind in ihrer Vorstellung von politischen Entscheidungsprozessen letztlich alle gemeinsam auf ein Herrschaftszentrum fixiert. Alle diese Entscheidungskonzepte gehen mit kleineren oder größeren Abstrichen von der Fähigkeit aus, auch in politischen Kontexten — bzw. in technisch/ökonomisch/ militärischen Entscheidungsbereichen als wesentliche Komponenten politischer Entscheidungsprozesse — rationale Entscheidungen treffen zu können. Der kybernetische Ansatz mit seiner begrenzten Rationalität einer Dekomposition von Entscheidungen, der Perzeptions/Misperzeptions-Ansatz mit seiner Annahme der „irrationalen Konsistenz" sowie der Konfrontations-/Kompromiß-Ansatz mit seinen Elementen von „Bounded Rationality" und „Bureaucratic Politics" sind die besten Beispiele politologischer Entscheidungskonzepte für ein deutliches Abgehen von der auch großzügigsten Auslegung des einseitig auf ein rational entscheidendes politisches Herrschaftszentrum zugeschnittenen „rational-central-rule approach".

Politische Entscheidungsprozesse in mehreren Zentren politischer Steuerung und Kommunikation

Eine fundamentale Kritik am PPB-Verfahren geriet zugleich zu einer Kritik an der Vorstellung von Politik als Komplex von Entscheidungsprozessen nur eines zentralen Herrschaftszentrums mit der Fähigkeit zu rationaler Entscheidung. Die Vorstellung eines zentralen Herrschaftszentrums wurde dabei doppelt in Frage gestellt: (1) Sie steht im Widerspruch zu einer „politischen Rationalität" (vgl. S. 204), d. h. der Pluralität und Interdependenz einer Vielzahl politischer Entscheidungsträger, (2) Die unterstellte orthodoxe Organisationstheorie mit ihrer überholten Vorstellung einer Entscheidungspyramide widerspricht prinzipiell einer auf das Konzept der „Entscheidungsepisoden" ausgerichteten und damit auch Aspekte der Dezentralisation einbeziehenden jüngeren entscheidungstheoretischen Organisationstheorie. Ebenso wird die Fähigkeit zu rationaler politischer Entscheidung kritisiert: (a) Die intelektuellen „komputationalen" Fähigkeiten zur generellen Umsetzung einer formalen Budgetstruktur sind völlig unrealistisch überschätzt worden, (b) Der traditionelle Budgetprozeß und seine Leistungsfähigkeit wurden erstaunlicher oder vielleicht auch bezeichnender Weise nicht einmal in die Überlegungen zur Umsetzung der formalen Budgetstruktur explizit aufgenommen, sondern gewissermaßen als „quantité négligeable" behandelt. Diese Argumente ließen sich in Anlehnung an van Gunsteren zu der Warnung verdichten, sich in Zeiten rapiden gesellschaftspolitischen Wandels nicht allein auf die Verfolgung abstrakt gesetzter politischer Ziele zu verlassen, vor allem aber die Verfolgung solcher Ziele nicht einem einzelnen Entscheidungszentrum zu überlassen, das Gesellschaft und hierarchisch untergeordnete Ebenen des politischen Systems quasi als politisches Vakuum behandelt. Eine einzelne, auf die Verfolgung abstrakter Organisationsziele festgelegte Behörde etwa zeigt sich gegenüber dringend gebotenen Veränderungen erfahrungsgemäß unflexibel. Die Redundanz mehrerer Programmangebote verspricht dagegen eine höhere Anpassungsflexibilität und führt im Falle des Versagens einer Organisation nicht gleich zum Zusammenbruch des gesamten Systems. Soweit die Zuspitzung der Kritik am PPB aus der Sicht des Gegners am „rational-central-rule approach".

Herman van Gunsteren hat nun einige dieser Gedankengänge zu einem Lernkonzept zusammengefaßt, das in deutlichem Kontrast zu dem kritisierten Ansatz steht. Während die in dieser Arbeit vorgestellten entscheidungstheoretischen Lernkonzepte überwiegend auf Effizienz und optimale Anpassung ausgerichtet sind – mit Ausnahme vielleicht des perzeptiven Lernens und seiner historisch-politischen Verankerung – wird nun ein politischer Lernbegriff vorgestellt, der bewußt auf den politisch-gesellschaftlichen Wandel bezogen wird[15].

Wie auch bei Karl Deutsch bedeutet Lernen für van Gunsteren in erster Linie, auf den sozialpolitischen Wandel adäquate Antworten zu finden. Diese Antworten gemeinsam zu suchen kann aber nicht bedeuten, das Lernen auf die „enlightened few" in der Regierungsspitze zu beschränken. Wie beim Umgang mit dem PPB ist dafür vielmehr eine Orientierung und auch Anpassung auf möglichst vielen, von einem Entscheidungsproblem tangierten Politikebenen nötig. Die Lernkapazität auf die einer zentralen Regierung beschränken zu wollen hieße, die dringend benötigte Kapazität für die Bewältigung turbulenter Veränderungen bei weitem zu unterschätzen. Der „rational-central-rule approach" verhindert ein „semi-autonomes" Lernen der unteren Ebenen eines politischen Systems. Dabei sind dies im Grunde für Lernprozesse wesentlich anschaulichere Ebenen, da hier öffentliche Probleme weniger abstrakt (hochaggregiert), weniger formal und in direkten Kommunikations- und Kooperationsbeziehungen, gewissermaßen „vor Ort", ausgetragen und möglicherweise auch gleich vor Ort geregelt werden können.

In diesen, unterhalb der zentralen Regierungen existierenden Bereichen, ist die Kenntnis zahlreicher Probleme aus eigener Anschauung gegeben und daher eine weniger schematische, vielfach eher flexible Behandlung die Regel. Gegenüber großen hierarchischen Organisationen sind die lokalen Ebenen weniger leicht verwundbar. Wenn sie funktionsunfähig werden und zusammenbrechen, sind sie aufgrund der nicht „wegrationalisierten" Redundanzen viel eher in der Lage, sich nach einer Übergangszeit neu zu formieren.

Also nicht ein einziges Steuerungszentrum, das seine Pläne vorlegt, beauftragt und kontrolliert, sondern mehrere Zentren der Steuerung und Kommunikation, die mobil und flexibel politische Themen aufgreifen, artikulieren und formulieren können, erleichtern politisches Lernen. Eine nur langfristige Planung birgt die Gefahr, daß die Fähigkeit, Probleme kleineren Zuschnitts — mit eher konkreten Ergebnissen im Sinne einer Problemlösung vor Ort — erfolgreich anzupacken, tendenziell erlischt. Bei langfristiger zentraler Planung geht (und diese Erfahrung hat u. a. auch das PPB-Verfahren gelehrt), die Einschätzung der Leistungsfähigkeit bewährter überlieferter Verhaltensweisen verloren. Gerade vor diesem realen Hintergrund der tradierten Werte, des praktischen Wissens und existentieller gemeinsamer Lebenserfahrungen ist tatsächliches Lernen im politischen Bereich im Gegensatz zu den oft euphorischen (synoptischen) sozialen Lerntheorien eher begrenzt und immer wieder auch ein äußerst schmerzhafter Prozeß. „Finally, an overemphasis on learning may easily lead to cheerful and clever adaptation to whatever comes in our way. But in the 20th century, and in the second World War in particular, we have had ample opportunity to learn that such adaptation may be terribly wrong. Sometimes we must hold on to human values in the face of adverse or seemingly impossible circumstances"[16].

Dieser politische Lernbegriff sollte als Ausklang vor dem Hintergrund der hier diskutierten und miteinander verglichenen entscheidungstheoretischen Lernkonzepte ins Gedächtnis rufen, daß politische Entscheidungsprozesse mehr als Entscheidungsverhalten von nationalstaatlichen Regierungen sind; allerdings wollten wir uns in dieser Untersuchung bewußt auf die Diskussion politischer Entscheidungsprozesse im wesentlichen aus eben dieser eingeschränkten Perspektive konzentrieren.

Anmerkungen zum sechsten Kapitel

1 Lasswell, H.D., The Decision Process: Seven Categories of Functional Analysis, a.a.O.. Vgl. das zweite Kapitel, S. 46 f.
2 Grumm, J.G., The Analysis of Policy Impact, in: Greenstein, F.I./Polsby, N.W., Handbook of Political Science, Vol. 6, Policies And Policymaking, Reading, Mass.: Addison-Wesley Publ. Comp., 1975, S. 439.
3 Vgl. zur Definition von „Policy Analysis", S. 36, FN 69.
4 Mayntz, R., Die Implementation politischer Programme, Theoretische Überlegungen zu einem neuen Forschungsgebiet, in: Die Verwaltung, Bd. 10, Heft 1, 1977, S. 51 ff.

5 Zu den historischen Aspekten der Entwicklung einer Wirkungsforschung in den USA – die dort in ihren Verläufen bereits in die Zeit des „New Deal" zurück verfolgt werden kann – sowie in der Bundesrepublik vgl. Wollmann, H./Hellstern, G.M., Sozialwissenschaftliche Untersuchungsregeln und Wirkungsforschung, Zur Chance kritischer Sozialwissenschaft im Rahmen staatlicher Forschungsaufträge, in: Res Publica, Studien zum Verfassungswesen, Dolf Sternberger zum 70. Geburtstag, hrsgg. von Peter Haungs, München 1977, S. 420 ff.; Wirkungsforschung und „evaluation research" sowie Wirkungsanalyse und „evaluation" werden von Wollmann/Hellstern synonym verwendet (S. 418).

6 ebda., S. 427; das im Folgenden erwähnte „Head Start"-Programm wird auf S. 430 ff. mit seinen methodischen und politischen Implikationen dargestellt.

7 ebda., S. 438 f.

8 Vgl. Pressman, J.L./Wildavsky, A.B., Implementation, How Great Expectations in Washington Are Dashed in Oakland. Or, Why It's Amazing that Federal Programs Work at All, This Being a Saga of the Economic Development Administration as Told by Two Sympathetic Observers Who Seek to Build Morals on a Foundation of Ruined Hopes, Berkeley u. a.: University of California Press, 1974, S. VII f.

9 Einen Überblick über die Methoden in der Wirkungsforschung geben Wollmann/Hellstern, a.a.O., in einer Synopse, S. 454 ff.

10 Zu den hier nicht diskutierten zahlreichen Dimensionen des „Impact"-Begriffs vgl. Grumm, J.G., a.a.O., S. 443 ff.

11 Vgl. zur Konzipierung dieses neuen Forschungsgebietes „Implementation" politischer Programme: Mayntz, R., Die Implementation politischer Programme, a.a.O., S. 51 ff.

12 ebda., S. 66.

13 ebda., S. 57.

14 Vgl. dazu Schaubild 8, S. 158 f.

15 van Gunsteren, H.R., The Quest for Control, a.a.O., S. 152 f.

16 ebda., S. 153.

Zusammenfassung
Konturen einer politischen Entscheidungstheorie

In Anlehnung an die Auffassung von Herbert A. Simon, daß die Untersuchung politischer Entscheidungsprozesse nicht bloß ein spezieller Aspekt, sondern — gemäß der potentiell großen Bedeutung von Entscheidungen im politischen Gesamtprozeß — der eigentliche Kern politischer Theoriebildung ist, wurde in den vorausgehenden Kapiteln eine Systematisierung der Konzeptionalisierungsbemühungen einer Theorie politischer Entscheidungsprozesse versucht. Dabei war der Zugriff zur gestellten Thematik einleitend sowohl begrenzt und präzisiert wie auch zugleich, etwa im Vergleich zumindest zu konventionellen Zugriffsweisen in der deutschsprachigen Politischen Wissenschaft, erweitert worden.

Die vorgenommene Begrenzung erfolgte, grob gesagt, zweistufig: Wir einigten uns zunächst darauf, aus der denkbaren Grundgesamtheit politischer Entscheidungsprozesse im wesentlichen das Entscheidungsverhalten von Regierungen herauszugreifen. In einem zweiten Schritt sollte dann von zwei unterscheidbaren Betrachtungsweisen nicht die (1) Beschreibung von institutionellen Regelungen und Rahmenbedingungen, sondern (2) das Entscheidungsverhalten auf Regierungsebene in bezug auf Zielverfolgung, Mittelauswahl, interne Informationsverarbeitungsprozesse, Perzeptions- und Misperzeptionsbildung sowie Auswahl von Strategien bzw. Taktiken etc. ins Zentrum der folgenden Ausführungen gestellt werden.

Zur Präzisierung des eigenen theoretischen Standortes war es notwendig, drei in der politologischen Einführungsliteratur für eine Grobgliederung des Faches als konstitutiv angesehene theoretische Sichtweisen, quasi als politikwissenschaftliche „Einflugschneisen" zur Analyse politischer Entscheidungsprozesse, wenigstens holzschnittartig vorzustellen. Eine Kritik am topischen Entscheidungsmodell des prominentesten zeitgenössischen Vertreters des normativen Ansatzes, Wilhelm Hennis, macht auf den qualitativen Unterschied der Bezugsgrößen für politische Entscheidungsprozesse — der Stadt-Staat der antiken Polis und moderne Nationalstaaten — aufmerksam und kennzeichnet damit die Vorstellung, mit gesundem Menschenverstand und der Orientierung an einem nicht näher definierten Gemeinwohl zu gemeinsam getragenen politischen Handlungsanweisungen gelangen zu können, als illusionär. Eine ebenfalls konzis gehaltene Kritik am historisch-dialektischen Ansatz weist auf wesentliche Elemente dieser politikwissenschaftlichen Ausrichtung hin, die zu einer untrennbaren Vermischung politischer Entscheidungsprobleme mit der richtigen Erkenntnis politischer Probleme führt, also mit anderen Worten das Entscheidungs- zu einem Erkenntnisproblem reduziert. Liefern diese beiden Ansätze weitgehend geschlossene, gewissermaßen fertige Entwürfe und Begründungszusammenhänge zum Auffinden der besseren bzw. richtigen politischen

Entscheidung, so läßt sich im Vergleich dazu der empirisch-analytische Ansatz in der Politischen Wissenschaft als ein offenes Forschungsprogramm für die Analyse politischer Entscheidungsprozesse charakterisieren. Zur Beschreibung und Erklärung der unter (2) aufgeführten Aspekte des Entscheidungsverhaltens auf Regierungsebene wird unser bisher äußerst geringes Wissen über kollektive Entscheidungsprozesse, unter Reflexion einer sehr heterogenen Datenlage, einer Vielfalt von Methoden und theoretischen Konzepten, schrittweise erweitert. Es handelt sich weniger um eine bereits vorhandene Landkarte mit einigen weißen Flecken als vielmehr darum, auf eine noch überwiegend weiße Landkarte erste Konturen einer politischen Entscheidungstheorie einzuzeichnen.

Im Einleitungskapitel erfolgte der Hinweis, daß auch für andere politikwissenschaftliche Teilbereiche in keinem Fall der Stand einer allgemeingültigen Theorie, ja noch nicht einmal der einer Theorie mittlerer Reichweite erreicht und daher auch für die politologische Entscheidungsforschung kein Grund zur Forschungsresignation vorhanden ist — im Gegenteil. So wurde nach Eingrenzung des Themas und Präzisierung des eigenen theoretischen Standortes ein erweiterter Zugriff in drei prinzipielle Richtungen vorgenommen: (a) Statt die Frage nach der besseren bzw. richtigen Entscheidung allein in den Mittelpunkt des Forschungsinteresses zu rücken, regten die meist in Anwendung auf konkrete Fallstudien entwickelten und um Erklärungsanspruch konkurrierenden entscheidungstheoretischen Ansätze zu einem systematischen Vergleich an (vgl. Schaubild 8, S. 158 f.). Ihre Merkmale, ihr Beitrag zur Komplexitätsreduktion und ihre Lernkonzepte wurden sowohl fragmentarisch wie auch hinsichtlich der Erklärungsmöglichkeiten in Form einer „Synthese" untersucht. (b) Zielt also die eine Hauptstoßrichtung der Arbeit auf den systematischen Vergleich entscheidungstheoretischer Erklärungsansätze, so öffnet sich der zweite Hauptteil Überlegungen zur Entscheidungsverbesserung, und zwar unter dem Aspekt der Einsatzmöglichkeiten und Grenzen des Instrumentariums zur qualitativen Verbesserung politischer Entscheidungsprozesse. Dabei wird dieser Einsatz des Instrumentariums zur Entscheidungshilfe auf Regierungsebene prinzipiell „janusköpfig", d.h. unter Einbettung in aktuelle Problemdiskussionen und Modellentwürfe beurteilt: Dem Optimismus des Glaubens an eine direkte Übertragung der Machbarkeit aus der Technik in die Politik (Veränderte Rationalität durch Industrialisierung, Bürokratisierung und Weltraumtechnologie-Systemanalyse) steht eine deutlich ernüchterte Einstellung gegenüber, wie sie in der Konstruktion des Modells vom „Overloaded Government" mit seinen für Regierungen knapper werdenden ökonomischen und politischen Ressourcen sowie in neueren Ansätzen einer Implementations- und Wirkungs-Analyse zum Ausdruck kommt. (c) Die gravierendste Weiterung für eine Diskussion entscheidungstheoretischer Probleme ergab sich aus der Erkenntnis, daß bei dem Bemühen um die Entwicklung einer Theorie politischer Entscheidungsprozesse die Politische Wissenschaft zunehmend in den Kanon anwendungsorientierter Sozialwissenschaften integriert wird. Wie einleitend bereits erwähnt, weist dieser Integrationsprozeß zwei Richtungen auf: Zum einen wird die Politische Wissenschaft durch den Einfluß aus der Psychologie, der Betriebswirtschaftslehre, der Volkswirtschaftslehre und der Organisationstheorie geprägt. Zum anderen ist Politische Wissenschaft Integrationswissenschaft. Dies zeigt sich darin, daß ihr andere Sozialwissenschaften die Zuständigkeit z. B. für die Analyse kollektiver Entscheidungsprozesse in Organisationen zusprechen. Die Politische Wissenschaft ist darüber hinaus aufgefordert, sich mit den Ergebnissen einer ganzen Reihe technisch-wissenschaftlicher Disziplinen in einer spezifischen Weise auseinanderzusetzen, wie dies in der inzwischen auch in der Bundesrepublik Deutschland bekannt gewordenen Teildisziplin „Policy Analysis" und den erwähnten Beispielen von der Einführung eines neuen Fischereikonzeptes, der Diskussion alternativer Energieversorgungssysteme bis hin zur Reorganisation komplexer Regierungsinstitutionen sowie anhand vieler anderer „Policy"-Probleme erfolgt.

Im wesentlichen aus diesen, im *ersten Kapitel* über „Produktive Umwege zu eigenen Fragestellungen" verdichteten Überlegungen resultierte die Gliederung der Arbeit:

Zweites Kapitel: „Ausgewählte Aspekte der Analyse von Entscheidungsprozessen in anderen Sozialwissenschaften − Das Problem der Übertragbarkeit auf die Politische Wissenschaft".

Drittes Kapitel: „Verschiedene Ansätze zur Erklärung unterschiedlicher Dimensionen politischer Entscheidungsprozesse im Vergleich". Als Überleitung zum zweiten Hauptteil der Arbeit das *Vierte Kapitel*: „Lebensqualität: Die diffuse Entstehung eines neuen Zielbündels − ungelöste Meßprobleme".

Fünftes Kapitel: „Ausgewählte Instrumente zur Entscheidungsverbesserung − Möglichkeiten und Grenzen"
und schließlich das *Sechste Kapitel*: „Probleme der Entscheidungsdurchführung und Entscheidungskontrolle".

Im einzelnen hat die Untersuchung u. a. folgende Ergebnisse erbracht − Vergleiche dazu insbesondere die detaillierten Zusammenfassungen der Kapitel zwei bis fünf:

(1) Die Entwicklung einer Theorie politischer Entscheidungsprozesse steht zwar erst am Anfang; sie ist aber bereits ein interdisziplinäres Unternehmen an dem sich zusätzlich zur Politischen Wissenschaft insbesondere die Psychologie, die Betriebswirtschaftslehre, die Volkswirtschaftslehre und die Organisationstheorie beteiligen.

(2) Der Beitrag der Psychologie zur Öffnung der geschlossenen Entscheidungsmodelle und damit zur Entwicklung einer überwiegend deskriptiven Theorie menschlichen Entscheidungsverhaltens auf den unterschiedlichsten Ebenen wurde in den Bereichen kognitive Psychologie, Gruppenpsychologie und Sozialpsychologie kenntlich gemacht. „Personality and Politics" ist ein weiterer Forschungszweig, der den hohen Grad der Verzahnung zwischen psychologischer und politologischer Entscheidungsforschung demonstriert. Spezifische Übertragungsprobleme aus der Psychologie in die Politische Wissenschaft ergeben sich für theoretische Ansätze (z. B. „Kognitive Dissonanz"/„Stoner-Effekt"), deren Diskussion in der Mutterwissenschaft noch nicht voll ausgereift ist, sowie aus der weitgehenden Undurchführbarkeit psychologischer Experimentaluntersuchungen in der politischen Arena.

(3) Die „Einführung in die Theorie der Entscheidungsprozesse" von Werner Kirsch sowie die großangelegte Untersuchung zu einer „empirischen Theorie der Unternehmung" von Eberhard Witte et al. zeugen vom hohen Stand der betriebswirtschaftlichen Entscheidungsforschung. Grundbegriffliche Probleme einer interdisziplinären Entscheidungstheorie, z. T. von der Betriebswirtschaftslehre initiiert, werden bereits zwischen den Sozialwissenschaften erörtert. Problemlösungs-, Informations-, Zeitdruck-, Lern- sowie Zielbildungsverhalten etc. drängen zur Aufnahme − und zwar als heuristische Instrumente etwa in Form von Ausgangshypothesen oder auch Fragestellungen − in die verschiedensten Kontexte politologischen Fallstudien-Materials. Nicht zu unterschätzen ist ferner das praxeologische Potential dieser empirschen Untersuchungen für die Entscheidungsfindung in Wirtschaft und Politik. Folgende Grenzen der Übertragbarkeit zeichnen sich ab: es gibt keine politischen Entscheidungsprozesse, die so häufig auftreten, so homogen sind und ein derart einsehbares, für die Durchführung einer repräsentativen Stichprobe relevantes Material vorweisen können.

(4) In der Volkswirtschaftslehre werden grundsätzliche Problemstellungen untersucht, die für die Politische Wissenschaft gleichermaßen von Bedeutung sind − z. B. die sogenannte Aggregationsproblematik oder auch Probleme der Nutzenmessung etc. Mit den Ansätzen der Modernen Politischen Ökonomie werden drei gemeinsame Interessenschwerpunkte ausgewiesen: (a) die Untersuchung der vielfältigen Beziehungen zwischen wirtschaftlichem und politischem System, (b) die Entwicklung von Konzepten und Instrumenten zur effektiven Steuerung und Kontrolle (wirtschafts-) politischer Entscheidungsprozesse und schließlich (c) die Erweiterung der Erkenntnisse über die unzähligen Facetten politischer Entscheidungsprozesse durch Konfrontation konträrer wissenschaftlicher Zugriffsweisen. In diesem Zusammenhang erfuhr die Ökonomische Theorie der Politik eine ausführliche Würdigung. Die abschließend vorgestellte verhaltenswissenschaftlich orientierte Wirtschaftspolitik nutzt die faszinierende Möglichkeit, unter Verweis auf eine Fülle historischer Illustrationen, die Einflüsse geschlossener nationalökonomischer Theoriegebäude auf politische Entscheidungsprozesse zu dokumentieren.

(5) Fragen der Organisationsstruktur, der Organisationsreform, Probleme der Organisationskomplexität sowie sozialpsychologische Untersuchungen des Verhaltens in Organisationen weisen die Organisationstheorie als einen wesentlichen Baustein zur Analyse politischer Entscheidungsprozesse aus. Mit Hilfe des sogenannten „garbage-can"-Modells gelingt es − unter expliziter Annahme „schlechtdefinierter" Problemsituationen, auch für Organisationsteilnehmer nicht durchschaubarer „trial and error" Verfahrensweisen und der starken Fluktuation von Teilnehmern an Organisations-Entscheidungsprozessen − ein Bild solcher Entscheidungsprozesse (Konzept der Entscheidungsepisoden) zu entwerfen, das in Kontrast zu allen synoptischen Annahmen gängiger Management-Theorien steht. Erhöhung, Beibehaltung wie Reduktion von Komplexität in Organisationen können je nach Situation als bewußt eingesetzte taktisch-strategische Maßnahmen fungieren, um jeweils unterschiedliche Aufgaben, mit denen sich Organisationen konfrontiert sehen, einer adäquaten Lösung näher zu bringen.

(6) Die Politische Wissenschaft verhält sich bisher in diesem Integrationsprozeß sozialwissenschaftlicher Entscheidungsforschung, entsprechend der besonders komplexen Natur ihres Untersuchungsgegenstandes, eher nehmend als gebend. Eine zunehmend differenzierte Arbeitsteilung, die bereits erkennbaren Ebenen der Kooperation und die drängenden Fragen zur Erforschung bisher erst wenig bekannten kollektiven Entscheidungsverhaltens lassen jedoch erwarten, daß künftig der Part der Politischen Wissenschaft an Gewicht zunehmen wird. Jedoch ist bereits im gegenwärtigen Stadium sozialwissenschaftlicher Entscheidungsforschung das Potential empirischer Untersuchungsergebnisse, theoretischer Konzepte sowie von anderen Sozialwissenschaften an die Politische Wissenschaft herangetragener entscheidungstheoretischer Fragestellungen ein nicht zu unterschätzendes Forschungspotential, das der vermehrten Ausschöpfung harrt.

(7) Die Politische Wissenschaft hat aufgrund eigener Fragestellungen und darauf angesetzter Untersuchungsmethoden selbständig Entscheidungskonzepte entwickelt. Dabei ist der Rahmen für politologische Entscheidungsforschung weit gesteckt, reicht er doch von der Analyse kognitiver Strukturen einzelner Entscheidungsträger über den Einfluß von Organisationen auf den Entscheidungsprozeß, der Untersuchung sozialpsychologischer Verhaltensphänomene bis hin zu Systemkonzepten, die wesentliche Elemente, Strukturen und Funktionen politischer Entscheidungsprozesse zu erfassen suchen. Um das Entscheidungsverhalten auf wenige Akteure reduzieren zu können, wurden die vorgestellten Entscheidungskonzepte überwiegend dem Bereich der internationalen Politik entnommen. Es wird dabei von der ausdrücklichen Vermutung ausgegangen, daß eine Übertragbarkeit der Erkenntnisse möglich wie fruchtbar ist, und zwar sowohl auf innenpolitische Entscheidungsprozesse wie auch auf andere „unstrukturierte" Entscheidungskontexte, die Gegenstand der Erörterung des zweiten Kapitels waren.

(8) Das systemtheoretische Modell von Karl Deutsch, der sogenannte rational-analytische Ansatz, die empirischen Untersuchungen „kognitiver Strukturen", der Perzeptions-/Misperzeptions-Ansatz und last but not least der auf spieltheoretischen Überlegungen basierende Konfrontations-/Kompromiß-Ansatz werden vorgestellt. Dabei erfolgt wegen der großen Anzahl dieser entscheidungstheoretischen Konzepte deren Gegenüberstellung in einer Synopse auf S. 158 f. Zunächst werden die wesentlichen Merkmale erfaßt, sodann nach dem jeweiligen Grad der in den entscheidungstheoretischen Annahmen implizierten Komplexitätsreduktion gefragt und schließlich die für eine Erörterung von Entscheidungsverhalten so wesentlichen Lernkonzepte präsentiert. Die synoptische Gegenüberstellung erlaubt uns, eine Betrachtung u. a. der jeweiligen Erklärungskraft dieser politologischen entscheidungstheoretischen Konzepte vorzunehmen. In einem Ausblick werden abschließend Möglichkeiten und Grenzen einer „Erklärung als Synthese" dieser „Verschiedenen Ansätze zur Erklärung unterschiedlicher Dimensionen politischer Entscheidungsprozesse im Vergleich" diskutiert — Dazu vergleiche die besonders ausführliche Zusammenfassung des dritten Kapitels (S. 157—165).

(9) Mit dem vierten Kapitel wird die eine Hauptstoßrichtung der vorgelegten Untersuchung, nämlich die Diskussion entscheidungstheoretischer Erklärungskon-

zepte zunächst fortgesetzt. Wir rekurrieren am Beispiel des mit dem Lebensqualitätspostulat zusammenhängenden Umweltschutzes diesmal auf einige Dimensionen eines innenpolitischen Entscheidungsprozesses. Dabei standen zu seiner Beurteilung Aspekte des öffentlichen Problemerkenntnisprozesses, der staatlichen Willensbildung und eine möglichst differenzierte Einschätzung einiger ausgewählter gesetzlicher Maßnahmen mit Hilfe unterschiedlicher, bereits im zweiten Kapitel diskutierter Erklärungskonzepte im Vordergrund. Die Diskussion um Umweltschutz und weiter gefaßte Bereiche der Lebensqualität wurden ferner im Licht der im ersten Kapitel in einem Exkurs ausführlich behandelten wirtschaftspolitischen Entwicklung in der Bundesrepublik und der These vom sogenannten „Overloaded Government" behandelt. Zugleich wird in diesem Kapitel voll zur zweiten Hauptstoßrichtung dieser Arbeit übergegangen, die neben der Suche nach Erklärungskonzepten auch nach Möglichkeiten zur Verbesserung politischer Entscheidungsprozesse durch den Einsatz von Instrumenten zur Entscheidungshilfe fragt: Im Zusammenhang mit der Diskussion des Lebensqualitätspostulats läßt sich die Einsatzmöglichkeit der Sozialen Indikatoren erörtern und an Beispielen auf die Meßprobleme bei der Indikatorenbildung hinweisen.

(10) Folgende Entscheidungsinstrumente werden dargestellt und in ihren Einsatzmöglichkeiten gewürdigt: (a) die heuristischen Problemlösungsverfahren wie Brain-Storming, Delphi und Scenario, (b) das Planning-Programming-Budgeting Verfahren sowie (c) die „Decision Analysis".

— Die Beschäftigung mit den heuristischen Problemlösungsverfahren weist auf Bemühungen hin, durch systematische Verbesserung des Informationsstandes für Entscheidungsträger den Abstand zum entscheidungstheoretischen Idealzustand der vollkommenen Information soweit wie möglich zu verringern. Kreatives Assoziieren, Nutzbarmachung von Expertenurteilen sowie die Ermittlung möglicher zukünftiger Entwicklungen kennzeichnen die jeweiligen Problemlösungsbemühungen. Ein Energie-Scenario wird vorgestllt, um auf bisher nicht gekannte Größenordnungen für die Orientierung politischer Entscheidungsträger aufmerksam zu machen und zugleich noch nicht gelöste Fragen der Entscheidungsrealisierung zu diskutieren.

— Das Planning-Programming-Budgeting Verfahren ließ sich in seinen formalen Grundzügen als ein Versuch rationaler Haushaltpolitik kennzeichnen. Ferner konnten wesentliche Ursachen diskutiert werden, die eine wirkungsvolle Realisierung dieses umfassenden Budgetierungskonzeptes bis heute verhindert haben. PPB ist kein machtpolitisch neutrales Budgetinstrumentarium. Bei seiner Einführung ging man von einer vereinfachten Organisationstheorie aus und unterschätzte die Schwierigkeiten bei der Umsetzung in den tatsächlich ablaufenden Budgetprozeß ganz erheblich.

— „Decision Analysis" wird als eine an „multiattributiver Nutzentheorie" orientierte Weiterentwicklung der formalen Entscheidungstheorie vorgestellt. Mit ihrer Hilfe könnte das Rationalmodell des um theoretische Lösungsmöglichkeiten bemühten Entscheidungsanalytikers und die Erfahrungswerte des um reale Problemlösungen häufig verlegenen politischen Entscheidungsträgers stärker integriert werden.

Die Bemühungen um den Einsatz von Instrumenten zur Entscheidungsverbesserung sind in die umfassendere Problematik von Sozialwissenschaften und praktische Politik eingebunden. Die gängigen Modelle und einige spezifische Probleme der Politikberatung werden daher abschließend in einem Exkurs umrißhaft erörtert.

(11) Mit einer Diskussion der Entscheidungsdurchführung und Entscheidungskontrolle verlassen wir den engeren Bereich der politologischen Entscheidungstheorie. Ist in der Entscheidungstheorie gemäß der Terminologie David Eastons das Ergebnis des Entscheidungsprozesses, der Output, eine stets zu erklärende abhängige Variable, so betrachten neuere Forschungsrichtungen wie etwa die Wirkungsanalyse oder auch die Implementationsforschung den Output als unabhängige Variable. Es lassen sich sowohl pragmatische wie auch systematische Überlegungen dafür anführen, daß wir uns dennoch im Zusammenhang mit unserer Themenstellung, wenn auch nur rudimentär, mit diesen neuen Forschungsrichtungen anhand einschlägiger Beispiele befassen konnten.

(12) Wir haben sowohl die entscheidungstheoretischen Konzepte, die illustrierenden Beispiele, die Entscheidungsinstrumente, Probleme der Entscheidungsdurchführung und Entscheidungskontrolle sowie andere Aspekte politischer Entscheidungsprozesse möglichst aus der Perspektive amtierender Regierungen in einem nationalstaatlichen Rahmen diskutiert. Dies entsprach der einleitend erfolgten thematischen Begrenzung und geschah aus gutem Grund, da in den auch politisch arbeitsteiligen menschlichen Gemeinwesen Regierungsentscheidungen das größte Gewicht haben und weil nur von dieser Position aus kontinuierlich mit einer sonst unbekannten Verbindlichkeit und Reichweite autoritativ entschieden werden kann. Diesem „rational-central-rule approach" wird abschließend die Vorstellung gegenübergestellt, daß politische Entscheidungsprozesse Defizite aufweisen können, wenn bereits in der Planung gerade auch im nationalstaatlichen Rahmen nicht auf mehrere Zentren politischer Steuerung und Kontrolle zurückgegriffen wird. Mit einer lerntheoretischen Betrachtung dieser Kritik von der Vorstellung von politischen Entscheidungsprozessen eines einzigen Herrschaftszentrums durchbrechen wir zwar unsere einleitend eingeschränkte Perspektive; wir können uns so jedoch aus dem gestellten Thema: „Politische Entscheidungsprozesse, Konturen einer politischen Entscheidungstheorie" zugleich mit einem Brückenschlag auf die im dritten Kapitel intensiv geführte Diskussion einer Vielzahl lerntheoretischer Ansätze in der politischen Entscheidungstheorie ausblenden.

Auswahl verwendeter und weiterführender Literatur

I Politologische Entscheidungsliteratur:
Monografien, Schriften, Beiträge in Sammelwerken und Zeitschriften

Abrahamsson, B., Bureaucray or Participation, The Logic of Organization, Beverly Hills u. a.: Sage Publ., Inc., 1977.

Albert, H., Marktsoziologie und Entscheidungslogik, Ökonomische Probleme in soziologischer Perspektive, Neuwied am Rhein/Berlin 1967.

-,- Traktat über kritische Vernunft, 2. Aufl., Tübingen 1969.

Aldrup, D.,.Das Rationalitätsproblem in der Politischen Ökonomie, Methodenkritische Lösungsansätze, Tübingen 1971.

-,- Zu einer rationalen Theorie der Politik, in: Jahrbuch für Sozialwissenschaften, 21, 1970, S. 151 ff.

Alexis, M./Wilson, C.Z., Organizational Decision Making, Englewood Cliffs, N.J.: Prentice-Hall, Inc., 1967.

Alker, H.R./Deutsch, K.W./Stoetzel, A.H. (eds.), Mathematical Approaches to Politics, Amsterdam u. a.: Elsevier Scientific Publ. Comp., 1973.

Allison, G.T., Essence of Decision, Explaining the Cuban Missile Crisis, Boston: Little, Brown, 1971.

Almond, G.A./Powell, G.B., Comparative Politics, A Developmental Approach, Boston/Toronto: Little, Brown, 1966.

Alsleben, K./Wehrstedt, W., Praxeologie, Acht Beiträge zur Einführung in die Wissenschaft vom leistungsfähigen Handeln aus dem Forschungszentrum für allgemeine Probleme der Arbeitsorganisation in Warschau, Quickborn 1966.

Apter, D.E., Choice and the Politics of Allocation, A Developmental Theory, New Haven u. a.: Yale Un. Pr., 1971.

Arrow, K.J., Social Choice and Individual Values, (sec. ed.), New York: John Wiley & Sons, 1963.

Axelrod, R., Framework for a General Theory of Cognition and Choice, California: Institute of International Studies, Berkeley: University of California, 1972.

-,- et al., Structure of Decision, The Cognitive Maps of Political Elites, Princeton, N.J.: Princeton Un. Pr., 1976.

-,- Argumentation in Foreign Policy Settings, Britain in 1918, Munich in 1938 and Japan in 1970, in: Government-Supported Research on Foreign Affairs, Current Project, Information FY 1976, 1977, S. 727 ff.

Badura, B., Sprachbarrieren, Zur Soziologie der Kommunikation, Stuttgart-Bad Cannstatt 1971.

Bailey, F.G., Stratagems and Spoils, A Social Anthropology of Politics, Oxford: Basil Blackwell, 1969.

Barber, J.D., The Presidential Character: Predicting Performance in the White House, Englewood Cliffs, N.J.: Prentice-Hall, 1972.

Barry, B.M., Neue Politische Ökonomie, Ökonomische und Soziologische Demokratietheorie, Frankfurt/New York 1975.

Basler, E./Bianca, S., Zivilisation im Umbruch, Zur Erhaltung und Gestaltung des menschlichen Lebensraums, Erauenfeld 1974.

Bauer, R.A. (ed.), Social Indicators, Technology, Space and Society, Cambridge, Mass.: The M.I.T. Pr., 1967.

Bebermeyer, H., Regieren ohne Management? Planung als Führungsinstrument moderner Regierungsarbeit, Stuttgart 1974.

Blau, P.M./Scott, W.R., Formal Organizations, A Comparative Approach, London: Routledge & Kegan Paul Ltd., 1963.

Böhret, C., Entscheidungshilfen für die Regierung, Modelle, Instrumente, Probleme, Ein Beitrag zur demokratischen Regierungslehre, Opladen 1970.

-,- (Hrsg.), Simulation innenpolitischer Konflikte, Opladen 1972.

Brams, S.J., Game Theory and Politics, New York: The Free Press, 1975.

Braybrooke, D./Lindblom, C.E., A Strategy of Decision, Policy Evaluation as a Social Process, New York: The Free Press, 1963.

Bross, I.D.J., Design for Decision, New York: Collier Macmillan Publ., 1953.

Brunner, R.D./Brewer, G.D., Organized Complexity, Empirical Theories of Political Development, New York: The Free Press, 1971.

Brzezinski, Z., Global Political Planning, School of International Affairs, Columbia University, New York, 1968.

Buchanan, J.M./Tullock, G., The Calculus of Consent, Logical Foundations of Constitutional Democracy, Ann Arbor: The University of Michigan Pr., 1965.

Bühl, W.L. (Hrsg.), Konflikt und Konfliktstrategie, Ansätze zu einer soziologischen Konflikttheorie, München 1972.

Bunge, M., Entscheidungstheoretische Modelle in der Politik: Beispiel Vietnam, in: Wissenschaftstheorie der Geisteswissenschaften, Simon-Schaefer, R./Zimmerli, W.C. (Hrsg.), Hamburg 1975, S. 309 ff.

Burton, J.W., Systems, States, Diplomacy and Rules, Cambridge: Cambridge University Press, 1968.

Carstens, K., Politische Führung, Erfahrungen im Dienst der Bundesregierung, Stuttgart 1971.

Castles, F.G./Murray, D.J./Pollitt, C.J./Potter, D.C. (eds.), Decisions Organizations and Society, (sec. ed.), Harmondsworth: Penguin Books Ltd., 1976.

Chittick, W.O. (ed.), The Analysis of Foreign Policy Outputs, Columbus Ohio: Charles E. Merrill Publ. Comp., 1975.

Churchman, C.W., Prediction and optimal Decision, Philosophical Issues of a Science of Values, Englewood Cliffs, N.J.: Prentice-Hall, Inc., 1961.

-,- Philosophie des Managements, Ethik von Gesamtsystemen und gesellschaftlicher Planung, Freiburg 1973.

-,- Forschung und Entscheidungsvorbereitung, in: Atomzeitalter, 1964, S. 165 ff.

Claessens, D., Rolle und Macht, 1968.

Clark, T.N. (ed.), Community Structure and Decision-Making: Comparative Analysis, Scranton, Pennsylvania: Chandler Publ. Comp., 1968.

Cohen, M.D./March, J.D./Olsen, J.P., A Garbage Can Model of Organizational Choice, in: Administrative Science Quarterly, Vol. 17, Nr. 1, 1972.

Conway, M.M./Feigert, F.B., Political Analysis, An Introduction, (sec. ed.), Boston, Mass. u. a.: Allyn and Bacon, Inc. 1976.

Cronin, T.E./Greenberg, S.D. (eds.), The Presidential Advisory System, New York: Harper and Row, Inc., 1969.

Dahl, R.A., A Preface To Democratic Theory, Chicago u. a.: The University of Chicago Press, 1956.

Debnam, G., Nondecisions and Power: The Two Faces of Bachrach and Baratz, in: The American Political Science Review, Nr. 3, Vol. LXIX, 1975, S. 889 ff.

Destler, I.M., Presidents, Bureaucrats and Foreign Policy, The Politics of Organizational Reform, Princeton, N.J.: Princeton Un. Pr., 1972.

Deutsch, K.W., The Nerves of Government, Models of Political Communication and Control, New York: The Free Press of Glencoe, 1966; auf deutsch erschienen: ders., Politische Kybernetik, Modelle und Perspektiven, Freiburg 1970.

Dickson, P., Think Tanks, New York: Kingsport Press, Inc., 1971.

Dierkes, M. (Hrsg.), Soziale Daten und politische Planung, Sozialindikatorenforschung in der BRD und den USA, Frankfurt/New York 1975.

Dolbeare, K.M. (ed.), Public Policy Evaluation, Beverly Hills/London: Sage Publ., 1975.

Downs, A., Ökonomische Theorie der Demokratie, Tübingen 1968.

Drake, A.W./Keeney, R.L./Morse, P.M., Analysis of Public Systems, Cambridge, Mass.: The M.I.T. Press, 1972.

Dror, Y., Design for Policy Sciences, New York: American Elsevier Publ. Comp., Inc., 1971.

Druckman, D. (ed.), Negotiations, Social-Psychological Perspectives, Beverly Hills/London: Sage Publ., 1977.

van Dusen, R.A., Social Indicators, 1973: A Review Symposium, Washington D.C.: Social Science Research Council, 1974.

Dye, T.R., Policy Analysis, What Governments do, Why they do it, and What Difference it Makes, Alabama: University of Alabama Press, 1976.

Easton, D., A Framework for Political Analysis, (sec. ed.), Englewood Cliffs, N.J.: Prentice-Hall, 1965.

-,- A Systems Analysis of Political Life, New York u. a.: John Wiley & Sons, 1965.

Edelman, M., Politik als Ritual, Die symbolische Funktion staatlicher Institutionen und politischen Handelns, Frankfurt/M. 1976.

Ehmke, H., Planung im Regierungsbereich — Aufgaben und Widerstände, Bulletin des Presse- und Informationsamtes der Bundesregierung, Nr. 187, vom 16. Dez. 1971, S. 2026 ff.

Ellwein, T., Regieren und Verwalten, Eine kritische Einführung, Opladen 1976.

Engelhardt, H.D./Wenke, K.E./Westmüller, H./Zilleßen, H., Lebensqualität — Zur inhaltlichen Bestimmung einer aktuellen Politischen Forderung, Wuppertal 1973.

Etzioni, A., Modern Organizations, Englewood Cliffs: Prentice-Hall, 1964.

.,- Die aktive Gesellschaft, Eine Theorie gesellschaftlicher und politischer Prozesse, Opladen 1975.

Fischer, D.W./von Winterfeldt, D., Setting Standards For Chronic Oil Discharges In The North Sea, Laxenburg: RM-78-5, 1978.

Fischhoff, B., Cost Benefit Analysis and the Art of Motorcycle Maintenance, in: Policy Sciences, Vol. 8, Nr. 2, 1977, S. 177 ff.

Fisher, G.H., Cost Considerations in Systems Analysis, New York: American Elsevier Publ. Comp., Inc., 1971.

Flohr, H., Rationalität und Politik, Bd. II: Einige konkrete Bedingungen rationaler Politik, Neuwied am Rhein/Berlin 1975.

Flora, P., Indikatoren der Modernisierung, Ein historisches Datenhandbuch, Opladen 1975.

Forrester, J.W., Der teuflische Regelkreis, Das Globalmodell der Menschheitskrise, Stuttgart 1972.

Frankel, J., Die außenpolitische Entscheidung, Köln 1965.

Frey, B.S., Moderne Politische Ökonomie, Die Beziehungen zwischen Wirtschaft und Politik, München 1977.

-,- Die ökonomische Theorie der Politik oder die neue politische Ökonomie: Eine Übersicht, in: Zeitschrift für die gesamte Staatswissenschaft, Bd. 126, 1970, S. 1 ff.

Friedman, J./Abonyi, G., Social Learning: A Model For Policy Research, Laxenburg: RM-76-26, 1976.

Fürst, D., Kommunale Entscheidungsprozesse, Ein Beitrag zur Selektivität politisch-administrativer Prozesse, Baden-Baden 1975.

Gantzel, K.J./Kress, G./Rittberger, V., Konflikt, Eskalation, Krise, Sozialwissenschaftliche Studien zum Ausbruch des Ersten Weltkrieges, Düsseldorf 1972.

Gehmacher, E., Methoden der Prognostik, Eine Einführung in die Probleme der Zukunftsforschung und Langfristplanung, Freiburg 1971.

George, A.L., The „Operational Code": A Neglected Approach to the Study of Political Leaders and Decision-Making, Santa Monica: RM-5427-PR, 1967.

Gilbert, C.W., Community Power Structure, Propositional Inventory, Tests and Theory, Gainesville: University of Florida Press, 1972.

Gilbert, Ch.E., Welfare Policy, in: Greenstein, F.I./Polsby, N.W. (eds.), Handbook of Political Science, Vol. 6, Policies and Policymaking, Reading, Mass.: Addison-Wesley, 1975, S. 111 ff.

Goodin, R.E., The Politics of Rational Man, London u. a.: John Wiley & Sons, Ltd., 1976.

Gore, W.J./Dyson, J.W. (eds.), The Making of Decisions: A Reader in Administrative Behavior, London: The Free Press, 1964.

Greenstein, F.I., Personality and Politics, in: ders./Polsby, N.W. (eds.), Handbook of Political Science, Vol. 2, Micropolitical Theory, Reading, Mass.: Addison-Wesley, 1975, S. 1 ff.

Gresser, K., Das Planning-Programming-Budgeting System, Probleme der Anwendung bei der staatlichen Aufgaben- und Finanzplanung, München-Pullach/Berlin 1972.

Grottian, P., Strukturprobleme staatlicher Planung, Eine empirische Studie zum Planungsbewußtsein der Bonner Ministerialbürokratie und zur staatlichen Planung der Unternehmenskonzentration und des Wettbewerbs (GWB), Hamburg 1974.

Grumm, J.G., The Analysis of Policy Impact, in: Greenstein, F.I./Polsby, N.W. (eds.), Handbook of Political Science, Vol. 7, Policies and Policymaking, Reading, Mass.: Addison-Wesley, 1975, S. 439 ff.

van Gunsteren, H.R., The Quest for Control, A critique of the rational-central-rule approach in public affairs, London u. a.: John Wiley & Sons, 1976.

Guttentag, M. (ed.), Evaluation Studies Review Annual, Vol. 2, Beverly Hills/London: Sage Publ., Inc., 1977.

Gwyn, W.B./Edwards, G.C. (eds.), Perspectives on Public Policy-Making, New Orleans: Tulane University, 1975.

Haas, E.B., The Obsolescence of Regional Integration Theory, Berkeley: University of California, 1975.

Haas, M., Survival Decisionmaking, in: Chittick, W.O. (ed.), The Analysis of Foreign Policy Outputs, Ohio: Charles E. Merril Publ. Comp., 1975.

Habermas, J./Luhmann, N., Theorie der Gesellschaft oder Sozialtechnologie, Was leistet die Systemforschung?, Frankfurt/M. 1971.

Häfele, W., Energy Strategies And The Case Of Nuclear Power, Laxenburg: RR-76-10, 1976.

Helmer, O., Social Technology, New York: Basic Books, 1966.

-,- /Rescher, N., On the Epistemology of the Inexact Sciences, U.S. Air Force Project Rand, Santa Monica: R-353, 1959.

Herder-Dorneich, P., Politisches Modell zur Wirtschaftstheorie, Theorie der Bestimmungsfaktoren finanzwirtschaftlicher Staatstätigkeit, Freiburg/Breisgau 1959.

-,- /Groser, M., Ökonomische Theorie des politischen Wettbewerbs, Göttingen 1977.

Hess, S., Organizing the Presidency, Washington, D.C.: The Brookings Institution, 1976.

Hilsman, R., The Politics of Policy Making in Defense and Foreign Affairs, New York: Harper & Row, Publ., 1971.

Holsti, O.R., Crisis, Escalation, War, Montreal u. a.: McGill-Queen's Un. Pr., 1972.

-,- The belief system and national images: a case study, in: The Journal of Conflict Resolution, Vol. VI, Nr. 3, 1962, S. 244 ff.

Hoos, J.R., Systems Analysis In Public Policy, A Critique, Berkeley u. a.: University of California Press, 1974.

Horelick, A.L./Johnson, R.A./Steinbruner, J.D., The Study of Soviet Foreign Policy: A Review of Decision-Theory-Related Approaches, Santa Monica: R-1334, 1973.

Iklé, F.C., Strategie und Taktik des diplomatischen Verhandelns, Gütersloh 1965.

Jervis, R., The Logic of Images in International Relations, Princeton, N.J.: Princeton Un. Pr., 1970.

-,- Perception and Misperception in International Politics, Princeton, N.J.: Princeton Un. Pr. 1976.

Jochimsen, R., Planung des Staates in der technischen Welt, Bulletin des Presse- und Informationsamtes der Bundesregierung, Nr. 85, vom 9. Juni 1972, S. 1179 ff.

Kahn, H., On Studying the Future, in: Greenstein, F.I./Polsby, N.W. (eds.), Handbook of Political Science, Vol. 7, Strategies of Inquiry, Reading, Mass.: Addison-Wesley, 1975, S. 405 ff.

Kaplan, M.A., New Approaches to International Relations, New York: St. Martin's Press, 1968.

Karpik, L. (ed.), Organization and Environment Theory, Issues and Reality, London u. a.: Sage Publ., Ltd., 1978.

Katz, D./Kahn, R.L., The Social Psychology of Organizations, New York u. a.: John Wiley & Sons, Inc., 1966.

Keeney, R.L., Energy Policy And Value Tradeoffs, Laxenburg: RM-75-76, 1975.

Kessel, J.H., The Domestic Presidency: Decision-Making in the White House, Ohio: Duxbury Press, 1974.

Keyfitz, N., Understanding World Models, Laxenburg: RM-77-18, 1977.

King, A., Executives, in: Greenstein, F.I./Polsby, N.W. (eds.), Handbook of Political Science, Vol. 5, Governmental Institutions and Processes, Reading, Mass.: Addison-Wesley, 1975, S. 173 ff.

Kirsch, G., Ökonomische Theorie der Politik, Tübingen 1974.

Kissinger, H.A., Großmacht Diplomatie, Von der Staatskunst Castlereaghs und Metternichs, Düsseldorf/Wien 1962.

Klages, H., Planungspolitik, Probleme und Perspektiven der umfassenden Zukunftsgestaltung, Stuttgart u. a. 1971.

-,- Die unruhige Gesellschaft, Untersuchungen über Grenzen und Probleme sozialer Stabilität, München 1975.

-,- Grenzen der Organisierbarkeit von Verwaltungsorganisationen, in: Die Verwaltung, Bd. 10, Heft 1, 1977, S. 31 ff.

Knop, H., The Tennesse Valley Authority Experience, Proceedings Of The First Conference On Case Studies Of Large Scale Planning Projects, Vol. 2, Laxenburg: CP-76-2, 1974.

Koch, R., Personalsteuerung in der Ministerialbürokratie, Eine theoretisch-empirische Studie zur Möglichkeit organisatorischer Neuerungen, Baden-Baden 1975.

Kramer, G.H./Hertzberg, J., Formal Theory, in: Greenstein, F.I./Polsby, N.W. (eds.), Handbook of Political Science, Vol. 7, Strategies of Inquiry, Reading, Mass.: Addison-Wesley, 1975, S. 351 ff.

Krauch, H., Prioritäten für die Forschungspolitik, München 1970.

-,- (Hrsg.), Systemanalyse in Regierung und Verwaltung, Freiburg/Breisgau 1972.

Lasswell, H.D., Psychopathology and Politics, Chicago: University of Chicago Pr., 1930. (New ed., New York: Viking, 1960).

-,- The Decision Process: Seven Categories of Functional Analysis, Bureau of Governmental Research, Studies in Government, College Park: University of Maryland, 1956.

Laszlo, E., A Strategy for the Future, The Systems Approach to World Order, New York: George Braziller, Inc., 1974.

Lau, C., Theorien gesellschaftlicher Planung, Eine Einführung, Stuttgart 1975.

Lenk, H., Erklärung, Prognose, Planung, Skizzen zu Brennpunktproblemen der Wissenschaftstheorie, Freiburg 1972.

Lindblom, C.E., The Policy-Making Process, Englewood Cliffs, N.J.: Prentice-Hall, Inc., 1968.

-,- Inkrementalismus: die Lehre vom ,,Sich-Durchwursteln'', in: Wohlfahrtsstaat und Massenloyalität, Narr, W.D./Offe, C. (Hrsg.), Köln 1975, S. 161 ff.

Lohmar, U., Wissenschaftspolitik und Demokratisierung, Ziele, Analysen, Perspektiven, Düsseldorf 1973.

Lompe, K., Wissenschaftliche Beratung der Politik, 2. Aufl., Göttingen 1972.

Ludz, P.C., ,Alltagsleben' und ,Strategic Interaction', Bemerkungen zu einem neuen Ansatz in der Theorie der internationalen Beziehungen, in: Raina, P. (Hrsg.), Internationale Politik in den siebziger Jahren, Festschrift für Richard Löwenthal, Frankfurt/M. 1973.

-,- Reflexionen zum Verhältnis von Sozialwissenschaften und praktischer Politik, in: Baier, H. (Hrsg.), Freiheit und Sachzwang, Beiträge zu Ehren Helmut Schelskys, Opladen 1977.

Lübbe, H., Theorie und Entscheidung, Studien zum Primat der praktischen Vernunft, Freiburg 1971.

Lücke, M., Kollektive Planungs- und Entscheidungsprozesse, Dargestellt an der Steuerung kommunaler Entwicklung, Tübingen 1975.

Luhmann, N., Funktionen und Folgen formaler Organisation, Berlin 1964.

-,- Zweckbegriff und Systemrationalität, Über die Funktion von Zwecken in sozialen Systemen, Tübingen 1968.

-,- Macht, Stuttgart 1975.

-,- Soziologische Aufklärung, Aufsätze zur Theorie der Gesellschaft, Bd. 1 und 2, Opladen 1975.

-,- Grundbegriffliche Probleme einer Interdisziplinären Entscheidungstheorie, in: Die Verwaltung, Bd. 4, Heft 4, 1971, S. 470 ff.

-,- Legitimation durch Verfahren, in: Wohlfahrtsstaat und Massenloyalität, Narr, W.D./Offe, C. (Hrsg.), Köln 1975, S. 323 ff.

Lyden, F.J./Miller, E.G. (eds.), Planning Programming Budgeting, A Systems Approach to Management, (sec. ed.), Chicago: Markham Publ. Comp., 1972.

Majone, G., Pitfalls Of Analysis And The Analysis Of Pitfalls, Laxenburg: RM-77-1, 1977.

March, J.G./Olsen, J.P., Ambiguity and Choice in Organizations, Bergen u. a.: Harald Lyche & Co., 1976.

-,- /Simon, H.A., Organizations, New York: John Wiley & Sons, 1958.

Mayntz, R., Soziologie der Organisation, Reinbek 1963.

-,- Die Implementation politischer Programme: Theoretische Überlegungen zu einem neuen Forschungsgebiet, in: Die Verwaltung, Bd. 10, Heft 1, 1977, S. 51 ff.

-,- /Scharpf, F. (Hrsg.), Planungsorganisation, Die Diskussion um die Reform von Regierung und Verwaltung des Bundes, München 1973.

-,- /Scharpf, F., Policy-Making in the German Federal Bureaucray, Amsterdam u. a.: Elsevier Scientific Publ. Comp., 1975.

Meadows, D. (Mitarb.), Die Grenzen des Wachstums, Bericht des Club of Rome zur Lage der Menschheit, Stuttgart 1972.

-,- /Meadows, D.H., Das globale Gleichgewicht, Modellstudien zur Wachstumskrise, Stuttgart 1974.

Meissner, B./Brunner, G. (Hrsg.), Gruppeninteressen und Entscheidungsprozeß in der Sowjetunion, Köln 1975.

Mesarović, M./Pestel, E., Menschheit am Wendepunkt, 2. Bericht an den Club of Rome zur Weltlage, Stuttgart 1974.

Müller, N., Strategiemodelle, Aspekte und Probleme einer sozialwissenschaftlichen Praxeologie, Opladen 1973.

Murswieck, A., Regierungsreform durch Planungsorganisation, Eine empirische Untersuchung zum Aufbau von Planungsstrukturen im Bereich der Bundesregierung, Opladen 1975.

Nagel, A., Leistungsfähige Entscheidungen in Politik und Verwaltung durch Systemanalyse. Ein generell anwendbares Verfahren zur systematischen Erarbeitung vertretbarer Tagesentscheidungen, Berlin 1971.

-,- Politische Entscheidungslehre, Band I: Ziellehre, Eine programmierte Einführung mit Thesauruswörterbuch und Literaturdokumentation, Berlin 1975.

Narr, W.D., Theoriebegriffe und Systemtheorie, Einführung in die moderne politische Theorie, Bd. I, 2. Aufl., Stuttgart/Berlin 1971.

Naschold, F., Systemsteuerung, Einführung in die moderne politische Theorie, Bd. II, 2. Aufl., Stuttgart 1971.

-,- /Väth, W. (Hrsg.), Politische Planungssysteme, Opladen 1973.

Nelkin, D., Technological Decisions and Democray, European Experiments in Public Participation, Beverly Hills/London: Sage Publ., Inc., 1977.

Neustadt, R.E., Presidential Power, The Politics of Leadership, New York u. a.: The New American Library, 1960.

Neveling, U./Sülzer, R./Wersig, G., Inhaltsanalytische Fassung politischer Zielaussagen, Eine Methodenstudie mit praktischen Anleitungen, Zentrum Berlin für Zukunftsforschung e.V., Berlin 1970.

Nimmo, D.D./Bonjean, C.M., Political Attitudes and Public Opinion, New York: David McKay Comp., Inc., 1972.

Novick, D. (ed.), Program Budgeting, Program Analysis and the Federal Budget, Cambridge u. a.: Harvard Un. Pr., 1965.

-,- (ed.), Current Practice in Program Budgeting (PPBS), Analysis and Case Studies Covering Government and Business, New York: Crane, Russak & Comp., Inc., 1973.

Olson, M., Die Logik des kollektiven Handelns, Kollektivgüter und die Theorie der Gruppen, Tübingen 1968.

Palumbo, D.J., Organization Theory and Political Science, in: Greenstein, F.I./Polsby, N.W. (eds.), Handbook of Political Science, Vol. 2, Micropolitical Theory, Reading Mass.: Addison-Wesley, 1975, S. 319 ff.

Pettygrew, A.M., The Politics of Organizational Decision-making, London: Tavistock Publ. Ltd., 1973.

Popper, K., Prognose und Prophetie in den Sozialwissenschaften, in: Topitsch, E. (Hrsg.), Logik der Sozialwissenschaften, Köln/Berlin 1965.

237

Pressman, J.L./Wildavsky, A.B., Implementation, How Great Expectations in Washington Are Dashed in Oakland. Or, Why It's Amazing that Federal Programs Work at All, This Being a Saga of the Economic Development Administration as Told by Two Sympathetic Observers Who Seek to Build Morals on a Foundation of Ruined Hopes, Berkeley u. a.: University of California Pr., 1974.

Pruitt, D.G./Snyder, R.C. (eds.), Theory and Research on the Causes of War, Englewood Cliffs, N.J.: Prentice-Hall, Inc., 1969.

Quade, E.S. (ed.), Analysis for military decisions, Amsterdam: North-Holland Publ. Comp., 1964.

-,- Analysis for Public Decisions, New York u. a.: American Elsevier Publ. Comp., Inc., 1975.

-,- /Boucher, W.I. (eds.), Systems Analysis and Policy Planning, Applications in Defense, New York: American Elsevier Publ. Comp., Inc., 1968.

Ranney, A. (ed.), Political Science and Public Policy, Sponsored by the Committee on Governmental and Legal Processes of the Social Science Research Council, Chicago: Markham Publ. Comp., 1968.

Rapoport, A., Strategy and Conscience, New York: Schocken Books, 1964.

-,- Fights, Games and Debates, Ann Arbor: The University of Michigan Pr., 1970.

-,- /Chammah, A.M., Prisoner's Dilemma, A Study in Conflict and Cooperation, Ann Arbor: University of Michigan Pr., 1965.

Regierungsprogramme und Regierungspläne, Vorträge und Diskussionsbeiträge der 40. Staatswissenschaftlichen Fortbildungstagung der Hochschule für Verwaltungswissenschaften Speyer 1972, Schriftenreihe der Hochschule Speyer, Bd. 51, Berlin 1973.

Rein, M., Social Policy: Issues of Choice and Change, New York: Random House, Inc., 1970.

Rittel, H., Zur wissenschaftlichen und politischen Bedeutung der Entscheidungstheorie, in: Krauch, H./Kunz, W./Rittel, H. (Hrsg.), Forschungsplanung, Eine Studie über Ziele und Strukturen amerikanischer Forschungsinstitute, München/Wien 1966, S. 110 ff.

Rittelmeyer, C./Wartenberg, G., Verständigung und Interaktion, Zur politischen Dimension der Gruppendynamik, München 1975.

Robinson, J.A./Majak, R.R., The Theory of Decision-Making, in: Charlesworth, J.C. (ed.), Contemporary Political Analysis, New York: The Free Press, 1967, S. 175 ff.

Rolshausen, C., Rationalität und Herrschaft, Zum Verhältnis von Marktsoziologie und Entscheidungslogik, Frankfurt/M. 1972.

Ronge, V./Schmieg, G. (Hrsg.), Politische Planung in Theorie und Praxis, München 1971.

Roos, J.P., Welfare Theory and Social Policy, A Study in Policy Science, Helsinki: Societas Scientiarium Fennica, 1973.

Rose, R., Overloaded Governments, Edinburgh: Paper presented at the 10th IPSA-Meeting, 1976.

Rosenau, J.N., The Scientific Study of Foreign Policy, New York: The Free Press, 1971.

Roth, R., Parteiensystem und Außenpolitik, Zur Bedeutung des Parteiensystems für den außenpolitischen Entscheidungsprozeß in der BRD, Meisenheim 1973.

Rubin, J./Brown, B.R., The Social Psychology of Bargaining and Negotiation, New York: Academic Press, 1975.

Rybol, J.H., Logische und methodische Aspekte systemtheoretisch-kybernetischer Forschungsansätze in der Politikwissenschaft, Essen 1974.

Self, P., Administrative Theories and Politics, An Inquiry into the Structure and Processes of Modern Government, London: George Allen & Unwin Ltd., 1972.

Senghaas, D., Sozialkybernetik und Herrschaft, in: Schmidt, R.H. (Hrsg.), Methoden der Politologie, Darmstadt 1967.

Setzer, H., Determinanten der Wählerentscheidung, Eine politikwissenschaftlich-statistische Analyse der Unterhauswahlen in England und Wales zwischen den Weltkriegen, Frankfurt/New York 1974.

Sharkansky, I. (ed.), Policy Analysis in Political Science, Chicago: Markham Publ. Comp., 1970.

Shubik, M. (Hrsg.), Spieltheorie und Sozialwissenschaften, Hamburg 1965.

Simon, H.A., Administrative Behavior, A Study of Decision-Making Processes in Administrative Organization, sec. ed., New York: John Wiley & Sons, 1957, auf deutsch erschienen: ders., Das Verwaltungshandeln, Stuttgart 1955.

-,- Models of Man, Social and Rational: Mathematical Essays on Rational Human Behavior in a Social Setting, New York: John Wiley & Sons, 1955.

-,- Political Research: The Decision-Making Framework, in: Easton. D. (ed.), Varieties of Political Theory, Englewood Cliffs, Prentice-Hall, 1966, S. 15 ff.

Slusser, R.M., The Berlin Crisis of 1961, Soviet-American Relations and the Struggle for Power in the Kremlin, Baltimore/London: The Johns Hopkins Un. Pr., 1973.

Smelser, N.J., Theorie des kollektiven Verhaltens, Köln 1972.

Smith, B.L.R., Wissenschaftliche Politik-Beratung in den USA, Düsseldorf 1971.

Smith, R.A., Community Power and Decision-Making: A Replication and Extension of Hawley, in: American Sociological Review, Vol. 41, Nr. 4, 1976.

Snyder, R.C./Bruck, H.W./Sapin, B., Foreign Policy Decision-Making, An Approach to the Study of International Politics, Glencoe: The Free Press, 1962.

Snyder, G.H./Diesing, P., Conflict Among Nations, Bargaining, Decision Making, And System Structure In International Crises, Princeton N.J.: Princeton Un. Pr., 1977.

Sorensen, T.C., Decision-Making in the White-House, The Olive Branch or The Arrows, New York u. a.: Columbia Un. Pr., 1968.

Schäfers, B. (Hrsg.), Gesellschaftliche Planung, Materialien zur Planungsdiskussion in der BRD, Stuttgart 1973.

Scharpf, F.W., Demokratietheorie zwischen Utopie und Anpassung, Konstanz 1970.

Scharpf, F.W./Reissert, B./Schnabel, F., Politikverflechtung: Theorie und Empirie des kooperativen Föderalismus in der Bundesrepublik, Kronberg/Ts. 1976.

Schellhorn, K.M., Krisen-Entscheidung, Der geheime amerikanische Entscheidungsprozeß zur Bombardierung Nord-Vietnams 1964/65, München 1974.

Schubert, G. (ed.), Judicial decision-making, London: Collier-Macmillan, 1963.

Schumpeter, J.A., Kapitalismus, Sozialismus und Demokratie, Bern 1950.

Schuon, K.T., Wissenschaft, Politik und wissenschaftliche Politik, Köln 1972.

Schwarz, G.P., Entscheidungstheorie, in: Gabriel, O.W. (Hrsg.), Grundkurs Politische Theorie, Köln/Wien 1978, S. 327 ff.

Schweigler, G., Politikwissenschaft und Außenpolitik in den USA, Am Beispiel der europäisch-amerikanischen Beziehungen, München/Wien 1977.

Steinbruner, J.D., The Cybernetic Theory of Decision, New Dimensions of Political Analysis, Princeton, N.J.: Princeton Un. Pr., 1974.

-,- Beyond Rational Deterrence, The Struggle for New Conceptions, in: A Quarterly Journal of International Relations, Vol. XXVIII, Nr. 2, 1976, S. 223 ff.

Steinkemper, B., Klassische und politische Bürokraten in der Ministerialverwaltung der Bundesrepublik Deutschland, Eine Darstellung sozialstruktureller Merkmale unter dem Aspekt politischer Funktionen der Verwaltung, Köln u. a. 1974.

Strauss, L.L., Men and Decisions, New York: Doubleday & Comp., Inc., 1962.

Taylor, M., The Theory of Collective Choice, in: Greenstein, F.I./Polsby, N.W. (eds.), Handbook of Political Science, Vol. 3, Macropolitical Theory, Reading, Mass.: Addison-Wesley, 1975, S. 413 ff.

Tenbruck, F.H., Zur Kritik der planenden Vernunft, Freiburg/München 1972.

Tribe, L.H./Schelling, C.S./Voss, J. (eds.), When Values Conflict, Essays on Environmental Analysis, Discourse, and Decision, Cambridge, Mass.: Ballinger Publ. Comp., 1976.

Vanberg, V., Wissenschaftsverständnis, Sozialtheorie und politische Programmatik, Zur Analyse des Gegensatzes zwischen liberalem und totalitärem Politikverständnis, Tübingen 1973.

Voigt, F./Budischin, H.J., Grenzen der staatlichen Wirtschaftspolitik im gesellschaftlichen und sozialen Wandel, Einflüsse der Denk- und Reaktionsfähigkeit der menschlichen Persönlichkeit, Berlin 1976.

Wagener, F., Neubau der Verwaltung, Gliederung der öffentlichen Aufgaben und ihrer Träger nach Effektivität und Integrationswert, Berlin 1969.

Walker, P.G., The Cabinet, London: Jonathan Cape, 1970.

Wallace, H./Wallace, W./Webb, C. (eds.), Policy-Making in the European Communities, London u. a.: John Wiley & Sons, 1977.
Weisser, G., Politik als System aus normativen Urteilen, Sinn, Möglichkeit, Haupterfordernisse, Göttingen 1951.
von Weizsäcker, C.F., Wege in der Gefahr, Eine Studie über Wirtschaft, Gesellschaft und Kriegsverhütung, 5. Aufl., München/Wien 1977.
Werner, R., Soziale Indikatoren und politische Planung, Einführung in Anwendungen der Makrosoziologie, Reinbek 1975.
Wheare, K.C., Government by Committee, An Essay on the British Constitution, Oxford: At the Clarendon Press, 1955.
Wholey, J.S./Scanlon, J.W./Duffy, H.G./Fukumoto, J.S./Vogt, L.M., Federal Evaluation Policy, Analyzing the Effects of Public Programs, Washington, D.C.: The Urban Institute, 1976.
Wildavsky, A./Davis, O.A./Dempster, M.A.H., A Theory of Budgetary Process, in: American Political Science Review, 60, 1966, S. 529 ff.
Wilson, B.R. (ed.), Rationality, Oxford: Basil Blackwell, 1974.
von Winterfeldt, D., Modelling Standard Setting Decisions: An Illustrative Application To Chronic Oil Discharges, Laxenburg 1978.
Worsley, P. (ed.), Problems of Modern Society, A Sociological Perspective, Harmondsworth: Penguin Books Ltd. 1976.

Young, M. (ed.), Forecasting and the Social Sciences, London: Heinemann Educational Books Ltd., 1968.
Young, O.R., The Politics of Force, Bargaining During International Crises, Princeton, N.J.: Princeton Un. Pr., 1968.

Zahn, E., Systemforschung in der BRD, Bericht im Auftrag der Stiftung Volkswagenwerk zur Situation eines interdisziplinären Forschungsgebietes, Göttingen 1972.
Zapf, W. (Hrsg.), Lebensbedingungen in der Bundesrepublik, Sozialer Wandel und Wohlfahrtsentwicklung, SPES: Sozialpolitisches Entscheidungs- und Indikatorensystem, Frankfurt/New York 1977.

II Nicht-politologische Entscheidungsliteratur:
Monografien, Schriften, Beiträge in Sammelwerken und Zeitschriften

Aschauer, E., Führung, Eine soziologische Analyse anhand kleiner Gruppen, Stuttgart 1970.

Bergius, R., Sozialpsychologie, Hamburg 1976.
Bössmann, E., Die Vorteile der Entscheidungstheorie für die unternehmerische Praxis, in: Zeitschrift für die gesamte Staatswissenschaft, Bd. 124, 1968, S. 233.
Brandstätter, H./Gahlen, B. (Hrsg.), Entscheidungsforschung, Bericht über ein interdisziplinäres Symposium Ottobeuren 1974, Tübingen 1975.
-,- /Schuler, H. (Hrsg.), Entscheidungsprozesse in Gruppen, Bern u. a. 1976.
Brockhoff, K., Prognoseverfahren für die Unternehmensplanung, Wiesbaden 1977.
Bronner, R., Entscheidung unter Zeitdruck, Eine Experimentaluntersuchung zur empirischen Theorie der Unternehmung, Tübingen 1973.
Bruner, J.S./Jolly, A./Kathy, S., Play — It's Role in Development and Evolution, Harmondsworth: Penguin Books Ltd., 1976.
Burger, E., Einführung in die Theorie der Spiele, Mit Anwendungsbeispielen, insbesondere aus Wirtschaftslehre und Soziologie, Berlin 1959.

Churchman, C.W., Einführung in die Systemanalyse, München 1970.
von Cube, F., Was ist Kybernetik? Grundbegriffe, Methoden und Anwendungen, München 1970.

Eberlein, G.L./Kroeber-Riel, W./Leinfellner, W. (Hrsg.), Forschungslogik der Sozialwissenschaften, Düsseldorf 1974.

Edwards, W./Tversky, A. (eds.), Decision Making, Selected Readings, Harmondsworth: Penguin Books Ltd., 1967.

England, G.W., The Manager and His Values: An International Perspective from The United States, Japan, Korea, India and Australia, Cambridge Mass.: Ballinger Publ. Comp., 1975.

Feger, H., Konflikterleben und Konfliktverhalten, Psychologische Untersuchungen zu alltäglichen Entscheidungen, Bern u. a. 1978.

Festinger, L., A Theory of Cognitive Dissonance, Stanford: Stanford Un. Pr., 1962.

Fishburn, P.C., Utility Theory For Decision Making, New York u. a.: John Wiley & Sons, Inc., 1970.

Gäfgen, G., Theorie der wirtschaftlichen Entscheidung, 2. Aufl., Tübingen 1968.

Gottinger, H.W., Grundlagen der Entscheidungstheorie, Stuttgart 1974.

Gregory, C.E., Die Organisation des Denkens, Kreatives Lösen von Problemen, Frankfurt/M. 1974.

Grün, O., Das Lernverhalten in Entscheidungsprozessen der Unternehmung, Tübingen 1973.

Gzuk, R., Messung der Effizienz von Entscheidungen, Beitrag zu einer Methodologie der Erfolgsfeststellung betriebswirtschaftlicher Entscheidungen, Tübingen 1975.

Hagen, J.J., Rationales Entscheiden, München 1974.

Hartmann, H., Funktionale Autorität, Systematische Abhandlung zu einem soziologischen Begriff, Stuttgart 1964.

Hauschildt, J., Entscheidungsziele, Zielbildung in innovativen Entscheidungsprozessen: theoretische Ansätze und empirische Prüfung, Tübingen 1977.

Hax, H., Die Koordination von Entscheidungen, Ein Beitrag zur betriebswirtschaftlichen Organisationslehre, Köln u. a. 1965.

Heinen, E., Grundfragen der entscheidungsorientierten Betriebswirtschaftslehre, München 1976.

-,- (Hrsg.), Grundlagen betriebswirtschaftlicher Entscheidungen, Das Zielsystem der Unternehmung, Wiesbaden 1971.

Höffe, O., Einführung in die utilitaristische Ethik, Klassische und zeitgenössische Texte, München 1975.

-,- Strategien der Humanität, Zur Ethik öffentlicher Entscheidungsprozesse, Freiburg/München 1975.

-,- Rationalität, Dezision oder praktische Vernunft, in: Philosophisches Jahrbuch, 80. Jg., 1973, S. 352 ff.

-,- A Theory of Justice, in: Philosophische Rundschau, 21. Jg., 1975, S. 187 ff.

Homans, G.C., Theorie der sozialen Gruppe, 3. Aufl., Köln/Opladen 1968.

Irle, M., Macht und Entscheidungen in Organisationen, Studie gegen das Linie-Stab-Prinzip, Frankfurt/M. 1971.

-,- Verteidigung einer Theorie durch Expansion, in: Zeitschrift für Sozialpsychologie, 1970, 1, S. 83 ff.

Jeffrey, R.C., Logik der Entscheidungen, Wien/München 1967.

Joost, N., Organisation in Entscheidungsprozessen, Eine empirische Untersuchung, Tübingen 1975.

Kaufmann, A., The Science of Decision-making, An introduction to praxeology, London: World University Library, 1968.

Keeney, R.L., A Group Preference Axiomatization With Cardinal Utility, Laxenburg: RM-75-47, 1975.

-,- /Raiffa, H., Decisions With Multiple Objectives: Preferences and Value Tradeoffs, New York u. a.: John Wiley & Sons, Inc., 1976.

Kern, N., Netzplantechnik, Betriebswirtschaftliche Analyse von Verfahren der industriellen Terminplanung, Wiesbaden 1969.

Kirsch, W., Die Betriebswirtschaftslehre als Führungslehre, Erkenntnisperspektiven, Aussagensysteme, wissenschaftlicher Standort, München 1977.
-,- Einführung in die Theorie der Entscheidungsprozesse, Wiesbaden 1977.
-,- /Bamberger, I./Gabele, E./Klein, H.K., Betriebswirtschaftliche Logistik, Systeme-Entscheidungen-Methoden, Wiesbaden 1973.
Krege, W., Begriffe der Gruppendynamik, Stuttgart 1977.
Krelle, W. unter Mitarbeit von Coenen, D., Präferenz- und Entscheidungstheorie, Tübingen 1968.
Kupsch, P.U., Das Risiko im Entscheidungsprozeß, Wiesbaden 1973.
von Kutschera, F., Einführung in die Logik der Normen, Werte und Entscheidungen, Freiburg/München 1973.

Lamberton, D.M. (ed.), Economics of Information and Knowledge, Selected Readings, Harmondsworth: Penguin Books Ltd., 1971.
Lapassade, G., Gruppen, Organisationen, Institutionen, 2. Aufl., Stuttgart 1972.
Layard, R., Cost-Benefit Analysis, Selected Readings, Harmondsworth: Penguin Books Ltd., 1972.
Lee, W., Psychologische Entscheidungstheorie, Eine Einführung, Weinheim/Basel 1977.
Lindley, D.V., Einführung in die Entscheidungstheorie, Frankfurt/M. 1974.

Maccoby, E.E./Newcomb, T.M./Hartley, E.L. (eds.), Readings in Social Psychology, New York: Holt, Rinehart & Winston, Inc., 1958.
Mackscheidt, K., Zur Theorie des optimalen Budgets, Tübingen 1973.
Mann, L., Sozialpsychologie, Weinheim/Basel 1972.
Marr, R., Innovation und Kreativität, Planung und Gestaltung industrieller Forschung und Entwicklung, Wiesbaden 1973.
Meffert, H., Informationssysteme, Grundbegriffe der EDV und Systemanalyse, Tübingen 1975.
Menges, G., Grundmodelle wirtschaftlicher Entscheidungen, Einführung in moderne Entscheidungstheorien unter besonderer Berücksichtigung volks- und betriebswirtschaftlicher Anwendungen, Köln/Opladen 1969.
Moore, P.G./Hodges, S.D. (eds.), Programming for optimal decisions, Selected Readings in Mathematical Programming Techniques for Management Problems, Harmondsworth: Penguin Books Ltd., 1970.
Musgrave, R.A., Finanztheorie, 2. Aufl., Tübingen 1969.
Myrdal, G., Das politische Element in der national-ökonomischen Doktrinbildung, Hannover 1963.

Neuberger, O., Führungsverhalten und Führungserfolg, Berlin 1976.
von Neumann, J./Morgenstern, O., Theory of Games And Economic Behavior (third ed.), Princeton N.J.: Princeton Un. Pr., 1953.

Piontkowski, U., Psychologie der Interaktion, München 1976.
Posner, M.I., Kognitive Psychologie, München 1976.

Raiffa, H., Decision Analysis, Introductory Lectures on Choices under Uncertainty, Reading, Mass.: Addison-Wesley Publ. Comp., 1970.
Reimann, H., Kommunikations-Systeme, Umrisse einer Soziologie der Vermittlungs- und Mitteilungsprozesse, Tübingen 1968.
Rescher, N. (ed.), The Logic of Decision and Action, Pittsburgh: University of Pittsburgh Press, 1967.
Rinza, P., Projektmanagement, Planung, Überwachung und Steuerung von technischen und nichttechnischen Vorhaben, Düsseldorf 1976.
Rivett, P., Entscheidungsmodelle in Wirtschaft und Verwaltung, Frankfurt/M. 1974.
Rozeboom, W.W., Foundations of the Theory of Prediction, Homewood, Illinois: The Dorsey Press, 1966.

Schiemenz, B., Regelungstheorie und Entscheidungsprozesse, Ein Beitrag zur Betriebskybernetik, Wiesbaden 1972.
Schütz, W., Methoden der mittel- und langfristigen Prognose, Eine Einführung, München 1975.

Staehle, W., Organisation und Führung sozio-technischer Systeme, Grundlagen einer Situationstheorie, Stuttgart 1973.
Stegmüller, W., Historische, psychologische und rationale Erklärung, Kausalitätsprobleme, Determinismus und Indeterminismus, Probleme und Resultate der Wissenschaftstheorie und Analytischen Philosophie, Bd. I, Wissenschaftliche Erklärung und Begründung, Studienausgabe Teil 3, Berlin/Heidelberg 1969.

Theil, H./Boot, J.C.G./Kloek, T., Prognosen und Entscheidungen, Einführung in Unternehmensforschung und Ökonometrie, Bd. 3, Opladen 1971.
Thomae, H., Konflikt, Entscheidung, Verantwortung, Ein Beitrag zur Psychologie der Entscheidung, Stuttgart 1974.
Thurner, R., Entscheidungstabellen, Aufbau, Anwendung, Programmierung, Düsseldorf 1972.
Tullock, G., Toward a Mathematics of Politics, Ann Arbor: The University of Michigan Pr., 1972.

Wald, A., Statistical Decision Functions, New York: John Wiley & Sons, 1950.
Wiener, N., Kybernetik, Regelung und Nachrichtenübertragung in Lebewesen und Maschine, Hamburg 1971.
Witte, E. (Hrsg.), Das Informationsverhalten in Entscheidungsprozessen, Tübingen 1972.
-,- Organisation für Innovationsentscheidungen, Das Promotoren-Modell, Göttingen 1973.
-,- Die Organisation komplexer Entscheidungsverläufe — ein Forschungsbericht, in Schmalenbachs Zeitschr. f. betriebswirtsch. Forschg., NF 20, 1968, S. 581 ff.
-,- Phasen-Theorem und Organisation komplexer Entscheidungsverläufe, in: Schmalenbachs Zeitschr. f. betriebswirtsch. Forschg., NF 20, 1968, S. 625 ff.
-,- Mikroskopie einer unternehmerischen Entscheidung, Bericht aus der empirischen Forschung, in: IBM-Nachrichten, 9. Jg., Nr. 193, 1969, S. 490 ff.
Woitschach, M., Strategie des Spiels, Berechenbares und Unberechenbares vom Glücksspiel bis zum unternehmerischen Wettbewerb, Reinbek 1971.
von Wright, G.H., Erklären und Verstehen, New York: Athenäum, 1974.

Zangemeister, C., Nutzwertanalyse in der Systemtechnik, Eine Methodik zur multidimensionalen Bewertung und Auswahl von Projektalternativen, 3. Aufl., München 1973.
Ziegler, R., Kommunikationsstruktur und Leistung sozialer Systeme, Meisenheim 1968.

III Handbücher und Nachschlagewerke

Lexikon der Ethik hrsgg. von Höffe, O., München 1977.
Bibliography In Program Evaluation hrsgg. von Barlow, D.L./Cornog, G.Y., Public Sector Program Evaluation Center, Sangamon State University, Springfield Ill., 1974.
Handwörterbuch der Organisation hrsgg. von Grochla, E., Stuttgart 1973.
Handbook of Political Science hrsgg. von Greenstein, F.I./Polsby, N.W., Vol. 1—8, Reading, Mass.: Addison-Wesley Publ. Comp., 1975.
Handbook of Political Psychology hrsgg. von Knutson, J.N., San Francisco u. a.: Jossey-Bass Publ., 1973.
Handbuch psychologischer Grundbegriffe hrsgg. von Herrmann, T./Hofstätter, P.R./Huber, H.P./Weinert, F.E., München 1977.
The Handbook of Social Psychology (sec. ed.) hrsgg. von Lindzey, G./Aronson, E., Vol. I—V. Reading, Mass.: Addison-Wesley Publ. Comp., 1968/69.
International Encyclopedia of the Social Sciences hrsgg. von Sills, D.L., Vol. 1—17, New York: The Macmillan Company, 1968.
Bibliographie zur statistischen Entscheidungstheorie 1950—1967 hrsgg. von Menges, G., Köln/ Opladen 1968.

Personenregister

Adenauer, Konrad 144
Albert, Hans 8, 77
Allison, Graham T. 30, 94, 123 f., 138, 150, 161, 164, 221
Almond, Gabriel 117
Arrow, Kenneth 78
Axelrod, Robert 13, 45, 56, 131 f., 138, 142, 161, 221
Baldwin, Stanley 145
Barber, James D. 56
Bergius, Rudolf 48
Bertalanffy, Ludwig von 157
Böhret, Carl 14, 18, 183, 193, 195, 201
Boulding, Kenneth E. 80
Bourne, Peter G. 57
Brandt, Willy 174
Bronner, Rolf 72
Budischin, Hans J. 89, 93, 142, 172 ff.

Carstens, Karl 14
Chiang Kai-shek 53
Churchill, Winston 55, 143
Churchman, C. West 209
Cohen, Michael D. 97
Conway, M. Margaret 55
Cyert, Richard M. 126

Dahl, Robert A. 63, 70, 218
Deutsch, Karl W. 45, 64, 117 ff., 144, 221 f.
Diesing, Paul 150, 161, 163
Dobrynin, Anatoly F. 127
Downs, Anthony 83 f.
Dror, Yehezkel 122
Druckman, Daniel 51
Dulles, John F. 144

Easton, David 64, 117, 119, 215
Eisenhower, Dwight 137
England, George 66
Etzioni, Amitai 64, 122

Feigert, Frank B. 55
Festinger, Leon 47, 142
Forrester, Jay W. 181
Frey, Bruno 77, 79, 84, 86, 88, 93

Galbraith, John K. 80
Gandhi, Mahatma 53
Gehmacher, Ernst 197
George, Alexander L. 55 f.
George, Juliette L. 56

Gladstone, William E. 137
Glistrup, Mogens 25
Goodin, Robert 88
Gossen, Herrmann H. 178
Gordon, Theodore 194
Gordon Walker, Patrick 14
Greenstein, Fred I. 55 f.
Groser, Manfred 175
Grumm, John G. 215
Gunsteren, Herman R. van 30, 195, 221 f.

Haas, Ernst B. 65
Haas, William 59
Habermas, Jürgen 9, 209
Häfele, Wolf 197
Halperin, Morton H. 161, 164
Hauschildt, Jürgen 68, 72 f.
Heath, Edward 81
Hegel, G. W. F. 7
Heinen, Edmund 43, 46, 62
Hellstern, Gerd M. 217
Helmer, Olaf 194
Hempel, Carl G. 161
Hennis, Wilhelm 5 f.
Herder-Dorneich, Philipp 175
Hirschman, Albert O. 80
Hitler, Adolf 145, 147
Höffe, Otfried 77
Hofstätter, Peter 49
Homans, George C. 15
Hoos, Ida R. 17

Iklé, Fred C. 51, 54
Irle, Martin 48 f.

Jervis, Robert 45, 51, 54 f., 61, 137 f., 143, 145 ff.
Johnson, Lyndon B. 14, 55, 140, 146, 203, 216

Kahn, Herman 195 ff.
Kahn, Robert 51 f., 94, 137
Katz, Daniel 51 f., 94, 137
Keeney, Ralph 208
Kennedy, John F. 14, 129 f., 138, 148, 203
Kennedy, Robert F. 56, 127
Keynes, John M. 8, 90
Kirsch, Guy 84, 87 f.
Kirsch, Werner 62 ff., 95, 100
Koht, Halvdan 147
Krelle, Wilhelm 75, 78
Kroeber-Riel, Werner 69
Kupsch, Peter U. 48, 50

Sachregister

Carl Böhret, Werner Jann, Marie Therese Junkers und Eva Kronenwett
Innenpolitik und politische Theorie
Ein Studienbuch
1979. 536 S. 12 X 19 cm. Folieneinband

Das Studienbuch bietet einen problemorientierten Überblick und eine systematische Orientierungshilfe für Studienanfänger und politikwissenschaftlich interessierte Leser. Ausgehend von einem allgemeinen Vorverständnis von Politik werden in fünf Lernblöcken Grundlagen von Wirtschaft, Gesellschaft und Staat der Bundesrepublik erörtert. Es folgen Problemanalysen zentraler Aspekte der Innenpolitik (z.B. Wirtschaftssystem, Parteien, Demokratie, Staat) jeweils aus der Sicht unterschiedlicher politischer Theorien. Darauf aufbauend werden Konzepte der Veränderung (z.B. Privatisierung, aktive Politik, demokratischer Sozialismus, postrevolutionäre Gesellschaft) diskutiert und abschließend die wissenschaftstheoretischen Grundlagen dieser Positionen behandelt. Ein Register ermöglicht, das Buch darüber hinaus als Nachschlagewerk zu benutzen.

Carl Böhret
Grundriß der Planungspraxis
Mittelfristige Programmplanung und angewandte Planungstechniken.
1975. 228 S. Folieneinband

Der ‚Grundriß' will für den Planer in Verwaltung und in verschiedensten sozialen Institutionen eine Anleitung zur Lösung konkreter Planungsaufgaben und für den Studenten und den interessierten Laien eine Einführung in anwendungsorientierte Planungsabläufe sein. Der Verfasser gibt durch ein in systematische Arbeitsschritte zergliedertes Planungsverfahren eine übersichtliche und zugleich flexible Praxishilfe. Zu den einzelnen Stufen der generellen Problemlösung können jeweils spezielle Planungstechniken herangezogen werden, die in vereinfachter Form im Anhang exemplarisch dargestellt und erläutert werden.
Für die Umsetzung der Arbeitsschritte in „Ergebnisse" werden außerdem Planungsformblätter angeboten, auf denen eine Planungsaufgabe mit Hilfe des erläuterten Verfahrens „gelöst" wird. Trotz des Vorrangs des Methodischen werden auch die politisch sensitiven Stellen und die sozioökonomischen Gefahren unkritischer Planung verdeutlicht.

Westdeutscher Verlag